Horst Ehmke

Mittendrin

**Von der Großen Koalition
zur Deutschen Einheit**

Rowohlt · Berlin

1. Auflage März 1994
Copyright © 1994 by Horst Ehmke
Alle Rechte vorbehalten
Umschlaggestaltung Walter Hellmann
(Foto: Bundeskanzler Willy Brandt mit Horst Ehmke,
1972 von Klaus Lehnartz/Ullstein Bilderdienst)
Gesetzt aus der Times (Linotronic 500)
Gesamtherstellung Clausen & Bosse, Leck
Printed in Germany
ISBN 3 87134 089 8

Für Willy zum Achtzigsten

Inhalt

Vorwort

Am Nachmittag des 9. November 1989 flog ich von Bonn nach Paris. Für den folgenden Morgen war ich mit dem Chef des Präsidialamtes, Jean-Louis Bianco, verabredet. Wir trafen uns in größeren Abständen zu einem politischen Meinungsaustausch. Diesmal würde die Entwicklung in der DDR im Mittelpunkt stehen. Die Regierung der DDR und das Politbüro der SED waren gerade zurückgetreten.

Für den Ankunftsabend hatte der Gesandte unserer Botschaft einen kleinen deutsch-französischen Kreis von Diplomaten, Journalisten und persönlichen Freunden von mir ins «La Gauloise» eingeladen. Wir waren gerade beim Aperitif, als der Chefredakteur von «Le Monde», Daniel Vernet, mit der Nachricht hereinkam, die Berliner Mauer sei gefallen. Ich wollte es nicht glauben. Den deutschen Landsleuten schien es ähnlich zu gehen. Unsere französischen Gäste reagierten dagegen enthusiastisch. Sie hatten gerade den 200. Jahrestag der Französischen Revolution gefeiert, waren voller Bewunderung für die Bürgerrechtsbewegung in der DDR und gratulierten uns so, als wollten sie sagen: Na also, nach 200 Jahren haben es nun endlich auch die Deutschen kapiert. Wir stießen mit französischem Wein auf die deutsche Freiheit an. Der Verstand sagte uns wie den Franzosen, daß es mit der deutschen Einheit noch schwierig werden könnte.

Am anderen Morgen ging ich in den Elysee-Palast. Ich freute mich auf das Gespräch mit dem Präsidialamtschef. Ich freute mich auch darauf, die Deutschlandreferentin des Elysee wiederzusehen, die während unserer Gespräche schweigend Notizen machte. Sie stammte aus dem polnischen Adel, hatte in die französische Diplomatie geheiratet und war schön. Nach dem Fall der Mauer sei ich sicher glücklich, begrüßte mich Herr Bianco. Ich sei sogar ein bißchen stolz auf meine Landsleute in der DDR, erwiderte ich. Darauf sagte die bis dahin schweigende Protokollantin spontan: «Sie können auch stolz sein.» Für mich war damit das europäische Urteil über die deutsche Entwicklung gesprochen.

Nach der Mitfreude kam auch im Elysee die Frage auf, wie Europa wohl mit einem geeinten Deutschland werde leben können, wenn die Deutschen denn vereint sein wollten. Ob Präsident Mitterrand an seinem geplanten Besuch in Ost-Berlin festhalten solle? Ja, antwortete ich, eine Absage nach dem Fall der Mauer könne mißverstanden werden. Ich dachte mir aber auch, es könnte nicht schaden, wenn François Mitterrand einen persönlichen Eindruck vom Aufbruch in der DDR bekäme.

Auf dem Rückflug nach Bonn dachte ich an meinen ersten Auftritt in der aktiven Politik. Als Freiburger Professor hatte ich 1966 auf einem Parteitag der baden-württembergischen SPD ein vielbeklatschtes Referat über die deutsche Einheit, sozialdemokratischen Patriotismus und die Auseinandersetzung mit dem Kommunismus gehalten. Dort begann auch meine persönliche Bekanntschaft mit Willy Brandt. 1969 war ich sein Kanzleramtschef geworden. Nun, nur 20 Jahre später, schien Brandts Ostpolitik an ihr Ziel zu kommen.

In meinem liberalen, aber ziemlich unpolitischen Danziger Elternhaus war es mir nicht gesungen worden, in der Politik und ausgerechnet bei den Sozialdemokraten zu landen. Daß es dazu kam, lag am Hitler-Regime und dessen Krieg. Angesichts dessen, was die Nazis in Deutschland und in Europa verbrochen hatten, war Politik für mich, wie für so viele meiner Generation, eine Herausforderung. Meine Beschäftigung mit dem Kampf der Sozialdemokraten gegen Hitler wie ihr Widerstand gegen die kommunistische Zwangsvereinigung in der «Zone» brachten mich zur Sozialdemokratie. Zunächst mehr prinzipiell als praktisch, da ich mich trotz meines politischen Interesses der Universität und dem Verfassungsrecht zuwandte. Jahre später holte mich die praktische Politik dann doch ein.

In diesem Buch berichte ich über die Zeit von der Großen Koalition bis zur staatlichen Einheit. Es ist keine Geschichte dieses Vierteljahrhunderts. Gestützt auf Tagebücher, Gesprächsvermerke und Reiseaufzeichnungen, versuche ich lediglich zu erzählen, wie sich mir deutsche und speziell sozialdemokratische Politik in diesen Jahren dargestellt hat. Was habe ich dabei gesehen und erlebt, gedacht und getan und vielleicht auch gelernt? Der Standpunkt der Betrachtung wechselte mit den Aufgaben. Ich fing als «Seiteneinsteiger von oben» in der Bundesregierung an und höre als Bundestagsabgeordneter in der Opposition auf. Alles eingebettet in die Perspektive der deutschen Sozialdemokratie, deren Vorstand ich achtzehn Jahre lang angehört habe.

Meine Herkunft aus der Wissenschaft hat mich davor bewahrt, ganz in der Politik aufzugehen. Das hat es mir in der Politik – erst ohne Stallgeruch, dann ohne Hausmacht – oft nicht leichtgemacht. Gelegentlich stand auch der Seiteneinsteiger dem Insider, der kritische Beobachter dem politischen Akteur im Wege. Dem Buch ist dieses Spannungsverhältnis hoffentlich zugute gekommen.

Der «Renegat»

Danzig und das Haus meiner Eltern

«Jetzt kommen schon die Renegaten», kommentierte Herbert Wehner, als ich zum ersten Mal in meinem Leben sein Bundestagsbüro betrat. Dabei nahm er weder die Pfeife aus dem Mund noch schaute er mich an. Ich war damals, Anfang der 50er Jahre, in der SPD-Bundestagsfraktion wissenschaftlicher Assistent des «Kronjuristen» Adolf Arndt. Der hatte mich zu einer Besprechung mit Wehner und Bruno Gleitze geschickt, dem Chef des Wirtschaftswissenschaftlichen Instituts der Gewerkschaften. Ich steuerte stotternd etwas Gelehrtes zum Gebrauch des Begriffes «Renegat» bei und ging nach einer Schrecksekunde zum Gegenangriff über: Wenn das die Art des Hauses sei, könnten wir ja gleich bei Götz von Berlichingen bleiben. Bruno Gleitze ging in volle Deckung, Herbert Wehner stand auf und begrüßte mich mit Handschlag.

Wieso «Renegat»? Wann war ich abtrünnig geworden und von wem? Wehner spielte auf meine bürgerliche Herkunft an. Ich stamme aus einem bürgerlichen Elternhaus. Es hat in Danzig gestanden. Dort wurde ich 1927 geboren. Mein Vater Paul war der erste Akademiker in einer Handwerkerfamilie. Nach dem Ersten Weltkrieg hatte er in der Danziger Vorstadt als praktischer Arzt angefangen. Wir wohnten an der Radaune. Der Sprengel meines Vaters erstreckte sich zwischen «Schwarzem Meer» und «Sandgrube» bis zum Bischofsberg mit seinen alten Kasematten. Oft ging ich mit «Besuche machen». Die Anhänglichkeit der Patienten, einfach lebende Menschen, an meinen Vater, aber auch an die «Frau Doktor» habe ich bis heute nicht vergessen. Das galt auch für die Werftarbeiter, nachdem mein Vater Vertrauensarzt der Schichau-Werft geworden war. Da war unsere Familie schon in ein altes Patrizierhaus in der Danziger Rechtsstadt umgezogen.

Im liberalen Freundeskreis meiner Eltern fanden sich Ärzte, Wissenschaftler und Künstler zusammen. Neben der Medizin und den Naturwissenschaften gehörte die Freimaurerei zu den bevorzugten Gesprächsthemen meines Vaters. Ein Kriegskamerad hatte ihn dafür gewonnen. Nach dem Krieg hatte er in Danzig mit jüngeren Brüdern die Loge «Feste Burg im Osten» gegründet.

Meine Mutter Hedwig entstammte einer mecklenburgischen Kaufmannsfamilie aus Ludwigslust. Seit ihrer Jugendzeit interessierte sie sich für Musik und Literatur. Sie hatte strahlendblaue Augen und schöne Hände. Das prachtvolle alte Haus stand dank ihrer herzlichen Gastfreundschaft allen Freunden offen. Trotz der Freimaurerei meines Vaters blieb meine Mutter, jedenfalls gefühlsmäßig, christlich geprägt. Die Erziehung von uns Kindern, zwei älteren Schwestern und mir, war liberal. So liberal, spotteten Freunde, daß man manchmal gar nichts von ihr merke. Parteipolitisch waren die Eltern nicht gebunden. Sie wählten bürgerlich, solange noch gewählt wurde. Damit war es bald vorbei. Nationale Parolen, für die vor allem das protestantische Bürgertum empfänglich war, trugen Hitler auch in unserer Stadt wachsende Zustimmung ein. Nach der Machtergreifung im Reich kamen die Nazis dann auch in Danzig ans Ruder, gegen den Widerstand von Sozialdemokraten und Zentrum. Meine Mutter fand Hitler «entsetzlich vulgär». Später lehnte sie das Mutterkreuz ab, ihre Kinder habe sie für ihren Mann bekommen. Dessen Haltung war nicht so eindeutig. Einerseits wollte er, ein in Danzig bekannter Freimaurer, mit den Nazis so wenig zu tun haben wie sie mit ihm. Andererseits war er, von Herkunft und Kriegserlebnis ein «national gesinnter Mann», gegen Versailles und für Danzigs «Heimkehr ins Reich».

Meine Eltern waren weder Mitglied «der» Partei noch einer ihrer Gliederungen, meine Schwestern und ich kamen in die Hitlerjugend. Spannungen ergaben sich daraus in der Familie nicht. Politische Gespräche wurden mit uns ohnehin nicht geführt. Bei den «Pimpfen», bei denen ich schließlich ein «Fähnlein» anführte, begeisterte ich mich vor allem für Geländespiele und Zeltlager. Und dann gefiel mir noch die Uniform. Ich fand, sie stand mir gut. Andere fanden das auch, vor allem die Patientinnen meines Vaters. Ich wollte Offizier oder Diplomat werden.

Solange noch Zeit war, verließen die jüdischen Kollegen und Freimaurer-Brüder meines Vaters Danzig. Manche schon vor 1933. Meine Eltern halfen ihnen dabei. Für meine Mutter war damit ein Urteil gefällt: Mit Leuten, die ihre Freunde drangsalierten, wollte sie nichts zu tun haben. Wie aber stand es mit den Danziger Juden, die nicht zum Freundeskreis meiner Eltern gehörten? Die Frage kam mir damals als Sechs-, auch als Zehnjährigem nicht in den Sinn. Als ich sie nach dem Krieg meinem Vater stellte, fiel seine Antwort wenig überzeugend aus.

Aber ich erinnere mich an einen Abend im Jahre 1942, an dem ich in ein Gespräch hereinplatzte, das im Herrenzimmer in der sogenannten «Hänge-Diele» unseres Hauses stattfand. Der Raum war voller Qualm und Bedrücktheit. Mein Vater und einige Freunde hörten einem Mann in Offiziersuniform zu. Ich wurde barsch herausgeschickt, was für mich das Ungewöhnliche der Runde unterstrich. Am nächsten Tag nahm mich mein Vater zur Seite. Der Offizier, ein zuverlässiger Mann, habe über Juden-Erschießungen im Osten berichtet. «Es wird Schlimmes über Deutschland kommen.»

Das war unser erstes politisches Gespräch. Ich verstand nicht alles, versprach aber meinem Vater, mich in der Hitlerjugend künftig auf das Segelfliegen zu beschränken. Und er? Er beklagte «unsere Ohnmacht». Der Gedanke, gegen das als Verbrechen Erkannte Widerstand leisten zu müssen, war ihm offensichtlich fremd.

Krieg und Gefangenschaft

Am 1. September 1939 hatten uns die Salven des Marine-Schulschiffs «Schleswig-Holstein» geweckt, die auf die polnischen Bunker der Westerplatte abgefeuert wurden. Deren Besatzung verteidigte sich eine Woche lang. Vom Heubuder Strand konnte ich die Rauchwolken über der alten Festungsplatte sehen. Der Badebetrieb lief weiter, als wäre nichts geschehen. Die Stadt selbst blieb lange vom Krieg verschont, bis sie gegen Kriegsende fast völlig zerstört wurde.

1943 wurde ich mit meinen Klassenkameraden Flakhelfer in
einer Flakbatterie am Ostseestrand in Brösen. Wir lernten weder viel noch hatten wir viel zu tun. Das änderte sich, als ich ein
Jahr später zum Arbeitsdienst kam. Wir schanzten Stunde um
Stunde bei Zempelburg, denn inzwischen war die Rote Armee
im Anmarsch. Bevor es dort ernst wurde, brachte mich die Einberufung in ein Ausbildungsbataillon der Luftwaffe nach
Oschatz. Dort wurde ich Stubenältester einer mit Danzigern und
Hamburgern belegten Stube. Einen süddeutschen Feldwebel är-
gerten unsere Sonderbeziehungen zum Furier. Bei einer Kontrolle zauberte er aus dem Spind eines Hamburgers einen ver-
gammelten Brotkanten hervor. Vor versammelter Mannschaft
schrie er ihn an: «In einer Zeit, in der das ganze deutsche Volk
hungert, lassen Sie Brot verschimmeln, Sie Pickel am Volks-
arsch, Sie.» Er wollte den Mann anzeigen. Nachdem ich ihn darauf hingewiesen hatte, daß der Spruch über das hungernde deutsche Volk auch nicht gerade ungeteilte Begeisterung hervorrufen
würde, ließ er davon ab.

Nach den Ausbildungsmonaten wurde ich auf die Luftkriegs-
schule in Gatow verlegt. Dort bekam ich eine Lungenentzündung
und mußte nach Straußberg ins Lazarett. Nach der Genesung
nahm mich der Kommandeur eines Fallschirmjägerregiments (zu
Fuß) aus dem Lazarett an die Oder mit. Ich war zum ersten Mal
an der Front. Die Angst, selbst dran glauben zu müssen, verdrängte die Hemmung, auf andere zu schießen, erschreckend
schnell. Die eigene Übersicht war gering, wir ballerten ziemlich
sinnlos in der Gegend herum. Den raschen Rückzug durch Wäl-
der und Felder um Berlin erlebte ich wie in Trance. In Berlin er-
wischte mich dann auf einer Eisenbahnbrücke ein MG-Schuß an
der rechten Hand. Notdürftig verbunden fand ich im Keller des
Reichsgesundheitsamtes in der Klopstockstraße Schutz. Dort lag
ich einige Tage und Nächte zwischen Butterfässern und Kisten
mit Cognac «Napoléon». Die Kombination hört sich besser an,
als sie ist, wenn man nichts anderes zu essen und zu trinken hat.

Nach dem Fall Berlins nahmen uns sowjetische Soldaten gefan-
gen und sammelten uns an der Siegessäule. Die vom Krieg ver-
krüppelten Bäume des Tiergartens waren mit den Fallschirmen

der Versorgungsbomben rot beflaggt. Ein «Iwan» zog mir die Stiefel aus. Stundenlang latschte ich auf Socken durch Berlin. Schließlich wurde ich in einem Lazarett medizinisch versorgt.

Von dort aus ging es wenig später in ein Gefangenenlager bei Frankfurt an der Oder, wo eine Zellstoff-Fabrik demontiert und in Richtung Sowjetunion verladen werden sollte. Ich selbst erhielt eine Arbeit im Lazarett, nachdem ich mich bei dem meinen Verband wechselnden sowjetischen Sanitätsoffizier, einem Turkmenen, nützlich gemacht hatte. Als ich ihm gestand, Chirurgensohn zu sein, wurde ich zum «Spezialisten» ernannt. Ich half den Ärzten, die Packungsbeilagen erbeuteter deutscher Medikamente zu verstehen – soweit ich sie selbst verstand.

Unter uns Gefangenen kursierten wilde Gerüchte und Phantasien, was mit uns geschehen würde. Einige wollten nun sogar mit der Roten Armee gegen die Westmächte ziehen – nicht weil die «antifaschistische» Propaganda der Lagerleitung gefruchtet hätte, sondern weil sie glaubten, nur so ihre Haut retten zu können. Die Neuigkeit, die selbst die eigene trostlose Lage überschattete, war die unfaßbare Nachricht vom amerikanischen Atombombenabwurf auf Hiroshima und Nagasaki.

Nach einigen Monaten, im Spätherbst 1945, wurden die Gefangenen sortiert; die einen in die Sowjetunion verfrachtet, die anderen nach Hause geschickt. Ich mogelte mich bei der Musterung zu «meinem» Turkmenen durch. Er schickte mich nach Hause, mit 18 Jahren und 86 Pfund Lebendgewicht.

Der Zug der Gefangenen durch das zerstörte Land kam mir vor wie ein Alptraum. Mitgefangene erschlugen, als wir das Lager verlassen hatten, einen «Kameraden», der ihnen von den Sowjets als Aufpasser vorgesetzt worden war. Ich setzte mich ab. Auf den Dächern von Güterzügen, viele von ihnen mit Flüchtlingen aus dem Osten überfüllt, kam ich zurück nach Berlin. Unterwegs beobachtete ich, wie ein sowjetischer Offizier einen sowjetischen Soldaten, der offenbar einen Befehl mißachtet hatte, einfach abknallte. Von Berlin schlug ich mich nach Boizenburg an der Elbe durch, wo der Bruder meiner Mutter wohnte. Dort warteten, wie vorher vereinbart, meine aus Danzig geflohenen Eltern auf mich. Das Elternhaus war bei der Zerstörung von Danzig in Schutt und

Asche gesunken. Meine Familie aber, auch meine Schwestern, hatte den Krieg überlebt.

Bevor mich meine Mutter in die Arme schloß, prüfte sie erst einmal, ob an mir auch noch alles dran war. Dann päppelte sie mich hoch. Mein Vater, inzwischen Chefarzt im Boizenburger Krankenhaus, kurierte die Folgen meiner Verwundung aus. Seine Patienten sorgten dafür, daß wir nicht nur von den Lebensmittelkarten leben mußten. Bei einem Hamburger Schiffer, dessen Kahn in dem kleinen Elbhafen lag, lernte ich angeln. Das Gefühl, noch einmal davongekommen zu sein, schlug in Lebensfreude um.

Zugleich fing ich an, darüber nachzudenken, was ich seit meinem Fortgang aus dem Danziger Elternhaus eigentlich erlebt hatte. Bis dahin war ich völlig befangen gewesen in dem, was von außen auf mich einprasselte. Warum hatte ich mich aus dem Lazarett in Straußberg überhaupt noch an die Front mitnehmen lassen? Ich hätte ja auch türmen können. Das Risiko wäre nicht größer gewesen als das, am Ende des Krieges noch zu fallen. Ich war aber mitmarschiert. Wofür? Je mehr ich vom Ausmaß der Nazi-Verbrechen erfuhr, desto heftiger wurde auch die Diskussion mit den Eltern.

Aktuell beschäftigte uns vor allem die Frage, wie dauerhaft die Zoneneinteilung in Deutschland sein würde. In der Sowjetischen Besatzungszone (SBZ) stand in der ersten Hälfte 1946 die Vereinigung von KPD und SPD zur SED auf der Tagesordnung. Ich kam darüber mit einem Patienten meines Vaters ins Gespräch, der Sozialdemokrat war. Er schlug mir vor, doch einmal im SPD-Büro vorbeizukommen, er würde mir Material geben. Im Parteibüro traf ich ihn dann mit einem seiner Freunde. Beide machten sich keine Illusionen: Die sowjetische Besatzungsmacht werde die Einheitspartei notfalls mit Gewalt durchsetzen. Die SPD müsse sich aber widersetzen, um klarzumachen, daß eine solche Einheitspartei etwas völlig anderes sei als die Sozialdemokratie. Die beiden beeindruckten mich.

Die täglichen Erfahrungen in der SBZ bestärkten meinen Vater in dem Willen, auf keinen Fall dort zu bleiben. Wir begannen, seine Berufschancen und meine Studienchancen in den Westzonen zu erkunden. Meine Schwestern wohnten bereits «drüben».

Für jeden Besuch mußten wir illegal über die Elbe. Eine meiner Schwestern wurde bei einer Überfahrt geschnappt. Glücklicherweise lieferten die sowjetischen Soldaten sie bei uns zu Hause ab. Einer der Soldaten war Patient meines Vaters. Im Frühjahr 1946 zog ich nach Flensburg, um dort mein Abitur nachzuholen. Bald darauf gingen auch meine Eltern in den Westen. Mein Vater wurde praktischer Arzt in Hannover.

Göttingen und Princeton

Zum Wintersemester 1946/47 ergatterte ich einen Studienplatz für Jura und Volkswirtschaft an der Universität Göttingen. Bevor das Studieren losging, mußten wir im Harz erst einmal sechs Wochen lang für die Uni Holz schlagen – gegen Schwerarbeiter-Zusatzkarte.

Der Einstieg in das Studium war eher mühsam. Die alten Hörsäle waren überfüllt, und es gab kaum Bücher. Außerdem mußte ich einen Teilzeitjob als Versicherungsvertreter annehmen, um das Studiengeld der Eltern etwas aufzubessern. Essen war knapp. Das Mensa-Essen bestand vorwiegend aus amerikanischen Hilfslieferungen und viel Maisbrot. Mancher Kommilitone suchte deshalb auf den Witwenbällen in der «Knochenmühle» eine zusätzliche Nahrungsquelle. Ich zog meine Kommilitoninnen den Kriegerwitwen vor. Wir tanzten und feierten ständig, wir hatten viel nachzuholen.

Ich wählte Jura und Volkswirtschaft als Studienfächer aus dem vagen Wunsch heraus, später im öffentlichen Leben tätig zu sein. Ich hielt nichts von dem damals verbreiteten Rückzug aufs Private. In der «skeptischen Generation» gehörte ich zu denen, die nicht von einem «Ohne mich», sondern von einem «Nie wieder so» angetrieben wurden.

Mit Heißhunger versuchte ich nachzuholen, was mir in den Schulen des Dritten Reiches vorenthalten worden war. Ich las alles, was ich an politischer Lektüre nur in die Finger bekommen konnte. Mit dem Göttinger Seminar für Völkerrecht fuhr ich als Beobachter zu den Nürnberger Prozessen. Da saßen nun die NS-

Herrenmenschen, die auf mich allerdings einen eher kläglichen Eindruck machten. Das Tribunal der alliierten Sieger war – unter juristischen Gesichtspunkten – nicht sehr überzeugend.

Das entscheidende politische Leseerlebnis wurde für mich Richard Löwenthals «Jenseits des Kapitalismus». Unter dem Pseudonym seiner Emigrationszeit «Paul Sering» brachte er das Buch 1947 heraus, das bald als sozialdemokratischer Klassiker galt. Richard Löwenthal lieferte nicht nur eine Analyse der Entwicklung von Kapitalismus und Sozialismus, er gab auch eine sozialdemokratische Zukunftsorientierung. Durch meine politische Lektüre war ich inzwischen ohnehin überzeugt, daß unserem Volk viel Leid und Schmach erspart geblieben wäre, wenn es in Weimar auf seine Sozialdemokraten gehört hätte: «Hitler bedeutet Krieg.» Meine Entscheidung war damit gefallen.

Die äußeren Umstände meines Eintritts in die SPD im Oktober 1947 waren altmodisch: Im Parteibüro stand auf dem mit einem roten Tuch bedeckten Tisch eine Gipsbüste von Karl Marx. Um sie herum auf schlechtem Papier gedrucktes Werbematerial. Der Parteisekretär, Genosse schon in der Weimarer Republik, beglückwünschte mich zu meinem Entschluß. Heute weiß ich: Mein Eintritt in die SPD war mehr ein Bekenntnis als ein Ausdruck praktischen Engagements. Am örtlichen Parteileben nahm ich nur sporadisch teil. Und dabei blieb es für die nächsten 15 Jahre, wo immer ich gerade wohnte. Ich war in diesen Jahren auf das Studium und meine wissenschaftliche Ausbildung konzentriert. Nur in diesem Rahmen engagierte ich mich auch politisch.

Das Forum linker Studenten in Göttingen war der Sozialistische Deutsche Studentenbund. SPD und SDS kamen damals noch friedlich miteinander aus. Im SDS wurde leidenschaftlich und mit Ausdauer diskutiert – nach der Nazi-Gängelei für uns eine neue Welt. Manch einen meiner späteren politischen Weggefährten traf ich im SDS zum ersten Mal. Im Göttinger SDS lernte ich Peter von Oertzen, auf Bundesebene Helmut Schmidt kennen.

Nebenher engagierte ich mich im Redaktionsausschuß der «Göttinger Universitäts-Zeitung», später «Deutsche Universitäts-Zeitung». Sie gewann in den ersten Nachkriegsjahren über Göttingen hinaus Bedeutung für die Aufarbeitung der «jüngsten

Vergangenheit». Ich wohnte in einem internationalen Studentenwohnheim, dem Nansen-Haus. Wir organisierten nicht nur Feste, Vorträge und Diskussionen, sondern auch Demonstrationen gegen das Wiederauftreten der studentischen Korporationen wie gegen die Aufführung eines Films von Veit Harlan, der im Dritten Reich den «Jud Süß» gedreht hatte.

Dem Nansen-Haus verdanke ich aber noch mehr: die Bekanntschaft einer Nachbarstochter namens Theda, sie wurde später meine Frau.

Dank meines akademischen Lehrers Rudolf Smend begann ich, mich der Staats- und Verfassungstheorie zuzuwenden. Smend, einer der bedeutenden Staatsrechtslehrer schon der Weimarer Jahre und ein protestantischer Konservativer, hatte sich nicht mit den Nazis eingelassen. Er wurde der erste Rektor der wiedereröffneten «Georgia Augusta». Nach einer persönlichen Vorstellung nahm er mich in sein ebenso kleines wie legendäres Seminar auf. Wir erwarben bei ihm nicht nur Wissen, sondern auch Bildung – gemessen an seiner universellen Bildung waren es allerdings nur Bruchstücke.

Als ich einmal längere Ausführungen von Rudolf Smend über die geisteswissenschaftliche Methode lässig mit dem Einwurf unterbrach, leider gäbe es eine solche Methode gar nicht, antwortete er streng und sogar etwas heftig: «O doch, Herr Ehmke, mit etwas Tastsinn und etwas Taktgefühl, da gibt es eine geisteswissenschaftliche Methode.» Diese Zurechtweisung – «mit etwas Tastsinn und etwas Taktgefühl» – sollte mich lange begleiten.

Für das Studienjahr 1949/50 – die Bundesrepublik war gerade gegründet worden – zog ich das große Los: Ich durfte als einer der ersten deutschen Austauschstudenten nach dem Krieg in den USA Geschichte und politische Wissenschaft studieren. Harvard oder Princeton standen zur Debatte. Der für den Austausch zuständige amerikanische Bildungsoffizier riet mir, nicht nach Harvard zu gehen, dort wimmele es von «Roten». Ob er mich in Kenntnis oder Unkenntnis meiner Mitgliedschaft im SDS vor den Roten bewahren wollte, habe ich nicht herausgefunden. Ich kam jedenfalls nach Princeton, von der «roten» Konkurrenz schlicht «Country Club» genannt.

Auf einem «Liberty»-Schiff voll heimkehrender amerikanischer Soldaten ging es von Bremerhaven nach New York, von dort weiter nach Princeton.

Die florierenden Vereinigten Staaten brachten mich schlicht aus dem deutschen Häuschen. Der parkähnliche Campus von Princeton strahlte eine ruhige Würde aus. Die Bibliothek fand ich überwältigend. Zwischen den Büchermagazinen gab es kleine Studierzellen, eine davon bekam ich. Ich durfte mir jedes Buch aus dem Regal nehmen und es an meinem Arbeitsplatz benutzen – welch eine Generosität.

Vom legeren Umgang der Studenten untereinander war ich nicht weniger beeindruckt. Ich war Gast des privaten – eher konservativen – «Tower Club». Daß ich Deutscher und auch noch Sozialdemokrat war, stand der freundlichen Aufnahme nicht im Wege. Nur Senator Revercombe, der durch einen knochenharten Gesetzentwurf zur Beschränkung der Einwanderung von «displaced persons» von sich reden machte, schien zu fürchten, sein Sohn George könne sich politisch bei mir anstecken. Seine Sorge war überflüssig, mein Freund George war gegen alles Linke völlig immun.

Die amerikanischen Kommilitonen bezogen mich wie selbstverständlich in ihre Aktivitäten ein. Die Football-Mannschaft der Universität, die «Princeton Tigers», gehörte damals zur Spitzenklasse, und die Spiele waren nicht nur sportliche, sondern auch gesellschaftliche Ereignisse. Ich verkaufte dabei Souvenirs, um mein Taschengeld aufzubessern. Als ich meine «banners», «buttons» und «stickers» mit dem Ruf anpries: «Enjoy your lady with a souvenir», hatte ich damit einen erstaunlichen Verkaufserfolg, ohne zu wissen warum. Doch dann flüsterte mir Professor Alpheus T. Mason, eine Koryphäe der Geschichte des Supreme Court, ins Ohr: «It is ‹please›, Horst. Please your lady with a souvenir.»

Apropos Ladies. Meine «room-mates» im Tower Club meinten, ich sollte mir doch ein «girl friend» zulegen und zu den geselligen Veranstaltungen mitbringen. Ich gestand ihnen, ich hätte eine Freundin in New York. Sie sei Sekretärin im Institut für Internationale Erziehung, stamme aus Jamaika und sei schwarz. Das dämpfte ihren Enthusiasmus.

Selbst für einen, der durch das Smend-Seminar verwöhnt war,

war der ungezwungene Umgang zwischen Professoren und Studenten beeindruckend. Es gab für die Nicht-Graduierten zwar viele Klassenprüfungen, sie wurden aber alle ohne Aufsicht geschrieben. Man mußte am Ende jeder Examensarbeit nur seine Ehre als Gentleman verpfänden, unzulässige Hilfe weder gegeben noch angenommen zu haben. Der Unterricht fand in relativ kleinen Gruppen im Seminarstil statt. Unterrichts- und Diskussionsstunden wechselten sich ab. Besonders lebhaft ging es bei dem Historiker Gordon A. Craig zu, Rhodes-Scholar und schon damals ein Star. Durch ihn lernte ich, wie Amerikaner uns Deutsche und unsere Geschichte sahen.

Auch Albert Einstein, der am Institute for Advanced Studies lebte, hielt an der Universität öffentliche Vorträge. Bei einem seiner naturwissenschaftlichen Vorträge stand ein Student auf und meinte, Einstein müsse sich geirrt haben. Mir stockte der Atem. Schmunzeln im amerikanischen Publikum. Einstein bat den Studenten, seine Einwände darzulegen, hörte ihm aufmerksam zu und beantwortete dann seine Fragen. Mit einem «Thank you, Sir» setzte sich der Student wieder hin. Applaus im Publikum. Mit einem staatsbürgerlichen Vortrag zum Thema Weltregierung brachte Einstein mich in Verlegenheit. Ich hielt den Vortrag für politisch naiv, wagte aber nicht aufzustehen und ihm das zu sagen. Ich war mir nicht sicher, ob ich jemanden wie Einstein für naiv halten durfte. Warum nicht, meinten meine amerikanischen Kommilitonen, die meine Skrupel nicht recht nachvollziehen konnten, den Vortrag aber gar nicht für so naiv hielten.

In den Sommerferien trampte ich mit zwei amerikanischen Kommilitonen nach Ann Arbor. Dort vertraute uns die Firma Buick eines ihrer neuesten Modelle an. Ich glaube, es war der erste Wagen mit automatischem Getriebe. Wir sollten ihn an einen Käufer in Seattle überführen. Auf diese Weise kamen wir drei auf einer herrlichen Fahrt kostenlos an die Westküste, die Firma sparte Transportkosten, und der Käufer bekam einen schon eingefahrenen Wagen. Unterwegs erwarb ich gegen die Versicherung, 18 Jahre alt, weiß und nicht vorbestraft zu sein, für zwei Dollar einen Führerschein.

Von Seattle trampte ich nach Kalifornien. Der Fahrer eines mit

Pfirsichen beladenen LKWs wollte ein Schläfchen einlegen und
vertraute mir das Lenkrad an. Für mehrere Wochen nahm ich an
einem Sommerlager des «Lisle Fellowship» teil, einer Gruppe internationaler Begegnung und sozialer Erwachsenenbildung. Mal
spielten oder sangen wir in einer Schule mit den Kindern, mal halfen wir im Transportdienst einer Gemeinde, wir arbeiteten aber
auch zusammen mit mexikanischen Wanderarbeitern auf staubi-
gen Zwiebelfeldern.

Kalifornien war für mich der landschaftliche Höhepunkt meines
Aufenthalts. Land und Leute hatten mich in diesem Jahr hingeris-
sen. Trotzdem mußte ich ins deutsche Häuschen zurück. Ich empfand, ich gehöre nach Deutschland. Mein politisches Interesse,
mein Wunsch, im öffentlichen Leben tätig zu werden, bezogen
sich auf Deutschland. Darum wollte ich mein deutsches Studium
abschließen. Und schließlich wollte ich Theda wiedersehen, die
Göttinger Nachbarstochter, der ich fleißig geschrieben hatte.

Wissenschaft und Politik

Nach dem Ausflug in das weite Amerika hatte ich wenig Lust, in
Göttingen noch lange weiterzustudieren. 1952 promovierte ich bei
Rudolf Smend. Danach heirateten Theda und ich. Smend hätte
eine Heirat vor dem Abschluß der Dissertation auch als «Biga-
mie» verurteilt.

Rudolf Smend hat mir später vorgeworfen, ich sei der Politik
zuliebe der Wissenschaft untreu geworden. Dabei war er es gewesen, der mich auf den politischen Weg gebracht hatte, als er mich
dem sozialdemokratischen Ministerpräsidenten Hinrich Wilhelm
Kopf empfahl, der damals zugleich Präsident des Bundesrates
war. «Hinner» Kopf – breite Statur und Löwenmähne – war ein
sturmfester Niedersachse. Ich stellte mich in seinem Amtszimmer
im Bundesrat vor. Er warf mir einen amüsierten Blick zu: «Junge,
nun setz dich erst mal auf deinen Arsch und trink einen Cognac
mit mir.» Es blieb nicht bei einem. Am Ende des Gesprächs war
ich wissenschaftlicher Assistent im Rechtsausschuß des Bundesrates. So kamen meine Frau und ich noch 1952 nach Bonn, für mich

der Beginn eines Wechselbades zwischen Wissenschaft und Politik.

Im Rechtsausschuß legte ich unter Aufsicht von Hans Kutscher, später Richter des Bundesverfassungsgerichts, eine systematische Fallsammlung zum Thema der Zustimmungsbedürftigkeit von Bundesgesetzen an. Danach erhielt ich die Chance, als Nachfolger meines Studienfreundes Wilhelm Hennis für den damaligen Geschäftsführer der Bundestagsfraktion und «Kronjuristen» der SPD, Adolf Arndt, zu arbeiten. Die SPD hatte vor dem Bundesverfassungsgericht die ersten «politischen» Prozesse angestrengt. Zu deren Bewältigung brauchte Arndt die Hilfe eines wissenschaftlichen Assistenten, vor allem für die staats- und verfassungstheoretischen Grundsatzfragen. Im Herbst 1952 wurde ich – neben meiner Referendarausbildung – Arndts Assistent. Ich war damals der einzige wissenschaftliche Assistent der Bundestagsfraktion und hatte das Glück, in Adolf Arndt zum zweiten Mal einen fachlich und menschlich bedeutenden Lehrer zu finden. Er war nicht nur ein hervorragender Praktiker, sondern auch ein bedeutender Rechtsdenker. Arndt siezte mich, solange ich sein Assistent war.

Über den politischen Sinn der von Adolf Arndt angeregten und brillant geführten Prozesse wurde auch in der SPD-Fraktion gestritten. Einige befürchteten, sie würden die Politik juridifizieren und damit die öffentliche Auseinandersetzung entpolitisieren. Wir gewannen weder den Streit um die Wiederbewaffnung noch die Saar-Klage. Mit dem Wehrprozeß erzwangen wir immerhin eine verfassungsrechtliche Verankerung und Einbindung der neuen Streitkräfte. Kritiker sahen das anders. Sie meinten, wir hätten so lange prozessiert, bis Adenauer eine verfassungsändernde Mehrheit zusammengehabt habe. Nach meinem heutigen Urteil waren die Prozesse für die Bildung von Verfassungsbewußtsein und für das Ansehen des Bundesverfassungsgerichts von größerer Bedeutung als für die praktische Politik. Damit waren sie wichtig genug.

Meine Familie war in Bonn inzwischen auf fünf Köpfe angewachsen. 1953 geborenen Zwillingstöchtern, Cornelia und Sabine, folgte 1955 Sohn Hannspeter. Im Freundeskreis meiner Re-

ferendarausbildung fand sich in der 1. Zivilkammer in Bonn bei
«Richter Kley» eine bemerkenswerte Crew zusammen. Zu ihr gehörte auch Rudolf von Bennigsen, später Chef der Veba. Ich war
der einzige Sozi, von Bennigsen der einzige Parteilose in unserem
Kreis. Da es mir nicht gelang, ihn zum Eintritt in die SPD zu bewegen, schlug ich ihm schließlich vor, doch wenigstens der CDU bei-
zutreten. Das tat er. Später, auch noch bei seiner Berufung zum
Veba-Chef, machte er sich einen Spaß daraus, Sozialdemokraten,
die ihn auf seine CDU-Mitgliedschaft ansprachen, an mich zu ver-
weisen. Er sei meinem ausdrücklichen Rat gefolgt.

In der Bundestagsfraktion befreundete ich mich mit Ollen-
hauers engstem Mitarbeiter, Hans Hermsdorf, einem gewieften
Haushälter, der später Präsident der Hamburgischen Zentralbank
wurde. Kurt Schumacher gegenüber, in dessen Vorzimmer Annemarie Renger herrschte, waren meine Gefühle gemischt.
Einerseits hatte ich großen Respekt vor seinem kämpferischen
Einsatz, erst gegen die Nazis und nun gegen die Kommunisten.
Andererseits mochte ich seine Sarkasmen sowenig wie seine
schrille Stimme. Als ich dann zwei- oder dreimal für ihn Gespräche mit amerikanischen Besuchern dolmetschte, bewunderte ich
seine Gedanken- und Gesprächsführung. Nach seinem Tode stand
ich in der alten «Baracke» an seiner Bahre Ehrenwache. Hunderttausende von Menschen säumten die Straßen, als der Sarg von
Bonn auf den Friedhof nach Hannover überführt wurde. Er war
ihr politischer Anwalt gewesen.

Wichtig wurde für mich die väterliche Zuwendung von Carlo
Schmid. Er hatte nicht nur Verständnis für mein Hin- und Her-
gerissensein zwischen Wissenschaft und Politik, er bestärkte mich
auch in meiner Lebensfreude, was damals in der SPD nicht gerade
häufig vorkam. Als Kaiser Haile Selassie 1954 zu einem Staatsbesuch nach Bonn kam, bezauberte dessen exotische Schwiegertoch-
ter unseren Carlo. «E Häutle von Samt», flüsterte er und verglich
sie mit der Königin von Saba. Am Ende des Besuches erhielt er
das Großkreuz des Ordens Menelik II. Greta Burmester, die
Stieftochter und spätere Frau Herbert Wehners, war empört:
«Erst poussiert der Herr Bundestagsvizepräsident herum und
dann kriegt er auch noch einen Orden, den man unter der Wäsche

tragen muß!» Ich eilte zu Carlo, diesem sittlichen Frevel nachzugehen. Gretas hamburgische Ohren hatten aber nur Carlos
Schwäbisch mißverstanden. Er hatte abgewiegelt: «Ach woisch,
Mädle, den muasch du onder dr Wescht traga.»
Carlo hielt mich auch davon ab – Fritz Erler unterstützte ihn
darin –, zu frühzeitig in die Politik abzuspringen. Erst einmal solle
ich meine wissenschaftliche Ausbildung abschließen, um unabhängig zu sein. Diesen Rat habe ich befolgt.

Nachdem ich das Assessorexamen hinter mich gebracht hatte,
stieg ich in ein rechtsvergleichendes Programm der Ford Founda-
tion ein. Es verband die juristische Fakultät in Köln mit der Law
School im kalifornischen Berkeley. Unter der Obhut von Professor Ulrich Scheuner in Bonn wollte ich in einer Habilitationsarbeit
die Verfassungsrechtsprechung des amerikanischen Supreme
Court zur Wirtschaftsregulierung untersuchen. Professor Scheuner hatte ich durch Rudolf Smend kennengelernt. Er war Berater
der Bundesregierung. Politisch stritten wir uns daher oft. Aber
auch auf gemeinsamen Kunstreisen mit Seminaristen oder Kollegen durch Flandern oder Burgund gab es Kontroversen. Wagte ich
Kritik an seinen kunsthistorischen Erläuterungen, so pflegte er sie
mit dem Bemerken zurückzuweisen, die letzten kulturellen Fein-
heiten würden mir aufgrund der östlichen oder aber der sozialdemokratischen Grenzen meines Einfühlungsvermögens wohl für
immer verschlossen bleiben.

Nach zwei Jahren Vorarbeiten an der Uni in Köln ging ich 1958
für ein Jahr an die Law School in Berkeley, «Boalt Hall» genannt.
Die Mitglieder der Fakultät nahmen mich mit der gleichen Herzlichkeit auf, mit der mich zehn Jahre zuvor die Studenten in
Princeton empfangen hatten. Anders als in Princeton roch ich
diesmal aber auch in das politische Leben hinein. Unser Arbeits-
rechtler, Sam Kagel, war zugleich Schlichter der Hafenarbeiter-
Gewerkschaft. Er nahm mich gelegentlich frühmorgens an die Ha-
fenfront mit. Unser Verwaltungsrechtler, Frank Newman, in der
Demokratischen Partei engagiert, schleppte mich in die Wahl-
kampagne für Pat Brown, der als erster Demokrat – und als erster
Katholik – Gouverneur von Kalifornien wurde.

Einen politischen Aspekt hatte für mich auch das Zusammenleben mit zwei jüdischen Emigranten, die der Fakultät angehörten. Albert Ehrenzweig aus Wien und Stefan Riesenfeld aus Breslau nahmen sich ihrer jungen deutschen Kollegen besonders herzlich an. Nach und nach lernten wir begreifen, welchen harten Weg diese Gelehrten durch ihre Vertreibung hatten gehen müssen.

Am nachdrücklichsten holte mich die deutsche Geschichte aber in der Person von Hans Kelsen ein, Kopf der Wiener Schule und führender Vertreter des staatsrechtlichen Positivismus. Von den Nazis vertrieben, lebte er jetzt als Emeritus in Berkeley. Für Rudolf Smend war er einer der großen wissenschaftlichen Widersacher gewesen. Kelsen kannte sogar meine Doktorarbeit mit ihren Angriffen auf seine Lehre. Wir konnten herrlich miteinander streiten. Wurden wir zu heftig, rief uns seine Frau, eine alte Dame mit einer Stimme wie Adele Sandrock, zur Ordnung.

Eines Tages sah ich auf dem Campus Hans Kelsen auf einer Bank erregt hin und her rutschen. Er schlug mit der rechten Hand auf eine Zeitung, die er in der Linken hielt. Dabei schimpfte er vor sich hin. Als ich nahe genug gekommen war, konnte ich auch verstehen, was: «Dieses verdammte Weib, dieses verdammte Weib.» Was stand so Schlimmes in der Zeitung?

Kelsen berichtete: Am Vortage habe ein Liebespaar auf der Stimson Beach, einer Sandbank am Pazifik, gebadet. Während die jungen Leute schwammen, habe ein Hai den Jungen angegriffen und ihm ein Bein abgerissen. Das offensichtlich nicht nur kräftige, sondern auch mutige Mädchen hatte den Jungen an den Strand gezogen und versucht, ihm den Beinstumpf abzubinden. Hilfe gab es weit und breit nicht. Als das Mädchen sah, daß ihr Freund verblutete – sie war katholisch, er, wenn nicht gott-, so doch jedenfalls konfessionslos –, holte sie eine Handvoll Ozeanwasser, um ihn zu taufen. Was ich von dieser Nottaufe hielte, wollte Kelsen wissen. Ich antwortete, noch nie hätte ich in einer Zeitung eine so schöne Liebesgeschichte gelesen. Als Kelsen spürte, daß ich das ernst meinte, reagierte er kühl. Ob ich denn von der Würde eines Menschen und Mannes, ohne abergläubisches Brimborium frei sterben zu dürfen, gar nichts hielte? Doch, antwortete ich, noch mehr hielte ich aber von der Liebe des Mädchens.

Zurück in Köln, brauchte ich noch ein Jahr, dann war das dicke Buch fertig. 1960 habilitierte ich mich mit «Wirtschaft und Verfassung» an der Bonner Universität und begann als Privatdozent, Vorlesungen über öffentliches Recht zu halten. Ein Jahr später erhielt ich einen Ruf an die angesehene rechts- und staatswissenschaftliche Fakultät in Freiburg. Die Lehrtätigkeit machte mir nicht weniger Spaß als die eigene wissenschaftliche Arbeit. In der Tradition des Göttinger Smend-Seminars gab ich mir mit meinem staats- und verfassungstheoretischen Seminar besondere Mühe. Auch hielt ich kleine Vorlesungen über Themen jenseits des Examensstoffes. Das Thema meiner Antrittsvorlesung «Karl von Rotteck, der politische Professor» war eine Verbeugung vor Freiburg.

Auch die Familie fühlte sich in Freiburg wohl. Wir erkundeten den Schwarzwald und die Landschaft am Oberrhein. Wir bauten in Freiburg ein Haus und hatten oft auch Studenten zu Gast. Überhaupt nahm ich mir für die Studenten viel Zeit, nicht nur an der Uni und als Vertrauensdozent der Friedrich-Ebert-Stiftung. Im Frühjahr ging ich mit meinem Seminar auf dem Tuniberg Fußballspielen und Spargelessen, im Winter in den Schwarzwald Rodeln.

Die Politik spielte für mich damals nur eine Nebenrolle, wurde aber zunehmend wichtiger. Nach dem Bau der Berliner Mauer sahen wir uns im Herbst 1961 den Wahnsinn an Ort und Stelle an. 1962 machten wir eine «Exkursion» ganz anderer Art. Zusammen mit dem Bonner Seminar von Professor Friesenhahn reisten wir nach gründlicher Vorbereitung als erste deutsche Juristengruppe nach Israel. Wir erlebten vier bewegte und bewegende Wochen in einer durch den Eichmann-Prozeß zusätzlich belasteten Atmosphäre. Und wir erlebten eine uns beschämende jüdische Gastfreundlichkeit.

In den westlichen Ländern, einschließlich der Bundesrepublik, wuchs in jenen Jahren die Unzufriedenheit mit den gesellschaftlichen Zuständen. Immer mehr Bürger hielten die in der Nachkriegszeit gefundenen Lösungen für ungenügend. Besonders junge Menschen empfanden, die bestehende gesellschaftliche Ordnung lasse sie an sich gegebene Möglichkeiten zur individuellen und politischen Entfaltung nicht ausschöpfen. An den Universitäten verschärften die Studenten die Diskussion über die Reform des Bildungswesens. Der konservative Widerstand gegen eine Änderung des Status quo wurde ebenfalls härter. Die öffentliche Meinung polarisierte sich. In der Bundesrepublik hatte die SPD Ende 1959 ihr Godesberger Programm beschlossen. Mit der Nachkriegszeit neigte sich die Adenauer-Ära ihrem Ende zu.

Mit Freunden und Kollegen gründete ich an der Universität einen «Ernst-Reuter-Kreis», um die Universität stärker in die Reformdiskussion einzubeziehen. Wir beschränkten uns aber nicht auf Fragen der Universitäts- und Bildungsreform, sondern diskutierten auch andere gesellschaftspolitische Themen. So trug Georg Leber in diesem Forum seine Ideen zur Vermögensbildung der Arbeitnehmer vor. Die Vorträge und Diskussionen halfen zugleich, die örtliche SPD für neue Themen und Gruppen zu öffnen.

In Freiburg engagierte ich mich, fünfzehn Jahre nach meinem Parteieintritt, zum ersten Mal in der örtlichen SPD. Zusammen mit anderen versuchte ich, Spannungen zwischen alteingesessenen und neu hinzukommenden Mitgliedern produktiv zu nutzen. Das war nicht einfach, aber wir machten Fortschritte. Freiburg bekam sogar einen sozialdemokratischen Oberbürgermeister. In der Bundespartei beschränkte ich meine Mitarbeit auf den Rechtsausschuß beim Parteivorstand. Auf längere Sicht liebäugelte ich mit der Möglichkeit einer Bundestagskandidatur in Freiburg. Noch aber ging ich ganz im Universitätsleben auf. Meine Kinder waren erst neun und sieben Jahre alt und ich war froh, mit der Familie zusammenzusein. Doch dann passierte etwas, was für mich alles ändern sollte.

Die «Spiegel»-Affäre

Am Abend des 26. Oktober 1962 – in einem Augenblick, in dem die Kubakrise sich ihrem Höhepunkt näherte und den Kalten Krieg zwischen West und Ost gefährlich anheizte – besetzte die Polizei in Hamburg auf Weisung der Bundesanwaltschaft Verlag und Redaktion des «Spiegel» wegen Verdachts auf Landesverrat. Die Arbeit an der Schlußredaktion für die laufende Ausgabe wurde gestoppt, die Druckfahnen aller Artikel mußten dem Ermittlungsrichter vorgelegt werden. Eine umfangreiche Beschlagnahmeaktion, die offensichtlich dem Ziel diente, die Informanten des Blattes auszuforschen, drohte, den Betrieb stillzulegen. Der Herausgeber des «Spiegel», Rudolf Augstein, die Chefredakteure, der stellvertretende Chefredakteur Conrad Ahlers und eine Reihe weiterer Mitarbeiter wurden unter dem Verdacht, militärische Geheimnisse verraten zu haben, verhaftet.

Vorwand für dieses einmalige Vorgehen war ein Artikel von Conrad Ahlers über eine NATO-Übung, in dem er sich unter der Überschrift «Bedingt abwehrbereit» kritisch mit der Sicherheitspolitik von Bundesverteidigungsminister Strauß befaßte: «Es zeigte sich, daß die Vorbereitungen der Bundesregierung für den Verteidigungsfall völlig ungenügend sind.» Ziel dieser Kritik waren Überlegungen von Franz Josef Strauß, gegen einen etwaigen sowjetischen Großangriff in Europa von deutschem Boden einen frühen, vielleicht auch einen preemptiven Nuklearschlag zu führen. Die Kennedy-Administration wollte dagegen nicht durch mangelnde konventionelle Abwehrfähigkeit in Europa in die Lage gebracht werden, einen etwaigen konventionellen Angriff der Sowjets mit Nuklearwaffen beantworten zu müssen. Der Artikel von Ahlers unterstützte diese Position. Der Streit war ein Vorläufer der späteren Auseinandersetzung über die NATO-Strategie der «flexiblen Antwort».

Als ich im Radio von der Nacht-und-Nebel-Aktion gegen den «Spiegel» hörte, war ich empört. Ich erinnerte mich an das Vorgehen der Weimarer Strafverfolgungsbehörden gegen Journalisten, unter ihnen Carl von Ossietzky, die über geheime Aufrüstung der Reichswehr berichtet hatten. Als mich wenig später Conny Ahlers bat, an seiner Verteidigung und an einer Verfassungsbeschwerde des Verlags gegen die Aktion mitzuwirken, sagte ich spontan zu. Und nicht nur, weil wir uns aus meiner Bonner Zeit bei Adolf Arndt gut kannten. Dem Fall kam in meinen Augen große Bedeutung für die weitere politische Entwicklung der Bundesrepublik zu. Bei einem positiven Ausgang würden sich die Reformkräfte gegen den konservativen Status quo durchsetzen, eine Niederlage hingegen drohte die Bundesrepublik in jene undemokratische Mi

schung von Obrigkeits- und Rechtsstaat zurückzustoßen, die
schon mit katastrophalen Folgen den preußisch-deutschen Son-
derweg gepflastert hatte.

Meiner Ausbildung nach schien mir der Fall auf den Leib geschrieben zu sein. Rechtsanwalt Dr. Josef Augstein, Bruder des
«Spiegel»-Herausgebers, hielt mich allerdings für einen Sohn des
ihm so warm empfohlenen Professors Ehmke, als ich ihn zu unserer ersten Besprechung auf dem Freiburger Bahnhof abholte.
Schließlich war ich erst 35 Jahre alt.

Den «Spiegel»-Leuten gelang es, nicht zuletzt mit Hilfe des
Springer-Verlags, den Betrieb aufrechtzuerhalten. Die Verhafte-
ten kamen – teils nach Wochen, teils erst nach Monaten – frei.
Inzwischen organisierte das «Spiegel»-Team nicht nur die juristische Abwehr, sondern auch die publizistische und politische Ge-
genwehr. Ich wirkte im Team der Strafverteidiger mit und hielt
über Fritz Erler und Helmut Schmidt den Kontakt zur SPD. Auch
gegen Schmidt war ein Ermittlungsverfahren eingeleitet worden.
Der Wehrexperte der SPD war mit Ahlers dessen Artikel durchgegangen. Jetzt wurde ihm unterstellt, er habe ihm geheime Informationen geliefert. Neben den Gefahren der Kubakrise mag das
ein zusätzlicher Grund für ein zunächst vorsichtiges Taktieren der
SPD gewesen sein.

Um so entrüsteter reagierten Journalisten und Studenten, aber
auch Professoren und Künstler. Es formierte sich eine kritische
Öffentlichkeit, die ungewohnterweise auch auf die Straße ging.
Der «Spiegel» hatte für sie im Adenauer-Staat in hohem Maße die
Rolle der Opposition übernommen und für den Kampf gegen die
Nachkriegsrestauration von bürgerlichem Juste-milieu und staat-
licher Obrigkeit symbolische Bedeutung erlangt.

Strauß wurde in einer dreitägigen Fragestunde des Deutschen
Bundestages überführt, die Verhaftung von Conrad Ahlers in
Spanien unter Umgehung des FDP-Justizministers veranlaßt zu
haben. Dafür war das Gerücht in die Welt gesetzt worden, Ahlers
wolle sich über Tanger «absetzen». Konrad Adenauer, der einen
«Abgrund von Landesverrat» beschworen und die Verhaftung
von Ahlers mit der treuherzig-verschlagenen Bemerkung zu baga-
tellisieren versucht hatte, «nu hoole Se ma einen aus Tange 'er-

aus», zog sich auf Kosten von Strauß aus der Affäre. Strauß mußte seinen Hut nehmen, Adenauer war zum ersten Mal angeschlagen. Beide hatten ihre Macht überschätzt. Mit der aufgebrachten Öffentlichkeit im Rücken organisierten wir die juristische Abwehr. Meine Hauptarbeit war die Ausarbeitung der Verfassungsbeschwerde. Im Prozeß wurde ich von Rechtsanwalt von Stackelberg unterstützt, dessen baltisch-gastfreundliches Haus in Karlsruhe-Durlach für mich und meine Kollegen Gutachter zu einem wahren Stützpunkt wurde.

Wir argumentierten nicht nur auf der rechtlichen, sondern auch auf der tatsächlichen Ebene, die in diesem Fall, in dem es angeblich um Staatsgeheimnisse ging, besonders wichtig war. Das «Spiegel»-Archiv zauberte eine mehrbändige Dokumentation auf den Tisch, die Abschnitt für Abschnitt fast lückenlos belegen konnte, daß die von Conrad Ahlers in «Bedingt abwehrbereit» mitgeteilten Tatsachen vorher schon in anderen Zeitungen, Zeitschriften und Büchern veröffentlicht worden waren. Die Bundesanwälte und die Ermittlungsrichter des Bundesgerichtshofs, die die Polizeiaktion mit ihren Beschlüssen abgesegnet hatten, kannten sich in der sicherheitspolitischen Diskussion offensichtlich nicht aus, sondern hatten sich völlig auf das Verteidigungsministerium verlassen. Dessen Gutachter, ein Oberregierungsrat, Jurist und nicht Militärfachmann, erwies sich als gänzlich überfordert.

Die Hardthöhe blamierte sich in dem Prozeß bis auf die Knochen. Nicht nur, daß den für sie handelnden Personen demokratisches Verfassungsbewußtsein fehlte, hinzu kam, daß sich ihre Vorstellungen von Sicherheitspolitik und Staatsgeheimnissen als antiquiert erwiesen. Daß die nationale und internationale öffentliche Diskussion über Sicherheitspolitik längst zu einem Bestandteil der Sicherheit selbst geworden ist, wollten sie nicht zur Kenntnis nehmen. Die Alliierten hingegen hielten sich trotz des NATO-Sicherheitsverbundes ganz aus der teutonischen Affäre heraus. Einige ihrer Experten halfen sogar uns. Es ist nicht übertrieben zu sagen, daß in der Bundesrepublik erst der «Spiegel»-Prozeß die Voraussetzungen für eine moderne sicherheitspolitische Diskussion geschaffen hat.

Mit Fleiß und Ironie entblätterten wir die angemaßte Autorität

der Strafverfolgungsbehörden. So konnte ich mir nicht verknei-
fen, einer langen Liste von irrelevanten, aber trotzdem beschlag-
nahmten Unterlagen, die mit einem Manuskript über Hemingway
endete, hinzuzufügen: «Da das Manuskript mit dem Satz beginnt
‹Der Schuß fiel morgens um halb acht›, kann insofern allerdings
eine gewisse, wenn auch entfernte Beziehung zum militärischen
Bereich nicht bestritten werden.»

Auf rechtlichem Gebiet ging es zunächst um Verfahrensfragen,
die für den Schutz der Freiheit oft wichtiger sind als Fragen des
materiellen Rechts. Ohne den Erlaß von Haftbefehlen und
Durchsuchungsbeschlüssen wäre der «Spiegel»-Betrieb nicht gefährdet worden. Angesichts der Vagheit des Verdachts auf Landesverrat einerseits, der Tragweite des Eingriffs andererseits, war
diesen Verfahrensbeschlüssen die Unangemessenheit, ja die Will-
kür auf die Stirn geschrieben. Mangels eigenen Urteils hatten sich
die Herren offenbar von der «Größe der Gefahr» oder auch, so
argwöhnte ich, von der Größe ihrer eigenen Bedeutung hinreißen
lassen. Von Strauß-Helfern im Verteidigungsministerium, wie
Staatssekretär Hopf, war das entsprechende Bewußtsein nach
Kräften gefördert worden.

Dann wandten wir uns der Auslegung der Vorschriften des
Staatsschutzrechts zu. In jenen Jahren war das Staatsschutzrecht
von Kalter-Kriegs-Hysterie geprägt, deshalb kam der Verfas-
sungsauslegung zentrale Bedeutung zu. Welche Beschränkungen
der grundrechtlichen Presse-, Informations- und Meinungsfreiheit
waren nach dem Grundgesetz überhaupt zulässig? Konnten die
Vorschriften des geltenden Strafrechts verfassungskonform ausgelegt oder mußten sie zumindest teilweise als verfassungswidrig
beurteilt werden? Das Bundesverfassungsgericht hätte sich gerne
darauf beschränkt, über den Umfang des Eingriffs in den «Spiegel»-Betrieb zu entscheiden, nicht aber über den Zugriff als solchen. Sein Präsident, Gebhard Müller, den ich schon aus seiner
Zeit als Ministerpräsident von Baden-Württemberg kannte, redete mir in diesem Sinne freundlich zu. Wir blieben aber bei unseren weitergehenden Anträgen, den Zugriff als solchen für verfassungswidrig zu erklären. Wir wollten es wissen.

Nach fast vier Jahren endete das Verfassungsbeschwerde-Verfahren am 5. August 1966 mit einer juristischen Sensation. Vier Richter des Ersten Senats hielten die Beschwerde für unbegründet. Die anderen vier Senatsmitglieder legten ihre gegensätzliche Meinung in einem ausführlichen abweichenden Votum dar, obwohl das damals geltende Recht eine «dissenting opinion» gar nicht kannte. Bei Stimmgleichheit wurde die Verfassungsbeschwerde zwar abgewiesen, aber rechts- und verfassungspolitisch war das gespaltene Votum ein Sieg für den Rechtsstaat, die Hälfte der Richter war unseren weitergehenden Argumenten gefolgt. Die Strafverfahren wurden eingestellt. Conrad Ahlers hatte unter seiner Strafverfolgung gelitten. Als republikanischer Patriot mußte er es als ehrenrührig empfinden, überhaupt des Landesverrats bezichtigt zu werden. Rudolf Augstein und ich hatten uns über seine diesbezüglichen Erklärungen gelegentlich amüsiert, schließlich war Ahlers der Held und nicht der Schurke in unserem Stück. Im Zuge der Truppenbetreuung hatte ich die Familie Ahlers einmal übers Wochenende in Hamburg besucht. Conny war von seiner resoluten Ehefrau Heilwig mit mir ins Stadion zum HSV geschickt worden. Aber auch dort hatte er nur ins Innere seiner beleidigten Seele geschaut. Bis ein Spieler des HSV, ich glaube, es war einer der Brüder Dörfel, bei einem Angriff gesperrt wurde. Da war Conny aufgesprungen, hatte die Arme hochgeworfen und zur Freude der Ehrentribüne gerufen: «Indirekter Freispruch.» Genauso war es gekommen.

Für das politische Bewußtsein und das öffentliche Klima in der Bundesrepublik war der Ausgang der «Spiegel»-Affäre von großer Bedeutung. Die bürgerliche Koalition fand sich nach einer Zerreißprobe zwar noch einmal zusammen, aber auch eine Große Koalition wurde nun für möglich und von manchen bereits für notwendig gehalten. Nachdem Konrad Adenauer als Bundeskanzler durch Ludwig Erhard abgelöst worden war, ging es mit der Koalition weiter bergab. Die ungewohnte Erfahrung einer Wirtschaftsrezession löste übertriebene Verunsicherung aus. Ein Streit um Finanzierungslücken im Haushalt – es ging um ganze vier Milliarden DM – war der Anlaß für den Bruch der Koalition im Herbst 1966. Die Ursache hingegen lag tiefer: Die Nachkriegszeit lief aus, die gesellschaftlichen Verhältnisse waren reif für einen Wandel.

Gegen Jahresende wurde in Nordrhein-Westfalen die langjäh-
rige CDU-Herrschaft durch eine sozial-liberale Koalition unter
Heinz Kühn abgelöst. Eine große Koalition lehnte die sozialdemokratische Landtagsfraktion ausdrücklich ab. In Baden-Württemberg gingen die Sozialdemokraten dagegen wenig später nach
Bonner Vorbild in eine große Koalition mit den Christdemokraten. Die christliche Konfessionsschule, von der Union bis dahin
mit Herzblut gegen die gottlosen Sozis verteidigt, brachte der
Nachfolger Kiesingers im Amt des Ministerpräsidenten, Filbinger, als Morgengabe dar.

In der Großen Koalition

Das Ende der Adenauer-Zeit

Amtsantritt auf der Rosenburg

Vorkämpfer einer großen Koalition in Bonn war Herbert Wehner, unterstützt von Helmut Schmidt. Wehners Gesprächspartner in der CDU/CSU waren vor allem Heinrich Krone, Paul Lücke und Karl Theodor Freiherr zu Guttenberg. Zwischen ihnen bestand Konsens, daß es viele ungelöste Probleme gab, die nur von den beiden großen Parteien gemeinsam angepackt werden konnten, beispielsweise die Fragen einer Wahlrechtsreform und einer rechtsstaatlichen Notstandsregelung. Die erste setzte ein Zusammengehen der beiden großen Parteien, die zweite eine verfassungsändernde Mehrheit voraus. Die Diskussion um diese Fragen innerhalb der SPD rief nicht nur die Gegner einer Notstandsregelung auf den Plan, sondern auch die entschiedenen Widersacher einer großen Koalition. Eine Zusammenarbeit mit der Union, so ihr Argument, sei auch ohne Koalition möglich. Für Herbert Wehner stand aber in erster Linie die Regierungsfähigkeit der SPD im Bund und damit die Machtfrage zur Debatte. Die Sorge seiner Kritiker, eine große Koalition werde der Union den politischen Offenbarungseid ersparen, der SPD aber ihre Glaubwürdigkeit nehmen, teilte er nicht.

Fritz Erler, der seit mehreren Monaten schwer krank war und den ich in der Freiburger Klinik besuchte, riet seiner Partei noch auf dem Sterbebett zu einer großen Koalition. Er selbst, der für seine Partei so viele Jahre im Zuchthaus gelitten hatte, sollte deren Regierungsbeteiligung nicht mehr erleben. Willy Brandt tendierte eher zu einer sozial-liberalen Koalition, ließ sich aber von den Gegenargumenten umstimmen.

Ich selbst befürchtete, der in den letzten Jahren gewachsene innenpolitische Erwartungsdruck – das Zentrum des Studentenprotestes hatte sich von Berkeley nach Berlin verlagert – werde in Enttäuschung umschlagen. Außerdem hatte ich Zweifel an Kiesinger als Bundeskanzler, seine Regierungskünste in Baden-Württemberg hatten mich keineswegs überzeugt. Als ich dies Herbert Wehner vortrug, wimmelte er mich mit dem Vorschlag ab, ich solle meine Bedenken gegen Kiesinger für den SPD-Pressedienst zu Papier bringen. Das tat ich, während er selber die große Koalition unter Dach und Fach brachte. Die war allerdings nur mit Kiesinger zu haben.

Eine der Kröten, die die SPD bei Bildung einer großen Koalition zu schlucken hatte, war Franz Josef Strauß. Ohne seine Rückkehr in die Bundesregierung war die Zustimmung der CSU und damit der Union nicht zu haben. Andererseits war Strauß spätestens seit der «Spiegel»-Affäre politisch diskreditiert. Helmut Schmidt kam die Idee, Strauß in der Regierung durch Conny Ahlers als eines der Opfer der «Spiegel»-Affäre und durch mich als einen seiner Gegenspieler auszubalancieren. Unter dem Gesichtspunkt des Gegengewichts erschien auch mir die Vorstellung akzeptabel, mit Strauß in einer Regierung zu sitzen.

Ich war Dekan der Freiburger Fakultät und durch den «Spiegel»-Prozeß der Öffentlichkeit kein Unbekannter mehr, als mich Helmut Schmidt telefonisch auf das Angebot vorbereitete, beim Justizminister Gustav Heinemann beamteter Staatssekretär auf der Bonner Rosenburg zu werden. Für Conny Ahlers war das Amt des stellvertretenden Regierungssprechers vorgesehen. Schmidt riet mir, das Angebot anzunehmen, auch wenn das nicht der Job sei, den ich mir selber aussuchen würde. Ich solle mit meiner Rolle als professoraler Wochenendpolitiker Schluß machen und nach Bonn kommen, dort könne ich direkten Einfluß nehmen.

Ich bat mir Bedenkzeit aus, um mich mit Freunden und Kollegen zu besprechen. Adolf Arndt und Carlo Schmid rieten mir zu. Meine Fakultätskollegen rieten nicht ab. Sie halfen mir dann beim Übergang nach Bonn in großzügiger Weise. Gustav Heinemann kannte ich noch nicht persönlich, hatte aber politisch großen Respekt vor ihm. Als er kurz darauf offiziell bei mir anfragte, sagte ich zu: Anfang 1967 würde ich meinen Dienst auf der Rosenburg antreten. 1969 würde ich aber auf jeden Fall zum Bundestag kandidieren.

Mir war klar, daß der Fortgang nach Bonn für mich praktisch einen Berufswechsel bedeutete. Und ich hatte ein schlechtes Gewissen meiner Familie gegenüber. Die Kinder waren jetzt elf und dreizehn Jahre alt. Sie brauchten mich noch. Dennoch entschied ich mich für Bonn. Da meine Frau wußte, daß mich die Aufgabe reizte und ich meine politischen Freunde nicht im Stich lassen wollte, erhob sie keinen Einspruch. Heute weiß ich, daß ich mich damals auf Kosten der Familie entschieden habe.

Kurz nach der Zusage an Gustav Heinemann erhielt ich in Freiburg einen Anruf des Herrn Bundespräsidenten. Erst argwöhnte ich einen Scherz, aber dann war Heinrich Lübkes Westfälisch unverkennbar. Ob ich denn wirklich Staatssekretär auf der Rosenburg werden wolle? Da sei doch der Herr Professor Bülow Staatssekretär, dessen Amtszeit nach Erreichen der Altersgrenze gerade erst ein Jahr verlängert worden sei. Ich könne mich doch unter Herrn Bülow erst einmal etwas einarbeiten. Eher heiter antwortete ich, ich zöge klare Verhältnisse und klare Verantwortung vor. Nun ja, meinte er, das sähe er ein.

Anfang Dezember 1966 besuchte ich zum ersten Mal die Rosenburg, jenes dem Mittelalter nachempfundene Burggebäude aus dem 19. Jahrhundert, das in Bonn auf der halben Höhe des Venusbergs liegt. Ich stellte mich Gustav Heinemann vor. Anschließend besuchte ich Professor Bülow, dem der Abschied vom Haus schwerfiel. Von ihm erfuhr ich auch den Grund für den Anruf des Bundespräsidenten. Heinrich Lübke wurde damals wegen angeblichen Fehlverhaltens in der Nazi-Zeit öffentlich angegriffen. Dabei spielte ein in der ersten Hälfte der 30er Jahre gegen ihn in Berlin geführter Strafprozeß eine Rolle. Die Akten des Prozesses waren in Moabit auf dem Dachboden des Gerichts gefunden und vom Berliner Justizsenator Professor Bülow übergeben worden, der sie nun mir überließ. Die Akten zeigten deutlich, daß die Gestapo in dem Verfahren gegen den alten Zentrums-Mann mitgemischt hatte. Ich meldete mich beim Bundespräsidenten zum Besuch an.

Da Heinrich Lübke neue Angriffe des «Spiegel» befürchtete,

riet ich ihm, Rudolf Augstein Einblick in die Prozeßakten anzubieten. Staatssekretär Bülow aber solle, so schlug ich vor, nach seiner Versetzung in den Ruhestand einen Gutachterauftrag zu den Vorwürfen erhalten. Beides wurde akzeptiert.

Heinrich Lübke kam auf sein politisches Leben und schließlich auf sein Amt als Bundespräsident zu sprechen. Er sei enttäuscht zu hören, was wir Verfassungsrechtler darüber schrieben. «Ich will mich nicht in die Politik einmischen. Aber einen so unfähigen Kanzler wie Ludwig Erhard muß ich doch absetzen können.» Die Mischung aus Naivität und absoluter Integrität, mit der er seine Kritik vorbrachte, wirkte hinreißend. Meine Antwort fiel offenbar zu diplomatisch aus. Jedenfalls berichtete mir Herbert Wehner bald darauf, Lübke habe ihn wissen lassen, so richtig traue er mir noch nicht. «Ganz hinten in den Augen», da hätte ich «so ein Flackern».

Kurz vor meinem 40. Geburtstag trat ich das Amt auf der Rosenburg an. Da Professor Bülow sich entschuldigen ließ, begrüßte mich sein Vertreter, Ministerialdirektor Roemer, im Namen der Mitarbeiter des Hauses. Darin lag eine Pointe, denn dieser hohe Beamte des Justizministeriums hatte die Bundesregierung im «Spiegel»-Verfahren vor dem Bundesverfassungsgericht vertreten, und dabei hatten wir uns schätzengelernt. Nun arbeiteten wir im Justizministerium zusammen an der Reform des im Kalten Krieg völlig überdehnten Staatsschutzrechts. Auch für das Bundesverfassungsgericht zogen wir Konsequenzen aus dem «Spiegel»-Verfahren, das abweichende Votum wurde institutionalisiert, die Verfassungsbeschwerde im Grundgesetz verankert.

Die Bundesgerichte und die Bundesanwaltschaft gehörten in Heinemanns Worten ebenfalls zu «unserem Beritt». Nach längerer Überlegung wechselten wir den amtierenden Generalbundesanwalt trotz der Fehlleistungen der Bundesanwaltschaft im «Spiegel»-Verfahren nicht aus. Einmal wollten wir den Eindruck von Parteilichkeit vermeiden, zum anderen war die Auswahl unter möglichen Nachfolgern gering. In den Akten der älteren Generation gab es aus der Nazi-Zeit noch viele braune Flecken.

Das Justizministerium war für mich ein glücklicher Einstieg in die Politik. Fachlich verfügte ich in dem Bereich als Professor und als «Spiegel»-Anwalt über ein hohes Ansehen, und als beamteter Staatssekretär lernte ich den Bonner Apparat gründlich von innen kennen. Auch große Teile der Bürokratie, vor allem die jüngeren Mitarbeiter, freuten sich über den frischen Wind. Vorlagen an den Staatssekretär wurden bei meinem Amtsantritt noch mit «erg.» gezeichnet. Ich ließ das Haus wissen, wenn die Vorlagen gut seien, könne das «ergebenst» wegfallen. Außerdem räumte ich mit alten organisatorischen und personellen Querelen auf. Viele Mitarbeiter freuten sich über so eine unkonventionelle Respektsperson.

Größere Schwierigkeiten hatte ich mit meinem Selbstverständnis nicht als Fachmann, sondern als politischer Gehilfe des Ministers. Mein politisches Auftreten, das vielen als unvereinbar mit dem «herkömmlichen Berufsbild» eines beamteten Staatssekretärs erschien, rief vor allem auf seiten der Union teilweise heftige Kritik hervor. Auch die Union wirkte im März 1967 an der Neuschaffung der Institution Parlamentarischer Staatssekretär mit, aber für die Rosenburg wurde ein solcher noch nicht eingeführt. So blieb es auch bei der Kritik an mir, die ich durch Unerfahrenheit im Umgang mit der Bonner Presse in nicht unerheblichem Maße selber nährte. Die Presse schien meine Mischung von Prominenz und Unkonventionalität zu reizen. Daß ich dabei dennoch keinen Schiffbruch erlitt, verdankte ich vor allem der herrlichen Unbefangenheit Gustav Heinemanns.

Gustav Heinemann oder
Von der Fröhlichkeit eines Christenmenschen

Gustav Heinemann genoß weit über die SPD hinaus hohes moralisches und politisches Ansehen. Integer und gradlinig, spröde, aber fröhlich, lebte er die Freiheit eines Christenmenschen in der Politik vor. Er hatte als CDU-Innenminister im ersten Bonner Kabinett wegen der Wiederaufrüstung mit Adenauer gebrochen und die Gesamtdeutsche Volkspartei gegründet. Mit dieser war er schließlich zur SPD gekommen. Verglichen mit meinem lebhaften Temperament war Heinemann nüchtern und ruhig. Ich schätzte die Einfachheit und Klarheit seiner Gedanken und seiner Sprache.

Gleich in den ersten Tagen besuchten wir die Mitarbeiter in der Burg und in den Dependancen an ihren Arbeitsplätzen. Das machte Eindruck, zumal das noch kein anderer Minister getan hatte. Überhaupt gewann Heinemann durch seine unprätentiöse, trockene und faire Art schnell Vertrauen im Haus. Später titulierte man ihn intern sogar mit dem seinem doppelten Doktortitel nachgebildeten Spitznamen «Gustav Gustav». Heinemann nahm sich auch viel Zeit für die Gespräche mit den Verbänden, von den Richtern über die Notare, Rechtsanwälte und Wirtschaftsprüfer bis hin zu den Gerichtsvollziehern und den Vollzugsbeamten. «Die Leute sollen wissen, daß sie gehört werden.»

Um uns fit zu halten, gingen wir morgens häufiger zusammen schwimmen. Da wir in Bonn beide noch Strohwitwer waren, schleppte Gustav Heinemann mich abends auch mal zu den «Kanalarbeitern», der rechten Riege der Bundestagsfraktion, in die «Rheinlust» mit, wo er mit seiner unprätentiösen Art sehr viel populärer war als ich mit meiner professoralen. Außerdem spielte er auch noch besser Skat. Er freute sich diebisch, mir Geld abzunehmen.

Die Rechtsreformen ging Heinemann als erfahrener Anwalt pragmatisch, aber mit einem klaren Ziel an: Die großen Leitgedanken des Grundgesetzes sollten auch in der Rechts- und Justizpolitik gelten. Unsere Zusammenarbeit war von Anfang an partnerschaftlich, was Spannungen nicht ausschloß. So störte Heinemann meine Neigung, mich, auch wenn es nicht unbedingt nötig war, einzumischen und zu Wort zu melden. Auf einer Urlaubskarte aus der Schweiz nahm er mich hoch: «Dies ist ein Land ohne Staatssekretäre und doch ebenso ordentlich wie schön. Wie ist das nur möglich?» Andererseits schätzte er vieles, was ich außerhalb der Rechtspolitik sagte oder tat. So teilte er meine Überzeugung, Deutschland sei ein «schwieriges Vaterland». Heinemann gefiel dieses Wort aus meiner Offenburger politischen «Antrittsrede», ob er das einmal ausborgen dürfe. Ich empfand das als Auszeichnung. Gustav Heinemann machte aber nicht nur das Wort vom «schwierigen Vaterland» bekannt. Er rief wie kein anderer vor und nach ihm die demokratischen und rechtsstaatlichen Ansätze unserer Geschichte ins öffentliche Bewußtsein und ermahnte uns, sie zu verteidigen, zu pflegen und weiterzuentwickeln.

Sein christliches Verständnis vom Staat als weltlicher Notordnung ließ ihn sein Verhältnis zum demokratischen Staat für mein Empfinden gelegentlich zu unterkühlt darstellen. Sein berühmt gewordenes Wort: «Ich liebe nicht den Staat, ich liebe meine Frau», gefiel mir allerdings sehr.

Auf anderen Gebieten trennten uns Welten. In Fragen der schönen Künste war Heinemann so schmucklos wie ein reformierter Kirchensaal. Als Günter Grass mich auf der Rosenburg zu einem Teller Suppe besuchte, schaute Heinemann zu uns herein. Grass begann, ihn vorsichtig auf Literatur anzusprechen, Heinemann winkte ab: Fehlanzeige. Grass versuchte es mit dem Theater. «Ins Theater geht meine Frau, und außerdem habe ich hier Theater genug.» Schließlich klärte Heinemann ihn auf: Er habe in seinem Leben vor allem ein Buch gelesen, und das immer wieder, die Bibel. Sie reiche aus, die Sekundärliteratur sei nicht so wichtig. Heinemann machte auf Grass dennoch einen großen Eindruck, er habe die seltene Gabe, mit wenigen Worten und durch bloße Gegenwart Mut zu machen.

Einmal gerieten Gustav Heinemann und ich über eine Groteske aneinander. Heinemann befürchtete, die Berichte mancher Presseorgane über die Reform des Sittlichkeitsstrafrechts könnten unserem guten Ruf schaden. Daher überraschte er mich mit der Frage, ob wir nicht Striptease-Darbietungen verbieten sollten. «Wie bitte?» Ich fragte ihn, ob er schon einmal einen Striptease gesehen hätte, er verneinte. Daß ich aus eigener Anschauung gewonnene Erfahrungen zu diesem Thema beizusteuern hatte, irritierte Heinemann. Um ihn von seinem Einfall abzubringen, erzählte ich scheinbar unbefangen von einer Show in Basel, in der ein in ein Affenfell gekleideter Akrobat das Publikum mit einer Striptease-Persiflage zum Tränenlachen gebracht hatte. Jedem Zuschauer sei klargeworden, die ganze Kunst bestehe aus vier bis sechs mehr oder minder komischen Bewegungen. Wir könnten doch einfach jeder Striptease-Show eine solche Affen-Nummer verordnen. «Gustav Gustav» warf mich hinaus. Das Thema war erledigt, allerdings pries Heinemann seitdem gelegentlich meine «fröhliche Unverfrorenheit».

Wenn ich Gustav Heinemann im Kabinett vertrat, in dem sich auch die Sozialdemokraten siezten, lauschte ich den schöngeistigen Disputen zwischen Kanzler Kiesinger, «König Silberzunge» genannt, und Carlo Schmid, damals Bundesratsminister. Dabei ging es so oft um Tocqueville, daß man meinen konnte, er sei der einzige Autor, den Kiesinger wirklich schätze. Kiesingers Begabung zu plaudern wurde nur noch von seiner Fähigkeit übertroffen, Entscheidungen zu vertagen. Strauß forderte mich eines Tages auf, ein paar Haken und einen Hammer mitzubringen. Er würde Hängematten beisteuern, dann könnten wir es uns gemütlich machen.

Strauß war ich gleich zu Beginn unserer gemeinsamen Regierungstätigkeit bei Willy Brandt begegnet, im gelben Salon des Auswärtigen Amtes. Es ging um die Frage, ob das von einem deutschen Unternehmen für Jan Smith gedruckte neue Geld unter das Rhodesien-Embargo der UNO fiel. In dieser Sache waren wir uns schnell einig geworden. Aber dann hatte Strauß das Thema «Spiegel»-Affäre aufgegriffen. Willy Brandt war sofort geflohen, ich aber hatte mir etwa eine Stunde lang einen Redeschwall von Strauß angehört. Er gipfelte in der Behauptung, nicht er, sondern Fritz Erler als Fragesteller habe 1962 den Bundestag belogen. So war der Mann: kurzweilig und beängstigend zugleich.

Leben ins Kabinett brachte auch Hermann Höcherl, damals Landwirtschaftsminister. Er verbarg seine Bildung und sein Engagement hinter seiner Glanzrolle als altbayerisches Schlitzohr. Während einer Haushaltsberatung des Kabinetts wurde er beim Mogeln erwischt. Ein empörter Kiesinger beauftragte zwei Beamte des Kanzleramtes, die Zahlen nachzuprüfen. Nach einer Weile schlich sich Höcherl aus der Kabinettsrunde. Wo Höcherl denn stecke, fragte Kiesinger schließlich. Strauß antwortete trokken, vermutlich diktiere er den beiden Beamten gerade das Ergebnis ihrer Prüfung. Auf frischer Tat ertappt, wurde der Delinquent in den Kabinettssaal zurückgeführt. Er zeigte keine Reue. Als Landwirtschaftsminister werde er ja wohl noch ein bißchen

Falschgeld auf den Tisch bringen dürfen, rief er trotzig. Damit kam er, alle lachten, auch durch.

Ich hatte im Kabinett aber auch viele ernste und harte Debatten durchzustehen, nachdem ich im März 1969 als Heinemanns Nachfolger Justizminister geworden war. Denn ich mußte, oder richtiger durfte, am Ende der Legislaturperiode vieles von dem, was Heinemann auf den Weg gebracht hatte, durchs Kabinett und durchs Parlament bringen. Dabei kam mir zugute, daß Heinemann mir von vornherein einen weiten politischen Spielraum eingeräumt und ich in der Regierung dadurch ein «standing» erworben hatte, das über den normalen Einfluß eines beamteten Staatssekretärs hinausging.

Die Rolle des Justizministeriums in der Regierung beschränkt sich nicht auf seine genuinen Zuständigkeiten. Es ist als Rechts- und Verfassungsressort in hohem Maße an der Arbeit der anderen Ressorts beteiligt. Über diese normale Beteiligungsrolle hinaus wuchs dem Justizministerium in der Großen Koalition – das Innenministerium war an die CDU gegangen – die informelle Rolle eines SPD-Innenressorts zu.

Der von der CSU als Parlamentarischer Staatssekretär ins Kanzleramt geschickte Freiherr zu Guttenberg begann, mich in heiklen Fragen auf dem kleinen Dienstweg nach meiner Meinung zu fragen. So geschah es beispielsweise hinsichtlich des Briefwechsels mit dem Vorsitzenden des DDR-Ministerrats Stoph, der den deutsch-deutschen Dialog einleitete und vom Kanzleramt mit Willy Brandt als Außen- und Herbert Wehner als gesamtdeutschem Minister abgestimmt werden mußte. So geschah es auch bei der Behandlung des Strafantrags wegen Beleidigung, den der Schah nach den gegen ihn gerichteten Demonstrationen in Berlin gestellt hatte, in deren Verlauf der Student Benno Ohnesorg von einem Polizisten erschossen worden war. Das gleiche galt bei der Verschleppung südkoreanischer Bürger aus der Bundesrepublik durch den südkoreanischen Geheimdienst. Schließlich bat mich Kiesinger in einem Konflikt mit Verteidigungsminister Gerhard Schröder sogar persönlich um verfassungsrechtlichen Rat, obwohl ich der falschen Partei angehörte. Kiesinger meinte es mit der Großen Koalition ernst, zumal er sich ohnehin als über den Parteien stehend empfand. Verglichen mit den «Parteimännern» der Union war er zugleich altmodischer und offener. Aus seiner fachlichen Wertschätzung für mich machte er kein Hehl. Guttenberg zog mich danach mit der Anrede «Euer Ehren» hoch und wunderte sich, warum nicht nur Kiesinger, sondern auch sein von ihm wenig geliebter Parteivorsitzender Strauß mich mit so viel Rücksicht behandelte.

Fast zwangsläufig wurde ich auch stärker in die Koordinierung der SPD-Regierungsmitglieder einbezogen. Auf Regierungs- wie auf Parteiebene wurde mein Kontakt zu Willy Brandt, aber auch zu Herbert Wehner enger. Das lag auch an der Sitzordnung im Kabinett. Brandt als Vizekanzler und Außenminister saß rechts vom Kanzler, ich als Justizminister rechts von Brandt. Zu meiner Rechten Karl Schiller, Superstar. Diese Sitzordnung war eine Große-Koalitions-Variante der traditionellen Reihenfolge der Ressorts.

Willy Brandt begann, während der Kabinettssitzungen mit mir deren Verlauf zu erörtern. Gelegentlich, besonders wenn es im Kabinett hoch herging, zogen wir uns zur Besprechung auch auf den Flur oder ins Hallstein-Zimmer zurück oder aber auf die Herrentoilette. Obwohl ich ein Neuling war und jedenfalls politisch einer anderen Generation angehörte, hörte Willy Brandt mir aufmerksam zu. Ich verschonte ihn nicht mit Kritik, und er schätzte offensichtlich meine von Taktik freie Offenheit.

Zwischen Karl Schiller und mir entwickelte sich ein legeres Verhältnis. Für mein Buch «Wirtschaft und Verfassung» hatte ich seine ökonomischen Arbeiten mit großem Respekt gelesen. Mir gefiel seine Intelligenz, sein Witz, seine zupackende Art. Über seine eitle Selbstgefälligkeit machte ich mich gelegentlich lustig und versicherte ihm, seine Unsterblichkeit sei schon gesichert, er komme bei mir in einer Fußnote vor. Schiller gab in gleicher Münze zurück. Anderen sind wir damit wohl eher auf den Geist gegangen.

Freundschaftlichen Kontakt hielt ich zu Conny Ahlers und Klaus von Dohnanyi. Conny war inzwischen SPD-Mitglied geworden. Er verfügte aber auch über ausgezeichnete Verbindungen zur Union und zum Kanzleramt. Klaus von Dohnanyi, den ich in meiner Kölner Zeit für die Partei gewonnen hatte, war jetzt Staatssekretär bei Schiller. Die Abstimmung und Koordinierung mit der Fraktion lief über Helmut Schmidt als Fraktionsvorsitzenden und über Martin Hirsch als Vorsitzenden des Arbeitskreises Rechtswesen.

Als Heinemann im März 1969 vom Bundespräsidenten entlassen und ich zu seinem Nachfolger bestellt wurde, bot er mir zu meiner großen Freude das «Du» an. So hatte es einst auch Adolf Arndt gehalten. Vor seinem Amtsantritt als Bundespräsident hatten wir Anlaß, noch einmal gemeinsam darüber nachzudenken, ob die überkommene Art, «Staat» zu zelebrieren, nicht etwas verstaubt sei. Ich war seit drei Monaten Justizminister, als mich auf dem «kleinen Dienstweg» aus dem Kanzleramt die von einer Sekretärin flott formulierte Aufforderung erreichte, ich solle bitte vor der nächsten Kabinettssitzung «im gedeckten Anzug Orden fassen (Halskreuz)». Ich schrieb Bundeskanzler Kiesinger, ich fühlte mich noch nicht im «ordensfähigen Alter». Von der Praxis, frisch bestellten Ministern das «Halskreuz» umzuhängen, hielt ich nichts. Sie hatten mich noch nicht einmal gefragt. Bald wurden anläßlich von Staatsbesuchen auch ausländische Orden bei mir «angeliefert». Auch sie reichte ich zurück. Für meine Entscheidung, überhaupt keine Orden anzunehmen, berief ich mich jetzt auf meine Herkunft aus der Hansestadt Danzig und auf hanseatische Tradition. Heinemann amüsierte sich über meine Verärgerung. Als er in die Villa Hammerschmidt umzog, schlug ich ihm vor, am Eingang Kisten mit den verschiedenen Ordensklassen aufstellen zu lassen, zur Selbsteinschätzung und Selbstbedienung der Besucher.

Die Anfänge der Reformen

Der weltweite Studenten- und Jugendprotest gegen die Nachkriegsordnung hatte sich bei uns mit einer spezifischen Gesellschaftskritik verbunden. Darin kam auch ein Generationenkonflikt zum Ausdruck, der dadurch verschärft wurde, daß die mittlere Generation, der ich angehörte, durch den Krieg stark dezimiert worden war. Die ältere Generation hatte sich nach Mitlaufen mit und Überforderung durch den totalen Staat aufs Private, auf Familie, Arbeit, Nachbarschaft zurückgezogen. Trotz der fragwürdigen Entnazifizierungspolitik der Alliierten war dieser Rückzug aufs Private mit geistiger und politischer Besinnung verbunden gewesen. Durch den sich im Koreakrieg und im Kalten Krieg voll entfaltenden Anti-Kommunismus war die Auseinandersetzung mit der Nazi-Vergangenheit dann aber in den Hintergrund gedrängt worden. Antikommunistisch war man schließlich schon im «Dritten Reich» gewesen. In diesem Rahmen überließen die Bundesbürger die Politik der neuen bürgerlichen Obrigkeit und konzentrierten sich auf das Materielle, das «Wirtschaftswunder». Das eigentliche Befreiungserlebnis der Nachkriegszeit war kein politisches, sondern ein wirtschaftliches. Zusammen mit erheblicher personeller Kontinuität in Wirtschaft, Verwaltung und Justiz hatte sich so eine Art bürgerlicher Restauration vollzogen.

Dabei blieb die Gesellschaft aber natürlich nicht die gleiche. Die Aufnahme der Millionen von Flüchtlingen aus dem Osten würfelte sie noch einmal durcheinander. Industrialisierung und Verstädterung führten nicht nur zu einer Dynamisierung der wirtschaftlichen und gesellschaftlichen Entwicklung, sie bildeten auch den Hintergrund der Protest- und Emanzipationsbewegung, die mit «zweite Jugendbewegung» sehr viel treffender beschrieben wurde als mit «zweite Aufklärung». In ihr schlugen sich zugleich die in der Nachkriegszeit sprunghaft gestiegenen kulturellen und politischen Einflüsse des Westens nieder, die uns erst über die Besatzungsmächte, dann über den Massentourismus und schließlich über das Fernsehen erreichten.

Für die jungen Leute, ich hatte das in Freiburg auch an meinen Studentinnen und Studenten erlebt, blieb unsere Gesellschaft weit hinter ihren Möglichkeiten zurück. Sie mokierten sich nicht nur über den «Muff» der Ordinarien-Universität. Sie waren auch die obrigkeitliche Bevormundung und «Repression» leid. Sie forderten mehr Offenheit und Öffentlichkeit, mehr Mitwirkung und Mitbestimmung, kurz mehr Demokratie. Zugleich kam ihnen die restaurierte bürgerliche Gesellschaft spießig und verlogen vor. Verlogen in ihrer Einstellung zur Sexualität, über die aufzuklären man Oswalt Kolle überließ. Verlogen in ihrer Konzentration auf das Materielle unter abendländischen Etiketten. Borniert in ihrer Verteidigung des Juste-milieu: keine Experimente. Verlogen in ihrer Verdrängung der Nazi-Vergangenheit, borniert in ihrem blinden Anti-Kommunismus. Angesichts des Elends in der Welt verspürten die Jungen an der bürgerlichen Behaglichkeit dieser Gesellschaft Unbehagen. Die leidenschaftliche Auseinandersetzung über den Vietnamkrieg brachte das Faß zum Überlaufen.

Bedeutete die Bildung der Großen Koalition gemessen an dieser Kritik und diesen Träumen Verrat oder Erfüllung? Keines von beiden. Auf der einen Seite signalisierte die Große Koalition das Ende der Adenauer-Zeit. Die SPD wurde Regierungspartei, die Bundesrepublik eigentlich erst damit auch ihr Staat. Das veränderte die Einstellung der Öffentlichkeit zur NS-Vergangenheit wie zu vielen gesellschaftlichen Fragen. Auf der anderen Seite signalisierten Bundeskanzler Kiesinger und die Rückkehr von Strauß in die Regierung Kontinuität. Wehners Machtkalkül ging zwar letztendlich auf, die Gefahren der Großen Koalition hatte er aber unterschätzt. Die deutsche Demokratie, vor allem die deutsche Sozialdemokratie, zahlte für die Große Koalition in der Auseinandersetzung mit der Protestgeneration einen hohen Preis. Die SPD sah sich mit ihrer Reformpolitik schließlich eingeklemmt zwischen den in der Großen Koalition eingegangenen Bindungen und einer Protestbewegung, die in wesentlichen Teilen nicht mehr Gesellschaftsreformen wollte, sondern in deutscher Unbedingtheit wieder einmal die große Alternative suchte. Auf der anderen Seite gewann die rechtsradikale NPD an Boden, in der baden-württembergischen Landtagswahl von 1968 erhielt sie über 10 Prozent der Stimmen.

Auch in ihrem sachlichen Ertrag war die Große Koalition ambivalent. Brandts neue Ansätze in der Ost- und Deutschlandpolitik stießen in der Union auf erbitterten Widerstand, woran die Koalition schließlich scheiterte. Auf dem Gebiet der Wirtschaftspolitik wurden dagegen unter Federführung von Karl Schiller mit dem Stabilitäts- und Wachstumsgesetz und der «konzertierten Aktion» Instrumente einer modernen Konjunkturpolitik geschaffen. Während die Modernisierung von Regierung und Verwaltung in Kommissionen steckenblieb, wurde unter Federführung von Strauß die Finanzverfassung reformiert. Dabei wurden «Gemeinschaftsaufgaben» von Bund und Ländern eingerichtet, unter ihnen der Ausbau unserer Hochschulen. Eine Reform des Bildungswesens mit seiner Benachteiligung nichtbürgerlicher Schichten wurde nicht angepackt. Auf dem Gebiet des Rechts- und Justizwesens brachte die Große Koalition dagegen beachtliche Reformen zustande. Hier war der Bruch mit der Adenauer-Zeit auch in der Union mit Händen zu greifen.

Einen Skandal stellte im alten Familienrecht die Diskriminierung der unehelichen Kinder dar. Wir zogen es vor, von nichtehelichen Kindern zu sprechen. Schon die Weimarer Reichsverfassung hatte ihre Gleichbehandlung postuliert. Das Grundgesetz hatte sogar einen ausdrücklichen Gesetzgebungsauftrag erteilt. «Bürgerliche» und patriarchalische Vorurteile, aber auch handfeste wirtschaftliche Interessen hatten dafür gesorgt, daß zwanzig Jahre lang trotzdem nichts passiert war. Das alte «bürgerliche» Recht fingierte, ein nichteheliches Kind sei mit dem Vater gar nicht verwandt. Nichteheliche Kinder wurden hinsichtlich der Unterhaltszahlungen schlechter behandelt als eheliche Kinder und zudem vom Erbrecht ausgeschlossen. Ihre Mütter aber wurden hinsichtlich der Sorge für das nichteheliche Kind unter eine Art öffentliche Vormundschaft gestellt. Wir änderten das. Als erfahrener Anwalt war Heinemann dagegen, nichteheliche Kinder in die Erbengemeinschaft aufzunehmen. Das gäbe bei der Realteilung des Nachlasses nur Streit und Ärger. Das nichteheliche Kind erhielt daher – zur «systematischen» Verzweiflung unserer Familienrechtler – einen «Erbersatzanspruch» in Geld.

Heinemann gelang es auch, die in den Weimarer Jahren steckengebliebene Strafrechtsreform zu einem die Öffentlichkeit interessierenden Thema zu machen, das allerdings auch erheblichen konservativen Widerstand und Ausbrüche «gesunden Volksempfindens» gegen die «Humanitätsduselei» auslöste. In der Pädagogik war unsere Gesellschaft schon weiter: Kaum jemand glaubte noch, die besten Schüler seien diejenigen, die am meisten geprügelt würden.

Die Verabschiedung der Reform gegen alle Vorurteile war ein

Erfolg der Großen Koalition und insbesondere ein Erfolg des Bundestages. Sie war nicht zuletzt ein Verdienst des Ausschußvorsitzenden, des CDU-Abgeordneten und ehemaligen Generalbundesanwalts Dr. Max Güde. Ihm gelang es, die Konservativen in der Union um Richard Jaeger in die Minderheit zu drängen.

Im materiellen Strafrecht war die Reform bestimmter Sittlichkeitsdelikte besonders umstritten. Daß viele Vorschriften weniger dem Schutz der Gesellschaft als der Aufrechterhaltung gutbürgerlicher Moralvorstellungen dienten, war das eine Problem. Daß sich diese Vorstellungen in der nach Einführung der Pille einsetzenden «sexuellen Revolution» immer mehr verflüchtigten, das andere. Da mußte es bigott erscheinen, wenn Eltern, die die volljährige Tochter in ihrer Wohnung mit dem Verlobten schlafen ließen, wegen Kuppelei verfolgt wurden.

Ein anderes Beispiel: Der Ehebruch wurde seinerzeit noch als Straftat geahndet, obwohl diese Strafvorschrift keine Ehe gerettet hat. Es gab nur noch etwa 100 bis 150 Verurteilungen pro Jahr, die Drohung mit einer Strafanzeige wurde aber oft als Druckmittel bei der Regelung der Unterhaltsfragen oder des Sorgerechts für die Kinder benutzt. Als ich in der Bundestagsdebatte darauf hinwies, daß für Ehebruch Geldstrafen in Höhe von 50,– DM verhängt worden seien und fragte, ob es die Institution der Ehe festige, wenn der Ehebruch «preislich» auf eine Ebene mit falschem Parken gestellt werde, hatte ich die Lacher auf meiner Seite. Andere hielten den Vergleich für geschmacklos. Breite Zustimmung fanden wir dagegen, als wir uns eine vom kanadischen Ministerpräsidenten Trudeau ausgesprochene Maxime zu eigen machten: «Der Staat hat in den Schlafzimmern seiner Bürger nichts zu suchen.» Der Straftatbestand wurde abgeschafft.

Nicht weniger wichtig als die Reform des materiellen Strafrechts war die Reform seines Allgemeinen Teils, der das System der Strafen und Maßnahmen festlegt. In Weimar war diese Reform, die Voraussetzung für eine Reform des Strafvollzugs ist, gescheitert. Wie nötig sie war, erfuhr ich anschaulich, als ich das Zuchthaus Tegel besuchte. Vor etwa hundert zu lebenslänglichen oder langjährigen Zuchthausstrafen Verurteilten sprach ich über unsere Vorstellungen zur Reform des Strafvollzugs. Die Gefangenen mit ihren schweren Gesichtern hörten mir aufmerksam zu. Und dann überraschten sie mich mit einer Fülle von Fragen, die ebenso leidenschaftlich wie bestimmt waren. Es war, als hätte ich ein seelisches Ventil geöffnet.

Der Zustand des überbelegten Zuchthauses war bedrückend. Teilweise gab es keine Kanalisation, sondern immer noch Kübel. Die kleinlichen Schikanen des unterbezahlten und unterqualifizierten Personals und die Brutalität unter den Strafgefangenen erschreckten mich. Ich erinnere mich an einen jungen Mann, der von seinen Zellen-«Kameraden» sexuell mißbraucht und dann gezwungen worden war, sich zur Feier des ersten sowjetischen Sputniks dessen Abbild auf den Nacken tätowieren zu lassen. Vernünftige Freizeitbeschäftigung gab es so wenig wie vernünftig bezahlte Arbeit. Und da setzte der Kreislauf auch schon ein. Mit wenig Geld entlassen, war es für den Gefangenen fast unmöglich, Wohnung und Arbeit zu finden. Außerdem: Wer nahm schon einen «Zuchthäusler»? Für viele endete das in Rückfalltaten, zu ihrem Schaden und zum Schaden der Gesellschaft.

Die Reform des Allgemeinen Teils des Strafrechts wurde beschlossen. Die Verabschiedung eines Strafvollzuggesetzes brauchte dagegen noch Jahre. Noch langwieriger ist die praktische Reform des Strafvollzugs durch bessere Strafanstalten und qualifiziertes Personal. Sie ist Ländersache, kostet viel Geld und hat keine nennenswerte Lobby.

Zu den Rückständen der Adenauer-Zeit, nicht aber der Weimarer Republik gehörte das der Bekämpfung kommunistischer Unterwanderungsversuche dienende politische Strafrecht. Ähnlich wie das Staatsschutzrecht, das wir im Anschluß an die Erfahrungen der «Spiegel»-Affäre reformierten, war das politische Strafrecht im Kalten Krieg uferlos ausgedehnt worden. Wer sich als Kommunist bekannte oder in unserem geteilten Land mit Kommunisten Kontakte unterhielt, stand gewissermaßen mit einem Fuß im Gefängnis. Für Beispiele verweise ich auf den Erfahrungsbericht des früheren nordrhein-westfälischen Justiz- und Finanzministers Diether Posser, «Anwalt im Kalten Krieg». Wir setzten eine gründliche Reform durch.

Als frühere Mitglieder der 1956 vom Bundesverfassungsgericht verbotenen KPD Heinemann 1968 um ein Gespräch über die rechtlichen Möglichkeiten der demokratischen Neugründung einer kommunistischen Partei baten, wich Heinemann nicht aus. Wir gaben Rechtsrat. Nicht sehr viel später wurde die DKP gegründet.

Bei der Ahndung nationalsozialistischer Gewaltverbrechen hatte es die Justiz der Bundesrepublik in den Nachkriegsjahren an Energie fehlen lassen. So wurde die Frage der Verjährung solcher Straftaten Gegenstand eines leidenschaftlichen politischen Streits.

Koalitionsstreit

Die Debatte um die Verjährung

Kaum eine Debatte der Nachkriegszeit hat die Deutschen so mit der von ihnen gerne verdrängten NS-Vergangenheit konfrontiert, kaum eine die öffentliche Meinung so erregt wie die Verjährungsdebatte.

Nach dem noch aus dem 19. Jahrhundert stammenden Recht verjährten Mordtaten nach zwanzig Jahren. Für einen während der Nazi-Zeit begangenen Totschlag war die Verjährungsfrist 1960 abgelaufen. Die Mordtaten drohten, Ende 1969 zu verjähren, zwanzig Jahre nach der Gründung der Bundesrepublik und der Errichtung ihrer Justizbehörden. Rechtlich unstrittig war, daß die Verjährungsfrist für bereits verjährte Taten nicht rückwirkend aufgehoben oder verlängert werden konnte. Hinsichtlich der noch nicht verjährten Taten hatte das Bundesverfassungsgericht entschieden, daß die Frist verlängert oder aufgehoben werden könne. Und die Aufhebung der Verjährung von Mordtaten stand schon seit den Weimarer Jahren auf dem Reformprogramm.

Wie viele NS-Fälle von einer Aufhebung oder Verlängerung der Mordverjährung betroffen sein würden, war unklar. Seit 1945 waren bereits zahlreiche Strafverfahren abgeschlossen worden, in vielen anderen Fällen hatte die Staatsanwaltschaft die Verjährung unterbrochen. Betroffen waren Mordtaten, die noch nicht entdeckt oder deren Täter noch unbekannt waren. Die Zahl dieser Fälle war, wie wir aus der Arbeit der zu spät gebildeten Ludwigsburger Zentrale zur Aufklärung von NS-Verbrechen wußten, nicht abzuschätzen. Andererseits ergab sich eine Einschränkung daraus, daß die Gerichte überwiegend nicht Mord, sondern nur Beihilfe zum Mord als gegeben annahmen. Wegen Beihilfe erhoben die Staatsanwaltschaften aber angesichts der nach so vielen Jahren schwierigen Beweislage gegen Täter in untergeordneten Positionen meist gar keine Anklage mehr. Die Zahl der Ermittlungsverfahren war fünfstellig, die der Anklagen dreistellig. Sollte man angesichts dieser Situation nicht besser der Stimmung im Volke nachgeben und «endlich einen Schlußstrich unter die Vergangenheit ziehen»?

Heinemann und ich kannten die inneren Hemmungen, die Verbrechen der Nazi-Zeit nach so vielen Jahren noch zu verfolgen, genauso gut wie die Schwierigkeiten, dies mit rechtsstaatlichen Mitteln zu tun. Wir hatten aber Sorge, nach Ablauf des Jahres 1969 könne ein Mörder oder gar Massenmörder aus seinem Versteck auftauchen, sich vielleicht auch noch seiner Mordtaten rühmen, ohne zur Verantwortung gezogen werden zu können. Wir hielten es daher für moralisch wie politisch unzumutbar, diese Taten verjähren zu lassen. Es ging um das Selbstverständnis unseres Volkes angesichts der Nazi-Verbrechen, und es ging auch um das Ansehen unserer jungen Demokratie in der Welt.

Diese Mordtaten waren nicht im Zusammenhang mit Kriegshandlungen begangen worden, wie etwa Geiselerschießungen im Kampf gegen Partisanen. Es waren Mordtaten gegen wehrlose Menschen gewesen, oft gegen Frauen und Kinder. Gerade weil wir den Vorwurf der Kollektivschuld gegen unser Volk zurückweisen mußten, durften wir hinsichtlich der persönlichen Verantwortung für gemeine Mordtaten nicht nach dem Grundsatz handeln: Schwamm drüber.

Wir wollten aber auch kein Sonderrecht für NS-Täter schaffen. Die Verjährung für noch nicht verjährte Mordtaten sollte generell aufgehoben werden, also beispielsweise auch für Raubmord oder Sexualmord. Heinemann hatte schon 1967 einen entsprechenden Gesetzentwurf eingebracht, dessen Behandlung war aber im Kabinett und in der Koalition vertagt worden, bis im Jahre 1969 der Ablauf der Verjährungsfrist bevorstand.

Am 28. März 1969, einen Tag nach meinem Amtsantritt als Bundesminister der Justiz, behandelte der Bundesrat die Verjährungsfrage. Grundlage war ein Hamburger Entwurf, der sich mit der von uns geforderten generellen Aufhebung der Verjährung für

Mordtaten deckte. Mit dem Präsidenten des Bundesrates, dem Hamburger Ersten Bürgermeister Weichmann, war ich einig: Wir mußten den Termindruck verstärken. Ich versprach die rechtzeitige Vorlage eines Regierungsentwurfs, Bundesratspräsident Weichmann gab der Erwartung Ausdruck, der Entwurf werde bis zur Bundesratssitzung am 9. Mai vorliegen.

Ich drängte Bundeskanzler Kiesinger brieflich, die Frage müsse endlich entschieden werden. Als wir uns drei Wochen später trafen, eröffnete Kiesinger mir, er strebe eine «differenzierte Lösung» an, die die «kleinen Leute», die Täter in untergeordneten Positionen, ausschließe. Ich erklärte ihm, eine derartige Lösung sei nicht möglich. Die Staatsanwaltschaften differenzierten angesichts der Beweislage längst nach der Art der Beteiligung an diesen Mordtaten. Das könne aber nur anhand des konkreten Falls geschehen, eine generelle gesetzliche Grenzlinie könne nicht gezogen werden. Kiesinger drohte daraufhin eine nochmalige Vertagung an, jedenfalls müsse er sich mit seinen politischen Freunden noch einmal besprechen. Zwei Tage später bestanden die Unions-Minister im Kabinett auf einer «differenzierten» gesetzlichen Regelung. Nur Höcherl, der eine Verlängerung der Verjährungsfrist auf 30 Jahre einer Aufhebung der Frist vorzog, unterstützte mich, heftig attackiert von Strauß. Ich erhielt vom Kabinett den Auftrag, alles noch einmal schriftlich darzulegen. Noch in der Nacht brachten wir auf der Rosenburg unsere Position erneut zu Papier.

Früh am Morgen, noch vor Fortsetzung der Kabinettssitzung, wurde ich zum Kanzler gerufen. Dort saßen schon Wehner, Leber und Carstens. Der Kanzler erklärte mir, er werde keine differenzierte Lösung anstreben. Na also. In der Kabinettssitzung blieb die Unions-Seite dann aber doch wieder bei ihrer alten Vorstellung. Nach stundenlanger Debatte wußte ich um Mitternacht nicht mehr, ob Kiesingers Wort aus der Vorbesprechung noch galt. Daher erklärte ich nach kurzer Absprache mit Willy Brandt und Herbert Wehner, als Bundesjustizminister würde ich keiner differenzierten Lösung zustimmen, die Union könne ihre inneren Schwierigkeiten nicht auf dem Rücken der deutschen Justiz abladen. Daraufhin drohte Kiesinger wütend mit einer Mehrheitsentscheidung, Willy Brandt riet ihm, vorher besser mit ihm zu sprechen.

Die Koalitionsfrage tauchte in der Debatte dieser Nacht nicht allein wegen der sachlichen und emotionalen Bedeutung des Verjährungsthemas auf. Die Große Koalition befand sich generell in schlechter Verfassung. Je näher der Wahlkampf rückte, um so größere Schwierigkeiten machte die Union Willy Brandt in der Außenpolitik. So wurde um den Beitritt zum Vertrag über die Nichtverbreitung von Atomwaffen lange gestritten. In der Währungspolitik gab es einen von Karl Schiller zugespitzten Streit über eine Aufwertung der DM. Die Frage eines Verbotsantrags gegen die NPD und/oder die DKP bot zusätzlichen Zündstoff.

Nach getrennten Parteigesprächen erfolgte dann aber doch, erst im kleinen Koalitionskreis, dann im Kabinett, eine Einigung auf unseren Vorschlag. Meine Pressekonferenz, die nur wenige Stunden nach der Entscheidung stattfand, war überfüllt und fand ein ungewöhnlich positives nationales und internationales Echo. Ich gab bekannt, das Kabinett habe der Vorlage der Rosenburg zugestimmt: generelle Aufhebung der Verjährungsfrist für Mord. Es dürfe hinsichtlich der Nazi-Verbrechen in unserer Gesellschaft keine Tabus geben. Wir müßten offen über sie sprechen. Dies, so fügte ich als Seitenhieb auf Kiesingers Taktieren hinzu, sei auch eine Frage politischer Führung.

Wie berechtigt diese Mahnung war, zeigte sich elf Tage später. Die CDU/CSU-Fraktion beschloß eine differenzierte Lösung und Kiesinger, so wurde berichtet, habe dem zugestimmt. In der Presse fiel das Wort vom «Anpassungs-Bankrott». Ich ging zum Fraktionsvorsitzenden Barzel und kündigte ihm einen Konflikt an, dessen Opfer weder ich noch Strauß, sondern Kiesinger sein würde.

Nur drei Tage später lehnte der Bundesrat jede gesetzliche Differenzierung ab und stimmte dem vom Kabinett beschlossenen Entwurf der Rosenburg zu. Am gleichen Tag verabschiedete der Bundestag im Rahmen der allgemeinen Strafrechtsreform eine Verlängerung der Verjährungsfrist für Mord auf künftig 30 Jahre. Damit war die Frage Aufhebung oder Verlängerung auch für die nicht verjährten Mordtaten der Nazi-Zeit praktisch vorentschieden.

Wenige Tage später tagte der «Kreßbronner Kreis», die Runde

der Koalitionsspitzen, um die Große Koalition aus der Krise zu führen. Hier schloß sich Kiesinger nun der Fristverlängerung an. Zwei Tage später billigte das Kabinett, anschließend eine Koalitionsrunde und dann die Unions-Fraktion das Ergebnis des «Kreßbronner Kreises». Die Fraktionen beschlossen für die nicht verjährten NS-Mordtaten eine Verlängerung der Verjährungsfrist auf 30 Jahre.

In meiner Bundestagsrede sprach ich die Täter direkt an. Nach dem zur Zeit ihrer Tat geltenden Recht hätten die meisten von ihnen ihr Leben verwirkt. Das Grundgesetz habe es ihnen durch Abschaffung der Todesstrafe geschenkt. Ihm verdankten sie auch ein Verfahren nach rechtsstaatlichen Grundsätzen, die das Regime, für das sie getötet hätten, mit Füßen getreten habe. Für viele von ihnen führe das zum Freispruch mangels Beweisen. Mir sei bewußt, auf ihrer Seite gebe es nicht nur Schuld, sondern auch viel menschliches Elend. Meine Kraft des Mitempfindens reiche aber nicht einmal aus, das Leiden ihrer Opfer auszuloten. Anders als seinerzeit die Familienangehörigen ihrer Opfer seien ihre Frauen und Kinder von jeder «Sippenhaft» frei. Auf deren Frage, ob die Taten ihrer Männer und Väter wirklich auch noch nach 25 Jahren verfolgt werden müßten, könne ich als Justizminister nur antworten: «Nach bestem Wissen und Gewissen, ja.»

Der Bundestag beschloß das Gesetz trotz negativer Umfrageergebnisse mit Mehrheit, viele Abgeordnete der CSU und der CDU stimmten aber dagegen. Kiesinger und Strauß beteiligten sich weder an der Debatte noch an der namentlichen Abstimmung. Die oppositionelle FDP-Fraktion lehnte das Gesetz mit rechtlichen Argumenten geschlossen ab.

Zehn Jahre später, die verlängerte Verjährungsfrist drohte 1979 erneut auszulaufen, wurde die Verjährungsfrist für Mord dann doch noch generell aufgehoben. Diesmal stimmte die FDP zu.

Die Notstandsregelung

Die Alliierten hatten sich in dem 1955 in Kraft getretenen Deutschlandvertrag Notstandsmaßnahmen vorbehalten, um die in der Bundesrepublik stationierten alliierten Streitkräfte zu schützen und Störungen der öffentlichen Sicherheit und Ordnung abzuwehren. Dieses Vorbehaltsrecht sollte gelten, bis die Bundesrepublik eine eigene gesetzliche Vorsorge getroffen habe. Aufgrund einer alliierten Ermächtigung hatte die Adenauer-Regierung inzwischen zahllose «Schubladen»-Gesetze und -Verordnungen erstellt. Der Kontrolle des Parlaments ebenso entzogen wie der Kritik der Öffentlichkeit, lagen sie als geheime Verschlußsachen für den «Tag X» bei allen Dienststellen im Lande.

Eine deutsche Notstandsregelung zur Ablösung der alliierten Vorbehalte setzte eine Änderung des Grundgesetzes voraus. Dafür brauchte Adenauer die Zustimmung der Sozialdemokraten. Die Diskussion über eine Notstandsverfassung rief ungute Erinnerungen an den Mißbrauch der Ermächtigungsklausel des Artikel 48 der Weimarer Reichsverfassung wach. Bundesinnenminister Gerhard Schröder nahm auf derartige Sorgen keine Rücksicht. Sein 1960 vorgelegter Entwurf war von der hochnäsigen Überzeugung bestimmt, der Notstand sei «die Stunde der Exekutive» und erfordere Ermächtigungen in Form von Generalklauseln. Selbst Schröders Parteifreunde im Bundesrat lehnten den Entwurf ab. Die SPD fühlte sich provoziert.

Schröders Nachfolger als Innenminister, Hermann Höcherl, machte 1961 erhebliche Abstriche. Ein «Gemeinsamer Ausschuß» von Bundestag und Bundesrat sollte die parlamentarische Kontrolle auch in Notständen gewährleisten. Im Sommer 1965 war der Höcherl-Entwurf dennoch gescheitert. Mit der Mehrheit der Koalition hatte der Bundestag inzwischen aber sieben einfache Notstandsgesetze zur Sicherstellung der Versorgung im Notfall beschlossen, die sogenannten «Sicherstellungsgesetze».

Nun stand das Thema auf der Tagesordnung der Großen Koalition. Die Sozialdemokraten hatten darüber auf drei Parteitagen gestritten. Helmut Schmidt forderte in seiner Antwort auf die Regierungserklärung von Kiesinger eine gründliche öffentliche Diskussion über eine Notstandsverfassung. Die bereits verabschiedeten «Sicherstellungsgesetze» sollten noch einmal überarbeitet, die «Schubladen»-Gesetze in die ordentliche parlamentarische Behandlung überführt werden. Die Federführung in der Bundesregierung lag bei Bundesinnenminister Lücke.

Das öffentliche Klima für eine abwägende Diskussion der Notstandsfrage war zu diesem Zeitpunkt bereits verdorben. Dafür hatten Gerhard Schröders Staatsallüren ebenso gesorgt wie das Bekanntwerden von empörenden Einzelheiten aus den «Schubladen»-Gesetzen und internen Entwürfen des Bundesinnenministeriums. Groteske Äußerungen von Beamten der Bundesregierung über die auf uns lauernden Gefahren und die Mittel zu ihrer Bekämpfung taten ein übriges. Es gab einen zivilen Aufstand gegen dieses Vorhaben der Großen Koalition. Besonders bei den Gewerkschaften hatte sich auf dem Hintergrund historischer Erfahrung ein tiefes Mißtrauen gegen jede Notstandsgesetzgebung festgesetzt. Es reichte bis zu dem Verdacht, die Bundeswehr solle gegen Arbeitskämpfe eingesetzt werden. Die außerparlamentarische Opposition gegen das «Establishment» bezog aus der Notstandsdiskussion argumentative Munition.

Die SPD-Führung wurde wieder einmal in eine Zwei-Fronten-Auseinandersetzung gezwungen. Gegenüber dem Koalitionspartner mußte sie dafür streiten, die vorgelegten Entwürfe zu demokratisieren und zu liberalisieren. Gegenüber der kritischen Öffentlichkeit, einschließlich weiter Teile der Gewerkschaften und der eigenen Partei, mußte sie um Verständnis für die Gründe kämpfen, aus denen sie eine deutsche Notstandsregelung alliierten Notstandsbefugnissen vorzog.

Bereits als Delegierter auf dem Dortmunder SPD-Parteitag im Juni 1966, also vor Bildung der Großen Koalition, hatte ich mich für eine deutsche Notstandsregelung ausgesprochen. Für unsere junge Republik sei das eine Frage des Vertrauens, für unseren demokratischen Staat eine Frage seiner Glaubwürdigkeit. Es ging ja nicht um die Neuschaffung einer Notstandsregelung, sondern um die Ablösung der aus alliierter Ermächtigung und geheimen «Schubladen»-Gesetzen bereits bestehenden Notstandsverfassung. Wir mußten eine eigene, offene Notstandsregelung schaffen und sie nach dem «Versicherungsprinzip» auf wahrscheinliche Gefahren beschränken, gegen die man mit vertretbarem Aufwand wirksame Maßnahmen treffen konnte. Ich hielt es beispielsweise für unsinnig, für den Fall einer atomaren Apokalypse Maßnahmen zu treffen, die ungeheuer kostspielig sein, aber wenig helfen würden.

Als Gustav Heinemann und ich auf der Rosenburg Einblick in die geheimen «Schubladen»-Gesetze nahmen, waren wir über ihre Reichweite und ihren realitätsfernen Perfektionismus empört. Zusammen mit dem Hamburger Innensenator Heinz Ruhnau brachten wir neue Vorschläge zu Papier, die von der Fraktion als Richtlinie für die Verhandlungen mit der Union gebilligt wurden. Verteidigungs- und Spannungsfall sollten nur von Bundestag und Bundesrat erklärt werden können, falls die nicht zusammentreten könnten, durch einen «Gemeinsamen Ausschuß» der beiden Gesetzgebungsorgane. Die im Höcherl-Entwurf vorgesehenen Einschränkungen von Grundrechten, besonders der Pressefreiheit, der Berufsfreiheit und der Koalitionsfreiheit der Gewerkschaften, sollten wegfallen bzw. eng begrenzt werden. Die Rechte von Bundestag und Bundesrat beim Erlaß und Außerkrafttreten von Notstandsmaßnahmen sollten gestärkt, die Geheimschubladen ausgeräumt werden.

Einen Teil dieser Forderungen berücksichtigte der Bundesinnenminister bereits in seinem im Frühjahr 67 vorgelegten neuen Entwurf. Aber nicht nur die in der Opposition stehende FDP, sondern auch eine starke Minderheit in der SPD-Fraktion hatte gegen den neuen Entwurf weiterhin grundsätzliche Einwände. Sprecher dieser Minderheit, die die leidenschaftliche Ablehnung in Teilen der Gewerkschaften und der Partei widerspiegelte, war in der Fraktion Hans Matthöfer von der IG Metall.

Auch in der Partei waren IG-Metaller Wortführer der Kritik. Ihre Motive nahm ich ernst, in der Argumentation fand ich sie nicht überzeugend. Oft bekam ich zu hören, man zöge alliierte Notstandsbefugnisse deutschen Regelungen vor. In der Vietnam-Debatte schmolz das Vertrauen in amerikanische Generäle später schnell dahin. Die oft nächtelangen Debatten waren hart, aber in der Regel fair. Die Kontrahenten empfanden Respekt füreinander, während sich viele Amts- und Würdenträger drückten. Im Münchner Salvator-Bräu unterbrach ich die Redeschlacht um Mitternacht mit der Ankündigung an die Münchner Parteiprominenz, ich werde zusammen mit meinem Opponenten von der IG Metall Bier trinken gehen, falls sich weiter keiner von ihnen zu Wort melde. Darauf ergriff aber nur der später zur CSU wechselnde Juso-Vorsitzende und Bundestagsabgeordnete Günther Müller das Wort. Auch Helmut Schmidt und Heinz Ruhnau, wir waren die Hauptstreiter in Sachen Notstand, haben die Erfahrung gemacht, daß man in der kontroversen Debatte nicht selten allein stand. Den wichtigsten Beitrag zur Meinungsbildung der Partei leistete auf einer Parteikonferenz in Godesberg im Herbst 1967 Gustav Heinemann, der in seiner ruhigen, abwägenden Art einmal mehr überzeugte.

Als das Kuratorium «Notstand der Demokratie» im Mai 1968 versuchte, einen Sternmarsch auf Bonn zu organisieren, lehnten die Gewerkschaften es ab, sich dem Marsch anzuschließen. Heinrich Böll, der auf der Kundgebung sprechen sollte, besuchte mich vorher auf der Rosenburg. Wir blieben in der Sache unterschiedlicher Meinung, konnten aber völlig offen und unverkrampft miteinander reden.

Die entscheidende Sitzung der SPD-Fraktion im gleichen Monat wurde von Helmut Schmidt souverän geleitet. Hans Matthöfer als Sprecher der Fraktionsminderheit war nicht weniger eindrucksvoll. Mich hat es nicht gewundert, daß die beiden über diese politische Auseinandersetzung Freunde wurden. Helmut Schmidt hielt während der Sitzung, die Fraktionen von SPD und CDU/CSU tagten parallel, laufend Kontakt zu Rainer Barzel. Die letzten Kompromisse wurden erst abgeschlossen, als am folgenden Tag die Bundestagsdebatte bereits lief. Hans Matthöfer brachte die vorherrschende Stimmung auf den Punkt: «Wir alle haben den Notstand satt.»

Die Notstandsverfassung fand in der von den beiden Fraktionen angenommenen Fassung im Bundestag und im Bundesrat eine verfassungsändernde Mehrheit. Die Alliierten verzichteten förmlich auf ihr Vorbehaltsrecht – ein Erfolg der Großen Koalition. Sehr bald war der Notstand kein öffentliches Thema mehr. Und auch keine der von den Notstandsgegnern befürchteten Gefahren für unsere Demokratie ist eingetreten. Dennoch muß ich heute einen Nachtrag hinzufügen.

Von 1983 bis 1991 war ich Mitglied des Gemeinsamen Ausschusses, der nach dem Grundgesetz auch in Friedenszeiten über die Planungen der Bundesregierung für den Verteidigungsfall zu unterrichten ist. Seinen Sitzungen haftete etwas Unwirkliches an. Das lag einmal an der Kluft, die nach wie vor zwischen den – an den Erfahrungen früherer Kriege orientierten – zivilen Planungen der Bundesregierung und den Kriegsszenarien der NATO bestand. Es lag andererseits aber auch daran, daß Übungen des Gemeinsamen Ausschusses für den «Ernstfall», möglichst auch noch im Eifel-Bunker, von der Öffentlichkeit als Ausdruck von Kalter-Kriegs-Hysterie angesehen worden wären. Folglich tagte der Ausschuß nur pro forma. Damit wurde aber noch fraglicher, ob er in einem «Ernstfall» gegenüber den Militärs und Bürokraten des Bündnisses und der Bundesregierung Gewicht haben würde. Das Ende der militärischen Ost-West-Konfrontation wird uns den Testfall hoffentlich ersparen.

Die Wahlrechtsfrage

Bei Bildung der Großen Koalition war eine Wahlrechtsreform ein politisches Hauptziel der Union gewesen. Von den ständigen Querelen mit der FDP als Koalitionspartner genervt, das Anwachsen der NPD vor Augen und die Parteizersplitterung der Weimarer Jahre im Hinterkopf, plädierte sie für ein Mehrheitswahlrecht nach britischem Vorbild, das Koalitionen, auch große Koalitionen, überflüssig machen würde.

Der Parlamentarische Rat hatte für die erste Bundestagswahl ein Verhältnisrecht mit einer 5-Prozent-Sperrklausel und der Wahl der Abgeordneten teils in Wahlkreisen, teils über Landeslisten beschlossen. Dieses Wahlrecht war im folgenden mehrfach modifiziert worden, in seinen Grundzügen aber unverändert geblieben. Nachdem in der «Spiegel»-Krise zum ersten Mal über eine große Koalition und eine Änderung des Wahlrechts gesprochen worden war, setzte die SPD 1963 eine kleine Kommission ein, um sich über die Folgen der Einführung eines Mehrheitswahlrechts Klarheit zu verschaffen. Erich Ollenhauer bat mich, den Vorsitz zu übernehmen. Die Kommission scheiterte, weil das für die Partei arbeitende INFAS-Institut sich weigerte, das für die Kommissionsarbeit erforderliche Material zur Verfügung zu stellen. Professor Wildenmann, später Leiter der Mannheimer Forschungsgruppe Wahlen, kam aufgrund seines Materials zu dem Ergebnis, eine Wahl in Vierer-Wahlkreisen mit proportionaler Verteilung der vier Mandate in jedem Wahlkreis könne eine optimale Lösung sein.

Bei Bildung der Großen Koalition wurde verabredet, die Einführung eines mehrheitsbildenden Wahlrechts zu prüfen. Kanzler Kiesinger forderte in seiner Regierungserklärung ein im Grundgesetz verankertes Wahlrecht, das klare Mehrheiten ermögliche. Helmut Schmidt antwortete, die SPD, Fraktion und Partei, sei nicht auf die Vorschläge der Regierung festgelegt. Persönlich befürworte er ein relatives Mehrheitswahlrecht. In den Koalitionsgesprächen war man davon ausgegangen, ein neues Wahlrecht würde erst für die übernächste Wahl – voraussichtlich also 1973 – gelten. Kiesinger erklärte für die Bundesregierung, sie werde auch die Möglichkeit eines Übergangswahlrechts für die Bundestagswahl 1969 prüfen. Die Federführung für die Wahlrechtsfrage lag bei Innenminister Lücke. Er berief für sie einen wissenschaftlichen Beirat ein. Parallel dazu bildete die SPD eine zweite Wahlrechtskommission, der ich als Mitglied angehörte.

Die Forderung, in der Bundesrepublik solle einer handlungsfähigen Regierung jeweils eine handlungsfähige Opposition mit der Chance des Machtwechsels gegenüberstehen, war unumstritten. Die Frage für die SPD war, würde ein Mehrheitswahlrecht einen Machtwechsel eher ermöglichen als das geltende Wahlrecht oder würde es die bestehende Dominanz der Union noch verstärken? Könnte ein Mehrheitswahlrecht sogar die parlamentarische Sperrminorität der SPD gegen Verfassungsänderungen gefährden? Darüber hinaus war zu fragen, würde ein solches Wahlrecht nicht zu einer ganz unrepräsentativen Zusammensetzung des Parlaments führen, ein Zweiparteiensystem zementieren und die

Chancen neuer Parteien, wie etwa später der Grünen-Partei, auf Null reduzieren? Und würde die FDP die Einführung eines relativen Mehrheitswahlrechts überleben?

Ferner gab es gesellschaftspolitische Fragen: Würde ein Mehrheitswahlrecht nicht zu einer Spaltung zwischen sozialdemokratisch dominierten Ballungsgebieten und unionsdominierten kleinstädtischen und ländlichen Gebieten führen? Und was würde seine Rückwirkung auf die innere Struktur der beiden großen Parteien sein? Würden die Wahlkreisgliederungen der Parteien sich für die Kandidatenaufstellung vom Einfluß der Parteivorstände unabhängig machen? Welche Wirkung würde das auf die Auswahl der Kandidaten und damit für die Zusammensetzung des Parlaments haben?

Erst im Dezember 1967 erstattete der wissenschaftliche Beirat beim Bundesinnenminister seinen Bericht. Er schlug vor, das relative Mehrheitswahlrecht in Form der Wahl aller Abgeordneten in Einzelwahlkreisen so früh wie möglich einzuführen. Der Innenminister machte sich den Vorschlag zu eigen. In der SPD fand dieser Vorschlag ein negatives Echo. Die SPD-Wahlrechtskommission tendierte zwar zu einer Änderung des Wahlrechts, aber nicht zu einer reinen Mehrheitswahl. In den Parteigliederungen und unter den Abgeordneten, die sich erst jetzt mit den Fragen einer Wahlrechtsänderung zu befassen begannen, gab es Bedenken, die SPD würde ihre Position unter einem geänderten Wahlrecht verschlechtern.

Die Meinungsforscher hatten uns jahrelang prophezeit, die SPD werde aus dem «Turm der 30 Prozent» nicht herauskommen. In der Bundestagswahl 1965 hatten wir aber schon fast 40 Prozent der Stimmen erhalten, und, um vorauszuspringen: 1969 sollte der Abstand zur Union nur noch 3,5 Prozent betragen, und 1972 wurden wir stärkste Partei mit 45,8 der Zweit- und 48,9 Prozent der Erststimmen. Ein Machtwechsel wurde also auch unter dem geltenden Wahlrecht möglich, allerdings nur durch einen Koalitionswechsel der FDP. Unter einem mehrheitsbildenden Wahlrecht hätte die SPD dagegen 1972 eine satte Parlamentsmehrheit gehabt. Das alles wußten wir aber 1968 noch nicht.

Einer der Mängel der erst langsam anlaufenden Diskussion in

der SPD war, daß im wesentlichen nur der Vorschlag des Innenministers, Mehrheitswahl in Einzelwahlkreisen, diskutiert wurde,
nicht aber mögliche Varianten wie Verhältniswahl in Dreier- oder
Vierer-Wahlkreisen. Zwischen dem Vorschlag des Innenministers
vom Dezember 1967 und dem Nürnberger SPD-Parteitag lagen
keine vier Monate. In ihnen startete Klaus Liepelt mit INFAS
eine große Kampagne gegen eine Wahlrechtsänderung, Tenor: sie
bedeute den politischen Selbstmord der SPD. Ich widersprach ihm
öffentlich, blieb damit aber unter der SPD-Prominenz allein. Die
einen wollten die Große Koalition fortsetzen, die anderen die
Möglichkeit einer SPD/FDP-Koalition offenhalten. Das war ihnen wichtiger als eine in ihren Konsequenzen ungewisse Wahlrechtsreform. Das vom Bundesinnenminister vorgeschlagene
Wahlrecht hatte auf dem SPD-Parteitag in Nürnberg zu Recht
keine Chance. Die SPD-Wahlrechtskommission aber konnte noch
keinen eigenen Vorschlag vorlegen. Der Parteitag vertagte die
Wahlrechtsfrage daher als nicht entscheidungsreif auf den nächsten ordentlichen Parteitag. Der stand aber erst in der nächsten
Legislaturperiode an.

Damit war die Wahlrechtsfrage für die Große Koalition gestor-
ben. Bundesinnenminister Lücke trat konsequenterweise zurück.
Die SPD-Wahlrechtskommission empfahl in ihrem drei Monate
später vorgelegten Bericht eine Wahl in Dreier-Wahlkreisen. Ein
solches Wahlrecht habe die Vorteile des Mehrheitswahlrechts und
minimiere seine Nachteile. Nachteile übrigens, über die heute in
Großbritannien, dem klassischen Land des Mehrheitswahlrechts,
lebhaft diskutiert wird.

Auf dem Godesberger Parteitag vom April 1969, er war schon
der Auftakt zum Wahlkampf, hielt Herbert Wehner höchstpersönlich den Nachruf auf das Thema Wahlrechtsänderung. Niemand war über diese Entwicklung glücklicher als die FDP, die
inzwischen Walter Scheel zu ihrem Vorsitzenden gewählt hatte.
Mit der Bildung der sozial-liberalen Koalition im Herbst 1969 war
das Wahlrechtsthema vom Tisch.

Parteieinstand

Zwischen Brandt, Schmidt und Wehner

Willy Brandt war als Außenminister an den völker-, staats- und verfassungsrechtlichen Grundfragen des geteilten Deutschlands besonders interessiert. Das brachte mich mit Egon Bahr zusammen, der damals im Auswärtigen Amt erst Sonderbotschafter und dann Planungschef war. Die 1955 verkündete «Hallstein»-Doktrin drohte Staaten, die die DDR anerkannten, mit dem Abbruch der diplomatischen Beziehungen. Der politisch defensive, juristisch dogmatische «Alleinvertretungs»-Anspruch der Bundesrepublik für ganz Deutschland behinderte unsere außenpolitische Manövrierfähigkeit gerade auch in der Auseinandersetzung mit dem SED-Regime. Die Doktrin mußte durch eine Position ersetzt werden, die – auch im Interesse unserer Einwirkung auf die DDR – einen staatsrechtlichen Modus vivendi mit der DDR ermöglichte, ohne die Teilung Deutschlands völkerrechtlich anzuerkennen. Ende Juli 1967 schrieb ich dazu ein erstes Papier. Meinen rechtlichen Überlegungen fügte ich den Schlußsatz hinzu: «Die geistige Auseinandersetzung mit dem totalitären SED-Regime muß von der Bundesrepublik, Hand in Hand mit ihren Entspannungsbemühungen, intensiviert werden.»

Die deutschlandpolitischen Probleme häuften sich. Wie stand es mit freiem Geleit für SED-Redner bei dem angestrebten Redneraustausch von SPD und SED, vor dem die SED diesmal zurückgezuckt war? Wie konnte ein Zeitungsaustausch mit der DDR eingeleitet werden? Wie konnten wir verhindern, daß die DDR-Regierung uns einerseits in Fragen der Verfolgung von Nazi-Verbrechen dauernd propagandistisch vorzuführen versuchte, uns andererseits aber die Einsicht in das in ihren Händen befindliche Beweismaterial verweigerte? Wir verlangten Zugang und waren bereit, das Material in Ost-Berlin zu sichten. Wie war das rechtlich abzusichern? Fast alle diese Überlegungen stießen auf Mißtrauen aus den Reihen der CDU/CSU, um so härter, je näher der Wahlkampf kam.

Anläßlich einer zugleich deutschland- wie außenpolitischen Kontroverse in der Koalition geriet ich zum ersten Mal mit Willy Brandt aneinander. Kambodscha hatte im Mai 1969 die DDR anerkannt. Kiesinger und die Union verlangten, die diplomatischen Beziehungen zu Phnom Penh abzubrechen, obwohl die «Hallstein»-Doktrin gerade gelockert worden war (Einzelfallprüfung). Für ihn, so Kiesinger, sei das eine Gewissensfrage. Willy Brandt hielt den Abbruch für töricht, da er ein Zurückweichen vor der DDR darstelle. Nach heftigem Streit einigte man sich im Kreßbronner Kreis darauf, die Beziehungen zu Kambodscha nicht abzubrechen, sondern nur einzufrieren, «Kambodschieren» nannten wir das intern.

Zu meinem Erstaunen erklärte Willy Brandt am Ende der Beratungen, er rate seinen Freunden zwar, das zu akzeptieren, er selber müsse sich aber erst mit seinen Herren im Auswärtigen Amt besprechen. Ich ging mit ihm auf den Flur, um ihn zu fragen, ob er als Parteivorsitzender sein Verbleiben in der Regierung im Ernst von dem seiner Mannschaft trennen wolle. Er solle besser mit seinen Genossen reden als mit seinen «Herren». Da sei was dran, lenkte Brandt schließlich ein, er sei aber von Schmidt und Wehner nicht ausreichend unterstützt worden. Ich widersprach. Zwei Tage später erschien Brandt nicht zur Kabinettssitzung, in der das Kreßbronner Ergebnis abgesegnet werden sollte. Ich rief ihn an. Er erklärte mir, er bleibe in der Regierung, käme aber nicht zur Kabinettssitzung. Wehner tobte.

Das war für mich eine neue Erfahrung, allerdings nicht in Sachen Außenpolitik, denn Außenpolitik konnte man das Affentheater der Union ja kaum nennen: Nach unserem «Einfrieren» brach Kambodscha seinerseits die Beziehungen ab. Wohl aber war es eine Erfahrung mit Willy Brandts komplizierter Seele und seinem Nicht-Verhältnis zu Herbert Wehner.

Willy Brandt hatte als Außenminister der Großen Koalition alle

Hände voll zu tun. Während wir uns in der Regierung Respekt verschafften, geriet die Partei in ziemliche Turbulenzen. Brandt hatte für sie zuwenig Zeit. Er zog mich in seinen Mitarbeiterkreis. Neben meiner Arbeit als Staatssekretär bekam ich einen zweiten parteipolitischen «Job». Heinemann kritisierte das nicht. Er legte mich sogar Herbert Wehner besonders an Herz.

Im März 67 wurde ich zum Abendessen bei Wehners eingeladen. Nach dem Essen führte Herbert Wehner mit mir ein langes, politisches und persönliches Gespräch. Ich hatte auf seinem Bücherregal Georg Lukács' «Geschichte und Klassenbewußtsein» entdeckt, ein Buch, über das ich in meiner Studienzeit gearbeitet hatte. Wehner war erstaunt über mein Interesse, ich verblüfft über seine Literaturkenntnis. Er begann, von seinem politischen Lebensweg zu erzählen. Das war ein anderer Wehner als der bärbeißige Anblaffer und Zwischenrufer, einer, den ich mochte. Schließlich, es war spät geworden, sprach er in düsteren Wendungen von seinem baldigen Tode. Heinemann, dem ich das sorgenvoll berichtete, riet mir, es nicht zu schwer zu nehmen. Sterben sei für einen Christenmenschen kein Grund zur Verzweiflung, außerdem stürbe Herbert Wehner bei solchen Gesprächen öfter. Die Erfahrung sollte ich selber auch noch machen.

Bei einer solchen Gelegenheit schlug ich Wehner vor, noch gemeinsam eine Flasche von seinem guten Kaiserstühler Weißherbst zu trinken, bevor er stürbe. Wehner sprang auf, holte den Wein und fuhr mich barsch an: «Sterben ist nicht schwer. Aber in dem Bewußtsein zu sterben, die Partei Arschlöchern wie dir und Helmut Schmidt überlassen zu müssen, das ist schwer.» Ein anderes Mal wies er mich zurecht, weil ich ihm in ein Buch die Widmung geschrieben hatte «Dem Onkel von einem seiner politisch ungeratenen Neffen». Er mochte das ihm von Karl Garbe aufgedrückte «Onkel»-Mal nicht, das in seiner unnachahmlichen Mischung von Familienzugehörigkeit, Distanz und Einfluß Anklänge an den «komischen Onkel» wie an den «Paten» hatte.

Helmut Schmidt, den ich am längsten kannte und der mich nach Bonn geholt hatte, war in der politischen Zusammenarbeit unkompliziert und kompetent. Manchmal überzog er die Rolle der Fraktion gegenüber der Regierungsmannschaft. Bei einem Streit über die Zusammensetzung der SPD-Delegation für ein Koalitionsgespräch über den Notstand warf ich ihm wegen seines Autoritätsgebarens einen «Männlichkeitstick» vor. Das muß er seiner Frau Loki erzählt haben. Denn sie ermunterte mich bald darauf, es ihm öfters zu sagen. Dennoch: Schmidt war ein hervorragender Fraktionsvorsitzender. Mit seinem Gegenüber in der Union, Rainer Barzel, hielt er die Koalitionsfraktionen zusammen.

Als «Youngster» wurde ich in Partei, Koalition und Regierung dort eingesetzt, wo Not am Mann war. Ich arbeitete nicht nur an den Themen Rechtsreform, Verjährung, Notstand, Finanzreform und Wahlrecht mit. Ich war auch Mitglied einer Kommission über die Reorganisation der Bundesregierung. In der SPD-Regierungsmannschaft wurde ich Kontaktmann zur Hardthöhe. Ich gehörte einer sicherheitspolitischen Arbeitsgruppe um Helmut Schmidt an, die Ansätze für eine neue Sicherheitspolitik als Teil der Entspannungspolitik erarbeitete. Und als Professor hielt man mich auch beim Thema Studentenprotest für sachverständig. Kanzler Kiesinger bestimmte mich zum Mitglied eines dafür gebildeten Kabinettsausschusses, der SPD-Parteivorstand hatte mich schon vorher beauftragt, mich der Gespräche mit dem SHB und dem VDS anzunehmen.

Diese Überhäufung mit Aufgaben in Regierung und Partei war natürlich unsinnig. Mein Anteil an diesem Unsinn war beträchtlich. Ich fühlte mich geehrt und von dem großen Gefühl getragen, an der Renovierung der Welt mitzuwirken. Geschont habe ich mich ohnehin nie. Und Geltungsdrang war natürlich auch dabei. Journalistische Fans ernannten mich zum «Senkrechtstarter» und zur «Mehrzweckwaffe der SPD». Der «Onkel» brachte die Sache ironisch auf den Punkt. «Sein Fahrer fragt Ehmke, wohin er ihn fahren solle. Ehmke: Egal, ich werde überall gebraucht.» Der Witz war nicht neu, Herbert Wehner hatte ihn nur auf mich umgedichtet.

Was aber dachten die Parteioberen, die mich in dieser Weise «einsetzten»? Neu ins Bonner Spiel gekommen, galt ich als Verstärkung. Ich war noch, und scheinbar unbegrenzt, belastbar. Als Verfassungsrechtler war ich in vielen Fragen bewandert, die für die SPD in ihrer ungewohnten Rolle als Regierungspartei im Bund neu waren. Als beamteter Staatssekretär kannte ich mich im Bonner Apparat besser aus als unsere Minister und unsere Parlamentarier. Entscheidend für meine «Eignung» war aber wohl der Umstand, daß ich ein «Bürgerlicher» war. Als solcher hatte ich ein unbefangenes Verhältnis zur Macht. Jedenfalls war mir die hinter revolutionärem Vokabular verborgene traditionelle Tendenz weiter Teile der SPD zur Machtenthaltung fremd. Gegenüber den «bürgerlichen Herren» hatte ich weder Haß- noch Minderwertigkeitsgefühle. Auf meinem ersten SPD-Bundesparteitag 1966 in Dortmund hatte ich als Delegierter die Partei geradezu beschworen, endlich ihre falsche Bescheidenheit gegenüber den machtgewohnten Konservativen abzulegen und ihnen selbstbewußt entgegenzutreten.

Auch in der Großen Koalition litt die Partei noch an ihrer leidvollen Vergangenheit. Kiesinger behandelte die sozialdemokratischen Kabinettsmitglieder durchaus respektvoll. Draußen vor seinen Leuten hieß es dann aber jovial, die Sozialdemokraten seien recht ordentliche Leute, bestimmte Aufgaben könne man ihnen, wenn sie auch aus kleinen Verhältnissen stammten, durchaus schon anvertrauen. Es war nicht leicht, Willy Brandt zu bewegen, solchen Sentenzen als Vizekanzler und Parteivorsitzender entgegenzutreten. Sicher, die Große Koalition, Brandt und Kiesinger, Wehner und Strauß in einem Kabinett, das sollte auch ein Stück Aussöhnung innerhalb unseres Volkes repräsentieren. Aber dann bitte nicht von oben herab. Willy zögerte zu intervenieren. Ich warf ein, er habe sich schließlich nicht dafür zu entschuldigen, kein Nazi gewesen zu sein. Er antwortete nachdenklich, darüber denke die Mehrheit unseres Volkes vielleicht noch anders. Die rechte Hetzkampagne gegen ihn hat ihn tiefer getroffen, als er je zu erkennen gegeben hat. Das galt erst recht für Herbert Wehner mit seiner politischen Vergangenheit, auch wenn er immer wieder Kurt Schumachers Voraussage zitierte, man werde ihm die Haut vom lebenden Leib abziehen, aber er werde das aushalten. Helmut Schmidt und ich waren gegenüber den Konservativen unbefangener. Das war weiß Gott kein Verdienst, aber doch ein nicht unwichtiger politischer Faktor.

Willy Brandt war mit dem Regierungs- und dem Parteiamt in

jenen turbulenten Zeiten nicht nur überlastet, er konnte als Außenminister auch vieles nicht sagen – etwa zum Vietnamkrieg –, was er als SPD-Parteivorsitzender hätte sagen müssen. Außerdem schluckte er an den Kröten der Großen Koalition besonders schwer. Die wachsende Unzufriedenheit in der Partei versetzte ihn immer wieder in resignative Stimmungen. Wehner hatte Machtsinn und Machtwillen, was in einer so kleinbürgerlichen Partei wie der SPD nicht so häufig ist. Für den Parteivorsitz kam er nach seiner Lebensgeschichte nicht in Frage. Er versuchte, die Baracke zu regieren, ohne doch Brandt ersetzen zu können. Mit dem Apparat der Baracke hatte er übrigens ebenso viele Probleme wie mit dem des Gesamtdeutschen Ministeriums, er war alles andere als ein «Apparatschik». Helmut Schmidt war mit der Bundestagsfraktion voll beschäftigt. Auch als Favorit für die Nachfolge von Fritz Erler im stellvertretenden Parteivorsitz konnte er kaum zusätzliche Lasten übernehmen.

So wurde ich auch noch Objekt aller möglicher Personalspekulationen und -befürchtungen. Nach dem Rücktritt von Heinrich Albertz als Berliner Regierender Bürgermeister wurde ich neben Klaus Schütz als möglicher Nachfolger gehandelt. Ich tat alles, dem Berliner Schütz den Vortritt zu lassen. Dann gab es eine lange, zu lange Diskussion, ob ich dessen Nachfolger als Staatssekretär im Auswärtigen Amt werden sollte. Auch das wollte ich nicht, zumal es Willy Brandt in der Partei gar nicht geholfen hätte. Auch in die internen Überlegungen über die Schaffung eines dritten stellvertretenden Vorsitzenden, eines Generalsekretärs oder eines Planungschefs der Partei wurde ich von Willy Brandt hineingezogen. Dabei wußte er, ich wollte nur eins, auf dem nächsten Parteitag für den Parteivorstand kandidieren, ich wollte für meine Mitarbeit in der Parteiführung ein Mandat des Parteitags.

Meine nachdrückliche Förderung durch Brandt weckte Wehners ohnehin stark ausgeprägtes Mißtrauen. Auf Willys Vorstoß, mich in die engere Parteiführung einzubauen, antwortete er: «Der Mann wird sowieso etwas. Warum soll ich jetzt schon mein Zimmer räumen?» Mit Vergnügen sah Wehner dagegen, daß Helmut Schmidt begann, mir gegenüber Konkurrenzgefühle zu entwickeln. Denn der mißtrauische «Onkel» hielt auch eine Verschwörung Schmidt/Ehmke nicht für ausgeschlossen. Ein Jahr später stimmte Schmidt gegen den von Brandt, Wehner und Heinemann getragenen Vorschlag, mich zu dessen Nachfolger als Justizminister zu machen. Mein Verhältnis zu Willy Brandt wurde dagegen immer enger.

An den wachsenden Spannungen zu manchen meiner Mitstreiter war ich keineswegs unschuldig. Ich hatte es schon immer geliebt, mich an Leuten zu reiben und habe mir damit oft unnötig Gegner gemacht. Mit der Basis der Partei kam ich gut aus. Im Gegensatz zu unseren Stars und Superstars galt ich als «pflegeleicht». Ich wußte das Engagement und die Arbeit der Genossinnen und Genossen vor Ort zu schätzen. Aber in Kontroversen gab ich meiner Neigung zur Zuspitzung und auch zur Provokation immer wieder nach. Besonders Günter Grass beschwor mich in freundschaftlicher Weise, doch diese Unarten zu lassen. Das habe ich vier Wochen lang probiert. Dabei verlor ich aber nicht nur meine Rauf-, sondern auch meine Arbeitslust. Ich brauchte die Reibungswärme, um auf Touren zu kommen. Willy Brandt hat das Motorische des Vorgangs gut verstanden: «Laßt ihn in Ruhe! Eher läßt er sich erschießen, als damit aufzuhören.»

In den Augen persönlicher Freunde war mein Sündenkonto damit aber noch keineswegs erschöpft. Günter Grass wie Leo Bauer warfen mir auch vor, in der Öffentlichkeit träte ich zu leger auf. Nachdem ich dann einmal im Fernsehen versucht hatte, mich «staatsmännisch» zu geben, baten mich beide händeringend, zu meiner wahren Natur zurückzukehren.

In einem Punkt versprach ich nicht nur Besserung, sondern praktizierte sie auch. Kurt Mattick, ein Berliner Sozialdemokrat alter Schule, nahm mich eines Tages beiseite: Ich solle in der Partei mit meiner professoralen Ironie aufhören. Die Genossen wüßten oft nicht, ob ich etwas im Scherz sage oder es ernst meine, das koste Vertrauen. Das verstand ich.

Außerparlamentarische Opposition
und Wählerinitiative

Die Bundesrepublik ging während der Großen Koalition innenpolitisch durch die stürmischste Phase ihrer jungen Geschichte.
Die Aufbruchwelle der ersten Hälfte der 60er Jahre war durch die
Bildung der Großen Koalition gebrochen worden. Die Debatten
über die Verjährung und über die Strafrechtsreform emotionali-
sierten das rechte, die Notstandsdebatte das linke politische Spektrum.

Mit Günter Grass, Leo Bauer und anderen hatte ich im Frühjahr 67 eine Notstandsdiskussion im «Literarisch-politischen Salon» von Hans Werner Richter in Berlin bestritten. Anschließend
hatte es ein langes und intensives politisches Gespräch im Kreis
der Gruppe 47 gegeben. Zurück in Bonn sagte ich aufgrund meiner Eindrücke eine Explosion in Berlin voraus. Geglaubt hat mir
das niemand. Bis es dann beim Schah-Besuch knallte. Von da an
war ich auch im APO-«Einsatz».

Der Studentenprotest war kein speziell deutsches Ereignis, die
spezifisch deutsche Komponente war die Kritik der Jüngeren am
Schweigen der Väter über die Verbrechen der Nazi-Zeit, an ihrem Mitläufertum, an ihrer erneuten Anpassung. Das vermischte
sich mit der Protestkultur, die uns aus Amerika erreichte: Beat,
Hippies, Black Power. «Sit-ins», «Teach-ins», «Love-ins» wurden zu Vehikeln, aus der spießbürgerlichen Enge der Adenauer-
Zeit auszubrechen. Der Kampf gegen das «Establishment» erhielt durch die Große Koalition zusätzliche Nahrung. Durch die
Auseinandersetzung um die Verjährungsfrage, die Notstandsregelung und den Vietnamkrieg erweiterten sich, von Berlin ausgehend, vereinzelte Protestaktionen zu einer außerparlamentarischen Oppositionsbewegung. Tonangebend wurde der SDS, von
dem sich die SPD 1961 getrennt hatte. Die APO stellte auf der
theoretischen Grundlage eines Universitätsmarxismus das System in Frage, das die gewerkschaftlichen Notstandsgegner
schützen wollten. Von der disziplinierten Notstandsdebatte in
der Partei unterschied sich der Streit mit der APO aber auch in
seinen Formen.

An der Universität Stuttgart veranstalteten Jusos und Liberaler Studentenbund eine Podiumsdiskussion mit dem revolutionären Titel «Geht es ohne Revolution?». Ich diskutierte mit Vertretern des SHB, des SDS, des LSD und der Jusos. Die Diskussion über Demokratie, Reform und Revolution war heftig, beeindruckte aber in ihrem Ernst die Zuhörer.

An der Uni München versuchte dagegen die Schwabinger APO, eine Diskussion zwischen mir und dem Kölner Soziologen Johannes Agnoli über das Rätesystem umzufunktionieren. Ein Hippie-Original «Kasimir» knackte sichtbar Läuse oder tat jedenfalls so. In der letzten Reihe entblößte eine revolutionäre Kommilitonin ihre sehenswerte Oberweite. Als ich sie bat, nach vorne zu kommen, damit sich alle an ihrem Anblick erfreuen könnten, zog sie sich wieder an. Agnoli trug seine Hauptthesen über das Rätesystem vor, es war ziemlich langweilig. Vor der entscheidenden Frage, wie denn ein solches System im modernen Flächenstaat praktisch funktionieren könne, kniff er; die Frage würde er erst in einer späteren Arbeit behandeln. Ich schlug vor, die Revolution bis dahin zu vertagen.

Am härtesten waren die Debatten an der Freien Universität Berlin. Hier wurde mir als «Knecht des Establishments» arg zugesetzt, verbal jedenfalls. Tätlich angegriffen wurde ich nie, obwohl – oder gerade weil? – ich in alle solche Veranstaltungen ohne Sicherheitsbeamte ging. «Draußen» aber nahm die Gewalt nach den Demonstrationen gegen den Schah und der Erschießung des Studenten Benno Ohnesorg zu. Ich lehnte die These von der Zulässigkeit der «Gewalt gegen Sachen» kompromißlos ab. Das Strafrecht unterscheide selbst zwischen Gewalt gegen Sachen und Gewalt gegen Personen, stelle aber auch die Gewalt gegen Sachen unter Strafe. Dabei müsse es bleiben. Wer demokratisch beschlossene Gesetze mißachte, gerate in Gefahr, ins Undemokratische abzugleiten. Es gäbe bereits Parallelen zur «System»-Hetze der Weimarer Zeit. Bald warnte auch Jürgen Habermas, auf dessen theoretische Schriften sich die protestierenden Studenten vielfach beriefen, vor einem «Links-Faschismus». Andererseits war nicht zu übersehen, wie aus Hilflosigkeit törichte und brutale Polizeieinsätze ebenfalls zur Eskalation der Gewalt beitrugen.

Auch die Politik reagierte zunächst sehr hilflos. Der Berliner Senat unter Klaus Schütz verbot im Februar 1968 eine Demonstration gegen den Vietnamkrieg. Das Gericht hob das Verbot auf. Am Tag der Demonstration war ich zur Besprechung über die Gründung einer SPD-Wählerinitiative in Berlin. Ich sah mir die Demonstration an. Der Aufzug mit seinen Vietcong-Fahnen und Ho-Chi-Minh-Transparenten – auch Anti-SPD-Parolen wurden mitgetragen – war pures Revolutionstheater. Aber die Masse der jungen Leute, die dort mitmarschierten, hatten vor fünf Jahren sicher noch John F. Kennedy vor dem Schöneberger Rathaus zugejubelt. Ihre Empörung über den Vietnamkrieg mit seinen Greueln war echt. Und da sich die offizielle deutsche Politik, einschließlich des SPD-Außenministers, leider ausschwieg, gingen sie auf die Straße.

Der Senat, der die Demonstration hatte verbieten wollen, rief zu einer Gegendemonstration vor dem Schöneberger Rathaus auf und heizte damit den Konflikt weiter an. Auch die Berliner SPD reagierte überspannt. Sie schloß zwei bekannte Berliner Sozialdemokraten, die an der Demo teilgenommen hatten – Harry Ristock und Erwin Beck –, aus der Partei aus. Weder Willy Brandt noch Herbert Wehner stoppten diese hilflosen Reaktionen.

In der APO selbst wurde inzwischen über Gewaltanwendung kritisch diskutiert. Rudi Dutschke, einer ihrer prominentesten Sprecher, ging zur Gewaltanwendung auf Distanz. Bald darauf wurde er Opfer eines Attentats. Dieser Anschlag führte im April 1968 in vielen Großstädten zu schweren Ausschreitungen mit Toten und Verletzten. Am Ostersonntag hielt Gustav Heinemann seine berühmte Rede, in der er von der Hand sprach, deren ausgestreckter Zeigefinger sich gegen den anderen richtet, während drei Finger der gleichen Hand auf einen selbst zurückweisen. Das Erschrecken über das Geschehene und Heinemanns Mahnung führten zur Besinnung. Die Gewaltwelle ebbte ab, während sich nun in Paris Studenten und Arbeiter Straßenschlachten mit der Polizei lieferten.

An die Stelle der Revolutionsparolen trat jetzt die Aufforderung zum «langen Marsch durch die Institutionen». Eine kleine Minderheit ging den verhängnisvollen Weg in den Terrorismus.

Ein großer Teil der «68er» aber landete, unter anderem dank der differenzierenden Haltung von Männern wie Heinemann und Brandt, auf ihrem langen Marsch in der SPD. Dies führte zu schweren innerparteilichen Auseinandersetzungen und zu einem deutlichen Rechtsruck des traditionellen Teils der Partei.

Auch ich setzte mich in jenen Monaten und Jahren für eine differenzierte Haltung der protestierenden Jugend gegenüber ein. Angriffen auf Demokratie und Rechtsstaat trat ich mit Nachdruck entgegen, und nicht nur von «Amts wegen». Ich war aber nicht bereit, die Wurzeln und die positiven Aspekte der Jugendrevolte zu übersehen. Zum ersten Mal in der deutschen Geschichte engagierte sich eine Studentengeneration für eine Demokratisierung gesellschaftlicher Strukturen.

Der im Frieden aufgewachsenen jungen Generation, die weder den Nationalsozialismus noch den Stalinismus am eigenen Leibe erlebt hatte, reichte der Verweis auf den Totalitarismus zur Rechtfertigung des Zustands unserer demokratischen Verhältnisse nicht mehr aus. Sie wollten neu anfangen, kamen dabei aber in Gefahr, dem passiven Irrationalismus des «Keine Experimente» den Irrationalismus einer linken «action directe» entgegenzusetzen. Um diese jungen Menschen mußte die SPD als Reformpartei ringen.

Auf der SPD-Rechten – von Egon Franke, der als «Canal Grande» den «Kanalarbeitern» vorstand, über die stockkonservative Annemarie Renger bis hin zu Georg Leber und Helmut Schmidt – war diese Sicht der Dinge sehr unpopulär, obwohl oder vielleicht gerade weil sie die direkte Auseinandersetzung mit der APO vor Ort nicht geführt hatten.

Die Auseinandersetzungen nach Bildung der Großen Koalition führten aber nicht nur zur Polarisierung. Sie riefen auch Kräfte des Dialogs wach. Günter Grass schrieb mir im Herbst 67, er sondiere zusammen mit dem Politikwissenschaftler Kurt Sontheimer und dem Historiker Eberhard Jäckel die Möglichkeit, zusammen mit anderen und mit Hilfe des Sozialdemokratischen Hochschulbundes (SHB) einen kritischen Beitrag zum SPD-Wahlkampf 69 zu leisten. Zu einem Gespräch darüber lud er für den kommenden Februar nach Berlin ein. Ich sagte zu. Grass hat im «Tagebuch einer Schnecke» geschrieben, ich hätte später so getan, als ob ich die Wählerinitiative «erfunden» hätte. Ich war nicht ihr Erfinder, aber ich wurde einer ihrer Geburtshelfer in der SPD. Mich interessierte die Sache. Und Willy Brandt gab mir postwendend den entsprechenden Auftrag.

Im Februar 1968 traf sich der Kreis bei Grass in Berlin: Siegfried Lenz, Kurt Sontheimer, Eberhard Jäckel, Heinz-Josef Varain und Arnulf Baring, Günter Gaus und Leo Bauer. Für den SHB kamen Erdmann Linde und Knut Nevermann. Der Kreis bot an, die SPD im kommenden Wahlkampf durch eine bundesweite Tournee von Künstlern und Professoren zu unterstützen. Primäre Zielgruppe waren die Erstwähler, 1969 eine besonders große Gruppe. Die organisatorische Vorbereitung lag beim SHB.

Einige von uns hatten die Vietnam-Demonstration beobachtet, die an diesem Tag in Berlin stattfand. Wir waren uns einig: Die Partei müsse die Unruhe der Jugend über Vietnam ernst nehmen. Die Frage war auch im Parteivorstand erörtert worden. Der hessische Ministerpräsident Georg August Zinn hatte im Januar 1968 eine Stellungnahme der Partei gegen den Vietnamkrieg gefordert. Der Vorstand hatte aber lediglich die Erklärung der Sozialistischen Internationale vom Herbst 67 übernommen, eine militärische Lösung des Vietnamkrieges sei ausgeschlossen. Und er hatte sich die Mahnung von UNO-Generalsekretär U Thant zu eigen gemacht, durch Einstellung der amerikanischen Bombenangriffe auf Nord-Vietnam müsse der Weg für Friedensverhandlungen freigemacht werden. Weiter wollte der Vorstand für die Regierungspartei SPD nicht gehen, zumal in der Öffentlichkeit allenthalben die Standfestigkeit der USA in Vietnam mit der in West-Berlin verglichen wurde. Ich hielt das für falsch und die Stellungnahme des Parteivorstands für unzureichend.

Von der Wählerinitiative erhoffte ich mir, sie könne ein Bindeglied werden zwischen der auf Disziplin und Solidarität pochenden alten Tante SPD und der Emanzipationsbewegung der jungen Generation, speziell der Studenten. Außerdem hoffte ich, die Wählerinitiative könne helfen, die SPD für Schichten und Gruppen zu öffnen, die bis dahin mit der SPD nichts am Hut hatten. Ich hielt die Frage der Öffnung für eine Überlebensfrage der Partei, die auf Mitwirkung auch von Nicht-Mitgliedern angewiesen ist.

Symbolfigur der Öffnung der Partei wurde Willy Brandt. Die Wählerinitiative war im Grunde mehr auf ihn als auf die SPD ausgerichtet. Sie wurde zu einer Bürgerbewegung für die SPD, ohne sich doch auf das SPD-Spektrum einengen zu lassen. Der Wahlerfolg der SPD bei den Bundestagswahlen 1969 ging nicht zuletzt auch auf ihr Konto. Sie diente mit ihrem Engagement aber nicht nur der SPD, sondern der Politisierung unseren ganzen Gesellschaft.

Die SPD hat es nach der gewonnenen Wahl und der Bildung der sozial-liberalen Koalition im Herbst 1969 nicht verstanden, mit diesem Pfund zu wuchern. Das muß ich der Partei, aber auch mir selber vorwerfen. Wir hätten neue Formen des kritischen Miteinanders entwickeln müssen. Dazu fehlte uns nicht nur die Zeit, sondern leider auch Phantasie und Geduld. Die Wählerinitiative verlor an Schwung und ging später mit dem Kanzlerwechsel von Brandt auf Schmidt langsam aber sicher in SPD-Verwaltung über. Einmal mehr scheiterte der Versuch, Geist und Macht zu verbinden. Den Preis dafür zahlt die Republik, nicht nur die SPD, noch heute.

Der Nürnberger SPD-Parteitag

Die Partei hatte durch ihre Regierungsbeteiligung in der Großen Koalition in Teilen der Öffentlichkeit Sympathie und bei Landtags- und Kommunalwahlen Stimmen verloren. Auf dem Parteitag in Nürnberg sollte Bilanz gezogen werden. In den Sitzungen von Parteivorstand und Parteirat unmittelbar vor dem Parteitag sorgte Herbert Wehner für zusätzlichen Zündstoff. Er bestand auf einer nachträglichen Billigung der Großen Koalition durch den Parteitag. Eine ausdrückliche Anerkennung der Arbeit der SPD-Minister und der Fraktion hätte völlig ausgereicht. Aber Wehner glaubte offenbar, darin von Helmut Schmidt unterstützt, einmal mehr den «Zuchtmeister» spielen zu müssen. Der Parteitag billigte schließlich mit knapper Mehrheit den Eintritt der Partei in die Große Koalition.

Schon im Vorfeld des Parteitags hatten mir Freunde berichtet, meine Chancen, in den Parteivorstand gewählt zu werden, stünden nicht zum besten. Gegen mich werde wegen meiner Kritik an der überzogenen Reaktion des Berliner Senats auf die Vietnam-Demonstration und am Rausschmiß von Harry Ristock Stimmung gemacht. Günter Grass schrieb mir aus Berlin, da meine Wahl in den Parteivorstand ohnehin unsicher sei, solle ich bei meinem Grundsatzreferat über das Verhältnis der jungen Generation zu unserem Staat keine Rücksicht nehmen. «Leugne Bonn, die große Dunstglocke, denke an die Weichsel und ihre vielen Nebenflüsse und behalte die Mündung, das offene Meer, im Auge. So viel über Mystik.»

Ich sah das weniger mystisch als praktisch. Wenn der Parteitag mir einen Denkzettel verpassen wollte, würde er das ohnehin tun. Ich hatte schon öffentlich geunkt, «Senkrechtstarter» starteten nicht nur so, sie kämen auch so runter. Es hatte keinen Zweck, die Delegierten um gut Wetter zu bitten, außerdem lag mir das ohnehin nicht.

Am ersten Abend in Nürnberg erschienen überraschend Helmut Schmidt, Georg Leber, Egon Franke und Annemarie Renger bei mir im Hotel, um mir klarzumachen, daß aus der Führungsgruppe der Partei keiner zu Vietnam und zu Ristock Stellung nehmen dürfe. Helmut Schmidt fügte – offenbar zur Abhärtung des Professors – hinzu, wegen zwei- oder dreihunderttausend Studenten solle ich mir «keinen abbrechen». Ich antwortete sauer, sie sollten bitte mir überlassen, was ich zu sagen hätte. Am nächsten Tag löste mir Klaus Schütz das Rätsel dieses Auftritts: Die Rechten hätten Sorge, ich könnte, gestützt auf die Zustimmung zu meiner Arbeit bei Heinemann und zu meiner differenzierten Haltung zum Studentenprotest, gegen Helmut Schmidt für den Posten eines stellvertretenden Vorsitzenden kandidieren.

Im Parteivorstand versuchten die Rechten am nächsten Morgen, das Thema mit Hinweis auf das schwebende Schiedsverfahren gegen Ristock und Beck für tabu zu erklären. Nur Heinrich Albertz, Karl Schiller und ich kritisierten den Ristock-Ausschluß, die große Mehrzahl der Parteivorstandsmitglieder hielt sich wieder einmal bedeckt.

Notstandsgegner hatten für den Sonntag, an dem der Parteitag in der Meistersinger-Halle eröffnet wurde, zu einer Demo in der Nähe der Halle aufgerufen. Karl Schiller, Walter Arendt und ich kamen auf dem Weg vom Hotel zur Halle an der Kundgebung vorbei. Sie war klein und friedlich. Klaus Schütz hatte sich mit seiner Begleitung die Anti-Notstands-Kundgebung näher angesehen. Auf dem Weg zur Halle zog er einen Schwarm schimpfender Demonstranten hinter sich her, die sich vor dem Eingang zur Halle postierten und – unter den Augen von Polizei und Ordnungsdienst, die nicht so recht wußten, was sie machen sollten – auch Willy Brandt und Herbert Wehner bei ihrem Eintritt in die Halle beschimpften und sogar tätlich bedrängten. Der Vorgang selbst war nur von kurzer Dauer, der anschließende Stimmungsumschwung auf dem Parteitag nicht. Man konnte den Rechtsruck geradezu mit Händen greifen. Selbst besonnene Genossen des konservativen Parteiflügels gaben reaktionäre Sprüche von sich.

Ich meldete mich im Plenum zum Thema Vietnam und Ristock zu Wort, gegen den ausdrücklichen Rat von Egon Bahr. Bahr war taktisch immer klüger als ich, und seine Warnung war gut gemeint. Aber ich wollte vor dem Parteitag nicht zu einem Thema schweigen, zu dem ich bereits öffentlich Stellung genommen hatte und das auch ein Gegenstand meines Referats am folgenden Tag sein würde. Ich verurteilte die Übergriffe der Demonstranten, ließ mich durch sie aber nicht vom grundsätzlichen Problem abbringen. «Linke Volkspartei», so erklärte ich, könne nicht heißen, daß die SPD nach rechts offen sei, sich aber nach links ängstlich abschotte. Der Jugendprotest berge sowohl Risiken als auch Chancen. Und was die Bewährungsprobe der deutschen Demokratie angehe, so sei dies «die Generation, auf die wir gewartet haben». In der inzwischen vorherrschenden Stimmung hörten das viele nicht so gern.

Als ich in meinem Referat einen Tag später der Bundesregierung und den demokratischen Parteien den Vorwurf machte, sie seien dem Thema Vietnamkrieg jahrelang ausgewichen und hätten die Jugend mit diesem Problem allein gelassen – was weder unserer Demokratie noch unserem Verhältnis zu den Vereinigten Staaten diene –, waren unsere Konservativen außer sich. Helmut Schmidt warf mir vor, die Vorfälle zu Beginn des Parteitags bagatellisiert zu haben. Annemarie Renger erklärte aufgeregt, ich ruinierte die Partei. Georg Leber beschimpfte mich wegen meiner Aufforderung an die Amerikaner, den Vietnamkrieg zu beenden, als «Verräter» – unter Genossen starker Tobak. Aber Leber blieb sich treu: Noch 1975, die Amerikaner waren längst aus Vietnam abgezogen, erklärte er, inzwischen Verteidigungsminister im Kabinett Schmidt, für die Niederlage der Vereinigten Staaten seien diejenigen verantwortlich, die die «Ami go home»-Parolen angestimmt hätten.

Nach diesen aufmunternden Ansprachen machte ich mir über meine Chancen, in den Vorstand gewählt zu werden, keine Illusionen. Auch Willy Brandts Votum für mich auf dem Parteiabend, damals noch ein atmosphärisch wichtiger Teil eines SPD-Parteitags, half da nichts mehr. Im Gegenteil: Ich wurde auch zum Blitzableiter für die Unzufriedenheit, die Willy Brandt selbst galt. Bei der Wahl fiel ich durch.

Willy und Rut Brandt waren über mein Scheitern fast so betrübt wie meine Familie. Helmut Schmidt, als Nachfolger Fritz Erlers zum stellvertretenden Parteivorsitzenden gewählt, meinte nun, mich aufmuntern zu müssen; mannhaft solle ich auf meinem Kurs bleiben. Wehner war, wohl auch mit Blick auf den aufgerückten Helmut Schmidt, besonders freundlich. Heinemann rief mir fröhlich zu: «Das nächste Mal.» Das nächste Mal ließ ich aber aus. Willy Brandt hatte mir erzählt, sowohl er wie Fritz Erler seien bei Wahlen zum Parteivorstand zweimal durchgefallen, bevor es geklappt hätte. Beim übernächsten Parteitag 1973 in Hannover wurde ich dann in den Vorstand gewählt und achtzehn Jahre lang in schöner Regelmäßigkeit wiedergewählt, nie mit einer überwältigenden, aber immer mit einer klaren Mehrheit.

In der Sache war ich mit dem Parteitag zufrieden. Unsere Position zum Notstand, die ich in der dem Thema gewidmeten Arbeitsgruppe noch einmal mit Nachdruck vertreten hatte, wurde vom Parteitag gebilligt. Das Tabu in der Vietnamfrage war gebrochen, und die APO machte sich bald darauf auf den «langen Marsch durch die Institutionen». Die von mir mit Nachdruck vertretene differenzierte Haltung gegenüber der Protestbewegung zahlte sich langsam, aber sicher aus. Der von mir und Leo Bauer, dem Chefredakteur der «Neuen Gesellschaft», vorgelegte Entwurf von «Sozialdemokratischen Perspektiven für die siebziger Jahre» wurde vom Parteitag als Grundlage für die weitere Diskussion akzeptiert. Die «Perspektiven» selbst trugen dann im Herbst 1969 wesentlich zu unserem Wahlerfolg bei.

Günter Grass schrieb mir, ich sei auf dem Parteitag dem rechten wie dem linken Flügel davongelaufen. Das blieb im Bewußtsein und Unterbewußtsein der Partei – sie hat in solchen Dingen ein Elefantengedächtnis – anders haften: Ich paßte in keine Schublade. Man wußte nicht, woran man mit mir war. Für mich ging es in der Notstandsfrage wie beim Vietnamthema um die gleiche Sache, um die Glaubwürdigkeit des demokratischen Staates. Aber selbst gute Freunde auf dem rechten wie auf dem linken Parteiflügel hielten es für unvereinbar, gleichzeitig für die Notstandsgesetzgebung und gegen das militärische Engagement der Amerikaner in Vietnam zu sein. Aus diesen Schablonen auszubrechen erschien ihnen als linker bzw. rechter «Opportunismus». Insoweit blieb ich Außenseiter.

Wer den Schaden hat, braucht für den Spott nicht zu sorgen. Mein Kollege Heinrich Popitz, Soziologe in Freiburg, schrieb mir, eigentlich hätte ich den Titel meines Referats nur ein klein wenig zu ändern brauchen: «Die Generation, auf die wir gerade noch gewartet haben».

Willy Brandt bat ich, mich mit weiteren Aufgaben und Aufträgen für die Partei zu verschonen. Auf seine Bitte hin kümmerte ich mich aber weiter um die Studentenfrage und die Arbeit an den «Perspektiven».

Für den ersten dem Parteitag vorgelegten Entwurf der «Perspektiven» hatten Leo Bauer und ich nur vier Wochen Zeit gehabt. Aber Leo Bauer war ein unermüdlicher Arbeiter und ein hervorragender Formulierer. Als Kommunist von den Nazis verfolgt und ins Exil getrieben, wurde er nach dem Krieg einer der führenden Leute der hessischen KPD. 1947 verunglückte er in der «Zone» und kehrte nicht mehr nach Hessen zurück. Er wurde Chefredakteur des «Deutschlandsenders» in Ost-Berlin. 1950 fiel er der letzten Säuberung Stalins zum Opfer: Zuchthaus, Folter, Todeszelle, Zwangsarbeit in Sibirien. In die Bundesrepublik entlassen, wurde er hier Sozialdemokrat. Er brach mit dem Kommunismus durch seine praktische Erfahrung. Seit 1961 war er Mitarbeiter des «Stern» und Berater Willy Brandts. 1968 wurde er Chefredakteur der «Neuen Gesellschaft». Ich bewunderte sein leidenschaftliches politisches Engagement, trotz allem, was er durchgemacht hatte. Wir wurden über die gemeinsame Arbeit Freunde. Die Konzeption der «Perspektiven» entwarfen wir zusammen. Den Text formulierte ganz überwiegend er. Das Vorwort schrieb Günter Grass. Die «Perspektiven» sollten auf der Grundlage des Godesberger Programms aktuelle Orientierung für das nächste Jahrzehnt geben. Sie sollten der Partei helfen, sich in ihrer neuen Rolle als Regierungspartei im Bund zurechtzufinden. Sie sollten ihren Zusammenhalt stärken und ihr zusätzliche Sympathien, insbesondere bei den jungen Wählern erschließen. Daher ihr Manifest-Charakter.

Willy Brandt war mit unserem ersten Entwurf hochzufrieden gewesen, der Parteivorstand nicht. Besonders Annemarie Renger war wieder einmal alles viel zu «links». Egon Bahr schwieg, schob mir aber einen Zettel zu: «Die SPD ist eine Partei, die sich von anderen klar unterscheiden will, ohne dabei aufzufallen.» Leo Bauer bekam Depressionen. Ich brach einen massiven Streit über den Zustand der Partei vom Zaun, den selbst Willy Brandt als «Provokation» zurückwies. Immerhin brachte ich dadurch den Kern der Vorlage, die Gliederung und damit die Festlegung der Themen über die Runden: unsere Lage in Deutschland, Europa und der Welt – Zukunftsaspekte – die Politik der SPD im Übergang zu den 70er Jahren in den verschiedenen Problemfeldern.

Noch in der Nacht erarbeiteten Leo Bauer und ich auf der Grundlage der Beratung eine neue Fassung. Sie wurde veröffentlicht und fand in der Presse ein überraschend positives Echo. Innerhalb und außerhalb der Partei begann eine intensive Diskussion. Bereits Ende Januar 1968 waren die ersten 400000 Exemplare vergriffen, 150000 davon wurden von Interessenten außerhalb der Partei erworben. Bis zum außerordentlichen Godesberger Parteitag im April 1969 stieg die Auflage auf über eine Million.

Vier Wochen nach der ersten Behandlung der «Perspektiven»

im Vorstand schaltete sich Helmut Schmidt in die Arbeit ein. Er hatte die Bedeutung der Sache begriffen und wollte dabeisein. Leo Bauer und mir war das nur recht, schließlich ging es nicht um unser Privatpapier, sondern um einen Entwurf für die ganze Partei. In der Vorstandssitzung präsentierte Helmut Schmidt einen Gegenentwurf, der zu einer harten Diskussion zwischen uns führte. Willy Brandt und Herbert Wehner hüllten sich in Schweigen. In den folgenden Tagen einigten Leo Bauer und ich uns mit Helmut Schmidt. Für Nürnberg formulierten wir dann eine Fassung, die schon die Anträge aus den Parteigliederungen berücksichtigte. Diese Fassung billigte der Parteitag als Grundlage für die abschließende Arbeit.

Ich führte den großen Erfolg der «Perspektiven» auf das Bedürfnis unserer Bürger nach praktischer Orientierung zurück. Warum waren wir in eine wirtschaftliche Krise geraten, welche Ursachen hatte die Jugendrevolte, welche außenpolitischen Folgen würde der Einmarsch des Warschauer Pakts in Prag haben und welche technologischen, wirtschaftlichen und militärischen Konsequenzen die Landung der Amerikaner auf dem Mond – um nur Ereignisse eines einzigen Jahres zu nennen? Bei dem Versuch, auf solche Fragen Antworten zu geben und sie in eine Perspektive einzuordnen, mußte sich die SPD – das war der parteiinterne Zweck der Übung – als Regierungspartei endgültig von Widersprüchen ihrer eigenen Geschichte befreien, vor allem von ihren Revolutionsmythen. Sie mußte mehr denn je eine Reformpartei sein.

Der Wahlkampf 1969

Bereits im März 1969 bei der Wahl Gustav Heinemanns zum Bundespräsidenten bezogen die Parteien ihre Ausgangspositionen für den Wahlkampf. Kiesinger hätte lieber Georg Leber als SPD- und Richard von Weizsäcker als CDU-Kandidaten gesehen. Die SPD entschied sich aber im Herbst 1968 für Heinemann, die CDU danach für Schröder. Die FDP, der Wahlrechtsguillotine entronnen, tendierte zu Heinemann. Genscher sagte mir schon im

Dezember 1968 voraus, es werde nur wenige FDP-Stimmen für Schröder geben. Einer der Gründe für diese Haltung der FDP unter Walter Scheel war ihre Übereinstimmung mit der von Brandt angestrebten Entspannungspolitik.

Die Diskussion um die Präsidentenwahl spitzte sich zu, als die Union nicht dementierte, auch Stimmen von NPD-Mitgliedern der Bundesversammlung für ihren Kandidaten zu akzeptieren. Der Wahlausgang war offen, obwohl sich die FDP mit der von Genscher vorausgesagten großen Mehrheit für Heinemann entschied. Am 5. März wurde der engagierte Protestant im dritten Wahlgang zum Bundespräsidenten gewählt.

Im Juni folgte auf Schloß Brühl der Abschiedsempfang für Heinrich Lübke, mit Großem Zapfenstreich. Da ich den für Kitsch halte, scherzte ich mit Victor de Kowa neben mir, ob er dieses Schauspiel nicht beeindruckend fände. «O ja», antwortete er, «zum Unglück bin ich aber auch noch musikalisch.» Dank des Eintretens von Brandt, Wehner und Heinemann für mich wurde ich Heinemanns Nachfolger als Justizminister.

Die Wahl Heinemanns war nicht nur ein Wechsel im Amt. Sie veränderte die politischen Konstellationen in der Bundesrepublik. Zu unserer Überraschung und zum Ärger der Union bezeichnete ausgerechnet der sonst so zurückhaltende Gustav Heinemann seine Wahl zum Bundespräsidenten als «ein Stück Machtwechsel». Der Streit um diese für einen Bundespräsidenten in der Tat anfechtbare Äußerung schrieb die politische Bedeutung des Vorgangs im öffentlichen Bewußtsein fest.

Damit die SPD nicht in der Großen Koalition erdrückt werde, hatte ich ihr frühzeitig eine «Strategie des begrenzten Konflikts» empfohlen, sehr zum Ärger der Union. Für den Wahlkampf ging es darum, die Erfolge der SPD als Regierungspartei zu unterstreichen und zugleich darzulegen, was wir ohne Behinderung durch die Union besser machen würden. Auf der Grundlage der «Perspektiven» entwarfen wir einen Wahlaufruf und ein Regierungsprogramm für die nächste Legislaturperiode: «SPD: Erfolg, Stabilität, Reform». Die FDP, die sich seit ihrem Freiburger Parteitag für soziale Themen geöffnet hatte, konnte in dem Regierungsprogramm viel Gemeinsames entdecken.

Mit Aufrufen und Regierungsprogrammen allein gewinnt man allerdings keine Wahl. Wir brauchten ein Thema, mit dem wir von der «Strategie des begrenzten Konflikts» in die offene Wahlauseinandersetzung übergehen konnten. Das Thema mußte die SPD als den moderneren und erfolgreicheren Koalitionspartner ausweisen und die Wechselwähler ansprechen. Die Union servierte uns ein solches Thema frei Haus: Sie lehnte die Forderung des fachlich angesehenen und zudem noch populären Karl Schiller, zur Abwehr von Inflationsgefahren die DM aufzuwerten, ab.

Seit dem Frühjahr 1968 war die Aufwertung ein Streitthema gewesen. Mit dem Stärkerwerden der DM nahm die Währungsspekulation gegen den französischen Franc und den US-Dollar im Herbst weiter zu. Die auf einer eilends einberufenen internationalen Währungskonferenz beschlossenen Maßnahmen erwiesen sich als unzulänglich. Kiesinger verschlimmerte die Situation, indem er pathetisch erklärte, solange er Kanzler sei, werde es eine Aufwertung der DM nicht geben. Im Mai 1969 war die nächste Währungskrise da.

Schiller forderte die Aufwertung. Strauß, der in einer Art Verschwörungswahn den Vertrag zur Nichtverbreitung von Atomwaffen, den die Bundesrepublik noch nicht unterzeichnet hatte, ein «Versailles von kosmischem Ausmaß» genannt hatte, schwafelte jetzt im Kabinett von einer «Verschwörung der Londoner City». Willy Brandt fuhr ihm mit der Bemerkung dazwischen, das sei «fast so spannend wie die Protokolle der Weisen von Zion». Strauß verstummte mit hochrotem Kopf. Entschieden wurde unter Kiesinger nicht. Dadurch nahm der Druck der Märkte auf die Bundesbank weiter zu. Schiller bezog in der Öffentlichkeit klar Stellung. Die Weigerung der CDU/CSU bedeute eine Entscheidung gegen Preisstabilität, gegen Sparer, Verbraucher und Urlauber. Im Juli kam es im Kabinett zum großen Krach mit den Unions-Christen, die inzwischen auch untereinander zerstritten waren. Wir hatten unser Thema.

Auf Wahlkampfreisen kreuz und quer durch die Bundesrepublik konnte ich feststellen, daß Schillers Angriff saß. Das galt nicht nur für die Wechselwähler. Am 1. September besuchte ich die Württembergische Metallwaren-Fabrik in Geislingen. Ihr

Generaldirektor, Professor Burkhardt, Mitglied des CDU-Wirtschaftsrates, schimpfte wie ein Rohrspatz über die Haltung seiner Partei in der Aufwertungsfrage. Am Mittwoch vor der Wahl ließ Kiesinger aufgrund der überschäumenden Spekulationswelle die Devisenbörsen bis zur Wahl schließen. Als die Devisenbörsen am Dienstag nach der Wahl, es war der 30. September, öffneten, gab das alte Bundeskabinett den Wechselkurs der DM frei. Die sozial-liberale Regierung holte dann im Oktober die Aufwertung der DM nach.

Ich hatte rechtzeitig begonnen, mich um einen Bundestagswahlkreis zu bemühen. Freiburg, das ich verlassen hatte, kam dafür kaum noch in Betracht. Peter Conradi schlug mir vor, in Stuttgart zu kandidieren. Mit Stuttgart war ich bereits durch meine Mitgliedschaft im SPD-Landesvorstand verbunden. Dank der Unterstützung vieler Stuttgarter Genossinnen und Genossen wurde ich nach einigen Turbulenzen schließlich mit großer Mehrheit als Bundestagskandidat im Wahlkreis Stuttgart III aufgestellt. Im Rückblick staune ich selbst über meine Wahlkampfbegeisterung.

In mein Wahlkampfteam holte ich mir neben Sozialdemokraten auch parteilose Fachleute und persönliche Freunde. Diese Kombination erwies sich als produktiv. Fester Ankerpunkt unserer Aktivitäten war das alte Arbeiter-Waldheim in Heslach, dem Walter Mann vorstand.

Während das Team die heiße Wahlkampfphase vorbereitete, ging ich im Vorwahlkampf auf Vorstellungstournee durch Stuttgart, zu Oberbürgermeister Klett und zur Kommunalverwaltung, zu den Kirchen, Gewerkschaften, Landesbehörden, Ämtern, Medien, der Wirtschaft und den anderen Parteien. Der Freiburger Professor, erst Bonner Staatssekretär, dann Bundesminister, wurde mit freundlicher Neugierde empfangen, bei den Künstlern, die ich besuchte, eher mit Erstaunen. Einen solchen Besuch hatten sie nicht erwartet. Das galt zum Beispiel für den großartigen Stuttgarter Intendanten, Walter E. Schäfer. Es galt auch für Marcia Haydée und John Cranko, die seinerzeit das Stuttgarter Ballett zu weltweiter Anerkennung führten. Mit dem Bildhauer Herbert Otto Hajek, dem späteren Präsidenten des Deutschen Künstlerbundes, und seiner böhmischen Großfamilie entwickelte sich aus meinem Antrittsbesuch eine Freundschaft.

Zum Vorwahlkampf gehörten auch zahlreiche Vortrags- und Diskussionsveranstaltungen, vom Rechtspfleger-Kongreß bis zum Evangelischen Kirchentag. Besonderes Interesse fanden meine Debatten mit den Studenten und anderen Teilen der Protestbewegung. Auf Einladung der Stuttgarter Wählerinitiative, in der der Schriftsteller Thaddäus Troll eine großartige Hilfe war, diskutierten Grass und ich in der Stuttgarter Liederhalle mit 2000 Jugendlichen. Es ging stürmisch zu, wichtig war aber, daß wir uns der Diskussion stellten.

Wirkungsvoll war auch eine Veranstaltung mit Karl Schiller in der Liederhalle und eine sonnenüberschienene Großveranstaltung mit Willy Brandt auf dem Rathausplatz. Er zog mit bundesweitem Echo die «chinesischen Alpträume» des Kanzlers durch den Kakao: «Kiesinger tut so, als ob er in diesem Wahlkampf gegen Mao Tse-tung kämpfen muß. Dabei sind wir gar keine Chinesen, sondern deutsche Sozialdemokraten.»

Die Zahl der traditionellen Wahlveranstaltungen hielt ich klein. Wir wollten unseren Wahlkampf einmal ganz anders führen. Die SPD hatte, wie die Wählerforschung zeigte, vor allem bei den katholischen Arbeitnehmern und bei den Frauen ungenutzte Wählerpotentiale. Die katholischen Arbeitnehmer waren in Stuttgart keine wahlentscheidende Gruppe. Die Frauen, die überwiegend CDU wählten, waren es sehr wohl. Schon 1966 hatte ich auf dem Dortmunder Bundesparteitag über die Männerpartei SPD gelästert: «Wenn man in diese verräucherten Lokale kommt, wo ein männliches Vereinsritual wirklich zelebriert wird, weiß man nicht, was die Frauen daran attraktiv finden sollen; es sei denn, daß eines unserer attraktiven Vorstandsmitglieder erscheint, und das ist selten, wie ich höre.»

Als neugewähltes Vorstandsmitglied in Baden-Württemberg hatte ich daher Renate Lepsius und Ursel Irle-Boenisch bei der SPD-Frauenarbeit in Baden-Württemberg unterstützt. Diesen Ansatz führte ich im Wahlkampf fort, und zwar in einem Straßen- und Hausbesuchswahlkampf, der zugleich ein Blumenwahlkampf war. So etwas war damals bei uns noch neu. Die roten Nelken waren der Renner. Viele Frauen versicherten mir später: «Ihr Blümle han i no, Herr Professer.» Verkäuferinnen und Sekretärinnen kamen bei herrlichem Wahlkampfwetter aus den Läden und Büros und nahmen auch eine Blume für den Chef oder die Chefin mit.

Im Stuttgarter Wahlkampf wurde natürlich auch viel «dischkudiert». Dabei merkte man den wachsenden Einfluß des Fernsehens, die Leute waren erstaunlich gut informiert. Wie ich außerhalb Stuttgarts feststellen konnte, ebnete das Fernsehen auch das insoweit bestehende Stadt-Land-Gefälle ein. Die Schulkinder auf dem Lande sangen zwar noch für den Herrn Minister «Uff de Schwäb'sche Eisebahne...», und es gab auch noch ehrerbietige Honoratioren-Empfänge. Bald sollte das aber überall vorbei sein.

Bei Tausenden von Hausbesuchen in Stuttgart lernte ich soziale Milieus, Leute und Menschen kennen. Der gute Wille den Politikern gegenüber war für mich ebenso überraschend wie das Maß an Unklarheit über das, was «die da oben in Bonn», die man sonst nur im Fernsehen sieht, eigentlich machen. Das Ausmaß an Nöten und an Einsamkeit, vor allem bei den Alten, war bedrückend. Viele Lebensgeschichten, vor allem von Frauen, habe ich mir angehört, die lange darauf gewartet hatten, erzählt zu werden.

Der Regelfall der Hausbesuche war allerdings ein nur kurzes Hallo. Dabei gab es viel Spaß. Eines Tages begegneten wir im Treppenhaus einer gut angezogenen alten Dame. «Sie kenn i», sagte sie spontan, fügte dann aber hinzu, «i woiß aber net, woher.» Sie riet vom Kirchenchor bis zur Edeka alles durch. Schließlich half ich ihr: «Vielleicht kennen Sie mich aus dem Fernsehen, gnädige Frau.» – «Richtig», rief sie aus, «Sie sind der Herr Strauß!» Freudenschreie bei den mich begleitenden Jusos. Ich ging zur Anrede «Liebe Frau» über: «Ich bin nicht der Herr Strauß, ich bin der Herr Ehmke.» Strahlend faßte sie meine Hand: «Isch au recht, Sie wähl i emmer.»

Und weiter ging's. Meine Begleiterin klingelte an einer Wohnungstür, bereit, mich vorzustellen. Die Tür wurde von einem splitternackten Mann geöffnet. Damals habe ich ihn als alten Knacker bezeichnet, heute erinnere ich mich anders; es war ein Mann in den reifen Jahren. Seine Hände baumelten an den Seiten herunter, er wollte der Dame nicht die Tür vor der Nase zuschlagen. Diese starrte in die linke obere Ecke des Türrahmens, beide sagten kein Wort. Wir anderen unterdrückten mit Mühe ein Kichern. Da hatte der Mann einen genialen Einfall, er verbeugte sich: «Ach, entschuldigen Sie, gnädige Frau, ich dachte, Sie wären der Briefträger.» Wir machten eine halbe Stunde Pause und tranken ein Weizenbier auf die Vielseitigkeit der Deutschen Bundespost.

Das «Schwätze und Dischkudiere» auf den «Hocketses», den Straßen- und Gartenfesten – wie es in Bonn so schön heißt: bei den «Menschen draußen im Lande» – hat mir Spaß gemacht, auch wenn ich dabei etliche Pfunde zunahm. Eines dieser Feste sollte eine große Bedeutung für mich erlangen. Auf dem Kleinen Schloßplatz lernte ich eine schöne junge Tschechin kennen, Maria. Sie hatte als Studentin am Prager Frühling teilgenommen und beim Einmarsch des Warschauer Pakts ihr Land verlassen. Carlo Schmid hat ihr später das Kompliment gemacht, sie habe den Zauber der Goldenen Stadt nach Bonn gebracht. Für mich brachte sie zugleich eine neue Erfahrung in mein politisches Leben: Osteuropa live. Ich war fasziniert von ihrer Schilderung des Prager Frühlings, von ihrer Bewunderung für Dubček, von ihrer Enttäuschung und Wut über den russischen Einmarsch.

In einem unserer häufiger werdenden Gespräche erzählte ich ihr, daß Dubček uns nicht lange vor dem Einmarsch einen tschechischen Richter auf die Rosenburg geschickt hatte mit der Bitte, ihnen beim Aufbau einer rechtsstaatlichen Gerichtsbarkeit zu helfen. Ich sei mehr als skeptisch gewesen, daß sie im Ostblock damit durchkommen würden, unsere tschechischen Gäste hätten dagegen immer nur die Maxime wiederholt: «Freiheit ist unteilbar.» Dubček sei leider, was die Verhältnisse im Ostblock betraf, unrealistisch gewesen. Ein Donnerwetter brach über mich herein: Ob wir uns im Westen etwa einbildeten, den Menschen in Osteuropa vorschreiben zu dürfen, Freiheit nur tröpfchenweise zu verlangen? Wenn das so sei, pfeife sie auf Entspannungspolitik. Die Russen hätten in Prag nichts zu suchen, sie müßten raus, und zwar schnell. Nun hatte ich auch noch einen entspannungspolitischen Grund, mich um die junge Dame zu kümmern.

Mit einem Zugewinn von über 7 Prozent der Zweit- und über 10 Prozent der Erststimmen holte ich den Wahlkreis für die SPD. Damit gingen alle drei Stuttgarter Wahlkreise direkt an die SPD. Die Wahlfête war entsprechend. Noch in der Wahlnacht sprach ich – wie vor der Wahl mit Willy Brandt vereinbart – mit dem baden-württembergischen FDP-Vorsitzenden Hermann Müller und telefonierte mit Ralf Dahrendorf über die Bildung einer sozial-liberalen Koalition.

Im Bund war die SPD auf 42,7, die Union auf 46,1, die FDP aber nur auf 5,8 Prozent der Stimmen gekommen. Walter Scheel hatte dennoch den Mut, auf Willy Brandts Vorschlag für eine sozial-liberale Koalition einzugehen. Präsident Nixon gratulierte derweilen schon einmal Kurt Georg Kiesinger zu seinem Wahlerfolg, da war der Wunsch wohl Vater des Gedankens. Die sozial-liberale Koalition verfügte im neuen Bundestag über eine Mehrheit von zwölf Mandaten. Das erschien uns damals als durchaus ausreichend. Die SPD konnte zum ersten Mal in der Geschichte der Bundesrepublik die Führung der Bundesregierung übernehmen.

Wir hatten es geschafft. Trotz aller Turbulenzen und Gefährdungen ging die SPD gestärkt aus der Großen Koalition hervor. Insoweit hatte Herbert Wehner schließlich doch recht behalten. Die SPD hatte sich als Regierungspartei Anerkennung erworben. Sie hatte sich in den Augen der Bürgerinnen und Bürger mit einer erstklassigen Führungsmannschaft und einer thematischen Perspektive für die 70er Jahre als die Partei der Zukunft präsentiert. Der SPD stand aber mit der Öffnung zum Bürgertum einerseits, zur rebellischen Jugend andererseits auch ein Konflikt ins Haus, der sie noch lange beschäftigen sollte.

Bei Willy Brandt
im Kanzleramt

Der Machtwechsel

Einberufung und Regierungsbildung

Der Zug brachte mich gerade noch rechtzeitig aus der Stuttgarter Wahlnacht zu einer morgendlichen Sitzung des alten Kabinetts nach Bonn. Nach Beratungen mit der Spitze der Bundesbank wurden schließlich Maßnahmen beschlossen, die auf eine faktische Aufwertung hinausliefen. Die Kabinettsatmosphäre war frostig und leicht surreal. Während wir Sozialdemokraten uns zu unseren Wahlerfolgen gratulierten, Carlo Schmid begrüßte mich als Stuttgarter Wahlsieger mit einem barocken «Heil dir im Siegerkranz», glaubte Kiesinger immer noch, die Wahl nicht verloren zu haben und mit der FDP eine Koalition bilden zu können. Dabei stritt die Union im eigenen Kreise so heftig über die Aufwertungsfrage, daß wir lange auf sie warten mußten, bevor die Kabinettsberatungen überhaupt beginnen konnten.

Willy Brandt ging mit mir derweilen in den Kanzlerpark. Ohne Umschweife bat er mich, die organisatorischen und personellen Aspekte der Regierungsübernahme vorzubereiten und sein Hausmeier im Kanzleramt zu werden. Spontan sagte ich zu. Ich freute mich über Brandts Vertrauensbeweis, war er doch für mich längst zur politischen Bezugsperson geworden. Und ich freute mich auf die neue Aufgabe. Brandt machte sich über den Härtetest, der der sozial-liberalen Koalition mit ihrer geringen Mehrheit im Bundestag bevorstand, keine Illusionen, aber das schien ihn eher zu beflügeln. Noch nie hatte ich ihn so energisch erlebt. Die Enttäuschungen so vieler vergeblicher Anläufe, der Hang zu Selbstzweifel und Resignation waren wie weggeblasen. Er fragte nicht, er entschied. Das galt auch für meine Berufung, oder richtiger Einberufung.

Erst nach meiner Zusage begann ich darüber nachzudenken,

was das für mich bedeuten würde. Willy Brandt erwartete sicher, daß ich ihn von den Dingen entlasten würde, die ihm selbst nicht lagen, dazu gehörte der ganze «Betrieb» von Kanzleramt und Regierung. Außerdem würde ich ihn über die verfassungsrechtlichen und verfassungspolitischen Aspekte von innen- und außenpolitischen Entscheidungen zu beraten haben. Mein auf der Rosenburg gezeigtes Durchsetzungsvermögen im Bonner Apparat und gegenüber der Union würde sich unter weit schwierigeren Bedingungen zu bewähren und ich dem Kanzler im Parlament und in der Öffentlichkeit den Rücken freizuhalten haben. Die bei einem Machtwechsel notwendigen «Grausamkeiten» würde er mir überlassen; ich kannte inzwischen seine seltsame Mischung von Grundsatztreue und persönlicher Konfliktscheu. Über meine dienende Funktion brauchten wir, so dachte ich, so wenig ein Wort zu verlieren wie über diese kompensatorische Zuordnung. Darin sollte ich mich irren. Brandt, so sollte sich zeigen, erwartete keineswegs, daß ich auf eigene politische Ambitionen verzichtete, während ich das zur Erfüllung der mir anvertrauten Aufgabe für unabdingbar hielt.

Arbeitete ich schon auf fremde Rechnung, so wollte ich mir in dieser Rolle doch so viel Einfluß wie möglich sichern. Vor allem wollte ich als Kanzleramtsminister nicht in den Status eines beamteten Staatssekretärs zurückkehren, der mich auf der Rosenburg in einen Dauerkonflikt mit meinem politischen Engagement gebracht hatte. Willy Brandt stimmte meinem Vorschlag zu, mich als Kanzleramtschef gleichzeitig zum Bundesminister für besondere Aufgaben zu bestellen. Bei ihrem Gespräch über die bevorstehende Regierungsübernahme gratulierte Kiesinger Willy Brandt zu der mit mir gefundenen Lösung. Er habe eine solche Lösung mit Gerhard Stoltenberg angestrebt, sich aber in der Union damit nicht durchsetzen können.

In den eigenen Reihen war die Reaktion auf meine Berufung unterschiedlich. Viele beglückwünschten uns, niemand erhob Einspruch. Aber Alex Möller warnte mich erst unter vier Augen und dann vor der baden-württembergischen Landesgruppe der Fraktion, ich würde mich im Kanzleramt schnell verschleißen. Ich solle entweder Justizminister bleiben oder Forschungsminister werden, das würde mir alle Möglichkeiten offenhalten. Diese Warnung war einerseits ein gutgemeinter Rat, andererseits eine indirekte Unterstützung der Bedenken von Helmut Schmidt.

Denn Schmidt war alarmiert. Er befürchtete, ich könnte in meinem Amt «Unterkanzler» oder «Oberminister» werden. Selbst in einem langen Vier-Augen-Gespräch konnte ich ihn nicht davon überzeugen, daß ich gerade im Kanzleramt als Konkurrent für ihn ausschied. In einem weiteren Gespräch, an dem auf Schmidts Bitten auch Hans-Jürgen Wischnewski teilnahm, bestand er auf «etwas Geschriebenem». Willy Brandt sicherte ihm schließlich brieflich zu, ich schrieb die Entwürfe, daß ich Kanzler und Vizekanzler in deren Abwesenheit nicht vertreten würde. Das war aber ohnehin klar. So lag die eigentliche Bedeutung des Vorgangs in Schmidts Distanzierung von meiner Berufung durch Brandt.

Karl Schiller war über Brandts Entscheidung auch nicht gerade entzückt, er wollte keinen «Vorgesetzten» im Kanzleramt. Stärker noch beschäftigte ihn allerdings die bevorstehende Ernennung von Alex Möller zum Finanzminister. Und geradezu entsetzt war er über die Vorstellung, daß Helmut Schmidt als bisheriger Fraktionsvorsitzender eine Art «Obmann» der SPD-Minister werden könnte. Denn Schiller hielt nicht nur Helmut Schmidt für seinen Schüler in Sachen Ökonomie, vor allem hielt er sich für den eigentlichen Wahlsieger.

Dieser Auftakt versprach der Regierung Brandt schon von der SPD-Seite her ein bewegtes Leben. Ich selber habe mich allerdings eher darüber gewundert, daß ein auf freiwilligem Engagement beruhendes Team so unterschiedlicher Charaktere, Temperamente und Begabungen überhaupt funktionierte.

Von Anfang an war klar, daß das Innenleben der FDP und damit der Koalition nicht weniger bewegt sein würde. Auf dem rechten Flügel der Liberalen gab es, zumal angesichts des schlechten Abschneidens der Partei bei den Wahlen, gegen ein Zusammengehen mit den Sozialdemokraten Bedenken. Doch Walter Scheel, entschlossen, die zwanzigjährige Vorherrschaft der Union zu beenden, setzte sich durch. Damit war der Machtwechsel aber noch nicht geschafft. Die sozial-liberale Koalition hatte zwar eine Mehrheit von zwölf Mandaten, das waren aber nur fünf Stimmen mehr als die für die Kanzlerwahl erforderliche absolute Mehrheit der Abgeordneten. Und noch standen uns die Verhandlungen über das Koalitionsprogramm und die Regierungsbildung bevor.

Über der Regierungsbildung als Teil eines Machtwechsels lag trotz aller Geschäftigkeit ein gewisser Zauber. Sonst nicht gegebene Zugriffs- und Gestaltungsmöglichkeiten leisteten der Illusion Vorschub, man könne noch einmal ganz von vorne anfangen. Doch dieser Zustand der Politik, in dem Weichenstellungen scheinbar unbegrenzt möglich sind, währt nur kurz. Unter dem Zauberschein des Neuanfangs entdeckten wir schnell die prosaischen Realitäten der Kontinuität.

Die organisatorischen Änderungen, die wir in der Regierung vornahmen, waren begrenzt. Wir verminderten die Zahl der Ministerien auf vierzehn. Fünf Ressorts wurden aufgelöst oder miteinander zusammengelegt. Die 1967 geschaffene Institution der Parlamentarischen Staatssekretäre als politische Ministergehilfen dehnten wir auf alle Ministerien aus. Die Vorgespräche zu diesen Fragen der Regierungsbildung führte ich mit Genscher, den ich dabei als einen Mann von großer politischer Umsicht kennenlernte.

Die SPD bot der FDP drei Ressorts an, darunter zwei klassische. Viele in der FDP drängten auf ein Ressort im Bereich von Wirtschaft und Finanzen. Aber Superstar Schiller war als Wirtschaftsminister «gesetzt». Außerdem konnte die FDP hoffen, ihn gelegentlich gegen seine eigenen Genossen auf ihrer Seite zu finden. Dem Finanzministerium aber zog Walter Scheel das Auswärtige Amt vor. Finanzminister wurde Alex Möller. Genscher übernahm das um die Aufgaben des Umweltschutzes und des aufgelösten Vertriebenenministeriums erweiterte Innenministerium. Josef Ertl, der der Bildung der sozial-liberalen Koalition sehr skeptisch gegenübergestanden hatte, wurde Landwirtschaftsminister. Das erwies sich nicht nur politisch, sondern auch fachlich und menschlich als ein glücklicher Griff. Den Vorsitz in der FDP-Fraktion behielt Wolfgang Mischnick.

Auf SPD-Seite blieben die meisten Minister der Großen Koalition auf ihren Posten. Die wichtigste Neuerung war der Eintritt Helmut Schmidts als Verteidigungsminister in das Kabinett

Brandt. Ich war über seine Entscheidung erstaunt, da sie Schmidt in seiner politischen Bewegungsfreiheit einengte. Den Fraktionsvorsitz übernahm Herbert Wehner. Der Gewerkschaftsflügel wurde durch die Ernennung von Walter Arendt zum Arbeits- und Sozialminister gestärkt.

Heftige Kritik löste in der SPD-Fraktion die Berufung des angesehenen, parteilosen Professors Hans Leussink in das neu gebildete Ministerium für Bildung und Wissenschaft aus. Mit der Berufung eines anerkannten Fachmanns in dieses Ressort wollte Brandt ein Signal der Öffnung und der Einladung zum Mitmachen setzen. Ich hätte mir sogar mehr als einen parteilosen Minister vorstellen können, hielt ich doch die Offenheit der Partei für einen unerläßlichen Bestandteil ihrer Überlebensfähigkeit. So fand ich es auch gut, daß Helmut Schmidt den Industriellen Ernst Wolf Mommsen als «One-Dollar-Man» zum Beauftragten für Technik und Beschaffung auf der Hardthöhe bestellte. Ebenso trat ich nachdrücklich dafür ein, aus den Reihen der SPD qualifizierte Mitstreiter zu gewinnen, die zwar nicht die Ochsentour gemacht hatten, die aber die Mitarbeit in der Bundesregierung lockte. Klaus von Dohnanyi, Reimut Jochimsen, Manfred Lahnstein, Karl Otto Pöhl, Detlev Rohwedder, Philipp Rosenthal waren – anders als mancher Schulfreund eines späteren Bundeskanzlers – eine wichtige Bereicherung der politischen Personaldecke der Bundesrepublik. In das Bundeskanzleramt kamen Egon Bahr als beamteter Staatssekretär und rechte Hand Willy Brandts für die Ost-, Deutschland- und Berlinpolitik und Katharina Focke als Parlamentarische Staatssekretärin mit spezieller Zuständigkeit für Europa, Beziehungen zu den Bundesländern und Bildung. Chef des Presseamtes wurde zu meiner Freude Conny Ahlers.

Die Koalitionsverhandlungen in Sachfragen verliefen fast problemlos. Die Ost- und Entspannungspolitik hatte die Koalitionspartner zusammengeführt. Der Machtwechsel sollte außerdem, auch darin bestand Übereinstimmung, einen sozial-liberalen Weg zu gesellschaftlichen Reformen öffnen. Zwischen dem neuen FDP-Kurs – «Wir schneiden die alten Zöpfe ab» – und den SPD-Vorstellungen bestand vielfache Übereinstimmung. Von Anfang an war aber auch klar, daß manches, so beispielsweise die paritätische Mitbestimmung, mit der FDP nicht zu machen sein würde. Ein Koalitionsvertrag wurde nicht geschlossen, das Ergebnis der Koalitionsverhandlungen wurde nur in einem recht allgemein gehaltenen Papier zusammengefaßt. Wir wollten nach zwanzig Jahren CDU-Herrschaft erst einmal eine Bestandsaufnahme machen.

Noch aber war es nicht soweit. Erst mußte sich der 6. Bundestag konstituieren und der Bundestagspräsident gewählt werden. Der CDU/CSU-Fraktion stand als stärkster Fraktion das Vorschlagsrecht zu. Wir empfahlen unseren Abgeordneten, den von der Union vorgeschlagenen Kai-Uwe von Hassel mitzuwählen. Gerade weil die Auseinandersetzungen in der Sache hart werden würden, wollten wir keine unnötigen Verhärtungen. In der konstituierenden Sitzung des 6. Deutschen Bundestages saß ich als neuer Bundestagsabgeordneter im Plenum, und zwar, eine Entscheidung der Fraktion, neben Herbert Wehner.

Am folgenden Tag, es war der 21. Oktober 1969, wurde Brandt zum Bundeskanzler gewählt. Er erhielt 251 Stimmen, zwei mehr als die erforderliche Mehrheit. Von den vollständig anwesenden Koalitionsabgeordneten hatten drei nicht für Brandt gestimmt, Vorbote kommender Schwierigkeiten. Dennoch ging ein tiefes Aufatmen durch die Koalition, Jubel gab es nur auf den Tribünen. Die Umarmung zwischen Willy Brandt und Herbert Wehner, diesen einander so fremden Männern, rührte uns Sozis. Willy faßte sich schnell. Ich schirmte ihn in einem Fraktionszimmer ab, bis Rut kam, um ihm zu gratulieren. In meinen Augen war ein Wunder geschehen: Der nichteheliche Sohn einer Frau aus einfachen Verhältnissen, Sozialdemokrat und Emigrant, war deutscher Staatschef geworden. Wenig später wurde mit Bruno Kreisky ein jüdischer Sozialdemokrat Bundeskanzler von Österreich. Die Zeichen in Europa standen auf Veränderung.

Am Abend öffnete der frisch gewählte Kanzler seine Dienstvilla auf dem Venusberg für Mitstreiter, Freunde und Gratulanten. Von der Opposition kam allein Hermann Höcherl, wie Brandt ein uneheliches Kind. Das war aber nicht alles, was sie verband, Höcherl stand vor allem Brandts Ostpolitik aufgeschlossen gegenüber. So ein «open house» hatte Bonn noch nicht erlebt. Im Kiefernweg sah es am nächsten Morgen wüst aus, wie sich herausstellte, fehlte aber nichts. «Ein dolles Volk», kommentierte Willy Brandt, «nicht mal klauen tun sie.»

Die Reorganisation des Kanzleramtes

Nach meiner «Einberufung» suchte ich mir für die Übernahme des Kanzleramtes eine Mannschaft aus erfahrenen Beamten des Justizministeriums und des Auswärtigen Amtes zusammen. Auf der Rosenburg bereiteten wir minutiös die Amtsübernahme vor. Wir durften uns keine Panne leisten, nach der Kanzlerwahl würde die glatte Übernahme von Kanzleramt und Regierung die erste Probe auf unsere Regierungsfähigkeit sein.

Zur Vorbereitung suchte ich den amtierenden Kanzleramtschef, meinen Kollegen Professor Karl Carstens auf. Es war ein angenehmes Gespräch. Er weihte mich in die Staatsgeheimnisse ein, die ich mit seinem Panzerschrank übernehmen würde. Ich übergab ihm eine Liste der Mitarbeiter des Kanzleramtes, die in den einstweiligen Ruhestand versetzt oder mit anderen Aufgaben betraut werden sollten. Ich bat ihn, die betroffenen Herren – Damen waren nicht dabei – nach ihren eigenen Versetzungs- oder Veränderungswünschen zu fragen. Nach der Kanzlerwahl ließ ich mir von Willy Brandt den Brief unterschreiben, der Staatssekretär Carstens von seinen Amtspflichten entband, und fuhr ins Kanzleramt, um ihm das Schreiben persönlich zu übergeben.

Am Tag nach der Kanzlerwahl erhielten wir in einer fröhlichgelassenen Stimmung von Gustav Heinemann unsere Ernennungsurkunden. Er ernannte mich zum «Bundesminister für das Besondere», während mich Brandt inzwischen zu «unserem Spezialisten für alles» befördert hatte. Im Bundestag folgte die Vereidigung. Ich vereinbarte mit meinen Kabinettskollegen, daß ich auf der Regierungsbank außerhalb der protokollarischen Reihenfolge direkt hinter dem Kanzler sitzen würde. Das sollte sich als nützlich erweisen. Dann trat das Kabinett – Minister und parlamentarische Staatssekretäre – zum ersten Mal zusammen, eine Mannschaft voller Tatendrang, die sich sehen lassen konnte. Helmut Schmidt markierte seine künftige Rolle im Kabinett, indem er gegen die Anwesenheit der Staatssekretäre des Kanzleramts, Focke und Bahr, Einwände erhob.

Im Laufe des Tages übernahmen wir das Kanzleramt. Die Ablösung der alten, die Einweisung der neuen Mannschaft verlief wie geplant. Am Abend ging ich noch einmal «privat» ins Präsidialamt. Da ich noch nicht zum Essen gekommen war, legte «Gustav Gustav» Hand an die Pfanne und machte mir in seiner Wohnung Spiegeleier. Was für ein Tag! Wir fühlten uns als Weggefährten, die ein hochgelegenes Ziel mit guter Aussicht erreicht hatten.

Aus dem Kabinett, der Fraktion, dem Wahlkreis und von Unbekannten, unter ihnen Danziger Landsleute, gab es viele Gratulationen. Über die Freude am Gelingen vergaß ich aber nicht, was mir Bischof Kunst, ein Lutheraner von altem Schrot und Korn, einige Tage zuvor gesagt hatte. Nach dem Gottesdienst anläßlich der Konstituierung des neuen Bundestages hatte er mir beim Herausgehen aus der Bonner Kreuzkirche die Hände auf die Schulter gelegt: «Männlein, Männlein, du gehst einen schweren Gang.» Schon der Streit über meine Maßnahmen zur Reorganisation des Kanzleramtes sollte zeigen, wie recht er damit hatte.

Konrad Adenauer hatte die Regierungsgeschäfte in der Nachkriegszeit mit Hilfe einer «klassischen» Ministerialbürokratie patriarchalisch geführt. Das Kanzleramt glich unter ihm mehr einem «Kabinett» des Regierungschefs als einer Regierungszentrale. So waren die staatlichen Aufgaben in einer immer komplexer werdenden Industriegesellschaft aber nicht mehr zu erfüllen. Die wichtigen Ressorts – voran Verteidigung und Verkehr – begannen, nach und nach Planungsstäbe oder Planungsabteilungen aufzubauen und sie mehr schlecht als recht in die hierarchische Struktur der überkommenen Ministerialbürokratie einzupassen. Am Kanzleramt war diese Entwicklung im wesentlichen vorbeigegangen.

Verglichen mit dem Management eines modernen Unternehmens wirkte das Amt bei der Übernahme durch uns völlig veraltet. Seine technische Ausrüstung entsprach den beengten räumlichen Verhältnissen. Moderne Bürogeräte, moderne Kommunikationsmittel oder gar Datenverarbeitungsanlagen waren so gut wie unbekannt. Selbst die Telefonanlage war veraltet. Es gab weder einen Konferenzsaal noch eine Simultan-Dolmetscher-Anlage. Ein Lagezentrum oder ein abhörsicherer Besprechungsraum galten als Science-fiction.

Der organisatorische Zustand war nicht viel besser. Das Amt hatte keine Personalregistratur, die Personalakten waren in den Schränken von Sacharbeitern gestapelt. Ebensowenig gab es ein Kabinettsreferat, die Fachreferate legten ihre Sachen nach Gutdünken vor. Die Organisationsstruktur hatte sich eher zufällig entwickelt. Der Leiter der Verwaltungsabteilung war auch für bestimmte Fachressorts zuständig. Der Chef des von Kiesinger eingerichteten Planungsstabs betreute die Verteidigungspolitik mit. Für Bildung und Wissenschaft war ein Hilfsreferent eines Referates zuständig, das gleichzeitig das Innen-, das Justiz- und das Forschungsministerium betreute. Die Leute konnten praktisch nur den Eingangsstempel auf die Vorlagen setzen, die von den Ressorts kamen, von Koordinierung konnte keine Rede sein.

Ich gliederte das Amt in fünf Abteilungen neu. Zum Leiter der Abteilung Recht und Verwaltung, die zugleich Personalabteilung war, berief ich Dr. Kern, einen parteilosen Beamten aus dem Justizministerium, der zugleich Verbindungsmann zum Katholischen Büro wurde. Leiter der Abteilung Auswärtige und Innerdeutsche Beziehungen, Äußere Sicherheit wurde Dr. Sahm aus dem Auswärtigen Amt. Da er ein Landsmann von mir war, wurde gewitzelt, bei mir müsse man, wenn schon nicht Sozi, dann doch wenigstens Danziger sein. Leiter der neugeschaffenen Abteilung Innere Angelegenheiten wurde Herr Brodeßer, der bis dahin im Dienste des Landes Nordrhein-Westfalen gestanden hatte. Ich hatte insoweit Genscher um einen Vorschlag gebeten, auch der Koalitionspartner sollte sich für das Kanzleramt mitverantwortlich fühlen. Leiter der Abteilung Wirtschaft, Finanzen, Soziales wurde Herbert Ehrenberg, früher Mitarbeiter von Georg Leber in der IG Bau, Steine, Erden, später Bundesarbeitsminister. Chef der aus dem Planungsstab fortentwickelten Planungsabteilung wurde Professor Jochimsen, den ich von der Universität Freiburg her kannte, später Wirtschaftsminister in

NRW. Der Ausbau des Amtes war mit einer wesentlichen Verstärkung des dem Amt zur Verfügung stehenden Personals verbunden.

Da wir die Zusammenarbeit zwischen den Ressorts und dem Kanzleramt verbessern wollten, schlug ich einen Personalkreislauf vor. Er sollte dem Kanzleramt jeweils «frisches» Fachwissen aus den Ressorts und den Ressorts jeweils aktuelle Erfahrungen aus der Regierungszentrale zuführen. Zunächst zögerten die Ressorts aus Sorge, das Kanzleramt würde ihnen zu sehr in die Töpfe gucken, doch dann erkannten sie, daß diese Möglichkeit auf Gegenseitigkeit beruhte. Schwierigkeiten für den Austausch ergaben sich später aber unter Laufbahn-Gesichtspunkten.

Zur Verbesserung der Koordinierung der Ressorts führte ich eine wöchentliche Besprechung der beamteten Staatssekretäre unter meinem Vorsitz ein. Sie sollte zugleich die Einflußminderung begrenzen, die meine früheren Kollegen durch die Einführung Parlamentarischer Staatssekretäre erfahren hatten. Das Kabinett aktivierte die bestehenden Kabinettsausschüsse. Da unsere Regierung als erste Regierung Umweltfragen zu einem Arbeitsschwerpunkt gemacht hatte, fügten wir einen Kabinettsausschuß für Umweltfragen hinzu.

Die Reorganisation des Amtes und die Verbesserung der Koordinierung waren im Kabinett teilweise auf Erstaunen, aber nicht auf nennenswerten Widerstand gestoßen, zumal sie vom Präsidenten des Bundesrechnungshofes nachdrücklich unterstützt wurden. Bald wurde im Kabinett anerkannt, daß die Funktionsfähigkeit des Amtes und die Koordinierung der Regierungsarbeit wesentlich verbessert worden waren.

Der Union, die die Regierungsbildung gegen sie als stärkste Fraktion offenbar als eine Art Staatsstreich empfand, war der Um- und Ausbau des Kanzleramtes ein Dorn im Auge. Da Kiesinger den Zustand des Hauses bei seinem Amtsantritt als «19. Jahrhundert» qualifiziert und selbst mit einer, allerdings sehr zaghaften Reorganisation begonnen hatte, konnten sie meine Maßnahmen aber nicht frontal angreifen. Um so heftiger kritisierten sie dafür den Personalzuwachs, vor allem aber den von mir vorgenommenen Personalwechsel. Etwa zwanzig Beamte hatte ich entweder als politische Beamte in den einstweiligen Ruhestand versetzt, im Personalkreislauf an die Ressorts zurückversetzt, aus denen sie in das Kanzleramt abgeordnet worden waren, oder im Amt selbst mit neuen Aufgaben betraut. Bei einem Regierungswechsel ist ein solcher Personalwechsel ein völlig normaler Vorgang, die Union aber versuchte, daraus einen Rechts- und Verfassungsbruch zu machen.

In der Haushaltsdebatte sprach der Unions-Abgeordnete Leicht von einer «Säuberung im Beamtenapparat». Sein Kollege Wörner verlangte von mir Auskunft, wie viele «blaue Briefe» ich im Kanzleramt verschickt hätte. Gar keine, antwortete ich, bei den «blauen Briefen» müsse es sich um eine Reminiszenz an seine Schulzeit handeln. Dem damaligen Vorsitzenden des Deutschen Beamtenbundes, Alfred Krause, der der Union in ungeschminkter Parteilichkeit Schützenhilfe leistete, warf ich vor, gegen besseres Wissen zu polemisieren. Der Beamtenbund solle sich unter dem Gesichtspunkt der «hergebrachten Grundsätze des Berufsbeamtentums» lieber einmal zu der Tatsache äußern, daß es seit unserem Amtsantritt im Regierungsapparat viele Lecks gebe, durch die teils zutreffende, teils frei erfundene Interna an die Öffentlichkeit gelangten. Die Union und ihre Büchsenspanner in Verbänden und in der Presse, vorweg der «Bayern-Kurier», mußten schließlich passen. Dieser argumentative Sieg nach Punkten war nicht nur für die Regierung insgesamt wichtig, er stärkte auch das Selbstbewußtsein von Fraktion und Partei.

Daß dennoch etwas hängenblieb, verdankte ich Dieter Spangenberg, dem Staatssekretär bei Bundespräsident Heinemann. Quietschvergnügt erzählte er Journalisten die Mär: «Horst geht einmal mit der MP durchs Palais Schaumburg, und – ra-ta-ta-ta – schon stimmt die Chose.» Erst Marie Schlei korrigierte Jahre später, als sie zu Helmut Schmidt ins Kanzleramt kam, dieses Bild. Angesichts der vielen Unions-Anhänger, die sie dort vorfand, meinte sie, ob ich seinerzeit geschossen hätte, wisse sie nicht, getroffen hätte ich jedenfalls nicht.

Auch beim Thema des von mir eingeleiteten Kanzleramtneubaus hatte die Opposition schlechte Karten. Schon Kiesinger hatte im stillen eine Ausbauplanung begonnen, deren Ergebnisse wir allerdings als unzureichend empfanden. Ich versprach dem Bundestag, im Gegensatz zu Ex-Kanzler Kiesinger würden wir unsere Pläne nicht verheimlichen, sondern sie einschließlich eines Architektenwettbewerbs in der Öffentlichkeit zur Diskussion stellen. Wenn die Union so täte, als ob wir den Neubau nur für uns planten, erwecke sie den Eindruck, sie habe die Hoffnung auf eine Rückkehr in die Regierung schon aufgegeben. Der Kollege Wörner beeilte sich zu versichern, auch die Union sei an einer Modernisierung des Kanzleramtes interessiert.

Mit dem Neubau, der erst nach meiner Amtszeit fertig wurde, erhielt die Bundesrepublik zum ersten Mal eine moderne, funktionsfähige Regierungszentrale, die sich gut in die Parks am Rhein um Villa Hammerschmidt und Palais Schaumburg herum einfügt. Seine architektonische Gestaltung ist als zu bieder kritisiert worden, nicht ganz zu Unrecht. Nur: Sie war das Ergebnis des von allen Seiten geforderten Architektenwettbewerbs und eines einstimmigen Votums der Jury.

Die regelmäßige Abstimmung zwischen Kanzleramt und Fraktion erfolgte zwischen Herbert Wehner und mir. Am Montag ging ich zur Familie Wehner zum Frühstück. Wir besprachen, was in der Woche zu geschehen habe. Zwischen Willy Brandt und Herbert Wehner war ich Botschafter, Dolmetscher und Blitzableiter in einem. In jenen entscheidenden Monaten war unsere Übereinstimmung groß. Nach meinem Eindruck wirkte sich das sogar positiv auf das Verhältnis zwischen Brandt und Wehner aus. Parteisachen besprach ich mit Hans-Jürgen Wischnewski als Bundesgeschäftsführer. Mein Ansprechpartner in der FDP blieb Hans-Dietrich Genscher.

Die Abstimmung mit den Ländern erfolgte im Kreis der Länderbevollmächtigten und seit Anfang 1970 in regelmäßigen Besprechungen des Bundeskanzlers mit den Ministerpräsidenten. Zwei der Unions-Ministerpräsidenten suchten mich zu Vorbesprechungen auf, Gerhard Stoltenberg und Helmut Kohl. Für das Gespräch mit Stoltenberg mußte ich die Akten immer besonders gründlich lesen. Für Helmut Kohl mußte ich vor allem einen guten Schluck bereitstellen. Er bat mich wiederholt, das Kanzleramt bis zu seiner Kanzlerschaft in Ordnung zu bringen und zu halten.

Der Berg der von uns anzupackenden Aufgaben, die Willy Brandt in seiner Regierungserklärung formuliert hatte, war groß. Wir mußten die von der Union zum Schaden unserer Wirtschaft verzögerte Aufwertung nachholen. Wir mußten im Regierungsapparat die Voraussetzungen für eine koordinierte Reformpolitik schaffen. Wir mußten die von der Union wegen interner Streitigkeiten verschleppte Unterzeichnung und Ratifizierung des Vertrages über die Nichtverbreitung von Atomwaffen einleiten. Wir mußten – wegen des zu erwartenden harten Widerstandes der Konservativen mit einem starken Schub – die Ostpolitik auf den Weg bringen. Wir mußten mit der Integration der rebellischen Jugend Ernst machen, zugleich aber Partei und Koalition zusammenhalten. Günther Diehl, Regierungssprecher Kiesingers, der als Botschafter nach Indien ging, meinte beim Abschied: «Ihr habt mehr abgebissen, als ihr kauen könnt.» Ich versicherte ihm, wir seien Wiederkäuer.

Politik und Planung

Es zeigte sich schnell, daß die von uns getroffenen organisatorischen Verbesserungen für die Aufstellung und Durchführung eines in sich stimmigen Reformprogramms nicht ausreichten. Auf der Rosenburg hatte ich als frischgebackener Staatssekretär zunächst in deutscher Fleißarbeit viele überflüssige Akten gelesen. Schließlich verlangte ich die Vorlage einer Liste aller Vorhaben, die im Justizministerium damals in Arbeit waren. Das Ergebnis war «überwältigend». In Zusammenarbeit mit den Abteilungsleitern wurde die Liste auf das konzentriert, was für die laufende Legislaturperiode politischen Vorrang haben sollte. Anderes wurde zurückgestellt oder gestrichen. Die Ressourcen – Personal, Geld und Zeit – wurden entsprechend umgeschichtet. Damit wurde zugleich Parkinson ein Schnippchen geschlagen.

Die Bonner Ministerialbürokratie hatte seinerzeit etwa 1700 Referate. Deren Urproduktion war dem Kanzler so unbekannt wie dem Kabinett. Darüber zu spekulieren, wieviel Übersicht die einzelnen Minister über die Urproduktion «ihrer» Häuser hatten, versagte ich mir. Wir schlugen dem Kabinett vor, einen Datenplan zur Erfassung aller Vorhaben einzuführen. Für dieses «Vorhaben-Erfassungssystem» sollten in allen Ministerien Planungsbeauftragte im Rang eines Abteilungsleiters bestellt werden, sie sollten mit der Planungsabteilung des Kanzleramtes zusammenarbeiten.

Wir beschritten damit Neuland, wir hatten weder einschlägige Erfahrungen noch Vorbilder. Anfangs gab es erhebliche Schwierigkeiten mit der neu eingeführten maschinellen Datenverarbeitung, es wurde eine Flut von Papier produziert. Dennoch spielten die Ressorts mit. Ähnlich wie bei der Einführung des Personalkreislaufes war ihr Eigeninteresse an der Information größer als ihre Sorge, anderen zuviel Einblick in ihr Innenleben zu geben. Alle Beteiligten erhielten so erstmals einen Überblick nicht nur über ihre eigene «Vorhaben»-Produktion, sondern auch über die der anderen Ressorts und damit der Regierung insgesamt.

Im nächsten Schritt mußten wir auf der Grundlage von Willy Brandts «Regierungserklärung der inneren Reformen» und der inzwischen vorliegenden Bestandsaufnahmen und Berichte der Ressorts die Vorhaben-Spreu vom Reform-Weizen trennen, Widersprüche beseitigen, Zusammengehörendes miteinander abstimmen und das Ganze zeitlich ordnen. So entstand das erste Arbeitsprogramm einer Bundesregierung. Es sollte zugleich die Zeitplanung von Bundestag und Bundesrat erleichtern. Vieles sprach dafür, nun erst einmal eine Pause eintreten zu lassen, um mit der Weiterentwicklung des Arbeitsprogramms Erfahrung zu sammeln. Wir standen aber vor einem Problem.

Bei der Zusammenfügung des Arbeitsprogramms stellte sich heraus, daß das hohe Ziel der Regierungserklärung, Zukunft demokratisch zu gestalten, statt nur Reparaturbetrieb für gesellschaftliche Fehlentwicklungen zu sein, in der Vorhaben-Sammlung nur begrenzt Niederschlag fand. Außerdem waren einzelne Reformvorhaben in sich nicht genügend vorbereitet. So rafften wir uns auf, aus der Vorhaben-Erfassung eine Aufgabenplanung zu entwickeln. Dabei ging es weder darum, Politik durch Computer und «Planvollzug» zu ersetzen, noch um eine umfassende Detailplanung, von der seltsamerweise die Union in zwei parlamentarischen Anfragen ausging. Es ging vielmehr darum, Kabinett und Kanzler in die Lage zu versetzen, sich frühzeitig mit dem Gesamtprogramm und mit den Grundfragen großer Vorhaben zu beschäftigen, statt nur zum Schluß die zwischen den Ressorts noch offenen Streitfragen zu entscheiden.

Dieser Versuch aber tangierte die Interessen der Ressorts nachhaltig, voran die des Finanzministers. Die mittelfristige Finanzplanung ist nicht aufgaben-, sondern ausgabenorientiert. Praktisch läuft sie auf eine Projektion des jeweiligen Haushalts hinaus. Sie neigt daher dazu, Ausgabenblöcke festzuschreiben. Um in einer Aufgabenplanung Programm- und Ressourcenplanung vernünftig miteinander zu verbinden, müßte man die mittelfristige Finanzplanung stärker aufgabenorientiert gestalten. Das Finanzministerium wollte sich aber nicht in «seine» Finanzplanung hineinreden lassen. Der Wirtschaftsminister hatte bereits genug Mühe, die Finanzplanung des Kollegen Finanzministers mit seiner mittelfristigen Zielprojektion unter dem Stabilitäts- und Wachstumsgesetz in Einklang zu bringen. Er versprach sich von einer Aufgabenplanung keine Hilfe.

Die Fachressorts waren wenig geneigt, sich unter dem Gesichtspunkt von Reformmaßstäben inhaltlich in ihre Vorhaben hinein-«pfuschen» zu lassen, und sei es auch nur in einem kooperativen Planungsverbund. Manche Eigenheiten unserer unter hohem Arbeitsdruck stehenden Planungsabteilung erhöhten die Irritation. Sie hatte sich auf Bitten der Staatskanzleien der Länder auf die Erörterung langfristiger Planungen eingelassen, was ihrem Hang zur Verwissenschaftlichung Vorschub leistete. Ihre Papiere wurden immer länger und immer komplizierter, was die Ressorts noch mehr störte als mich.

Willy Brandt hielt den Planern dennoch die Stange, vor allem wies er die wiederholte Kritik von Helmut Schmidt zurück. Er hoffte auf einen Erfolg, umgetrieben hat ihn die Angelegenheit aber nicht. Walter Scheels Frohnatur steuerte im wesentlichen Witzchen über die Planer bei. Beide Männer waren primär an der Außenpolitik interessiert. Der Finanz- und Wirtschaftsminister – nach dem Rücktritt von Alex Möller im Frühjahr 71 leitete Superstar Karl Schiller beide Ressorts – pochte auf seine Zuständigkeiten. Die einzelnen Fachressorts und ihre Minister waren unterschiedlich aufgeschlossen. Die Unentschiedenen unter ihnen folgten schließlich dem großen Ressortherren Helmut Schmidt in seinem feudalen Widerstand gegen die «Zentrale».

Da wir auf die Mitarbeit der Ressorts angewiesen waren, war der Planungsprozeß mühelos lahmzulegen. Die Hausleitungen brauchten die Planungsbeauftragten noch nicht einmal direkt anzuweisen, es reichte aus, wenn sie deren eigene Bedenken ermunterten. Wenn es darum geht, Dinge zu verhindern, ist der Erfindungsreichtum von Bürokraten nicht zu übertreffen. Dem Beispiel des Kaplans folgend, der den Gänsebraten «Karpfen» taufte, bevor er ihn zur Fastenzeit verzehrte, tauften die Ressortseparatisten ihre Vorhaben in «Reformen» um. So kamen wir zu Hunderten von «Reformen». «Drei pro Woche», verkündete selbst der nüchterne Hans-Jürgen Wischnewski freudestrahlend. Mit dieser «Reform»-Inflation wurde die Reformpolitik lächerlich gemacht. Die Aufgabenplanung lief sich fest und schlief nach meinem Ausscheiden aus dem Kanzleramt Ende 1972 ein. Wir, damit meine ich die gesamte SPD-Mannschaft, waren mit unserem Versuch gescheitert, bevor er noch richtig begonnen hatte.

Die erste sozial-liberale Regierung hat viele einzelne Reformvorhaben verwirklicht, mehr als irgendeine Regierung vor oder nach ihr, auch wenn manches an der FDP scheiterte. Aber das Ganze blieb Stückwerk, eine «neue Qualität» von Politik, eine Politik, die die Veränderungen der Gesellschaft mitgestaltet, statt sie nur zu erleiden, wurde nicht entwickelt. Selbst die kühnsten Reformideen und der größte Reformeifer können halt praktikable Reformprogramme, Durchsetzungsstrategien und Teamgeist nicht ersetzen. Helmut Schmidt gab als Kanzler diesen Reformansatz, einschließlich der Reform von Regierung, Verwaltung und öffentlichem Dienst, unter dem Schlagwort «Krisenmanagement» später ganz auf. Er war schon froh, mit den vielen Einzelproblemen einigermaßen pragmatisch fertig zu werden. Das ist eine respektable Position. Nur: Die SPD hat die darin liegende Niederlage für eine breitangelegte, konsistente Reformpolitik bis heute nicht recht reflektiert.

Helmut Schmidts Polemik gegen den Versuch einer Aufgabenplanung machte seine ambivalente Rolle im Brandt-Kabinett

deutlich. Er bezweifelte die Notwendigkeit besserer Planung
nicht, er war an Managementfragen stärker interessiert als die
meisten seiner Kollegen, er verfügte im Verteidigungsministerium
über den besten Planungsapparat in der Regierung. Er stieg auch –
wie drei Jahre zuvor in die Diskussion über die «Perspektiven» –
in die Planungsdiskussion ein, allerdings nicht im Kabinett, dort
beschränkte er sich auf Kritik, sondern in der Partei. Auf dem
Saarbrücker Parteitag im Frühjahr 1970 trat er für die Entwicklung eines konkretisierten und quantifizierten «gesellschaftspolitischen Langzeitprogramms» ein. Er übernahm sogar den Vorsitz
der dafür gebildeten Parteikommission.

Da es ein Reformprogramm, das zugleich langfristig, konkreti-
siert und quantifiziert ist, nicht geben kann – langfristige Aufga-
ben- und Ressourcenplanung können auf der Zeitschiene nur sehr
flexibel miteinander verbunden werden – war ich gespannt, wo
Schmidt landen würde. Er endete bei dem Entwurf eines «ökono-
misch-politischen Orientierungsrahmens», der versuchte, den
staatlichen Korridor für die Finanzierung von SPD-Reformwün-
schen in den Jahren von 1975 bis 1985 abzuschätzen. Dabei unterstellte er im Einklang mit den wissenschaftlichen Prognosen für
diesen Zeitraum ein nicht nur stetiges, sondern auch erhebliches
Wirtschaftswachstum. Aus diesem Wachstum – also konjunktur-
abhängig – sollten die Reformen finanziert werden. Schmidt sah
dafür eine überproportionale Erweiterung des staatlichen Korri-
dors vor. Die Partei-Linke wurde durch den Entwurf in ihrem
Wunsch nach Ausdehnung des Staatsanteils eher ermuntert als ge-
bremst.

Abgesehen davon, daß die zugrunde gelegte Wachstumspro-
gnose das Schicksal aller Prognosen ereilte, von der tatsächlichen
Entwicklung, hier der Ölkrise, schnell überholt zu werden, trug
der Entwurf zu den Fragen der Aufgabenplanung und deren Verbindung mit der Ressourcenplanung nichts bei. Er blieb damit hinter den Bemühungen der Planer im Kanzleramt zurück. Warum
der Streit im Kabinett? Offensichtlich paßte Schmidt die ganze
Richtung nicht.

Was das Verteidigungsressort anbetraf, konnte sich Schmidt
weder über den Kanzler noch über das Kanzleramt beklagen, er

bekam jede gewünschte Unterstützung. Er war ein hervorragender Verteidigungsminister, niemand hat mehr für die Einfügung der Streitkräfte in unsere demokratische Gesellschaft getan. Ich bemühte mich von Anfang an um eine auch persönlich gute Zusammenarbeit. Dafür gab es kurz nach unserem Amtsantritt einen konkreten Anlaß. Karl Carstens hatte mir bei der Amtsübergabe Informationen der Alliierten übergeben, die den Verteidigungsbereich betrafen. Zu meinem nicht geringen Erstaunen hatte das Kanzleramt diese Informationen – wohl auf Wunsch der Alliierten – für sich behalten. Das war nach meinem Verständnis von Regierungsverantwortung unvertretbar. Ich verabredete mich also mit Helmut Schmidt im Kanzleramt und unterrichtete ihn. Helmut Schmidt empfand die Situation aber offenbar genauso, wie er befürchtet hatte: In seinen Augen saß er einem «Unterkanzler» gegenüber.

Trotzdem trafen Helmut Schmidt und ich uns anfangs gelegentlich zu später Nachtstunde, um nach getaner Arbeit noch ein bißchen zu reden und zu entspannen. Über Planung sprachen wir dabei nicht. Schmidt war gesundheitlich nicht auf der Höhe und oft unzufrieden. Ich kannte das schon aus seiner Zeit als Fraktionsvorsitzender. Er würde alles hinwerfen und in die Wirtschaft gehen, um sich endlich eine Alterssicherung zu schaffen, hieß es damals. Nun klagte er, wir hätten ihn auf ein wichtiges, aber undankbares Ressort abgeschoben. Da Willy Brandt nur wenige Jahre älter sei, werde er auf der Hardthöhe versauern. Es mache ihm längst keinen Spaß mehr, er täte das alles nur noch aus Pflichtgefühl. Diese preußisch-deutsche Pflichtarie klang in meinen Ohren freudlos und fatal. Ich beantwortete sie mit dem Rat, er möge mit der Politik aufhören, ich jedenfalls werde das tun, wenn mir die Politik einmal keinen Spaß mehr machen sollte. Am Ende würde er noch glauben, das deutsche Volk müsse ihm dafür dankbar sein, daß er sein Glück opfere. Es habe ihn aber gar nicht gebeten, Politiker und Verteidigungsminister zu werden.

Im Kabinett ärgerte ich mich darüber, daß Schmidts Ich-Gefühl für das von ihm in der Partei postulierte «Wir-Gefühl» wenig Platz ließ. Das mußte auch sein Freund Alex Möller erfahren. Der trat im Mai 1971 als Finanzminister zurück, da er der Ausgabenwünsche der Ressorts nicht mehr Herr wurde. Vorweg marschierte dabei Helmut Schmidt mit seinen Forderungen, wohl auch wegen der Wirkung auf die Öffentlichkeit. Denn die liebt nun einmal, auch in der Demokratie, die Gebärde des durchsetzungsfähigen «starken Mannes» mehr als das Sich-Einordnen in ein Team. Mit Schiller als Doppelminister lag Schmidt bald darauf im Dauerclinch, dessen Allüren erschienen ihm «unerträglich».

Trotzdem war ich erstaunt, als ich von Kabinetts- und Fraktionskollegen zu hören bekam, Schmidt spreche immer unfreundlicher über mich. Auf Leussink wirkte das so irrational, daß er mich mit der Vermutung aufzog, ich müsse Schmidt in unserer Jugendzeit einmal eine Freundin ausgespannt haben. Das konnte ich guten Gewissens bestreiten, fügte aber nachdenklich hinzu, vielleicht habe ich ihm ja Willy Brandt weggenommen. Schmidt klagte, ich stünde zwischen ihnen, obwohl er so viel Zugang zu Willy hatte wie er wollte. Schmidt war seinerzeit in der Partei offen und mit Nachdruck für Willy Brandt als Parteivorsitzenden und dann auch als Kanzlerkandidaten eingetreten. Nun aber fing er an, sich über Brandts Führungsschwäche zu mokieren. Immer mehr schien durch, daß er sich selber für den besseren Mann hielt.

Der Bundesnachrichtendienst

Zu meinen Aufgaben als Kanzleramtschef gehörte die Aufsicht über den Bundesnachrichtendienst. Als Mitglied des für die Koordinierung der Nachrichtendienste zuständigen Staatssekretär-Ausschusses hatte ich während meiner Zeit auf der Rosenburg Einblicke in diesen Bereich gewonnen.

Der BND war aus der von General Reinhard Gehlen geleiteten Abteilung «Fremde Heere Ost» des Generalstabs der deutschen Wehrmacht hervorgegangen. Gehlen hatte deren umfangreiches Material am Kriegsende gerettet und den Amerikanern zur Verfügung gestellt. Die holten den Ex-General erst in die Vereinigten Staaten und machten dann 1946 bei uns die «Organisation Gehlen» auf. Gehlen suchte und fand später Kontakt zu Adenauer. Aber erst 1955 wurde die «Organisation Gehlen» als «Bundesnachrichtendienst» von der Bundesregierung übernommen. Die ließ den Dienst in Pullach, auch im übrigen war das Verhältnis eher distanziert. Einerseits schottete sich der Dienst ab, andererseits wußte Bonn mit dem Dienst nicht recht etwas anzufangen. Das Verhältnis zwischen Adenauer und Gehlen wurde in der ersten Hälfte der 60er Jahre durch verschiedene Vorkommnisse belastet, vor allem durch den «Fall Felfe». Ausgerechnet der auf den sowjetischen Geheimdienst angesetzte Beschaffer, ein enger Vertrauter Gehlens, entpuppte sich als langjähriger Sowjet-Agent. Doch erst die Regierung der Großen Koalition löste Gehlen 1968 ab.

Professor Carstens hatte als Chef des Kanzleramtes eine kleine Untersuchungskommission nach Pullach geschickt. Sie faßte ihre eher deprimierenden Erkenntnisse über den Zustand des Dienstes am Ende der Ära Gehlen im sogenannten «Mercker-Bericht» zusammen. Carstens setzte auch General Wessel als Nachfolger Gehlens durch. Wessel war schon Gehlens Stellvertreter in «Fremde Heere Ost» gewesen, war 1952 aber aus der «Organisation Gehlen» ins Bundesverteidigungsministerium übergewechselt. Er begann mit einer Reform des Dienstes, stieß dabei aber auf große interne Widerstände.

Als ich ins Kanzleramt kam, hatte ich die Erwägungen über die Nachfolge Gehlens noch gut im Gedächtnis. Ich wußte, wie schwer es sein würde, einen geeigneten Nachfolger für Wessel außerhalb des Dienstes zu finden. Zudem hatte ich eine Vorstellung davon, welche Schwierigkeiten einen Außenseiter in Pullach erwarten würden. Darum war auch ich seinerzeit für Wessel als Präsidenten eingetreten. Es gab jetzt zwar eine Selbstbewerbung des Verfassungsschützers Nollau, ein Vertrauter von Herbert Wehner, sie war für mich aber kein ausreichender Grund, meine Meinung zu ändern. Ein ausführliches Gespräch mit Präsident Wessel bestärkte mich in dem Vorsatz, an ihm festzuhalten. Im übrigen ließ ich mir Zeit. Andere Dinge waren dringlicher, und ich wollte mir zunächst ein genaueres Bild über den «Ist»-Zustand des Dienstes verschaffen. Dazu vertiefte ich mich mit dem neuen Sicherheitsreferenten des Kanzleramtes, einem erfahrenen Beamten, den ich von der Rosenburg mitgebracht hatte, in die Akten.

Außerdem führte ich zahlreiche Gespräche mit Leuten, die in der Aufsicht über den Dienst, im Dienst selber oder an führender Stelle im Verfassungsschutz Erfahrungen mit dem BND gesammelt hatten.

Der schlechte organisatorische Zustand des Dienstes zeigte sich schon darin, daß der Posten des Vizepräsidenten seit zwei Jahren vakant war. Der letzte Vizepräsident hatte Selbstmord begangen. Auch die Stelle des Leiters der Verwaltungsabteilung war unbesetzt, der Dienst verfügte über keine Verwaltungsfachleute. Das Urteil der von mir Befragten über den Dienst war in der Grundtendenz bemerkenswert einheitlich. Das Eigenleben des Dienstes müsse beendet werden. Manche sprachen von einer «Personalpolitik der alten Kameraden» und von Nepotismus, gerade auch bei Gehlen selbst. Im Kernbereich der Beschaffung, mit Ausnahme der technischen Beschaffung, lebe der Dienst weniger von seinen eigenen Leistungen als von der «Legende Gehlen» – nach dem Legenden-Bonmot war Gehlen das Produkt einer Schäferstunde zwischen General Ludendorff und Mata Hari.

Der in der politischen Diskussion im Vordergrund stehende Vorwurf, der Dienst schnüffele in der Innenpolitik herum, fand in den Stellungnahmen der von mir Befragten keinen großen Widerhall. Um so ernster nahmen ihn aufgrund einschlägiger Erfahrungen die Sozialdemokraten.

Die Kehrseite der Medaille war, daß manche Politiker vom BND statt Informationen Enthüllungen erwarteten. Bei mir sammelte der Dienst dagegen Pluspunkte, weil er – im Gegensatz zu früheren Praktiken – auf Sensationsmache und Effekthascherei verzichtete. Insgesamt war Pullach stark in der Gedankenwelt des Kalten Krieges befangen, was aber niemand überraschen konnte. Es war unsere Aufgabe, dem Dienst die neue Politik der Bundesregierung und des Bündnisses mit dem Standbein der Verteidigung und dem Spielbein der Entspannungsbemühungen näherzubringen und entsprechende Aufträge zu erteilen.

Nach meinem ersten Besuch in Pullach gab ich – eine Uraufführung – eine öffentliche Pressekonferenz zum Thema BND. Der Dienst leiste zwar geheime Arbeit, müsse aber aus dem Dunstkreis der Vergangenheit und der Geheimnistuerei herauskommen, sonst werde man keinen qualifizierten Nachwuchs für ihn finden, vor allem keinen wissenschaftlichen Nachwuchs. Für den Dienst müsse offen geworben werden. Bewegte Klagen, in Pullach gäben sich «alte Kameraden» oder «der preußische und bayerische Landadel» oder «CSU-Seilschaften» ein Stelldichein, schüfen keine Abhilfe. Ich müsse selber schmerzlich erleben, wie schwer es sei, neues Personal für Pullach zu gewinnen. Regierung, Parlament und Öffentlichkeit dürften dem Dienst weder erlauben, ein Eigenleben zu führen, noch dürften sie ihn als Fremdkörper behandeln.

Nach eingehenden, keineswegs immer harmonischen Besprechungen mit Präsident Wessel, wandte ich mich der Aufgabe zu, den Dienst aus der Innenpolitik zu verbannen. Im BND waren etwa fünfzig Dossiers über Politiker aller Parteien angelegt worden. Ich überzeugte mich zusammen mit dem Präsidenten durch eine Stichprobe aus jeder Partei davon, daß das gesammelte Material eher kurios war. Ich ordnete daher die Vernichtung dieser Dossiers an. Aufgrund eines Tips fragte ich weiter, ob Journalisten vom BND Geld erhalten hätten und wenn ja, wofür – nachrichtendienstliche Quellen natürlich ausgenommen. Ich erhielt eine Liste mit Namen und Summen, die beide mein Erstaunen hervorriefen. Ich widerstand aber der Versuchung, diese Pandorabüchse zu öffnen, ordnete die Vernichtung auch dieser Unterlagen an und untersagte derartige Praktiken. Dann verbot ich die schon unter Adenauer eingerissene «Inlandsaufklärung» des Dienstes. So hatte beispielsweise eine «Sonderverbindung» offensichtlich Interna aus der SPD-«Baracke» berichtet, ohne daß die BND-Zentrale diese Berichte je zu Gesicht bekommen hätte. Die Zentrale beschaffte sich daher Zugang zu der Münchner Außenstelle, die die Verbindung «führte», und wurde fündig.

Am Abend des gleichen Tages war ich zur Eröffnung einer Karrikaturen-Ausstellung von Ernst Maria Lang Gast der bayerischen Landesvertretung. Franz Josef Strauß, mit dem ich an einem Tisch zusammen mit zwei Botschaftern und Bischof Kunst saß, war so unklug, mir wegen der Aktion, über die er also schon unterrichtet war, Rechtsbruch vorzuwerfen. Ich klärte ihn sanft über die Rechtslage auf. Nach einigen Bieren verleitete ich ihn dann durch die Ankündigung, demnächst würde ich mich dem Waffenhandel zuwenden, zu der unbedachten Äußerung, offenbar wolle ich nicht lange leben. Dessenungeachtet ordnete ich an, daß sich der BND aus Geschäften mit Waffen und ausgemusterten Rüstungsgütern der Bundeswehr zurückzuziehen habe. Der Dienst muß zwar auch in diesem Bereich Bescheid wissen, er darf sich aber nicht selber in diesen Handel verstricken.

Ein anderer Schlagabtausch mit Franz Josef Strauß war amüsanter. Nur wenige Tage nach unserem Zusammenstoß in der Bayernvertretung wurden mir in einem Pressegespräch in London zwei Tickermeldungen gereicht. Nach der ersten hatte Franz Josef Strauß in der «WamS» erneut eine BND-Breitseite gegen mich abgefeuert. Nach der zweiten war er nach New York geflogen und nach seiner Schilderung dort nachts vor seinem Hotel in der Nähe vom Central Park von einem Straßenmädchen überfallen worden. Wie eine Wildkatze sei sie auf ihn losgegangen und habe ihm die Geldbörse aus der rechten Gesäßtasche gestohlen. Die britischen Journalisten baten mich um einen Kommentar. Ich versicherte ihnen, es habe sich in New York nicht um eine vom BND gestellte Falle gehandelt; zur Schilderung von Strauß könne ich nur sagen: «She must have been a left-hander.» Der Kommentar gefiel den Briten.

Nach langer, mühsamer Suche und nach Abstimmung mit Brandt, Wehner und Schmidt besetzte ich die jahrelang vakante Stelle des Vizepräsidenten mit einem Hamburger Sozialdemokraten. Er verfügte sowohl über Erfahrung in der Verwaltung wie in der Wirtschaft und war als früherer Vorsitzender des Innenausschusses der Hamburger Bürgerschaft mit sicherheitspolitischen Fragen vertraut. Die Verwaltungsabteilung besetzte ich mit einem Fachmann. Schließlich wechselte ich den Leiter der Beschaffungsabteilung durch einen Experten aus, der bis dahin im Verfassungsschutz das umgekehrte Geschäft, Spionageabwehr, betrieben hatte. In Pullach brach ein Sturm der Entrüstung los, der auch dem Präsidenten ins Gesicht blies. Zum ersten Mal war «Außenseitern» gestattet worden, ins Allerheiligste einzudringen und den Laden von innen zu studieren. Die rechte Presse tobte; rechte Seilschaften, deren Verbindungen bis in den Dunstkreis von Pullach reichten, schossen ohnehin längst aus allen Rohren gegen die Entspannungspolitik und diffamierten nicht nur Willy Brandt, Herbert Wehner und Egon Bahr, sondern nun auch mich, nach meiner Scheidung und Wiederverheiratung bald darauf auch meine aus Prag stammende Frau.

Kampf um die Ostverträge

Der Kniefall im Warschauer Ghetto

Als Willy Brandt im Dezember 1970 zur Unterzeichnung des Warschauer Vertrages die polnische Hauptstadt besuchte, kniete er vor dem Denkmal für die Gefallenen des Aufstands im Warschauer Ghetto nieder. Er hatte diesen Kniefall, der zum Symbol des moralischen Kerns seiner Außenpolitik geworden ist, nicht geplant und daher auch mit niemandem darüber gesprochen. Der Ort selber, an dem ihm die Worte fehlten, gab ihm die alte, um Vergebung bittende Geste ein. Er bat als Kanzler um Vergebung für im deutschen Namen begangene Untaten eines Regimes, zu dessen Verfolgten er selber gehört hatte.

Die ersten Reaktionen in Bonn reichten von Ungläubigkeit bis zu Unverständnis, das galt selbst für die eigenen Reihen. Eine «tolle Regie» sei das ja gewesen, bekam ich zu hören. Nicht wenige reagierten negativ, weil sie glaubten, Brandt habe vor dem polnischen Denkmal des Unbekannten Soldaten die Knie gebeugt. Das hätten die Polen sicher lieber gesehen, seinen Kniefall im Ghetto nahmen sie mit großer Befangenheit wahr. Auch daran hatte Brandt gedacht. «Das konnte ich ihnen nicht ersparen», sagte er zu mir nach seiner Rückkehr auf dem Weg vom Flugplatz zum Kanzleramt.

Neben seinen moralischen Grundüberzeugungen brachte Willy Brandt eine umfassende außenpolitische Erfahrung in seine Kanzlerschaft ein, die er im Exil, vor allem in der europäischen Großfamilie der Sozialdemokratie, als Regierender Bürgermeister von Berlin und als Bundesaußenminister erworben hatte. Er sprach mehrere Fremdsprachen und verfügte über eine mich immer wieder verblüffende internationale Personenkenntnis. Im Exil hatte er sich auf ausländische Lebensart einstellen müssen, er hatte gelernt, sich im Fremden einzubringen. Durch eine lebenslange Lektüre, die er selbst in den arbeitsreichen Jahren als Bundeskanzler fortführte, war Brandt außerdem historisch-politisch erstaunlich belesen. Das floß in seine außenpolitischen Überlegungen ein.

Aber nicht nur seine Lebens- und Leseerfahrung, auch sein Naturell kam der Außenpolitik entgegen. Willy Brandt war ein Angler, kein Jäger, er ließ die Dinge – und die Menschen – kommen. Vieles, was Brandt innenpolitisch und innerparteilich als Schwäche ausgelegt wurde, gehörte zu seinen außenpolitischen Stärken. Das Wartenkönnen, die Scheu vor schnellen Entscheidungen und vor Konflikten. Die vorsichtige, einerseits richtungweisende, andererseits im einzelnen nichts verbauende Offenheit mancher, oft indirekter Aussagen. Die offenbar unbegrenzte Geduld beim Zuhören. Die physisch sichtbare Anstrengung, für einen Gedanken noch beim Sprechen eine Formulierung zu finden, die die Verständigung erleichtern könnte. Auch die bewegende Kraft seiner Reden beruhte in hohem Maße darauf, wie er etwas sagte. Ähnlich wie im Gespräch war es in der Politik. Liefen wir uns einmal fest, folgte er dem Rat Jean Monnets, «die Bühne umzumöblieren», um danach einen neuen Anlauf zu unternehmen.

Brandts Gespür für langfristige Trends und Möglichkeiten prägte sein Verständnis von Politik als Beeinflussung und Gestaltung langfristiger Entwicklungen. Mit bloßem «Krisenmanagement» war der historische Wandel, den er mit seiner Ostpolitik anstrebte, nicht zu erreichen. Brandt ging mit kleinen Schritten große Ziele an. Die Ostpolitik sollte seine im Ansatz schon im Exil entwickelte Vision eines europäischen Deutschlands in einem demokratischen Gesamteuropa in die Tat umsetzen. Er fädelte sie in Präsident Kennedys «Friedensstrategie» ein, die nach langen Jahren der politischen Konfrontation und des nuklearen Rüstungswettlaufs nach neuen Formen der Kooperation zwischen den Supermächten suchte. Kennedy hatte nach der Berlin- und der Kubakrise erkannt, daß der machtpolitische Status quo der Nachkriegszeit in einer mit Massenvernichtungswaffen vollgestopften Welt nicht durch eine auf Gewalt oder Gewaltandrohung gestützte «roll back»-Politik geändert werden konnte. Daher bot er den Sowjets Abrüstungsverhandlungen an und ging mit einem einseitigen Moratorium für Nukleartests in der Atmosphäre voran. Für die Auseinandersetzung mit dem Kommunismus setzte er statt dessen auf den friedlichen Wettbewerb der Gesellschaftssysteme.

Die Sowjets ließen sich auf diese Politik aus verschiedenen Gründen ein. Sie waren schon wegen ihres Konflikts mit China an Entspannung mit dem Westen interessiert. Sie wollten die Lasten des Rüstungswettlaufs senken, hofften für die Modernisierung ihrer Wirtschaft und die Stabilisierung der gesellschaftlichen Situation in ihrem Machtbereich auf Kapital und Know-how aus dem Westen und glaubten trotzdem noch, den ideologischen Wettbewerb der Systeme gewinnen zu können.

Willy Brandt hatte erkannt, daß der ostpolitische Immobilismus der Union die Bundesrepublik auch im Westen zu isolieren drohte. Die der Hallstein-Doktrin zugrundeliegende politische Überzeugung, die Lösung der deutschen Frage müsse Voraussetzung einer Entspannung in Europa sein, drohte die deutsche und europäische Teilung weiter zu zementieren. Diese Einsicht teilte Brandt mit Walter Scheel. Für den Versuch der sozial-liberalen Koalition, die Wahrnehmung deutscher Interessen in Kennedys Friedensstrategie einzufädeln, stand die Überwindung des Nachkriegs-Status quo der Teilung Deutschlands und Europas im Vordergrund. Grundidee der Ostpolitik war, durch die Hinnahme des territorialen Status quo und die Entwicklung einer engen Ost-West-Zusammenarbeit einen Entspannungsprozeß in Gang zu setzen, der den politischen Nachkriegs-Status quo in Europa überwinden würde. Die für diesen ostpolitischen Ansatz Willy Brandts von Egon Bahr geprägte Formel «Wandel durch Annäherung» war außenpolitisch, nicht ideologisch gemeint. Ideologisch ging es dem Sozialdemokraten Brandt, wie seine großen Reden zur Entspannungspolitik in Harvard und in Tutzing zeigen, ebenso wie Präsident Kennedy um den «Wettbewerb der Systeme».

Weltweit sollte die Ostpolitik helfen, West und Ost aus den Schützengräben des Kalten Krieges zu breiter Zusammenarbeit und gemeinsamer Sicherheit zu führen. Der Außendruck des Kalten Krieges sollte schrittweise abgebaut, der Binnendruck der Blöcke gelockert und damit Bewegungsspielraum für die Staaten Osteuropas und Spielraum für demokratische Entwicklungen in diesen Staaten geschaffen werden. Der «Prager Frühling» stand dafür als Beispiel vor Augen. Seine militärische Unterdrückung durch den Warschauer Pakt zeigte aber auch, wie schwer es sein würde, gleichzeitig dem Frieden mit dem Osten und der Freiheit im Osten zu dienen.

Schließlich hatte Brandts Ostpolitik eine staatspolitische Seite: Als eigenständiger deutscher Beitrag zu einer umfassenden Außen- und Sicherheitspolitik des Westens sollte sie das politische Selbstbewußtsein und den Einfluß der Bundesrepublik stärken.

Selbstbewußtsein zeigte Willy Brandt auch den Alliierten gegenüber. Er vertrete ein Deutschland, das nicht besiegt, sondern befreit worden sei. Wir würden loyale, nicht aber bequeme Partner sein. Der Wechsel von Kiesinger zu Brandt war gerade auch insoweit mit Händen zu greifen. Manche Amerikaner, auch Henry Kissinger, hatten Probleme mit dieser neuen deutschen Selbständigkeit. Das galt nicht für Botschafter Kenneth Rush. Wie viele Botschafter der USA kam er nicht aus der Berufsdiplomatie, sondern aus der Wirtschaft. «They found him in a rush-hour», witzelte man in Washington. Er erwies sich, vor allem in den Vier-Mächte-Verhandlungen über Berlin, als ein geschickter und zuverlässiger Freund. Auch mit Israels Botschafter Asher Ben Natan standen viele von uns auf vertrautem Fuß. Dennoch löste die Frage, ob eine «Normalisierung» des Verhältnisses zwischen unseren Völkern überhaupt möglich und anzustreben sei, lange Diskussionen aus. Außerdem gab es Vorbehalte gegen unsere Ostpolitik. Noch als ich vier Jahre später die aus Kiew stammende israelische Ministerpräsidentin Golda Meir besuchte, akzeptierte sie die Ostpolitik eigentlich nur, weil Willy Brandt sie betrieb. Und dieser Aussage fügte sie, in der Anrede von «your excellency» zu «young man» wechselnd, hinzu: «Never forget in your life: Russia is pogrom.»

Der britische und der französische Botschafter waren offensichtlich besorgt, wir könnten in der Deutschland- und Berlinpolitik zu selbständig agieren. Die Briten argwöhnten sogar eine

Weile, mit der Rede von einem «besonderen» Verhältnis der Bundesrepublik zur DDR sei in Wirklichkeit ein «bevorzugtes» Verhältnis gemeint. Brandt und Scheel gelang es nach und nach, solche Befürchtungen zu zerstreuen. Die Notwendigkeit einer festen Einbindung unserer Ostpolitik in das westliche Bündnis war für sie ein – von Willy Brandt schon als Außenminister der Großen Koalition vielfach bezeugter – Glaubenssatz.

Es war Brandts Person und seiner Überzeugungskraft zuzuschreiben, daß das außenpolitische Team der Regierung schnell zusammenwuchs. Im Kanzleramt sorgte die gemeinsame Ausrichtung auf ihn für eine ebenso enge wie fröhliche Zusammenarbeit, gemeinsame Manöverkritik eingeschlossen. Egon Bahrs Arbeit nötigte mir viel Respekt ab. Er war in der Vorbereitung der Verhandlungen so umsichtig und gründlich wie am Verhandlungstisch selbst geschickt und zäh. In meiner Rolle als juristischer Berater ging ich mit ihm seine Vorstellungen, Entwürfe und Formulierungen für die Verträge durch. Dabei teilte ich seine Überzeugung, daß wir nicht versuchen dürften, den Gegensatz der rechtlichen Grundpositionen von Ost und West aufzulösen. Das war nicht möglich. Wir mußten ihn auf sich beruhen lassen und einen neuen Modus vivendi finden, der politische Bewegung in die festgefahrene Situation bringen konnte. Die Abmachungen darüber mußten allerdings nicht nur politisch, sondern auch rechtlich stimmen. Über diese Arbeit wurde ich für Willy Brandt und Bahr nach und nach auch zu einem außenpolitischem «sounding-board».

Meine Teilnahme an Brandts großen ostpolitischen Reisen beschränkte sich darauf, ihn zum Flugplatz zu bringen und wieder abzuholen. Im übrigen mußte ich in Bonn das Haus hüten und die «Heimatfront» halten. Dazu gehörte der interne Austausch mit der Opposition, der oft in erstaunlichem Gegensatz zu den öffentlichen Auseinandersetzungen inner- und außerhalb des Parlaments stand.

Katharina Focke, die Perle des Kanzleramtsteams, deckte im außenpolitischen Bereich die Europapolitik ab. Mit umfassenden Kenntnissen und großem Engagement trug sie Ende 1969 wesentlich zu dem unerwarteten Erfolg der Konferenz der EG-Regierungschef in Den Haag bei. Die Konferenz machte die seit der

Endphase der Großen Koalition stagnierende EG-Politik wieder flott und legte die Grundlage für den späteren Beitritt Großbritanniens, Irlands und Dänemarks wie für die «EPZ», die außenpolitische Zusammenarbeit in der Europäischen Gemeinschaft.

Am konfliktreichsten, aber auch am lustigsten war die Zusammenarbeit mit Conny Ahlers, der praktisch mit zum Kanzleramtsteam gehörte, aber nicht müde wurde, mir zu versichern, ihm als Chef des Bundespresseamtes hätte ich gar nichts zu sagen. Gelegentlich mußte ich ihn wegen Extratouren zum Kanzler beordern. Manchmal hatte ich den Eindruck, er verstehe sich mehr als Vertreter seiner journalistischen Kollegen gegenüber der Regierung denn als Sprecher der Regierung gegenüber den Medien.

Für die Mitarbeiter des Kanzleramtes war Brandt ein aufmerksamer, unprätentiöser Chef. Auch für die engsten politischen Mitarbeiter wurde er aber trotz des internen «du» niemals zum Kumpel. Weder im privaten Gespräch noch beim Witze-Erzählen, seiner liebsten Lockerungsübung, und sogar beim Feiern wahrte er Distanz schon dadurch, daß er selten jemand an sein Inneres herankommen ließ. Brandt verfügte über eine antiautoritäre Autorität.

Entscheidend für den außenpolitischen Erfolg der sozial-liberalen Koalition war das Vertrauensverhältnis zwischen Willy Brandt und Walter Scheel. Scheels Rolle als Außenminister an der Seite Willy Brandts war nicht einfach. Er war aber selbstbewußt genug, auch aus gelegentlichen Pannen keine Dramen werden zu lassen. Und Willy Brandt tat alles, um das Vertrauensverhältnis zu erhalten. Beide Männer praktizierten ihre Politik der «guten Nachbarschaft» auch miteinander. Beide wohnten auf dem Venusberg, Scheel in seinem Privathaus, Brandt in der Dienstvilla, die er schon als Außenminister bewohnt hatte. Sie und wir sahen einander auch oft «nach Dienstschluß». Bei Meinungsverschiedenheiten gab Willy die Parole aus: «Right or wrong, my Scheel.»

Herbert Wehner war an der ostpolitischen Diskussion stärker beteiligt als sein freidemokratischer Kollege Mischnick. Er war – vor allem hinsichtlich der Polen-Verhandlungen des Auswärtigen Amts – ungeduldig und oft unzufrieden. Ich bekam seine Unzufriedenheit in der Frage etwaiger Wiedergutmachungsleistungen der Bundesrepublik an Polen und Jugoslawien zu spüren. Wehners Drängen war von einem Mitleiden mit den Opfern geprägt, das seiner eigenen Erfahrung entsprang. Viele Gründe sprachen aber, zumal sich die DDR jeder Wiedergutmachungsleistung entzog, für andere, wirtschaftliche Schritte gegenüber Polen und Jugoslawien. Auch hinsichtlich der Modalitäten des Gefangenen-Freikaufs aus der DDR beklagte Wehner Engherzigkeiten. Wir durften der DDR aber keine zusätzlichen Anreize geben, «Gefangene zu machen», um sie dann an uns «verkaufen» zu können. Wehner hatte seine eigenen Kontakte zu Ost-Berlin, etwa über den schwedischen Botschafter Sven Backlund und den Ostberliner Rechtsanwalt Vogel. Er ließ sich selten in die Karten schauen. Von allen Vorwürfen, die ich im Laufe der Zeit von Wehner zu hören bekam – und er konnte sehr grob sein –, hat mich allein der in diesem Zusammenhang erhobene Vorwurf verletzt, ich sei mitleidlos. Nachdem ich das empört zurückgewiesen hatte, schenkte er mir Solschenizyns Gulag-Bericht «Ein Tag im Leben des Iwan Denissowitsch» und schrieb hinein: «So ist das Leben auch.»

Helmut Schmidt, ein Vorkämpfer der Entspannungspolitik, spielte in der Formulierung der Ostpolitik keine herausgehobene Rolle. Gemäß der NATO-Doktrin von «Verteidigung und Entspannung» deckte er aber als Verteidigungsminister die Ostpolitik zu Hause wie im Bündnis sicherheitspolitisch ab. Parallel zur Entfaltung der Ostpolitik wurde die Kampfkraft der Bundeswehr erhöht.

Der «innere Zirkel» der Außenpolitik, zu dem auch der Außenamts-Staatssekretär Georg Duckwitz und sein Nachfolger Paul Frank gehörten, war also relativ klein. Auch darum war Willy Brandt hier in seinem Element. Der Kreis war sich trotz gelegentlicher, manchmal auch heftiger Meinungsverschiedenheiten in Einzelfragen in den Grundpositionen einig. Das traf cum grano salis auch für das Kabinett zu. Für die Koalitionsfraktionen galt es mit der entscheidenden Ausnahme jener Kollegen, die wegen ihrer Nicht-Übereinstimmung mit der Ostpolitik das politische Lager wechselten und damit Brandts Regierung und Politik fast zu Fall brachten.

Ostverträge: Moskau, Warschau, Berlin

Die sozial-liberale Bundesregierung nahm zügig Verhandlungen mit Moskau und Warschau auf. Walter Scheel war nach den ersten Erfahrungen mit unserem Moskauer Botschafter klug und großzügig genug, in Moskau Egon Bahr verhandeln zu lassen. In Warschau verhandelte Staatssekretär Duckwitz. Die Endrunden übernahm Walter Scheel selbst. Willy Brandt, der als Außenminister der Großen Koalition die neue NATO-Doktrin von Verteidigung *und* Entspannung (Harmel-Bericht) wesentlich mitbestimmt hatte, sicherte diese Schritte im westlichen Bündnis ab.

Mühsamer gestaltete sich die Aufnahme von Verhandlungen mit der DDR, die befürchtete, die Entspannungspolitik werde auf ihre Kosten gehen. Die Treffen zwischen Brandt und dem DDR-Ministerpräsidenten Stoph in Erfurt und Kassel brachten nur magere sachliche Ergebnisse, waren aber dennoch Meilensteine im innerdeutschen Verhältnis. In Erfurt demonstrierten die Menschen den Zusammenhalt der Nation, indem sie immer wieder «Willy, Willy» riefen und damit Willy Brandt, nicht Willi Stoph meinten. Willy Brandt am Fenster des Hotels in Erfurt, den Jubel mit einer Handbewegung dämpfend, das war ein Bild, das auch mich bewegte. In Kassel gab es trotz sorgfältiger Abstimmung der Sicherheitsmaßnahmen dicke Pannen, nicht einmal die Absperrung klappte. Erst Brandt konnte meinen Ärger darüber nach seiner Rückkehr dämpfen. Schließlich wurden auch Verhandlungen mit der DDR aufgenommen. Ich unterstützte gegenüber Berliner Vorbehalten Egon Bahr als Verhandlungsführer. Abgesehen davon, daß Bahr auch Berlin-Bevollmächtigter der Bundesregierung geworden war, sprach alles dafür, die Verhandlungen mit Moskau und mit Ost-Berlin in eine Hand zu legen.

Als erster Vertrag wurde im August 1970 der Moskauer Vertrag paraphiert, während mit Polen noch verhandelt wurde. Wir konnten nicht Ostpolitik um Moskau herum machen, der Schlüssel für ein besseres Verhältnis zu den osteuropäischen Staaten und der Schlüssel zur deutschen Einheit lagen in Moskau. Das Selbstbestimmungsrecht unseres Volkes war für uns nicht verhandelbar. Wir waren aber davon überzeugt, daß man den nach dem Hitler-

Krieg in Europa bestehenden politischen Status quo nur würde ändern können, wenn man den territorialen Status quo akzeptierte. Das klang paradox, erwies sich aber als richtig. Dementsprechend war der Gewaltverzicht Grundgedanke des Vertrags. Auf dieser Grundlage sollte ein neues kooperatives Verhältnis aufgebaut werden. Die Grundzüge des Vertrages hatte Bahr mit Gromyko ausgehandelt.

Das Verhandlungs-«Finish» Anfang August 1970 in Moskau war dramatisch. Scheel und die ihn begleitende Delegation, zu der außer Bahr auch die Abgeordneten Wienand und Achenbach als Vertreter der beiden Koalitionsfraktionen gehörten, verhandelte in Moskau. Der Ausgang war offen. Am 2. August erstattete Karl Wienand in Bonn Willy Brandt im Beisein von Genscher und mir Bericht. Da uns manches noch unklar erschien, sandte der Kanzler nach der Beratung sein Votum an die Delegation und gab Wienand unsere Antworten auf Fragen mit, die Bahr uns gestellt hatte. Wir waren an einer Paraphierung des Vertrages in dieser Runde und an einer Einladung an Willy Brandt für die Vertragsunterzeichnung interessiert. Wir hofften, Brandt könne dabei in Moskau die Berlinfrage voranbringen. Die Vier-Mächte-Verhandlungen über Berlin waren auf westliche Initiative bereits im März aufgenommen worden.

Wenige Tage später – Brandt war in Oslo – signalisierte Scheel aus Moskau den bevorstehenden Abschluß der Verhandlungen. Wir entwarfen im Kanzleramt für den Kanzler eine Stellungnahme zu einigen textlichen Details, vor allem aber zur Verbindung des Moskauer Vertrages mit dem angestrebten Berlin-Abkommen. Am folgenden Tag gab Willy Brandt sein Plazet, das wir nach Moskau weiterleiteten. Ich suchte Barzel auf, um mit ihm und seinem Parlamentarischen Geschäftsführer Will Rasner den Zeitplan für die anschließende Unterrichtung der Opposition vorzubesprechen. Zu Zugeständnissen an die Union, die einen Vertragsabschluß gefährdet hätten, waren wir nicht bereit gewesen. Für den abgeschlossenen Vertrag wollten wir sie aus staatspolitischen Gründen gewinnen. Auf Barzels Bitte legte ich ihm dar, aus welchen operativen Gründen zwar die Ratifizierung, nicht aber schon die Unterzeichnung des Moskauer Vertrages an den Vorbehalt einer Berlin-Regelung geknüpft werden könne. Will Rasner sprach bei dieser Gelegenheit die Grenzen von Barzels Entscheidungsfreiheit ganz offen aus: «Wir werden erstens einheitlich und zweitens richtig entscheiden, und zwar genau in dieser Reihenfolge.»

Am 7. August holten Georg Leber und ich Scheel vom Flugplatz ab. Egon Bahr berichtete mir, die Einladung an Willy Brandt stehe, er werde Gelegenheit haben, mit Breschnew auch über Berlin zu sprechen – Egon war schon Klasse. Am folgenden Tag holten wir gemeinsam einen gutgelaunten Willy ab, der aus Oslo zurückkam. Im Kabinett fand Scheel für seinen Bericht allgemeine Zustimmung. Die erste Etappe, vielleicht die schwierigste, lag hinter uns. Präsident Nixon, Präsident Pompidou und Premierminister Heath wurden vom Bundeskanzler brieflich unterrichtet. Wir waren gegenüber den Alliierten ein gutes Stück selbständiger geworden. Um so mehr Umsicht sei jetzt geboten, merkte Walter Scheel an und fand auch dafür die Zustimmung seiner Kollegen.

Am folgenden Tag unterrichteten Brandt und Scheel die Oppositionsführung. Sie war, auch wenn sie es nicht zugab, vom Moskauer Ergebnis überrascht. Es waren in Abstimmung mit unseren Verbündeten und mit Zustimmung der Weltöffentlichkeit neue Fakten geschaffen worden. Die mußte die Opposition erst einmal «verarbeiten», Barzel hielt sich in einem Brief an den Bundeskanzler weiterhin alles offen.

Für den folgenden Tag lud ich Franz Josef Strauß zu einem Mittagessen unter vier Augen ins Kanzleramt ein. Zwei Stunden lang unterhielten wir uns im Hallstein-Zimmer. Zu meiner Überraschung bekam ich keine Kritik am Moskauer Vertrag als solchem zu hören, wohl aber an dessen weltgeschichtlicher Einordnung. Es ginge darum – «das habe ich damals schon Erhard gesagt» –, den Kommunismus «hinter die legitimen Grenzen der Sowjetunion» zurückzudrängen. Das sei eine Aufgabe der Deutschen; eine Feststellung, die er mit abfälligen Bemerkungen über manche Westeuropäer verband. Wir Sozialdemokraten aber, das müsse er mir «als Mann und als Deutscher» sagen, kröchen vor den Kommunisten zu Kreuze. Ich antwortete ihm «als Mann, Deutscher und Sozialdemokrat», er hinge konservativen Hirngespinsten an. Die

Konservativen hätten mit ihrer sogenannten «Politik der Stärke» den kommunistischen Block einerseits in Schach gehalten, andererseits aber auch zusammengeschweißt. Jetzt ginge es darum, ihn aufzulockern. Im übrigen sei unbestritten, daß das Verhältnis der Staaten in Ost und West zueinander nicht von dem der Gesellschaftssysteme zu trennen sei. Jeder, der die Geschichte der europäischen Arbeiterbewegung kenne, wisse aber, daß das ideologische Risiko der Entspannungspolitik nicht bei den Sozialdemokraten, sondern bei den Kommunisten liege. Wir, nicht die Konservativen, hätten zusammen mit den Gewerkschaften die Kommunisten in der Bundesrepublik kleingehalten. Und im Osten fürchte man nicht die Konservativen, sondern den «Sozialdemokratismus». Wir hätten vor diesem Wettbewerb keine Angst. Worauf er denn warten wolle? «Auf bessere Konstellationen», war die Antwort; auf welche, wußte er aber nicht zu sagen. Zum Abschluß versicherte ich ihm, auch der Kanzler würde ihm als CSU-Vorsitzendem jederzeit zur Verfügung stehen. Er bedankte sich – und schickte mir bald darauf eine Urlaubskarte von der Côte d'Azur.

Dieses teilweise bizarre Gespräch bestärkte mich in der Überzeugung, daß der «ideologische Faktor» in der weiteren Auseinandersetzung eine zentrale Rolle spielen würde. «Antikapitalistische Bündnisse» mit Kommunisten, wie sie im Prozeß der Aufarbeitung des APO-Erbes gerade unter den Jusos Mode wurden, mußten unsere innen- wie unsere außenpolitische Glaubwürdigkeit gefährden. Ich war daher froh, daß der Parteivorstand, gestützt auf ein Papier von Richard Löwenthal, diesem Spuk durch einen Unvereinbarkeitsbeschluß ein Ende setzte. Aber auch in bezug auf den Umgang mit den Staatsparteien des Ostblocks mußten wir aufpassen. So richtig es war, im Interesse der Menschen mit den dortigen Machthabern zu verhandeln, über die Entspannung durfte der «Wettbewerb der Systeme» nicht zu kurz kommen. Willy Brandt sah das genauso, während Egon Bahr in der Ideologie eher einen Störfaktor für die «große Politik» der Regierungen sah.

Am 12. August 1970 unterzeichneten Willy Brandt und Walter Scheel in Moskau den ersten ostpolitischen Vertrag. Als Brandt zurückkam, schilderte er mir Breschnew so plastisch, daß ich mir ein ungefähres Bild von ihm machen konnte, bevor ich ihn selbst traf. Für Breschnew war Brandt der erste Besucher «westlich von Ulbricht» gewesen. In unserer Welt kannte er sich wenig aus, glaubte allerdings einem russischen Sprichwort, daß die Deutschen selbst den Affen erfunden hätten. Aus seiner Welt hatte er die Vorzüge der «kollektiven Führung» gepriesen, um anschließend klarzustellen, daß er das Sagen habe. Dementsprechend sorgte er dafür, daß es neben der offiziellen Ebene einen direkten Draht zwischen ihm und dem Kanzler gab.

Die Verhandlungen in Warschau waren schwieriger als die in Moskau. Die Polen wollten gerade in ihrem Verhältnis zur Bundesrepublik nicht nur Anhängsel Moskaus sein. Und es ging hier um historisch belastete Grenzfragen, auch wenn die Bundesrepublik und Polen keine gemeinsame Grenze hatten. Die Polen wollten eine endgültige Regelung. Nach dem zwischen der Bundesrepublik und den drei Westmächten geschlossenen Deutschland-Vertrag blieb die endgültige Festlegung der Grenzen Deutschlands aber einer friedensvertraglichen Regelung vorbehalten. Einem solchen Friedensvertrag konnte und wollte die Bundesrepublik nicht vorgreifen. Wohl aber konnte sie die Westgrenze Polens für sich anerkennen, was die DDR bereits 1950 im Görlitzer Vertrag getan hatte. Ohne einen solchen Schritt war nach Hitler-Krieg und Nazi-Verbrechen ein Neuanfang mit Polen nicht denkbar. In zähen und komplizierten Verhandlungen wurde eine solche Regelung erreicht.

Innenpolitisch stieß jeder Schritt in Richtung auf Anerkennung der polnischen Westgrenze – trotz der seit Jahren geführten, durch die Denkschrift der EKD von 1965 angestoßenen Diskussion – auf harten Widerstand, vor allem auf den der Vertriebenen-Verbände. Hinsichtlich der Rechte und Ausreisemöglichkeiten von Deutschstämmigen konnte außerdem nicht mehr als ein bescheidener einseitiger Schritt der Polen erreicht werden. Den Austausch von Botschaftern verschoben die Polen auf einen Zeitpunkt nach Ratifizierung des Vertrages.

Ich wunderte mich daher nicht darüber, daß nach dem Abschluß der Warschauer Verhandlungen unsere Mehrheit im Parlament durch den drohenden Übertritt von FDP-, aber auch von SPD-Abgeordneten weiter abzubröckeln drohte, nachdem drei rechte Flügelmänner der FDP wegen des linksliberalen Kurses unter Scheel schon vorher zur Union übergegangen waren und damit unsere rechnerische Mehrheit halbiert hatten.

Einzelheiten der Verhandlungsführung des Auswärtigen Amtes waren auch im Kabinett mit Stirnrunzeln bedacht worden. Dennoch war ich erstaunt, als auf einer wenige Tage nach der Paraphierung des Vertrages stattfindenden Ministerbesprechung Helmut Schmidt, dem die Aussöhnung mit Polen besonders am Herzen lag, den Kanzler und den Außenminister in deren Abwesenheit wegen der Verhandlungsführung kritisierte. Brandt lag krank zu Hause, Scheel nahm an einem Treffen der europäischen Außenminister in München teil. Ich wies die Kritik zurück, worauf Schmidt aufbrauste, er werde aus dem Kabinett ausziehen. Am Abend wurde das Gespräch auf Bitten Schmidts bei Willy Brandt fortgesetzt. Scheel, Wehner und Mischnick lehnten es ab, deswegen Wahlkampftermine im bayerischen Landtagswahlkampf abzusagen. Scheel kommentierte, *er* sei ja nicht frustriert, Wehners Kommentar ist nicht zitierfähig. Brandt war wütend und knöpfte sich Schmidt bei diesem außenpolitischen Thema vor. Er solle erst einmal die Papiere des Auswärtigen Amtes gründlich lesen: «Strafe muß sein.» Den Rest der Nacht verbrachten Brandt und ich in einem unserer häufiger werdenden «Seelen-Gespräche», in diesem Fall über den Teamgeist von SPD-Ministern.

Am 7. Dezember 1970 unterzeichneten Brandt und Scheel den Vertrag in Warschau. Für ihn galt, was Willy Brandt schon in Moskau gesagt hatte: Es wurde nichts preisgegeben, was nicht schon von Hitler verspielt worden war. Das war – unter anderem – ein Viertel des früheren deutschen Staatsgebiets. Der CSU-Abgeordnete Guttenberg griff mich wegen einer entsprechenden Äußerung, die ich am Tage der Vertragsparaphierung im Fernsehen gemacht hatte, in einer Fragestunde des Bundestages an. Ich hatte die Geschichte des östlichen Mitteleuropas, die großen deutschen Leistungen im Osten ebenso wie die langen und blutigen Auseinandersetzungen zwischen uns und den Polen Revue passieren lassen und gesagt: «Alles Leid und alle Ungerechtigkeit haben ihren

Platz in der Geschichte. Sie dürfen keinen Platz haben in der Gegenwart und noch weniger in der gemeinsamen Zukunft. Es muß einmal ein Ende haben mit den alten Rechnungen.» Ich fuhr fort, die deutschen Städte des Ostens, meine Heimatstadt Danzig eingeschlossen, und das schöne weite Land zwischen Oder, Neiße, Weichsel und Memel blieben uns in Geschichte und Erinnerung unvergeßlich als deutsches Land. In Gegenwart und Zukunft aber gehörten sie zu Polen. Wer daran etwas zu ändern versuche, spiele mit dem Krieg.

Guttenberg hakte am letzten Satz ein. Ob ich damit nicht jene diffamiere, die für eine einverständliche Grenzänderung plädierten. Das läge mir fern, antwortete ich. Ich hätte nur zum Ausdruck bringen wollen, daß es eine einverständliche Regelung nicht geben werde – trotz des Friedensvertrags-Vorbehalts.

Die gebetsmühlenartige Berufung der Vertragsgegner auf den Friedensvertrags-Vorbehalt bestätigte einerseits Carl Schmitts zutreffende, von ihm selbst allerdings mißbrauchte Einsicht, daß das Bedürfnis unseres Volkes nach legalem Schein größer sei als sein politischer Sinn. Sie stand andererseits für politische Unaufrichtigkeit, vor allem den Vertriebenen gegenüber. Nach dem Krieg hatten alle Parteien, voran die SPD, die Wiederherstellung des deutschen Reiches in den Grenzen von 1937 gefordert. Dafür bürgerte sich das Wort «Wiedervereinigung» ein, das unser Grundgesetz gar nicht kennt. Die SPD machte sich dann in einem langen und schmerzhaften Prozeß klar, daß die nach dem Hitler-Krieg von den Alliierten gezogene Westgrenze Polens nicht mehr zu revidieren war. Adenauer wußte das auch. Denn die Westmächte hatten zwar im Deutschland-Vertrag die endgültige Festlegung der Grenzen an einen Friedensvertrag gebunden, sie hatten aber nie versprochen oder auch nur in irgendeiner Form in Aussicht gestellt, für eine Änderung der polnischen Westgrenze einzutreten. In Wirklichkeit ging es politisch schon lange nicht mehr um eine «Wiederherstellung des Deutschen Reiches in den Grenzen von 1937». Die Unredlichkeit der Union in dieser Frage hat viel zur Vergiftung der Debatte um «Wiedervereinigung» und Ostverträge beigetragen.

Im Grunde konnten wir trotz des juristischen Friedensvertrags-

Vorbehalts an einem regulären Friedensvertrag mit unseren ehemaligen Kriegsgegnern, zu Kriegsende etwa fünfzig an der Zahl, gar kein Interesse haben. Denn einmal würde, was immer sonst in einem solchen Vertrag stehen mochte, die Bestätigung der polnischen Westgrenze mit Sicherheit enthalten sein. Andererseits würden wir aber mit neuen Reparations- und Wiedergutmachungsforderungen konfrontiert werden.

Nach der Unterzeichnung des Warschauer Vertrages rückten die Berlin-Verhandlungen der Vier Mächte in den Mittelpunkt, die mit Verhandlungen zwischen der Bundesrepublik und der DDR über ein Transitabkommen verknüpft waren.

Unsere Position für den Ausbau der Beziehungen zur DDR hatte Willy Brandt schon in der Regierungserklärung umrissen und dafür von der Union Mißtrauen und Kritik geerntet. Auch in dieser Reaktion schien uns ein Stück Unaufrichtigkeit zu stecken. Denn es war Adenauer gewesen, der – nach dem hausväterlichen Grundsatz, lieber den westdeutschen Spatz in der Hand als die gesamtdeutsche Taube auf dem Dach – der Westbindung und der Festigung der Bundesrepublik den Vorrang vor weiteren Bemühungen um die deutsche Einheit gegeben hatte. Nun gab es in Deutschland zwei Staaten. Sie gehörten zur selben Nation und durften in unserer Sicht aus politischen wie aus verfassungsrechtlichen Gründen füreinander nicht Ausland sein. Der Menschen, des Zusammenhalts der Nation und unserer Einflußmöglichkeiten auf die DDR wegen mußten wir darauf bestehen, daß Bürger der DDR, die in die Bundesrepublik kamen, automatisch, ohne Einbürgerungsverfahren, deren Staatsangehörige wurden. Im übrigen mußten die Beziehungen zwischen den beiden deutschen Staaten im Sinne der ostpolitischen Grundsätze gestaltet werden: Gewaltverzicht, Abbau von Spannungen, Ausbau der Besuchsmöglichkeiten und der Zusammenarbeit im Interesse der Menschen im geteilten Deutschland. Die Bundesrepublik blieb frei, auf die Herstellung der deutschen Einheit durch Ausübung des Selbstbestimmungsrechts des deutschen Volkes hinzuwirken. Die DDR sperrte sich trotz Drucks aus Moskau lange. Sie bewegte sich erst nach – umstritten ist, ob auch aufgrund – der Ablösung Ulbrichts durch Honecker, die im Mai 1971 erfolgte.

Auch bei den Berlin-Verhandlungen der Vier Mächte gab es Schwierigkeiten. Für die drei Westmächte war Berlin der sensibelste, mit den Sowjets in ihrer alleinigen Verantwortung zu verhandelnde Punkt der ostpolitischen Operation. Die Sowjets versuchten, Berlin als Druckmittel zu benutzen. Immer wieder war West-Berlin sowjetischen und Ostberliner Schikanen ausgesetzt. In den Vereinigten Staaten machten sich gerade am Thema Berlin mancherlei Bedenken und Widerstände gegen unsere Ostpolitik fest. Es gab sie nicht nur in Kreisen der Regierung, sondern auch in Gruppen, die für die Beziehungen zu Deutschland von besonderer Bedeutung waren, vor allem in den Gewerkschaften und in den jüdischen Organisationen. Viele Kolleginnen und Kollegen des Jewish Labour Congress beispielsweise hatten die Nazi-Herrschaft wie die kommunistische Nachkriegsherrschaft in Osteuropa in eigener Person oder in ihren Familien durchlitten; beide Erfahrungen ließen sie unserer Ostpolitik skeptisch gegenüberstehen. Nach dem Abschluß des Moskauer Vertrages warb ich ab Herbst 1970 in diesen Kreisen für unsere Ostpolitik und trat Störmanövern der Bonner Opposition und ihrer amerikanischen Freunde entgegen. Es war eine nicht nur interessante, sondern teilweise auch bewegende Erfahrung.

Schon im September 1970 mußte ich in Washington feststellen, daß man es im State Department mit den Berlin-Verhandlungen nicht eilig hatte. Vermutlich hatte man nicht erwartet, daß wir den Moskauer Vertrag so zügig zustande bringen würden. Nun wollte man sich von uns nicht das Tempo vorschreiben lassen, zumal man die neue deutsche Selbständigkeit ohnehin mit Stirnrunzeln sah. Henry Kissinger, den ich schon aus seiner Harvard-Zeit kannte, war nicht in Washington, so daß ich bei ihm nicht nachbohren konnte. Die Sache schien ziemlich festgefahren zu sein.

Mitte Dezember lud der amerikanische Gesandte in Bonn, Herr Fessenden, Herrn Sahm zu einem Luncheon ein, um ihm unter vier Augen mitzuteilen, angesichts der expansiven Politik der Sowjetunion in vielen Teilen der Welt bestünden in Washington – in erster Linie bei Henry Kissinger, «natürlich» aber auch bei Präsident Nixon und Verteidigungsminister Laird – gegen unsere Ostpolitik, vor allem aber gegen eine Intensivierung der Berlin-Gespräche erhebliche Bedenken. In einem Gespräch mit mir und Egon Bahr im Kanzleramt wiederholte der amerikanische Diplomat diese Äußerung. Da wir ihn als einen zuverlässigen Mann schätzten, konnte für uns kein Zweifel daran bestehen: Er handelte auf Weisung. Ich rief Henry Kissinger in Washington an, wir verabredeten uns auf den 23. Dezember.

Am Tag vor Heiligabend führten Kissinger und ich im Weißen Haus zunächst ein Gespräch unter vier Augen. Er zeigte sich von meinen Mitteilungen überrascht und darüber betroffen, daß «natürlich» der Präsident und er selber als Quellen solcher Bedenken genannt worden waren. Ich legte ihm die Gründe dar, aus denen wir den Zeitpunkt für eine Intensivierung der Berlin-Verhandlungen für günstig hielten. Die Sowjets seien nach unserem Eindruck in Berlin an einer Übereinkunft interessiert. Die Auflockerung im Ostblock ginge derzeit schneller voran als die Berlin-Gespräche. Da es sich um Vier-Mächte-Gespräche handele und Berlin ein zentraler Punkt der amerikanisch-sowjetischen Beziehungen sei, könne Präsident Nixon doch viel wirksamer als wir für eine Intensivierung der Verhandlungen eintreten und einen Erfolg dann auch an seine Fahnen heften.

Anschließend wurde das Gespräch unter Hinzuziehung unseres Botschafters Pauls sowie von General Haig, Kissingers Stellvertreter als Sicherheitsberater, und den Herren Hillenbrand und Sonnenfeld vom State Department fortgesetzt. Wie es zu der Weisung an Fessenden gekommen war, blieb für mich undurchsichtig, die amerikanischen Herren behielten das für sich. Kissinger erklärte jetzt aber, Präsident Nixon unterstütze nach wie vor die Politik Willy Brandts. Er habe volles Vertrauen, daß gerade Brandt wisse, was man in Berlin tun könne und was nicht. Derzeit übten die Sowjets auf die Amerikaner Druck aus, während sie uns freundlich behandelten. Das könne aber auch wieder andersherum kommen. Wir dürften uns auf keinen Fall auseinanderdividieren lassen. In Berlin solle so zügig wie möglich verhandelt werden.

Später trafen wir uns noch einmal unter vier Augen. Wir tauschten Neuigkeiten aus Washington und Bonn aus und tratschten ein bißchen über liebe Kollegen. Kissinger mußte anschließend zur

Weihnachtsfeier des Kabinetts. Ich schlug ihm vor, unsere Ostpolitik auf den Gabentisch zu legen und das Weihnachtslied anzu-
stimmen «Oh kommt all' Ihr Gläubigen».

Der Besuch bei Kissinger schien Früchte zu tragen. Jedenfalls
kamen die Berlin-Verhandlungen Anfang 1971 wieder in Gang.
Trotz ihrer großen Komplexität wurden sie dann, dank einer ein-
maligen Zusammenarbeit zwischen dem amerikanischen Botschafter Rush, dem sowjetischen Botschafter Falin und Egon
Bahr, zügig geführt. Im September wurde das Vier-Mächte-Ab-
kommen unterschrieben. Es sicherte die Bindung West-Berlins an
den Bund und den Zugang nach West-Berlin und schuf die Voraussetzungen für zahlreiche menschliche Erleichterungen im geteilten Berlin und im geteilten Deutschland. Präsident Nixon
nannte das Abkommen in seinem «Bericht zur Lage der Welt»
einen Meilenstein. Breschnew würdigte die Bedeutung des Ab-
kommens anläßlich des noch im gleichen Monat stattfindenden
Besuchs von Willy Brandt auf der Krim.

Die Opposition in Bonn aber ließ sich weder von diesen Erfolgen noch von der Verleihung des Friedensnobelpreises an Willy
Brandt im Oktober 1971 von ihrem verbissenen Kampf gegen die
Ostverträge abbringen. Brandts Treffen mit Breschnew in Oreanda nahm sie vielmehr zum Anlaß zu besonders heftigen Ausfällen. Und in den im Herbst stattfindenden hessischen Landtagswahlen jagte sie der letzten NPD-Stimme nach.

«Ausverkauf Deutschlands» und «Kampfpresse»

Das Klima des Streits um die Ostverträge war seit der im Oktober
1969 geführten Debatte über die Regierungserklärung Willy
Brandts vorprogrammiert. Der Kanzler hatte sein Regierungsprogramm – einschließlich der umstrittenen Feststellungen, daß in
Deutschland «zwei Staaten» existierten und wir in der Bundesrepublik «mehr Demokratie wagen» müßten – in nüchternem Ton
vorgetragen. Barzel gefiel sich dagegen in der Rolle des scharfen
Oppositionsführers. Seine Zwischenrufe und Angriffe, sein
«Juckpulver», wie Wehner es taufte, reizten Brandt. Er kritisierte

in seiner Erwiderung die nationalistisch getönten Angriffe, die Strauß, der nicht im Plenum war, im Ausland gegen ihn geführt hatte. Dann nahm Brandt den von Strauß herausgegebenen «Bayernkurier» aufs Korn, der ihm den «Ausverkauf nationaler Interessen» vorgeworfen hatte. Er sei gegen «diese Doppelzüngigkeit», wetterte der Kanzler, «daß man hier ‹auf etwas feiner macht› und draußen im Bayernkurier oder sonst Hugenberg noch in den Schatten stellt». Keiner der führenden Leute der Union antwortete zur Sache. Die Unions-Fraktion veranstaltete statt dessen einen Tumult. Barzel erklärte, die «mangelnde Contenance» und das «schwache Nervenkostüm» von Brandt machten ihn um Deutschland besorgt. Er verlangte eine Unterbrechung der Plenarsitzung. Das lehnte die Koalition – Carlo Schmid präsidierte – im Hammelsprung ab. Die Mittagspause sorgte für Abkühlung.

Am Nachmittag erschien Franz Josef Strauß höchstselbst. Er hatte Kreide gefressen. Unter Erinnerung an sein Elternhaus wies er den Vorwurf des Nationalismus zurück. Seine Antwort enthielt ein Körnchen Wahrheit, hatte er doch 1966 in der «Zeit» erklärt, die Zeit eines deutschen Nationalstaats sei vorbei, selbst einen nur die vier Besatzungszonen (also nicht auch die deutschen Ostgebiete) umfassenden deutschen Nationalstaat werde es nicht mehr geben. Diese Meinung hat Strauß allerdings nie daran gehindert, nationale Sentiments und nationalistische Ressentiments gegen die Sozialdemokratie zu mobilisieren. Straußens treuherzige Behauptung, er habe Brandt wegen dessen politischem Lebensweg nie diffamiert, konnte man selbst dann nicht als wahrheitsgemäß bezeichnen, wenn man ihm seine Aschermittwochsreden in Vilshofen nicht zurechnete.

Die ungewöhnliche Milde von Strauß wurde verständlich, als während seiner Rede bekannt wurde, der «Bayernkurier» mache in seiner neuesten Ausgabe mit der ganzseitigen Schlagzeile auf «Brandt als Kanzler des Ausverkaufs». In dem Artikel war von einem «zweiten Versailles» die Rede, vom «programmierten Untergang deutscher Wirtschaftskraft» und von Willy Brandt als «Verzichts-Kanzler». Strauß distanzierte sich von diesem Artikel mit Chuzpe: Auch in der Redaktion des «Bayernkuriers» griffen halt Demokratisierungstendenzen und der Abbau von Autorität um sich.

Die Union – von Strauß zu einer Politik der «Konfrontation» aufgefordert – blieb aber auch weiterhin bei der zum traditionellen Repertoire der deutschen Rechten gehörenden «Ausverkaufs»-Parole. Sprach Barzel vom «Ausverkauf deutscher Außenpolitik», vermutlich hielt er diese Formulierung für staatsmännisch, so diagnostizierte Richard Jaeger auf den Spuren seines großen CSU-Vorsitzenden ein «nicht nur territoriales, sondern auch finanzielles Super-Versailles». Brandts Krim-Treffen mit Breschnew in Oreanda bezeichnete die Union, um falsche Assoziationen und Emotionen zu wecken, systematisch als «Treffen von Jalta». Barzel behauptete, die Ostpolitik stärke die Vorherrschaft der Sowjetunion in Europa, Kiesinger sekundierte, der Moskauer Vertrag gefährde unser Recht auf Selbstbestimmung. Für Richard Stücklen trug er «die Handschrift Moskaus». Ähnlich wie Strauß beschwor er die Gefahren des Bolschewismus, blieb dabei aber nicht stehen. Die Sprache des Bundeskanzlers erinnere ihn in fataler Weise an das «Rotwelsch aus Moskau und Ost-Berlin». Von Hans Apel darauf hingewiesen, das klänge nach dem Vokabular des «Stürmer», korrigierte sich Stücklen dennoch nicht. Dabei wurde der begeisterte Skatspieler, im Gegensatz etwa zu seinen Fraktionskollegen Marx oder Wörner, von uns sonst gar nicht zu den rechten Wadenbeißern gezählt. Doch selbst der dem moderaten Flügel der Union zuzurechnende Ernst Benda ersetzte das «moderne Deutschland» unseres Wahlslogans «Wir schaffen das moderne Deutschland» durch das «neue Deutschland», um das Wortspiel landen zu können: «Wer das neue Deutschland schaffen will, muß ja deswegen noch nicht in die Tonart des ‹Neuen Deutschland› verfallen.»

Es blieb aber nicht bei den verbalen Entgleisungen. Die Union nutzte unser Handikap aus, während der Verhandlungen im Staatsinteresse strikte Vertraulichkeit wahren zu müssen. Sie setzte wilde Behauptungen über den Gang der Verhandlungen in die Welt oder machte sich solche zu eigen. Indiskretionen aus dem von ihr zwanzig Jahre lang beherrschten Apparat schufen ein Zwielicht, in dem die Union Mißtrauen und Unsicherheit säte.

Dabei kam die Regierung – anders als Wehner, der barsch erklärte, er brauche die Opposition nicht – deren Wunsch nach interner Information großzügig entgegen. Die interne Unterrichtung der Opposition über den Gang der Verhandlungen wurde
auch fortgesetzt, nachdem aus dem Zusammenhang gerissene und
auch frei erfundene Vertragspassagen in der die Ostpolitik bekämpfenden Presse erschienen waren. Als die Opposition nach
Abschluß der Verhandlungen eingehend über deren Ergebnisse
unterrichtet worden war, stand der Text des Vertrages noch vor
dessen Unterzeichnung in der «Springer»-Presse.

Die detaillierten Informationen der Bundesregierung hinderten
Barzel auch nicht, Monate später, in der Schlußphase der parlamentarischen Auseinandersetzung, in einem Gespräch mit dem
Bundeskanzler und dem Außenminister angebliche «Protokoll-
auszüge» aus den Moskauer Verhandlungen aus der Tasche zu
ziehen und um Aufklärung darüber zu bitten, was es mit diesen auf
sich habe. Es handelte sich um eine Fälschung, was die «Springer»-Presse nicht davon abhielt, sie zu drucken. Es war wie in
einer Schmierenkomödie. Selbst der ruhige Walter Scheel äußerte
sich erbittert darüber, daß sich die Opposition im Kampf gegen die
Regierung sogar der Produkte krimineller Handlungen bediene.
Der CDU-Kollege Paul Mikat, Berater Barzels und Justitiar der
Unions-Fraktion, hatte den Anstand und die Courage, sich mir
gegenüber für diesen Vorgang, der an ihm vorbeigelaufen war, zu
entschuldigen.

Auch auf dem moderaten Flügel der Union gab es Sorgen, wir
könnten die Ostpolitik zu hastig anfassen und am Ende mehr
preisgeben als gewinnen, an der Notwendigkeit der Ostpolitik
zweifelte man aber nicht – das tat im Grunde ja noch nicht einmal
Strauß. Die Gründe dafür, daß der rechte Flügel mit seinen «Ausverkaufs»-Parolen die Oberhand behielt und die Union auf
Brandts Ostpolitik so verkrampft reagierte, lagen im inneren Zustand der Union. Die Union mißverstand sich als eigentliche
Staatspartei und nahm daher die Oppositionsrolle nicht an. Dabei
war die Führungsfrage in der Union offen. Ex-Kanzler Kiesinger
empfand seine Ablösung als illegitim. Strauß sah im Kampf gegen
die Ostpolitik ein Instrument, seinen Einfluß in der Union zu er-

weitern, zumal der Verlust der Regierungsmacht ohnehin den
rechten Flügel stärkte. Barzel vertrat eher die moderaten Kräfte
der Union, die zu einer Zusammenarbeit mit der Bundesregierung
bereit waren, konnte aber gegen den rechten Flügel der Union
weder CDU-Vorsitzender noch Kanzlerkandidat werden. Als er
dann Ende 1971 beides geworden war, lavierte er dennoch weiter,
um die Union um jeden Preis zusammenzuhalten. Schließlich waren vorgezogene Neuwahlen nicht ausgeschlossen.

Die Erfolge der Union in den Landtagswahlen der Jahre 1970
bis 72 bestärkten sie in ihrem Kampf gegen die Ostpolitik. Das
Abschneiden der vom Koalitionswechsel gebeutelten und unter
der Polarisierung der beiden großen Parteien leidenden FDP
wurde zum eigentlichen Maßstab ihrer Strategie. Je nach Wahlergebnis neigte die Union mehr zu Kiesingers Strategie, die FDP
aus der deutschen Politik «herauszukatapultieren», oder aber zu
Barzels Salamitaktik, weitere FDP-Abgeordnete zur Union her-
überzuziehen. Diese Bemühungen waren mit einem Hautgout be-
haftet, nachdem sich der FDP-Abgeordnete Geldner nach dem
Absprung der Herren Mende, Starke und Zoglmann von der FDP
im Herbst 1970 zum Schein auf Abwerbeverhandlungen mit der
CSU eingelassen und anschließend öffentlich erklärt hatte, ihm sei
für einen Parteiwechsel ein Beratervertrag angeboten worden.

Barzels Manövrieren ließ die Entstehung eines Vertrauens-
verhältnisses zwischen Brandt und ihm nicht zu. Es schadete in
wachsendem Maße auch seinem Ansehen in der Öffentlichkeit.
Während die Union «draußen» eine Kampagne zum Sturz der Regierung führte, schwankte sie im Parlament zwischen Konfrontation und besorgter Bereitschaft zur Zusammenarbeit hin und her.
Im internen Verhältnis zur Regierung aber verlangte sie, als
loyale, vertrauenswürdige Opposition behandelt zu werden.

Willy Brandts Empörung über die Kampagne der Union teilte
ich, über seine gereizten Reaktionen war ich wenig glücklich.
Nach meiner Überzeugung mußte die ostpolitische Auseinandersetzung mit der Union zwar entschieden, aber mit ruhiger Überlegenheit geführt werden. Brandt explodierte jedoch noch viele
Male und warf der Union schließlich «Volksverhetzung» vor.
Dem an sich jeder Schärfe abholden Kanzler gingen, wenn es ihm

einmal zuviel wurde, die Pferde durch. Die Öffentlichkeit, das merkte ich auch in meinem Wahlkreis, billigte das nicht, brachte aber mehr und mehr Verständnis dafür auf. Auch im konservativen Lager, vor allem in kirchlichen Kreisen, erhob sich Kritik an der «Ausverkaufs»-Kampagne der Union. Ich stand Willy Brandt in diesen Auseinandersetzungen besonders gerne bei. Ich bewunderte ihn wegen seiner Stärken und mochte ihn wegen seiner Schwächen. Ein richtiger Mensch unter lauter «Profis» – trotz allem, was er politisch schon hatte durchmachen müssen.

Gegen unsere Ostpolitik kämpfte aber nicht nur die Union, sondern auch die Rechte außerhalb der Union bis hin zu den Rechtsradikalen, die die Linken im allgemeinen und Brandt im besonderen haßten. Von der Union gab es gegenüber diesen Kräften klare Abgrenzungserklärungen, an ihren Rändern gab es im Kampf gegen die Ostpolitik aber auch die Versuchung einer rechten «Sammlungsbewegung». Strauß konnte sich der bundesweiten Gründung von «Freundeskreisen der CSU» erfreuen. Der aus der Scheel-FDP ausgetretene, bei der Unions-Fraktion hospitierende Siegfried Zoglmann versuchte, seine «National-Liberale Aktion» mit Hilfe von Strauß zu einer «Deutschen Union» zu erweitern, was die CDU als gegen sich gerichtet empfand. Einer Einladung der rechtsradikalen «Aktion Widerstand», die sich im Herbst 1970 in Würzburg zusammenfand, folgten beide Matadore zwar nicht, ihre Absage wurde aber lediglich mit Terminschwierigkeiten begründet.

Am Thema «rechte außerparlamentarische Opposition» entzündete sich im Herbst 1970 im Bundestag eine stürmische «Aktuelle Stunde». Walter Scheel hatte die Debatte vom Zaun gebrochen, als er öffentlich erklärte, gegen die FDP werde nicht nur von den Unions-Parteien, sondern auch von starken außerparlamentarischen Kräften eine Kampagne geführt. Seine Partei kenne solche «konzertierte Aktionen» schon von früheren Gelegenheiten. Scheel hatte dabei wohl in erster Linie rechte Leute aus der Wirtschaft im Blick, die sich gegen die neue, sozial-liberale FDP stellten. Mit «Reichswirtschaftsführern», so hatte Scheel mir einmal gesagt, habe er nichts am Hut.

Brandt, der in der Wirtschaft Unterstützung für seine Ostpolitik

gefunden, aber auch manche Voreingenommenheiten kennengelernt hatte, erweiterte das Thema beträchtlich, indem er in einer
SPD-Vorstandssitzung erklärte, es handele sich um den großange-
legten Versuch einer rechten außerparlamentarischen Opposition, das Rad der Entwicklung zurückzudrehen. Ich kam daher in
der Bundestagsdebatte auf die «Äußerungen reaktionärer und na-
tionalistischer Kreise» zu sprechen. Als Beispiel nannte ich den
«Witiko-Bund», der im Dunstkreis einer rechten Sammlungsbewegung von Leuten der CSU, der NLA, der NPD und Vertriebenen-Funktionären mitmischte. Unser Interesse war es, die Union
zur Distanzierung zu zwingen. Der CDU/CSU ging es umgekehrt
darum, sich in der Öffentlichkeit als von der Regierung verfolgte
Unschuld darzustellen. Damit hatte sie nun allerdings erhebliche
Probleme.

Die Union dachte zwar nicht daran, in eine rechte Sammlungsbewegung einzutreten oder sonst mit den Rechtsradikalen gemeinsame Sache zu machen. Von rechtsradikalen Gruppen wie
etwa der «Aktion Widerstand» distanzierte sie sich ebenso wie
von rechtsradikalen Parolen wie «Seit Moskau wissen wir's genau,
Brandt heißt die Verrätersau» oder «Brandt an die Wand». Das
«Ausverkaufs»- und «Verzichts»-Vokabular hatte die Union aber
mit den Rechtsradikalen gemeinsam. Mit strammen Parolen
fischte sie, besonders deutlich bei Dreggers Hessenwahl von 1970,
in rechten Gewässern nach Stimmen. Die NPD quittierte das mit
der süffisanten Bemerkung, das alles sage sie schon seit langem.
Im Frühjahr 1972 verzichtete die NPD dann im baden-württembergischen Landtagswahlkampf – wohl auch aus Sorge, an der
5-Prozent-Klausel hängenzubleiben – zugunsten der CDU auf
ihre Teilnahme an der Wahl. Das rief Erinnerungen an die Bundesversammlung von 1969 wach, in der die Union für ihren gegen
Heinemann aufgestellten Kandidaten auch NPD-Stimmen in
Kauf genommen hatte. Scheel warf der Union im Bundestag vor,
im Landtagswahlkampf auch die für die NPD reservierten Werbe-
flächen benutzt zu haben. Wenig später erklärte er, gegen die FDP
sei zehnmal soviel Kapital eingesetzt worden, als ihr selbst zur
Verfügung gestanden habe. Doch die rechte Sammelbewegung
zur Finanzierung des Unions-Wahlkampfs war mit der von den

Rechtsradikalen angestrebten Sammlungsbewegung nicht iden-
tisch.

Zu der die Ostpolitik bekämpfenden Presse gehörte eine entsprechende Palette von Blättern des «Springer»- und des «Bauer»-
Verlages über den «Bayernkurier» und das «Deutschland-Magazin» bis zur «Nationalzeitung».

In der Haushaltsdebatte des Frühjahrs 1970 wurde die ostpolitische Auseinandersetzung um das Reizwort «Kampfpresse» berei-
chert. Ich weiß nicht mehr, ob Conny Ahlers sein Erfinder war,
jedenfalls machte er es zu einem politischen Schlagwort. In einem
Interview mit Radio Bremen wandte er das Wort auf die «Springer»-Presse an. Diese bekämpfte unsere Ostpolitik geradezu blind,
Axel Springer hatte höchstpersönlich dazu aufgerufen. Noch im
März 1972, kurz vor der Verabschiedung der Ostverträge, nannte
er Brandts Ostpolitik vor der Deutschen Atlantischen Gesellschaft
eine «tödliche Gefahr» für Land und Volk, Europa und die Welt.
Er brachte alle seine publizistischen Bataillone auf diesen Kurs.
Als die Angegriffenen zurückschlugen und seine Zeitungen als
«Kampfpresse» titulierten, beschwor er die Pressefreiheit, die sei-
ne Gegner gerade durch die Machtkonzentration und die fehlende
innere Pressefreiheit im «Springer»-Konzern bedroht sahen.

Ahlers beklagte die Manipulation von Nachrichten und zeigte
nachträglich Verständnis für die gegen diese Art von Presse gerichteten Studentenproteste, wenn auch nicht für deren Formen. Außerdem philosophierte er über die Grenzen der im Grundgesetz
garantierten Pressefreiheit. Der CDU-Abgeordnete Wörner sah
darin einen Angriff auf die freie Presse und einen Versuch, Gewalt-
aktionen zu rechtfertigen, wie sie von der APO gegen den «Springer»-Verlag gerichtet worden waren. Der Kanzler antwortete mit
einem Bekenntnis zur Meinungs- und Medienfreiheit und distanzierte sich in behutsamer Form von Ahlers, soweit dessen Äußerungen mißdeutbar waren. Gleichzeitig unterstrich er aber die
Pflicht der Medien zu wahrheitsgemäßer Berichterstattung.

Eingedenk der Tatsache, daß ich die Pressefreiheit einst im
«Spiegel»-Prozeß zusammen mit Conny Ahlers gegen Straußsche
Machenschaften verteidigt hatte, erklärte ich, Ahlers und ich
stimmten nicht nur hinsichtlich der Verteidigung der Pressefrei-

heit, sondern auch darin überein, daß eine Regierung vor ungerechtfertigten Angriffen geschützt werden müsse. Als Beispiel dafür, wie in der Kampfpresse Kampagnen gegen die SPD gestartet wurden, erzählte ich die Geschichte von der «Akte Bahr», die mir Staatssekretär Carstens bei der Amtsübergabe mit seinem Panzerschrank übergeben hatte.

Bahr, der Geheimhaltung nicht nur praktizierte, sondern geradezu zelebrierte und die Aura des Geheimnisumwitterten liebte, war schon vor den Ostverhandlungen ein bevorzugtes Ziel von Konspirationsvorwürfen aus rechten Kreisen gewesen. «Bayernkurier» und «Welt am Sonntag» hatten 1968 – Bahr war damals Leiter des Planungsstabes des Auswärtigen Amtes – gegen ihn den Vorwurf erhoben, er habe insgeheim mit dem ZK der SED Gespräche geführt. Darüber gebe es ein Tonband des BND. Der BND hatte diese Meldung dementiert, die Zeitungen konnten Beweise nicht vorlegen. Im Juli 1969 war dann ein uns unbekannter Herr Back bei Staatssekretär Carstens im Kanzleramt erschienen – woher der ihn kannte, blieb unklar – und hatte behauptet, Bahr habe sich 1967 mit den SED-Politbüromitgliedern Norden und Verner in Prag getroffen. Bahr hatte Carstens dazu auf Befragen erklärt, er kenne keinen der beiden SED-Funktionäre. Danach geschah nichts, auch eine Gegenüberstellung von Herrn Back mit Egon Bahr fand nicht statt, obwohl dem Kanzleramt gegenüber dem Leiter des Planungsstabes eine Fürsorgepflicht oblag. Der Vermerk über den ganzen Vorgang stammte seltsamerweise überhaupt erst vom 21. Oktober 1969, dem Tag vor der Amtsübergabe. Ich ging der Sache nach.

Herr Back, von mir brieflich zu einer Gegenüberstellung mit Egon Bahr aufgefordert, wich aus; er wisse gar nicht, wann er wieder in der Bundesrepublik sein werde. Darauf wandte ich mich an einen von ihm benannten Zeugen, einen bekannten deutschen Rundfunkkorrespondenten. Der wußte von dem angeblichen Treffen Bahrs nichts und kannte nicht einmal den Namen Back. So, sagte ich im Deutschen Bundestag, habe die «Akte Bahr» ausgesehen, die mir Herr Carstens feierlich übergeben hatte, und so, fügte ich hinzu, würden Kampagnen gegen Sozialdemokraten gemacht. Die Union war sehr still.

Der Tag ging an uns, die Kampagne der Kampfpresse aber
weiter. Aufgrund neuer Halbwahrheiten, Verdrehungen und Er-
findungen erklärte ich im Herbst 1970 im Bundestag, bei der
«Bild»-Zeitung handele es sich meines Erachtens um ein Blatt,
«das stärker von dem Wunsch beseelt ist, die Regierung zu stürzen, als von dem Bemühen, seine Leser objektiv zu unterrichten».
Ich verstünde daher sehr gut die unter Arbeitnehmern anwachsende Stimmung, dieses Blatt in ihren Betrieben nicht mehr sehen
zu wollen. Diese Stimmung gab es nicht nur, weil SPD und Gewerkschaften gegen die Kampfpresse Front gemacht hatten, ein
Teil der Öffentlichkeit stellte sich auch spontan gegen diese miese
Art von Kampagnen.

Im Juni 1971 suchte mich der Generalbevollmächtigte des
«Springer»-Verlages, Herr von Brauchitsch, auf. Die Auflage von
«Bild» war kontinuierlich zurückgegangen, allein in der Zeit von
Ende 1969 bis Frühjahr 1971 war sie um 600 000 Exemplare von 4,4
auf 3,8 Millionen gefallen. Einige Wochen später übergaben mir
von Brauchitsch und sein Vorstandskollege Tamm eine Dokumentation des Verlages über Angriffe, Gewaltakte und Boykott-
aufrufe gegen den «Springer»-Verlag von seiten der APO, aber
auch von Sozialdemokraten, Gewerkschaften, Jusos und Bürger-
gruppen. Als Urheber der «Anti-Springer-Kampagne» machte
die Dokumentation die SED aus. Ich erinnerte an das Sprichwort
«Wie man in den Wald hineinruft...» und betonte Tamm und von
Brauchitsch gegenüber, daß wir Gewaltanwendung und andere illegale Akte entschieden verurteilten. Politisch aber würden wir
der Anti-Regierungs-Kampagne des Verlages auch weiterhin
energisch entgegentreten. Nachdem die Ostverträge in Kraft getreten waren, wurden die Angriffe gegen uns seltener und vorsich-
tiger. Später setzte sich auch im «Springer»-Verlag die Einsicht
durch, daß sich die Formierung zur Kampfpresse kommerziell
nicht auszahlt.

Schreckte die Kampfpresse insgesamt auch vor Diffamierungen
nicht zurück, so wurde selbst der «Bayernkurier» darin noch vom
«Deutschland-Magazin», der Zeitschrift der «Deutschland-Stiftung», übertroffen, ganz zu schweigen von der «Nationalzeitung».
Mich nahmen sie aufs Korn, als ich begann, mit der dem Kanzler-

amt obliegenden Aufsicht über den BND Ernst zu machen. Nach meiner Scheidung und Wiederverheiratung wurde auch meine Frau als «Sicherheitsrisiko» in die Kampagne einbezogen. Eine Erklärung des Bundesinnenministers – ausgelöst durch eine parlamentarische Anfrage –, meine Frau sei überprüft worden, änderte daran nichts. Die Kampagne lief zunächst über verschiedene mehr oder minder obskure rechte Informationsdienste und fand 1975 – Helmut Schmidt war inzwischen Bundeskanzler und ich nicht mehr in der Regierung – im «Deutschland-Magazin» ihre Krönung. In einer Titelgeschichte «Lenin-Orden für Horst Ehmke?» wurde unter anderem behauptet, ich hätte mir Listen von BND-Agenten vorlegen lassen, von denen manche kurz danach im Ostblock verhaftet worden seien. Meine Frau sei eine fanatische Parteigängerin der tschechischen Kommunisten und eine Vertraute des tschechischen Geheimdienstes gewesen. Die übrige Kampfpresse und die Union im Bundestag griffen das Thema «Sicherheitsrisiko» auf. In meiner rechten «Fan»-Post erhielt ich statt der bisherigen «Feme-Urteile» wegen meiner Mitwirkung am «Ausverkauf Deutschlands» jetzt Drohbriefe gegen meine «tschechische Kommunisten-Sau».

Ich hatte bis dahin aus grundsätzlichen Erwägungen noch nie die Gerichte gegen die Kampfpresse bemüht, wohl aber die Machart ihrer Kampagne dargelegt und angegriffen. Das war auch meine Einstellung zum «Deutschland-Magazin», zumal die völkisch-antisemitischen Ergüsse seines Herausgebers Ziesel aus der Nazi-Zeit ebenso bekannt waren wie die Ausfälle seiner Zeitschrift gegen alles, was er für links hielt. Von Herrn Ziesel denunziert zu werden, so sagte ich, sei schon beinahe die Visitenkarte eines guten Demokraten.

Gegen die neuen Denunziationen bemühte ich nun aber doch die Gerichte, vor allem auch im Interesse meiner Frau. Ich gewann die Klage in allen Punkten. Danach war Ruhe. Was ich bis heute nicht verstanden habe: Für das gleiche «Deutschland-Magazin» schrieben führende Unions-Politiker laufend Beiträge, selbst dann noch, als das Oberlandesgericht München dem Politologen Hans-Dieter Bamberg bestätigt hatte, daß er die «Deutschland-Stiftung» in seinem ihr gewidmeten Buch zu den demokratiefeindlichen Gruppierungen zählen dürfe. Und 1986 gratulierte fast die gesamte Unions-Prominenz Herrn Ziesel zum 75. Geburtstag. Kanzler Helmut Kohl lobte Ziesels «angeborenen, ungestümen Sinn für Gerechtigkeit» und Wolfgang Schäuble dankte dem Jubilar für sein «literarisches und journalistisches Schaffen über fünf Jahrzehnte».

Das Mißtrauensvotum und die Verabschiedung der Verträge

Ende 1971 standen die Bundesregierung und die Koalition ziemlich erfolgreich da. Das Paket der Ostverträge war unterzeichnet. Die Verhandlungen mit der DDR über den Verkehrsvertrag und den Grundlagenvertrag machten, wenn auch mühsam, Fortschritte. Barzel, inzwischen Parteivorsitzender und Kanzlerkandidat der Union, wiederholte nach einem verunglückten Moskau-Besuch zwar das «Nein» der Union zum Moskauer Vertrag, aber auch er mußte zur Kenntnis nehmen, daß die Zustimmung zur Politik des Friedensnobelpreisträgers Brandt im Ausland wie im Inland stieg, selbst im konservativen Lager. So begründete Barzel das Nein zu den Verträgen nicht grundsätzlich, sondern mit zweitrangigen Argumenten. Im Grunde tendierte er – wie Paul Mikat in der Fraktion, Generalsekretär Konrad Kraske und Schatzmeister Walter Leisler-Kiep in der Partei – zu einem Ja. Angesichts der Widerstände in Fraktion und Partei wagte er aber nicht die Kraftprobe. Richard von Weizsäcker vertrat die aparte Meinung, die Verträge müßten zwar ratifiziert werden, die Union müsse aber geschlossen gegen sie stimmen, um die Entstehung einer Rechts-Partei zu vermeiden.

Noch im Dezember leiteten wir die Vertragsgesetze dem Bundesrat zu. Mit der Opposition einigten wir uns im Ältestenrat des Bundestages auf einen Zeitplan, erste Lesung der Vertragsgesetze im Februar, zweite Lesung im Mai 1972. Sollten die Verträge keine Mehrheit finden, mußten wir Neuwahlen anstreben, um die Wähler entscheiden zu lassen. Die Opposition dagegen konnte an-

gesichts unserer bröckelnden Mehrheit versuchen, Brandt noch
vor der Abstimmung über die Verträge durch ein Mißtrauensvotum zu stürzen. Die Öffentlichkeit war in der Frage der Ostpolitik
in hohem Maße polarisiert, Brandt traf auf enthusiastische Zustimmung wie auf haßerfüllte Ablehnung.

In dieser spannungsgeladenen Atmosphäre fand am 23. und
24. Februar 1972 die erste Lesung der Ostverträge statt. Die Stimmung in den Koalitionsfraktionen war angesichts der Unklarheit
über die Mehrheitsverhältnisse ziemlich gedrückt, gab es doch bei
einzelnen FDP- und SPD-Abgeordneten ein peinliches Hin und
Her. Nachdem Brandt und Scheel die Position der Koalition mit
ruhiger Überzeugung dargelegt hatten, begründete Barzel sein
«So nicht und jetzt nicht» mit drei Argumenten: Die Sowjetunion
akzeptiere die Europäische Gemeinschaft nicht, unser Selbstbestimmungsrecht sei vertraglich nicht gesichert und das gleiche
gelte für die stufenweise Herstellung von Freizügigkeit im geteilten Deutschland. Am Abend begründete dann aber der frühere
Außenminister und Vorsitzende des außenpolitischen Ausschusses Gerhard Schröder das Nein der Union mit grundsätzlichen Argumenten. Er kritisierte den Zeitpunkt wie den Stil der Verhandlungen, deren Ergebnisse zu einer Zementierung der deutschen
Teilung wie zu einer Lockerung des westlichen Bündnisses führen
würden. Die Stimmung in den Koalitionsfraktionen war nach dieser Rede nicht besser als am Morgen. Wir hatten die Ostverträge
verteidigt, das hieß aber auch, wir waren in der Defensive geblieben. Conny Ahlers beschwor mich, mir am nächsten Tage Barzel
vorzunehmen. So schlief ich nur kurz und skizzierte dann in aller
Herrgottsfrühe meine Antwort auf Barzel.

Nach der Mittagspause kam ich an die Reihe. Ich stellte Barzel
die rhetorische Frage, ob die Zeit nicht vorbei sei, in der ein Mitglied des Kabinetts Adenauer – wie Bundesminister Merkatz 1953
im Bundestag – habe sagen können, es gehe bei der Wiedervereinigung «nicht um einen im Wege des Verhandelns und des Brük-
kenbaus zu schaffenden Ausgleich, sondern um die Befreiung der
besetzten deutschen Gebiete». Barzel, fuhr ich fort, habe die
Grundsätze unserer Ostpolitik nicht angegriffen, aber viele Fragen offengelassen, vor allem die, ob auch die Union bereit sei, für

eine politische Neuordnung in Europa vom territorialen Status quo auszugehen. Dann widerlegte ich die drei Argumente, die er für sein Nein vorgebracht hatte. Der Bundestag, so schloß ich, stehe vor einer geschichtlichen Entscheidung, die nach zwanzig Jahren erfolgloser Unions-Politik keine Vertagung dulde. «Darum können wir auf die halb abwiegelnde, halb aufschiebende Parole des Kollegen Barzel ‹So nicht und jetzt nicht› nur antworten: So und jetzt!»

Meine Rede machte die Koalition munter. Brandt und Scheel bedankten sich bei mir. Die Fraktion, Wehner voran, drückte mich ans Herz wie nie zuvor – und selten danach. Noch am folgenden Tag sagte Wehner zu mir: «Du hast uns herausgerissen.» Ich wiegelte ab, er solle mich nicht weiter loben, sonst würden die Genossen meinen, er werde alt. Das war eine meiner eher törichten Bemerkungen, denn Wehner wurde wirklich alt. Ich wiegelte aber nicht aus Bescheidenheit ab, die nicht zu meinen hervorstechenden Eigenschaften gehört, vielmehr beurteilte ich die Wirkung der Debatte anders.

Zwar hatte ich Barzel «ins Bett gebracht», wie Fraktionskollegen es ausdrückten. Die grundsätzliche Oppositionsrede hatte aber nicht Barzel, sondern Gerhard Schröder gehalten. Seine Rede wirkte durch ihre meisterhafte Form wie durch die Tatsache, daß Schröder in der gesamten Auseinandersetzung um die Ostverträge kühl und sachlich geblieben war. Helmut Schmidt antwortete auf Schröder, aber der war in seiner Art schwer zu packen. Mein Fazit der ersten Lesung lautete daher: Barzels Kompromißformel «So nicht und jetzt nicht» war widerlegt worden, Schröders grundsätzliches «Nein» aber nicht.

Während die Ablehnungsfront der Union hielt, bröckelte unsere Mehrheit weiter ab. Um sicherzustellen, daß wir in den mit den Verträgen befaßten Ausschüssen die Mehrheit hatten, mußten wir unsichere Kantonisten auswechseln. Das spitzte die Situation zu. Der Vertriebenenpolitiker Hupka trat von der SPD zur Unions-Fraktion über. Weitere FDP-Abgeordnete wackelten. Brandt und Scheel, Wehner und Mischnick behielten Nerven, vor allem Willy Brandt zeigte eine erstaunliche Gelassenheit. Aber die Union ging nun im baden-württembergischen Wahlkampf aufs ganze. Die Polarisierung der Wähler führte am 23. April zu etwa gleich hohen Stimmgewinnen der beiden großen Parteien. Die FDP schnitt besser als erwartet ab, verlor aber doch über ein Drittel ihrer Stimmen aus der letzten Landtagswahl. Die NPD, in der Landtagswahl von 1968 mit 9,8 Prozent der Stimmen davongezogen, hatte zugunsten der CDU auf ihre Teilnahme an der Wahl verzichtet. Die Union gewann die absolute Mehrheit.

Nach Schließung der Wahllokale erklärte der niedersächsische Bundestagsabgeordnete Helms, der von der Deutschen Partei zur FDP gekommen war, seinen Austritt aus der FDP. Die Koalition hatte im Bundestag keine Mehrheit mehr. Am folgenden Tag beschloß die Union, gegen Willy Brandt einen Mißtrauensantrag einzubringen. Die Polarisierung der öffentlichen Meinung verschärfte sich noch einmal. Während die Rechte frohlockte, protestierten viele Bürger gegen den Versuch, Brandt mit Hilfe von Überläufern aus dem Amt zu kippen. In den Betrieben nahm der Protest teilweise scharfe Formen an. Im Kanzleramt packten wir vorsichtshalber unsere Akten ein, obwohl ich nicht das Gefühl hatte, die Regierung Brandt sei am Ende.

Am 27. April stand der Antrag zur Abstimmung, Rainer Barzel anstelle von Willy Brandt zum Bundeskanzler zu wählen. Scheel hielt dazu nach einem Generalangriff von Kiesinger eine vorweggenommene Abschiedsrede voller Verachtung für die Machenschaften, die zum Sturz der sozial-liberalen Regierung zu führen drohten. Eine «Regierung gegen Treu' und Glauben» habe unser Volk nicht verdient. Es bekam sie glücklicherweise auch nicht. Als ausgezählt war, fehlten Barzel zwei Stimmen zur Kanzlermehrheit. Er saß da wie vom Donner gerührt. Der Jubel unserer Abgeordneten war unbeschreiblich. Draußen feierten unsere Leute selbst auf den Straßen, für sie war ein finsterer Anschlag auf ihren Willy mißglückt. Abends brachten junge Leute Brandt und Scheel auf dem Venusberg einen Fackelzug dar und ließen die sozial-liberale Koalition hochleben. Noch die Erste-Mai-Feiern wurden von dieser Hochstimmung getragen. Im Kanzleramt packten wir unsere Akten wieder aus.

Die Niederlage Barzels war nur dadurch zu erklären, daß Abgeordnete seiner Fraktion nicht für ihn gestimmt hatten. Damit hatte ich nicht gerechnet, es überraschte mich aber auch nicht. CDU-Kollegen hatten mir vorher erklärt, sie würden für die Verträge stimmen. Das mußte zwar nicht heißen, daß sie Barzel ihre Stimme verweigern würden, Barzel hatte aber viele Gegner in den eigenen Reihen. Später versuchte die Union, Karl Wienand anzuhängen, er habe den CDU-Abgeordneten Steiner mit 50000 DM geschmiert, damit er gegen Barzel stimme. Das Geld sei aus dem Verfügungsfonds des Bundeskanzlers gekommen. In der Tat hatte ich zu jener Zeit für einen anderen Zweck eine Summe in dieser Höhe aus dem Fonds entnommen. Mit dem Präsidenten des Rechnungshofes, der den Fonds geprüft hatte, erörterte ich, ob ich den Verwendungszweck ausnahmsweise offenlegen solle. Ich entschied mich aber dagegen, um keinen Präzedenzfall – und keinen Anreiz für weitere Indiskretionen – zu schaffen. Jede Regierung muß über begrenzte Mittel auch ohne *öffentliche* Rechenschaftslegung verfügen können. Mein Eindruck war damals, die ganze Story sei aufgrund einer Indiskretion aus dem Kanzleramt nachträglich konstruiert worden, um vom Geldner-Fall und den Überläufern zur Union abzulenken. Heute scheint festzustehen, daß der CDU-Abgeordnete Steiner, ein labiler und unglaubwürdiger Mann, für die Stasi gearbeitet und von ihr Geld bekommen hat.

Noch am Tage des gescheiterten Mißtrauensvotums luden Brandt und Scheel die Herren Barzel und Stücklen zu einem Gespräch ins Kanzleramt ein. Genscher, Ahlers und ich entwarfen für den Kanzler einen Aufruf zu neuer Gemeinsamkeit der Parteien in der Deutschland- und Außen-, der Währungs- und Finanzpolitik sowie in Fragen der inneren Sicherheit. Am folgenden Tag – die zweite Lesung des Haushalts ging weiter – gab ich die Erklärung Rainer Barzel. Der reagierte positiv, wollte aber natürlich erst einmal die Abstimmung über den Haushalt des Bundeskanzlers – «Einzelplan 04» – abwarten. Brandt und Wehner schoben sich die Entscheidung abzustimmen oder aber Vertagung zu beantragen so lange gegenseitig zu, bis Karl Wienand und ich für Abstimmung votierten. Ein Vertagungsantrag hätte scheitern oder aber, falls er eine hauchdünne Mehrheit gefunden hätte, die Gespräche mit der Opposition gefährden können. Wir endeten bei einem Patt, 247:247. Damit war der Kanzleretat abgelehnt.

Wir brauchten Neuwahlen. Aber zuerst brauchten wir aus außen-
wie aus innenpolitischen Gründen, darüber war ich mir mit Brandt
sofort einig, die Ostverträge. Die weitere Haushaltsberatung
wurde vertagt. Es begann eine Reihe politischer Spitzengesprä-
che.

Das erste fand noch am Abend des parlamentarischen Patts im
Kanzlerbungalow statt. Hinsichtlich der Notwendigkeit von Neuwahlen bestand Einigkeit. Brandt unterstrich die außenpolitische
Notwendigkeit, die Verträge vor etwaigen Neuwahlen zu verabschieden. Die Regierung werde mit den Verträgen stehen und
fallen. Auch die Union konnte nach dem Scheitern des Mißtrauensvotums kein Interesse an sofortigen Neuwahlen haben. Hinsichtlich der Deutschland- und Außenpolitik regte Willy Brandt
eine gemeinsame Entschließung des Bundestages zu den Ostverträgen an, die der Union die Zustimmung zu den Verträgen erleichtern könnte.

In einem zweiten Spitzengespräch am 3. Mai unterstrich Willy
Brandt, daß an der abschließenden Beratung der Ostverträge im
Mai festgehalten werden müsse. Der Termin sei Teil des internationalen Entspannungsfahrplans geworden und könnte daher allenfalls kurz hinausgeschoben werden. Barzel versuchte, Zeit zu
gewinnen und der ins Auge gefaßten gemeinsamen Entschließung
eine Art vertragsergänzenden Charakter zu geben. Willy Brandt
wies das zurück. Scheel betonte zusätzlich, da die Entschließung
nicht auf den Widerspruch der Vertragspartner stoßen dürfe,
müsse sie vorher mit diesen sondiert werden.

Am folgenden Tag arbeiteten die Schriftgelehrten der Fraktionen einen ersten Entwurf zum Charakter und zur Rechtswirkung
der Verträge aus. Barzel erklärte den Text für unzureichend, sein
Votum in der Fraktionssitzung der kommenden Woche hänge von
weiteren Fortschritten ab. Im übrigen müsse er übers Wochenende schlafen und lasse daher den Kollegen Marx als Stallwache in
Bonn zurück. Unter mißtrauischen Blicken von Barzel fragte ich
Strauß, was dieser Eiertanz bedeuten solle. Es läge doch im Interesse der Union, die Verträge, die wichtigste Klammer der Koalition, endlich zu verabschieden, um dann zum Generalangriff
überzugehen. Das sah Strauß wohl ähnlich, vermutlich wollte er

aber im gleichen Arbeitsgang auch noch Barzel loswerden. Der machte in der Tat einen erschöpften Eindruck.

Wir blieben über das Wochenende aktiv. Ich klopfte in zwei langen Gesprächen mit Botschafter Falin die sowjetische Reaktion auf die verschiedenen Punkte der angestrebten Entschließung ab. Falin – ein hochgebildeter Mann aus der Moskauer Spitzengarnitur – ging die Fragen kompetent und erstaunlich offen an. Der Bundesaußenminister unterrichtete derweil die polnische Seite über die Arbeit an der Entschließung. Zum Wochenanfang erhielt Barzel von uns eine neue Fassung des Entschließungsentwurfs.

Beim Spitzengespräch am folgenden Abend ließen Schröder, Strauß und Marx ihren Fraktionsvorsitzenden Barzel und die Koalitionsvertreter eine Stunde warten. Dann brachten sie einen eigenen Entschließungsentwurf mit. Brandt ließ sie auflaufen: Da die Opposition übers Wochenende nicht zur Verfügung gestanden habe, seien wir unseren Entwurf mit Falin durchgegangen. Er werde zusammen mit dem Bundesaußenminister für den folgenden Tag Herrn Barzel und Botschafter Falin zu sich auf den Venusberg bitten, damit man sich vergewissern könne, daß die Entschließung nicht auf Widerspruch der Sowjetunion stoßen werde. Falls man sich bei dieser Gelegenheit nicht einigen könne, werde man sich überhaupt nicht einigen.

Nach mehreren Unterbrechungen verständigte man sich darauf, daß Strauß, Genscher, Marx und ich am nächsten Morgen die Endfassung des Entschließungsentwurfs redigieren sollten. Anschließend sollte das von Brandt vorgeschlagene Gespräch mit Botschafter Falin stattfinden. Genscher, Marx und ich erstellten noch am Abend eine Synopse der beiden Entwürfe, Strauß lehnte die Beteiligung an einer solchen «Sekretariatsarbeit» ab.

Die Unions-Führung hatte inzwischen erkannt, daß sie die Verträge nicht mehr scheitern lassen durfte. Das galt auch für Franz Josef Strauß. Sie war sich auch darüber im klaren, daß die Entschließung als eine parlamentarische Willenserklärung anläßlich der Vertragsverabschiedung weder vertragsändernden noch vertragsergänzenden Charakter haben konnte. In der Endphase der Arbeit an der Entschließung einigten sich Regierung und Opposition daher – so als ob es den jahrelangen bitteren Streit nie gege-

ben habe – erstaunlich schnell auf Grundsätze der Deutschland-
und Außenpolitik. In der Entschließung stand nichts, was die Regierung nicht schon viele Male erklärt hatte, wenn die Union auch
so tat, als ob sie wunder was «herausgeholt» hätte. Brandt und
Wehner «stank» die Entschließung aus einem anderen Grund: Sie
empfanden es als unwürdig, die historischen Verträge mit solchen
Girlanden verzieren zu müssen.

In der Redaktionskommission, die am anderen Morgen im
Kanzleramt zusammentrat, erlebte ich eine Überraschung. Genscher unterstützte ohne jede Vorwarnung hinsichtlich zweier Formulierungen die Unions-Vertreter. Mir blieb keine Zeit, darüber
zu philosophieren, ob das der Profilierung der FDP oder der des
Innenministers dienen sollte. Ich baute beide Formulierungen, sie
betrafen den angestrebten Modus vivendi in Europa und die polnische Westgrenze, so in den Text ein, daß der Friedensvertrags-
Vorbehalt unterstrichen, die Rechtsverbindlichkeit der von uns
für die Bundesrepublik übernommenen Verpflichtungen aber
nicht in Zweifel gezogen, die Substanz des Entwurfs also nicht
geändert wurde.

Da die redigierte Fassung des Textes von dem mit Falin durch-
gesprochenen Text abwich, legte ich sie dem Kanzler zur Entscheidung vor. Nur widerwillig akzeptierte Brandt die von Genscher unterstützten redaktionellen Änderungen. Auf meine Bitte
warnte er Falin vor. Ich diktierte den neuen Text und fuhr dann
mit halbstündiger Verspätung zu dem Treffen mit Barzel und Falin auf den Venusberg. Der sowjetische Botschafter erklärte, der
Entschließungsentwurf gebe den lange bekannten Standpunkt der
Bundesregierung wieder. Er nahm also den Nicht-Widerspruch
seiner Regierung auch zum geänderten Text kühn auf seine
Kappe. Willy mußte weg und erklärte mir, von nun an sei ich für
die Operation verantwortlich. Wir schlossen die Prüfung der Entschließung einverständlich ab und einigten uns darauf, Verträge
und Entschließung am folgenden Tag im Bundestag zu behandeln.
Am Nachmittag in der Fraktionssitzung tat Brandt etwas zwischen
uns Ungewöhnliches. Er legte seine Hand auf meine und sagte:
«Deine Entschließung ist zwar Quatsch, aber hab schönen Dank.
Damit kommen wir durchs Parlament.» Die Freude war verfrüht.

Kaum war ich zurück im Kanzleramt, rief Falin an. Für Moskau seien zwei Stellen des Entwurfs, vor allem die die polnische Westgrenze betreffende Neuformulierung, nicht akzeptabel. Als ich anregte, darüber zunächst unter vier Augen zu sprechen, erklärte er, die Opposition sei bereits unterrichtet. Ich bat ihn zu einem Gespräch mit mir und Bahr ins Kanzleramt. Da klangen die Moskauer Vorbehalte schon schwächer. Offensichtlich hatte Falin, der am Morgen zuviel auf seine eigene Kappe genommen hatte, jetzt zum Ausgleich dafür die Moskauer Vorbehalte zu apodiktisch formuliert, wohl um zu signalisieren, daß für Moskau das Ende der Fahnenstange erreicht sei. Unter Inanspruchnahme unserer Direktverbindung zu Breschnew bewirkten wir noch in der Nacht, daß Moskau seinen Widerspruch gegen den mit der Opposition vereinbarten Entschließungstext zurückzog.

Barzel aber hatte inzwischen die Nerven verloren. Über ihn, beziehungsweise Gesprächspartner von ihm, gelangte die Sache an die Öffentlichkeit. In der danach in der Union entstehenden Verwirrung hat Barzel dann nach meinem Eindruck der Mut verlassen, falls er ihn überhaupt noch gehabt hatte, in seiner Fraktion für ein Ja nicht nur zur Entschließung, sondern auch zu den Verträgen zu kämpfen. Am folgenden Tag gaben Willy Brandt und Walter Scheel in der zweiten Lesung noch einmal eine umfassende Begründung für die Verträge. Auf dringende Bitten der Union, einige ihrer Abgeordneten versprachen uns dabei, für die Verträge zu stimmen, willigten wir ein, die Debatte erst in der folgenden Woche abzuschließen. Die Entschließung wurde gemeinsam eingebracht.

In der Woche, die die Union so gewonnen hatte, stellte sich die Fraktion gegen Barzel, allen voran Franz Josef Strauß. Nach dem Wochenende in den Wahlkreisen traute man sich nicht, im Bundestag den Verträgen zuzustimmen, die man draußen jahrelang verteufelt hatte. Strauß und Marx distanzierten sich auch in zwei gleichlautenden langen Schreiben an mich von dem gemeinsamen Ergebnis der Redaktionskommission. Als kleinsten gemeinsamen Nenner einigte sich die Unions-Fraktion schließlich auf Stimmenthaltung zu den Verträgen. Die Union «habe ihr Gewissen auf Enthaltung gestellt», kommentierte Willy Brandt in der SPD-

Fraktion bitter. Am 17. Mai 1972 beschloß der Bundestag, bei Stimmenthaltung des ganz überwiegenden Teils der Unions-Fraktion, keiner ihrer Abgeordneten stimmte mit Ja, die Ostverträge. Die Entschließung fand die Zustimmung der Unions-Fraktion – trotz der sich distanzierenden Briefe von Strauß und Marx, die jetzt zur «Privatsache» erklärt wurden. Die Unions-Mehrheit im Bundesrat erhob gegen die Verträge keinen Einspruch.

Die Verabschiedung der Ostverträge war für uns kein strahlender Sieg, aber ein großer Erfolg. Für die Union war der Kampf gegen die Verträge kein Ruhmesblatt. Sie brauchte Jahre, bevor sie außenpolitisch wieder Tritt fassen konnte. Noch 1975 stimmte sie als eine von drei europäischen Parteien, die beiden anderen waren die albanischen Kommunisten und die italienischen Neo-Faschisten, gegen die Schlußakte von Helsinki und damit gegen den KSZE-Prozeß. Erst als sie wieder in der Regierungsverantwortung war, stellte sich die Union – Helmut Kohl im Gespann mit Hans-Dietrich Genscher – auf den Boden unserer Ostpolitik. Die endgültige Anerkennung der polnischen Westgrenze trägt ebenso die Unterschrift eines CDU-Bundeskanzlers wie die Herstellung der staatlichen Einheit.

Reformpolitik und Radikalismus

Demokratie wagen

Ging es in der Ostpolitik um die Überwindung der im Kalten Krieg eingefrorenen internationalen Lage, so wollte die Reformpolitik die Verkrustung gesellschaftlicher Zustände nach zwanzig Jahren Unions-Herrschaft überwinden.

Willy Brandts Reformprogramm war aber nicht nur eine Absage an das «Keine Experimente» der Adenauer-Zeit. Es war auch eine Absage an die «Stamokap»-These von der Unfähigkeit unseres demokratischen Staates zu gesellschaftlichen Reformen und an die Revolutionsspielereien linker Systemveränderer. Gemeinsam mit der FDP, die sich in ihren «Freiburger Thesen» zur Demokratisierung der Gesellschaft und zur Reform des Kapitalismus bekannt hatte, sollte «mehr Demokratie gewagt», die Mitbestimmung und Mitverantwortung des «mündigen Bürgers» ausgedehnt werden. Die Verteilung sozialer Rechte und gesellschaftlicher Chancen sollte gerechter gestaltet und der Schutz unserer natürlichen Lebensordnung erstmals in Angriff genommen werden. Darüber hinaus sollten Infrastruktur- und Raumordnungsprogramme der Modernisierung unseres Landes dienen, getreu der Einsicht, daß der Wohlstand der Gesellschaft und ihrer breiten Schichten neben der privaten Leistung auch in hohem Maße von öffentlichen Anstrengungen abhängt.

Wir gingen guten Mutes, teilweise aber auch ziemlich naiv ans Werk. Die Koalition zog zwei Punkte ihres Programms vor. Zunächst eine vor allem den Kriegswitwen zugute kommende Erhöhung und Dynamisierung der Kriegsopferrenten. Das war mehr als eine sozialpolitische Maßnahme. Es war eine Verbeugung vor der Kriegsgeneration, die so unendlich viel Leid erfahren und nach dem Krieg die Trümmer weggeräumt hatte. Zeichen in Richtung der rebellischen Jugend waren eine mit der Reform der Demonstrationsdelikte verbundene Amnestie und die Herabsetzung des Wahlrechts auf achtzehn Jahre.

Bald wurde uns klar, daß das, was wir uns vorgenommen hatten, sehr viel schwieriger zu verwirklichen sein würde, als wir gedacht hatten. Für unsere Reformvorhaben gab es im Apparat nur vereinzelt Vorarbeiten. Für die Bildungsreform und den Umweltschutz etwa konnte die Koalition in ihrer ersten Legislaturperiode nur Konzepte entwickeln und mit deren stufenweiser Umsetzung beginnen. Der Zeithorizont solcher Vorhaben reichte weit über eine Legislaturperiode hinaus.

Die Bildungsreform war eines der wichtigsten Ziele der Koalition. Georg Picht hatte schon Jahre vorher, von den immer deutlicher werdenden Mängeln des deutschen Bildungswesens alarmiert, eine gerechtere Verteilung der Bildungschancen und eine Mobilisierung der Bildungsreserven unseres Landes gefordert. Ralf Dahrendorf hatte ein «Bürgerrecht auf Bildung» zum Angelpunkt der Entwicklung einer freien Gesellschaft erklärt. Wissenschaftsrat und Bildungsrat hatten bereits eigene Reformvorschläge gemacht.

Die Reform führte, durch den Ausbau des Bildungswesens wie durch die Ausbildungsförderung, zu einer wesentlich größeren Chancengleichheit für bisher benachteiligte Gruppen: für Mädchen und für Kinder aus ländlichen Gebieten, aus katholischen Gegenden und aus Arbeitnehmerfamilien. Unter einer unionsgeführten Regierung sollte sich das später leider wieder ändern.

Der von einer Bund-Länder-Kommission erarbeitete Bildungsgesamtplan löste im Bildungswesen geradezu eine Explosion aus. Sie räumte nicht nur alte Probleme aus dem Wege, sondern schuf auch viele neue. Die Zahl der Abiturienten und der Hochschulabsolventen vervielfachte sich im folgenden Jahrzehnt. Die konservativen Kritiker dieser meiner Meinung nach unumgänglichen Expansion rieten angesichts der Arbeitslosigkeit auch von Akademikern später, zu nichtakademischen Ausbildungen und Berufen zurückzukehren. Ihre eigenen Kinder haben sie nach meiner Erfahrung allerdings von dieser Empfehlung ausgenommen.

Die Expansion wurde teilweise mit Qualitätseinbußen bezahlt. Auf Landesebene wurde oft versucht, zu viel zu schnell und zu sehr von oben herab zu erreichen. So führte die vernachlässigte Vertrauensarbeit mit Eltern und Lehrern zu einer Auseinandersetzung über die Gesamtschule, die deren Entwicklung bis heute belastet.

Gegenüber dem Streit um die Ausdehnung der Bildungskapazitäten trat der Streit um Bildungsinhalte und Erziehungsziele allzu sehr in den Hintergrund. Das beruhte unter anderem darauf, daß die Bundeskompetenz auf Planung und Finanzierung des Bildungswesens beschränkt ist. Die Bildungsreform postulierte aber eine Erziehung zum mündigen, demokratischen Bürger, was Willy Brandt in seiner Regierungserklärung mit dem Satz unterstrichen hatte: «Die Schule der Nation ist die Schule.» Mit der Infragestellung überkommener Bildungsinhalte stachen die Reformer in ein Wespennest. Gegen traditionelle Einseitigkeiten gerichtete Übertreibungen trugen dazu bei, den vorhandenen Konsens über die Bildungsreform abzubauen und selbst reformwillige Kräfte in konservative Ablehnung zu treiben. Die Überbetonung gesellschaftlicher Konflikte in den hessischen Rahmenrichtlinien für den Deutsch- und Gesellschaftsunterricht war ein Beispiel dafür.

Die Problematik der «Demokratisierung» zeigte sich am deutlichsten im Hochschulbereich. Die alte sozialdemokratische Forderung, demokratische Prinzipien vom Staat auf gesellschaftliche Institutionen und Strukturen auszudehnen – sie hatte auch in die «Freiburger Thesen» der FDP Eingang gefunden –, gibt nur eine Richtung an. Regeln der Demokratie lassen sich nicht – so wenig wie die Geltung von Grundrechten – unbesehen auf unterschiedliche gesellschaftliche Bereiche übertragen. Es müssen vielmehr jeweils dem Bereich angemessene gesetzliche Lösungen entwickelt werden. So hat der in manchen Ländern bereits vor der Gründung der sozial-liberalen Koalition begonnene Umbau der überholten Ordinarien- in eine «Gruppen»-Universität die Hochschulreform oft mehr behindert als gefördert. Selbst Befürworter der Reform mußten feststellen, daß Nicht-Ordinarien und Studenten ihre neuen Mitwirkungsrechte oft mit dem Gruppenegoismus ausübten, den sie den Ordinarien vorgeworfen hatten. Das spricht nicht gegen den Grundgedanken der Partizipation auch in diesem Bereich. Es sprach aber gegen manche der konkret gefundenen Regelungen. Später wurde nach einer die Mitbestimmungsrechte differenzierenden Grundsatzentscheidung des Bundesverfassungsgerichts das Hochschulrahmengesetz als Allparteien-Kompromiß vom Bundestag einstimmig verabschiedet.

Auch in anderen Bereichen fand der Bundesgesetzgeber differenzierte Lösungen für eine Ausdehnung der Mitwirkung und Mitverantwortung der Bürger. Ein neues Betriebsverfassungsgesetz, das Prunkstück der Koalition mit der «neuen» FDP, verstärkte die Mitwirkungsrechte der Arbeitnehmer und ihrer Vertretungen. In späteren Jahren kam die Mitbestimmung der Arbeitnehmer in Großunternehmen hinzu, die aber unterhalb der Parität blieb. Im zweiten Bereich der «Teilhabe der Arbeitnehmer am Sagen und am Haben» (Philip Rosenthal), dem der Vermögensbildung, wurden ebenfalls erhebliche Verbesserungen erzielt, die aber auf das Geldvermögen beschränkt blieben. Eine überbetriebliche Beteiligung der Arbeitnehmer am Zuwachs des Produktivvermögens war, obwohl von der FDP in ihren «Freiburger Thesen» selbst gefordert, mit der FDP nicht zu verwirklichen.

Dem Ziel der Gleichstellung der Frauen in unserer Gesellschaft diente vor allem das neue Ehe- und Familienrecht, insbesondere das vom Schuldprinzip befreite Scheidungs- und Unterhaltsrecht. Die Reformen waren heftig umstritten. Die Bildungsreform verbesserte die Bildungs- und Ausbildungschancen der Frauen. Fortschritte wurden auch im Arbeits- und im Rentenrecht erzielt. Im öffentlichen Dienst begannen Beauftragte, der Gleichstellung nachzuhelfen.

Von den sozialpolitischen Reformen der Koalition nenne ich die Einführung der flexiblen Altersgrenze an erster Stelle. Menschen, die wie ich selber einen Beruf ausüben, mit dem sie am liebsten gar nicht aufhören würden, können schwer ermessen, was dieses Wahlrecht für jemanden bedeutet, der zeit seines Lebens für sich und seine Familie «malochen» mußte. Die Sicherung der betrieblichen Renten gehörte in diesen Zusammenhang.

Strukturelle Bedeutung hatte die Öffnung der Rentenversicherung für Selbständige und nichtberufstätige Frauen und die der Krankenkassen für alle Angestellten und für die Landwirte. Für die Behinderten wurde ein großes Rehabilitationsprogramm auf den Weg gebracht.

Neu in einem Regierungsprogramm war die Inangriffnahme des Umweltschutzes durch den Bund. Teilweise wurden dafür Gesetzgebungskompetenzen des Bundes geschaffen, teilweise blieb es bei seiner Kompetenz zur bloßen Rahmengesetzgebung. Dem ersten Umweltbericht folgte ein Umweltschutzprogramm, beide bekannten sich zum Verursacherprinzip. Die Verschärfung des Umweltbewußtseins sorgte aber dafür, daß mehr neue Umweltprobleme entdeckt als alte gelöst wurden. Die Versäumnisse früherer Regierungen auf diesem Gebiet waren besonders gravierend. Dabei hatte Willy Brandt den Umweltschutz schon im Bundestagswahlkampf 1961 mit der Forderung zum Thema gemacht, der Himmel über dem Ruhrgebiet müsse wieder blau werden. Von den Konservativen, spätere «Grüne» eingeschlossen, hatte er damals nur Gelächter geerntet.

Die Reformen der sozial-liberalen Koalition in ihrer ersten, durch vorzeitige Wahlen auf drei Jahre verkürzten Legislaturperiode waren für unser Land ein großer Demokratisierungs- und Modernisierungsschub. Sie waren angesichts der knappen Koalitionsmehrheit im Parlament, die in der kräftezehrenden Auseinandersetzung über die Ostpolitik auf ein parlamentarisches Patt schrumpfte, eine beachtliche Leistung.

Die Reformbilanz von 1969 bis 1972 widerlegt zugleich die gelegentlich aufgestellte Behauptung, Willy Brandt habe für die Reformpolitik nicht das gleiche Interesse aufgebracht wie für die Ostpolitik. Brandt war reformpolitisch engagiert und war ein harter Arbeiter. Als langjähriger Regierender Bürgermeister von Berlin verfügte er über breite innenpolitische Erfahrung, die Innenpolitik war aber nicht in gleichem Maße sein Metier wie die Außenpolitik. Angesichts der Zahl der Probleme, Interessen und beteiligten Ressorts war der Kanzler in der Reformpolitik außerdem in viel höherem Maße als in der Außenpolitik auf gute Zusammenarbeit des ganzen Kabinetts angewiesen, an der es manchmal ha-

perte. Und auch in der Koalition war die reformpolitische Übereinstimmung nicht so ausgeprägt wie die außenpolitische.

Rückblickend denke ich, daß wir die Reformen mit zuviel Eu-
phorie angegangen sind und dadurch den Erwartungsdruck erhöht
haben. Manche Enttäuschungen waren so vorprogrammiert. Andererseits hätten wir ohne diesen überschießenden Optimismus
nicht geschafft, was wir erreicht haben. Eine Fehleinschätzung lag
dem zunächst auch von mir unterstützten Versuch zugrunde, die
Koalition zu einem «historischen Bündnis» von Arbeitnehmerschaft und liberalem Bürgertum hochzustilisieren. Diese histori-
sierende Konstruktion ging an der realen Interessenlage der bun-
desrepublikanischen Liberalen vorbei. Trotz des sozial-liberalen
Aufbruchs unter dem neuen FDP-Generalsekretär Karl Hermann
Flach, dem früheren Chefredakteur der «Frankfurter Rund-
schau», blieb die FDP im Kern eine Klientelpartei. Der Jugendprotest stärkte zwar den Einfluß der Jungliberalen, ohne die die
«Freiburger Thesen» kaum verabschiedet worden wären, die konservative Mitte der Partei zog aber mit einer gezielten Mitglieder-
werbung – Aktion «Malerinnung» – bald wieder gleich, was auch
für Spenden aus Kreisen der Wirtschaft an die FDP von Bedeutung war.

Mehr und mehr zeigte sich, daß der gemeinsame Wille der Koalitionspartner zu gesellschaftlichen Reformen im konkreten Fall
mit sehr unterschiedlichen Vorstellungen verbunden war. Schon
bei Bildung der Koalition stand die Ablehnung einer paritätischen
Mitbestimmung durch die FDP fest. Für die Beteiligung der Arbeitnehmer am Produktivvermögen, für die Reform des Boden-
rechts, im Bereich der Berufsausbildung und des Umweltschutzes
wuchsen nach Verabschiedung der Ostverträge die Schwierigkeiten in dem Maße, in dem sich die FDP von ihren «Freiburger
Thesen» wieder jenem Wirtschaftsliberalismus zuwandte, der in
seiner Mischung von Klientelpolitik und neokonservativer Ideologie vom geistigen Erbe des politischen Liberalismus wenig übrig
läßt.

Die Klage von Sozialdemokraten über die zunehmende Brems-
errolle der FDP in der Reformpolitik war zwar verständlich,
aber naiv. Jeder wußte, daß wir in der Koalition Abstriche vom

eigenen Programm machen mußten. Eine Wahlrechtsänderung, die die Notwendigkeit von Koalitionen zumindest stark eingeschränkt hätte, hatte die SPD gerade erst abgelehnt. Seitdem ist in der SPD über den Zusammenhang von Wahlrecht, Struktur des Parteiensystems, Handlungsfähigkeit des Staates und Chancen gesellschaftlicher Reformen nicht mehr ernsthaft diskutiert worden.

Auch eine allein von der SPD getragene Bundesregierung wäre aber nicht zu einer «stromlinienförmigen» Reformpolitik in der Lage gewesen. Eine strukturelle Reform des öffentlichen Dienstes fand beispielsweise auch in der SPD keine ausreichende Unterstützung. Die Vermögensbildung in Arbeitnehmerhand war auch innerhalb der Gewerkschaften und der SPD umstritten. Über viele Fragen der Bildungsreform gingen die Meinungen in der Partei auseinander. An die Scheinalternative Wachstum oder Umweltschutz glaubte nicht nur der Wirtschaftsflügel der FDP, sondern auch der Gewerkschaftsflügel der SPD. Dementsprechend entschied auch er sich im Regelfall für quantitatives Wachstum. Die sozial-liberale Koalition hat die Abkehr der FDP von ihren «Freiburger Thesen» schließlich nur darum so lange überlebt, weil auch Helmut Schmidt als Bundeskanzler über die wegen der Wirtschaftsentwicklung notwendig werdenden Reformabstriche hinaus einen Schwenk ins Konservative vollzog. Wer hätte es denn 1972 für möglich gehalten, daß neun Jahre später ein Aufstand der SPD-Fraktion notwendig werden sollte, um eine im Vermittlungsausschuß beschlossene Kürzung des Taschengeldes von behinderten Heimkindern und Bewohnern von Altenheimen rückgängig zu machen?

Zu diesen internen Schwierigkeiten kam hinzu, daß die unionsgeführten Länder seinerzeit im Bundesrat die Mehrheit hatten. Für die meisten Reformvorhaben wurde also ihre Zustimmung benötigt und, mit entsprechenden «Korrekturen» am Reformprogramm, im Regelfall auch gewährt. Die Aussage, die Union habe die Reformen mitgetragen, ist daher mit der Einschränkung zu versehen, soweit sie ihr paßten. Paßten sie ihr nicht, fuhr sie zur Mobilisierung der Linksfürchtigkeit unseres Bürgertums – parallel zur Verteufelung der Ostpolitik – schweres demagogisches Ge-

schütz auf: «Freiheit statt Sozialismus». Die Schrittmacherrolle
der SPD und teilweise auch der FDP für Reformen war also zwar
ungeheuer wichtig, strukturell bedeutsame Reformvorhaben
konnten aber meist nur im breiten parteipolitischen Konsens
durchgesetzt werden.

Dieser Umstand hat, vor allem im Anfangsstadium der Ökologiebewegung, die Ansicht entstehen lassen, für die Reformfähigkeit einer Gesellschaft komme es nicht auf die Parteien, sondern
auf breite, «basisnahe» Sozialbewegungen an. Ich meine, so wichtig Bürgerinitiativen und Sozialbewegungen für die Herstellung
von öffentlichem Bewußtsein und Reformbereitschaft sind: Weder können Sozialbewegungen, das hat der vergebliche Spagatver-
such der Grünen gezeigt, zugleich parlamentarische Parteien sein
noch können sie deren Aufgabe übernehmen. Reformen können
weder allein von «oben» noch allein von «unten» durchgesetzt
werden. Sie erfordern ein gesellschaftlich-politisches Zusammenspiel, das handlungsfähige, durch Wahlen legitimierte politische
Parteien voraussetzt. Ein Gemeinwesen kann sich nicht im Pluralismus erschöpfen. Handlungsfähigkeit auf politischer und admi-
nistrativer Ebene muß hinzukommen.

Ein solches Zusammenspiel von «oben» und «unten» peilten
auch die Jusos mit ihrer «Doppelstrategie» an, wobei die Mobilisierung der Basis etwas romantisch zu einer Art systemverändern-
der Volksbewegung verklärt wurde. Unter den jungen Leuten, die
wir in Auseinandersetzung mit der APO für eine Mitarbeit in der
Partei gewonnen hatten, wurde heftig um die eigene Position zwischen der Reformpolitik der SPD und dem Revolutionstheater
der außerparlamentarischen Linken bis hin zu Gruppen wie dem
maoistischen KBW gestritten. Der «Stamokap»-Flügel der Jusos
stellte mit seiner These von der Reformunfähigkeit des «Staats-
monopolkapitalismus» die SPD-Reformpolitik grundsätzlich in
Frage. Im Frühjahr 1971 trennte sich die SPD, wie einst vom SDS,
auch von dem inzwischen Stamokap-indoktrinierten Sozialistischen Hochschulbund (SHB). Unter den Jusos ging die interne
Auseinandersetzung weiter. Die SPD mußte in einem Zweifron-
tenkampf die Reformpolitik nicht nur gegenüber den Konservativen, sondern auch gegenüber den jungen Leuten vertreten, die

mit der Parole «Mehr Demokratie wagen» teilweise sehr realitäts-
ferne Vorstellungen verbanden.

Mir war schon auf dem Saarbrückener SPD-Parteitag im Mai
1970 klargeworden, daß die erforderliche Auseinandersetzung
mit den Jusos von der Partei nicht ausreichend organisiert und
geführt wurde. Die Jusos überzogen ihre Kritik an Regierung und
Parteiführung derart, daß ich ihnen auf dem Parteitag vorhielt,
ihre Rolle, «hier drinnen die Läppischen zu spielen und draußen
die sozialistische Heilsarmee zu markieren», sei wenig überzeugend. Doch bloßes Draufschlagen nützte wenig, bloßes Be-
schwichtigen noch weniger. Nach der Reorganisation des Kanzleramtes, der Einleitung der Reformpolitik und der Verabschiedung
der Ostverträge fand ich Zeit, zusammen mit jungen Abgeordneten, Mitarbeitern der Ebert-Stiftung und Mitstreitern aus dem
Kanzleramt einen Gesprächskreis mit der Juso-Führung zu organisieren.

Die erste Gesprächsrunde fand, was mir Kritik von der Partei-
Rechten eintrug, im Kabinettssaal statt. Ich wollte den rebellierenden Jusos auch optisch vermitteln, daß ihre Partei Regierungsverantwortung trug. In der Folge verbrachten wir viele Nächte auf
dem Dachgarten der Landesvertretung Nordrhein-Westfalen.
Dieser Streitrunde fügte ich später eine Vortrags- und Diskus-
sionsrunde über die «Neue Linke» im Rahmen der Ebert-Stiftung
hinzu. Demokratie zu wagen ist halt anstrengend.

Der Streit ums Geld

Hatte die sozial-liberale Koalition für ihre Ostpolitik eine besonders günstige internationale Situation vorgefunden, so traf ihre
Reformpolitik auf eine weltwirtschaftlich wie währungspolitisch
besonders schwierige Lage. Zwar hatte Karl Schiller die deutsche
Wirtschaft in der Großen Koalition aus der Rezession herausge-
bracht. Jetzt drohten aber Gefahren der konjunkturellen Überhit-
zung. Von den USA ging ein Trend zur Inflation aus, durch die die
Amerikaner die übrige Welt die hohen Kosten des Vietnam-Krie-
ges mitfinanzieren ließen. Vagabundierende Dollar-Milliarden

überfluteten als «Euro-Dollar» die europäischen Finanzmärkte. Es begann eine schrittweise, mit erheblichen Turbulenzen verbundene Abkehr vom internationalen Währungssystem der Nachkriegszeit, dessen Leitwährung der an den Goldstandard gebundene Dollar gewesen war.

Die sozial-liberale Koalition hatte zunächst die von der CDU/CSU verschleppte Aufwertung nachgeholt. Sie ließ ihr zur Bekämpfung der Inflationsgefahr Anfang 1970 Haushaltsrestriktionen und im Juli 1970 ein Stabilitätsprogramm folgen. Das engte den finanziellen Spielraum ein. Die Union forderte Ausgabenkürzungen, ohne konkrete Vorschläge zu machen. Bei der Verabschiedung des Stabilitätspakets enthielt sie sich im Bundestag der Stimme. Nichtsdestoweniger zettelte sie gegen die Bundesregierung eine große «Inflations»-Kampagne an, obwohl unsere Preissteigerungsraten am unteren Ende der internationalen Skala lagen und der Wert der DM stieg.

Finanzminister Alex Möller reagierte gereizt auf die steigenden Ausgabenwünsche seiner Kabinettskollegen. Sie hielten Möllers Kassandrarufe für übertrieben, zumal der größte Teil der Schwierigkeiten nicht aus der Haushaltspolitik, sondern aus den internationalen Turbulenzen herrührte. Das führte im Kabinett zu einem Dauerstreit über Finanzfragen. Dabei standen aber keineswegs die Kosten der Reformpolitik im Mittelpunkt.

Nicht alle Reformen kosten den Staat Geld. Eine Reform des Strafvollzugs ist teuer, eine Reform des Strafrechts nicht. Die paritätische Mitbestimmung hätte den Haushalt so wenig belastet wie die schließlich gefundene Regelung mit dem Stichentscheid des Aufsichtsratsvorsitzenden. Eine Beteiligung der Arbeitnehmer am wachsenden Produktivvermögen hätte keine Steuergelder beansprucht, wohl aber die empörend einseitige Vermögensbildung korrigiert. Eine Bodenrechtsreform hätte die Spekulanten um Spekulationsgewinne gebracht, der öffentlichen Hand, vor allem auch dem sozialen Wohnungsbau aber viel Geld gespart. Außerdem hätte sie die städtebaulichen Gestaltungsmöglichkeiten der Städte und Gemeinden wesentlich verbessert. Ein besserer Umweltschutz hätte zunächst mehr gekostet, aber er hätte schließlich den Unternehmern, der öffentlichen Hand und uns allen immense gesamtgesellschaftliche Kosten erspart, auch wenn die sich nicht exakt beziffern lassen. Die parallel zur Bildungsreform in Angriff genommene Reform der Berufsausbildung, die wegen des Widerstands wirtschaftlicher Interessen Stückwerk blieb, hätte ebenfalls erhebliche private und öffentliche Mittel erfordert, zugleich aber unmittelbar den Betrieben und der Leistungsfähigkeit unserer Industriegesellschaft gedient.

Nein, wesentliche Reformen unterblieben oder wurden verwässert, nicht weil es für sie keine Haushaltsmittel, sondern weil es für sie keine Mehrheiten gab. Und im Mittelpunkt des Finanzstreits standen nicht Reformvorhaben, sondern der Verteidigungshaushalt und die Mittel für den Straßenbau. Dabei muß man sich die Größenordnungen, um die es ging, vor Augen halten. Von 1969 bis 1972 stieg der Bildungsetat des Bundes von 2,1 auf 4,8 Mrd. DM, der Verkehrsetat aber von 8,9 auf 14,7, der Sozialhaushalt von 16,9 auf 21,6 und der Verteidigungsetat von 18,8 auf 24,5 Mrd. DM.

Das Kanzleramt versuchte, im Streit der Ressorts gemeinsame Lösungen zu finden. Das gelang aber nur begrenzt. Mal drohte Möller, mal ein Ressortminister zurückzutreten. Im Streit über die Tarifrunde im öffentlichen Dienst vom November 1970 winkten gleich drei Minister mit ihrem Rücktritt: Genscher, Schiller und Schmidt. Willy Brandt merkte dazu lediglich ironisch an, er müsse sich das auch einmal überlegen. Das Kabinett schlingerte aber zu oft, insofern hatte Helmut Schmidt mit seiner Kritik recht. Nur: In seiner aufbrausenden Art trug er zum Schlingern wesentlich bei.

Auf einer gemeinsamen Sitzung der SPD-Minister und des Parteipräsidiums in Bergneustadt bat Helmut Schmidt den Kanzler gar um «Befehle». Als ich Willy Brandt hinterher mit der Bemerkung aufzog, er enttäusche den Oberleutnant Schmidt permanent, konnte ich ihn nicht davon überzeugen, daß Schmidt seine Forderung im Prinzip ernst gemeint habe. Brandt war ein solches Denken fremd. Er erwartete, daß erwachsene Sozialdemokraten sich im Interesse der gemeinsamen Sache untereinander einigten. Das gehörte für ihn zur Solidarität. Taten sie es nicht, nahm er sie nicht ins Gebet, er nagelte sie auch nicht im Präsidium oder in der Kabinettsmannschaft fest.

Der Streit zwischen dem Finanzminister und seinen Kollegen

ging weiter. Als Alex Möller hohe Forderungen Helmut Schmidts
ablehnte und obendrein auch noch erklärte, die Bundeswehr sei in
ihrer bestehenden Struktur nicht zu finanzieren, lag er bald darauf
mit seinem Freund Helmut derart im Streit, daß die Auseinandersetzung über den Haushalt und die Finanzplanung außer Kontrolle geriet. Im Mai 1971 reichte Alex Möller seinen Rücktritt
ein. Willy Brandt ließ ihn gehen. Alex Möller hatte 1969, auch aus
gesundheitlichen Gründen, lange gezögert, Finanzminister zu
werden. Jetzt gab er überraschend schnell auf. Als ich ihn aus der
für ihn letzten Kabinettssitzung zum Wagen brachte, unterdrückte
er nur mühsam die Tränen. Sein Rücktritt wurde im Kabinett eher
mit Erleichterung aufgenommen. Er setzte aber eine Entwicklung
in Gang, die Kanzler und Kabinett mit noch schwereren Konflikten belasten sollte.

Noch am Tage von Möllers Rücktritt hatte sich Willy Brandt in
einem Gespräch mit Wehner und Schiller, zu dem ich später hin-
zukam, entschlossen, Schiller für eine Übergangszeit zusätzlich
zum Wirtschafts- auch das Finanzministerium zu übertragen. Herbert Wehner drängte auf diese Zusammenlegung. Sie konzen-
triere die Währungs- und die Haushaltspolitik in einer Hand, was
den Stabilitätsbemühungen zugute kommen werde. Sie überdecke
außerdem den Rücktritt Möllers.

Brandt kannte und schätzte Schiller aus ihrer gemeinsamen
Berliner Zeit. Er hatte hohen Respekt vor Schillers Leistungen als
Berliner Wirtschaftssenator und als Bundeswirtschaftsminister
der Großen Koalition. Im sozial-liberalen Kabinett sah er in ihm
auch ein Gegengewicht zu Helmut Schmidt. Schiller war bereit,
«Doppelminister» zu werden. Was aber würde Helmut Schmidt
dazu sagen? Zu meiner Überraschung erklärte Wehner kühl,
wenn die Entscheidung Schmidt nicht passe, könne er ja gehen.
Gleichzeitig sagte er voraus, daß Schmidt das nicht tun werde.
Damit behielt er recht. Scheel und Genscher erklärten für die FDP
das Einverständnis. Das Kabinett wurde am folgenden Tag von
der Entscheidung überrascht. Wenigstens einmal war in Bonn
eine Entscheidung einen Tag lang «dicht» geblieben.

Die Zusammenlegung der Ministerien sah auf den ersten Blick
besser aus, als sie war. Sie schuf praktisch einen machtvollen

«Schatzkanzler», den unser Verfassungsrecht nicht vorsieht. Und Schiller neigte aus überbordendem Selbstbewußtsein zu Alleingängen. Schon mehrfach hatte er für das Wirtschaftsministerium eine Art Oberkoordinierungsfunktion reklamiert oder reklamieren lassen. Nun war er «Superminister». Außerdem war Karl Schiller ein Meister einer mit Informationen an die Presse arbeitenden politischen Partisanentaktik, und er hatte eine Neigung, sich auch in zweitrangige Dinge zu verbeißen. So drohte er wegen Georg Lebers Absicht, das Porto für den Standardbrief zu erhöhen, mit seinem Rücktritt als Wirtschaftsminister, weil sich das auf die Preisrate auswirken werde. Bei Leber lösten Schillers Belehrungen, die er als Ausdruck akademischen Dünkels empfand, Wutausbrüche aus.

An der Währungsfront hatte die von der sozial-liberalen Regierung nachgeholte Aufwertung der DM nur vorübergehend zu einer Beruhigung geführt. Angesichts der Dollarentwicklung forderte Schiller daher schon Anfang Mai 1971 eine erneute Wechselkursänderung. Um das Kabinett unter Zugzwang zu setzen, ließ er das durchsickern. Am nächsten Tag waren in Frankfurt eine Milliarde Dollar zugeflossen. Noch am Abend entschied sich die Regierung für die Schließung der Devisenmärkte.

Schiller war aus stabilitätspolitischen Gründen für eine Freigabe der Wechselkurse. Der Bundesbankpräsident und die Mehrheit im Zentralbankrat waren aus währungspolitischen Gründen, auch mit Blick auf die deutsche Exportindustrie, gegen ein «Floaten». Nach Besprechung der Koalitionsspitze, Unterrichtung der Oppositionsführung und einer Kabinettssitzung, in der auch Helmut Schmidt keine Gegenvorschläge machte, traf der Kanzler die Entscheidung für eine Wechselkursfreigabe verbunden mit einem weiteren binnenwirtschaftlichen Stabilitätsprogramm.

Nachdem Karl Schiller eine Woche später zusätzlich Finanzminister geworden war, war er angesichts der Währungsentscheidung für eine flexiblere Linie bei der Fortführung der Haushaltsberatungen zu gewinnen. Sie waren aber immer noch ein großes Gerangel. Dabei geriet Schiller auch mit Leussink wegen der Kosten der Bildungsreform aneinander. Vor allem wurde aber auch weiterhin um die Ausgaben für die Bundeswehr und für den Straßenbau gestritten. Im Herbst raufte sich das Kabinett dann über den Haushalt 72 und die Finanzplanung zusammen. Drei Minister enthielten sich allerdings der Stimme, weil sie nicht bekamen, was sie gefordert hatten; Leber und Leussink beim Haushalt, Schmidt bei der Finanzplanung. Die Stimmenthaltungen hätte Willy Brandt meiner Meinung nach nicht durchgehen lassen dürfen.

«Radikalenerlaß» und Terrorismus

Die Reformpolitik hatte nicht nur ihre Widersacher, sie hatte auch ihre Verächter. Für ihre rechten Verächter war sie ein Angriff auf deutsche Tradition und Ordnung. Für ihre linken Verächter war sie «Sozialdemokratismus», der das bürgerliche «System» nicht überwinde, sondern stabilisiere.

Als ich auf der Erste-Mai-Kundgebung in Bremen 1972 als Redner antrat, war ich erstaunt und hocherfreut, einen vollen Marktplatz vorzufinden – bis ich feststellte, daß der KBW aufmarschiert war. Tausende junger Menschen störten friedlich, aber lautstark. Ich kam nur mit Mühe zu Wort. Auch in Diskussionsveranstaltungen nahmen die Störungen zu.

Etliche Konservative behaupteten, in der Diskussion mit der außerparlamentarischen Linken werde Radikalismus nicht abgebaut, sondern verbreitet. In Wirklichkeit ist es der SPD, nicht ihr allein, aber ihr in erster Linie zu verdanken, daß in jenen Brandt-Jahren die Reintegration großer Teile der rebellierenden Jugend in den demokratischen Prozeß gelang. Die Radikalen, die nicht integriert werden konnten, stellten den Staat vor schwierige Entscheidungen. Das galt vor allem hinsichtlich des Umgangs mit «Radikalen im öffentlichen Dienst».

Es ist heute unbestritten, daß in der Ära der sozial-liberalen Koalition in dieser Frage verhängnisvolle Fehler gemacht worden sind. Ich war an ihnen beteiligt. Unrichtig ist dagegen, was sich in den Köpfen vieler damals junger Menschen festgesetzt hat, daß der «Radikalenerlaß» ein kühl kalkulierter Repressionsakt der Regierung Brandt gewesen sei. Es gab gar keinen «Erlaß» der Bundesregierung, sondern lediglich eine gemeinsame Erklärung der Regierungschefs von Bund und Ländern. Und kalkuliert war daran gar nichts. Wir sind vielmehr in blamabler Weise in die Sache hineingestolpert – was den Vorgang nicht besser macht.

Die Frage kam in den Ländern hoch. Die APO hatte ihren «Marsch durch die Institutionen» angekündigt. Radikalisierungstendenzen in Hochschulen und Schulen waren unübersehbar. Die Länder reagierten unterschiedlich. Während etwa die SPD/FDP-Regierung in Nordrhein-Westfalen mit Innenminister Willi Weyer für Behutsamkeit plädierte, entschied der SPD/FDP-Senat Hamburgs mit Innensenator Heinz Ruhnau bereits im Herbst 1971, auch Aktivitäten in nicht verbotenen radikalen Organisationen rechtfertigten die Entfernung aus dem öffentlichen Dienst und die Ablehnung einer Bewerbung.

Maßstab der Bewertung war die Bestimmung des geltenden Beamtenrechts, daß Angehörige des öffentlichen Dienstes der demokratischen Verfassungsordnung «Treue», Loyalität schulden. Der Grundsatz, daß Feinde der Demokratie nicht in den öffentlichen Dienst gehören, war nach den Erfahrungen der Weimarer Republik unumstritten. Schon die erste Bundesregierung hatte 1950 auf seine Einhaltung gedrungen.

In der Großen Koalition hatte man sich dazu durchgerungen, weder gegen die DKP noch gegen die NPD beim Bundesverfassungsgericht einen Verbotsantrag zu stellen. Man wollte die Auseinandersetzung mit den radikalen Parteien politisch führen. Nun stellte sich die Frage, ob die Mitgliedschaft in einer radikalen, aber nicht verbotenen Partei im Widerspruch zur politischen Treuepflicht des öffentlichen Dienstes stehe. Da politische Parteien nach dem Grundgesetz nur durch das Bundesverfassungsgericht verboten werden können, wurde gefolgert, bloße Mitgliedschaft in einer nicht verbotenen Partei könne nicht automatisch zur Ablehnung eines Bewerbers oder zur Entfernung eines Bediensteten führen, sondern nur Indiz für eine diesbezügliche Entscheidung sein. Das erschien einleuchtend, war aber dennoch umstritten.

Die Opposition in Bonn heizte das Thema mächtig an. Rainer Barzel warf sogar die Frage auf, ob man nicht notfalls durch Grundgesetzänderung bestimmen solle, daß Kommunisten nicht

Beamte werden könnten. Herbert Wehner warnte hellsichtig vor den Folgen eines solchen Schritts. Auf der anderen Seite wollte die SPD, die den Kommunisten gegenüber gerade noch einmal einen klaren Trennungsstrich gezogen hatte, sich angesichts der Kampagne der Union keine Blöße geben. Sie war daher gesprächsbereit.

In der internen Erörterung setzte sich die Einsicht durch, daß es auch hinsichtlich der Mitgliedschaft in nicht verbotenen, radikalen Parteien nicht um die Schaffung neuen, sondern um die möglichst einheitliche Auslegung geltenden Beamtenrechts gehe. Hamburg brachte die Frage in die Ständige Innenminister-Konferenz der Länder. Diese legte sie den Regierungschefs von Bund und Ländern vor. Die wiederum beschlossen, einheitliche Grundsätze zur Frage der Mitgliedschaft von Beamten in radikalen Organisationen zu vereinbaren. Die Vorarbeit dafür lag bei den Innenministern. Vor allem der Hamburger Innensenator Ruhnau und Bundesinnenminister Genscher nahmen sich des Themas an. Am 27. Januar 1972 beschloß die Innenminister-Konferenz entsprechende Grundsätze. Die Regierungschefs der Länder machten sie sich zu eigen und teilten das am folgenden Tag dem Bundeskanzler mit. Dieser schloß sich ihnen an. Die Einigung erfolgte ohne lange Diskussion, fast routinemäßig.

Die Vereinbarung stellte lediglich eine politische Willenserklärung der Regierungschefs über die Anwendung geltenden Rechts dar, an dem die Erklärung weder etwas ändern wollte noch ändern konnte. Daher wurde auch nur im Bulletin der Bundesregierung eine gemeinsame Presseerklärung der Regierungschefs veröffentlicht.

Nach den «Grundsätzen» war von Einzelfall zu Einzelfall zu prüfen und zu entscheiden, ob ein Angehöriger des öffentlichen Dienstes beziehungsweise ein Bewerber gemäß den beamtenrechtlichen Vorschriften «die Gewähr dafür biete, jederzeit für die demokratische Verfassungsordnung einzutreten». Die Mitgliedschaft in einer Organisation, die verfassungsfeindliche Ziele verfolge, begründe Zweifel an der Verfassungstreue des Bewerbers, die in der Regel eine Ablehnung der Bewerbung beziehungsweise eine Entfernung aus dem Dienst rechtfertigten. Da die

«Grundsätze» nicht von einer Automatik, sondern von einer widerlegbaren Vermutung ausgingen, sah ich in ihnen einen Fortschritt gegenüber der weitergehenden Praxis in einzelnen Ländern. Diese Ansicht vertrat ich auch in einer Bundestagsdebatte über die Vereinbarung der Regierungschefs. Vom bloßen Text her gesehen hätten die «Grundsätze» zu einer vernünftigen Praxis führen können.

Die Entwicklung zeigte bald, daß die juristisch im Grunde überflüssigen «Grundsätze» in der Praxis nur Schaden anrichteten. Sie wurden als Rechtsakt mißverstanden, als «Radikalenerlaß». Den Behörden gaben sie Anlaß zur Verschärfung ihrer Einstellungspraxis, die schließlich bis zur Gesinnungsschnüffelei führte. Daß diese sich in erster Linie gegen Kommunisten richtete, entsprang nicht nur der traditionellen deutschen Linksfürchtigkeit, sondern auch der Lage im geteilten Deutschland.

Den eigentlichen Sündenfall hinsichtlich der Überprüfungspraxis beging, drei Monate nach Vereinbarung der «Grundsätze», die Ständige Innenminister-Konferenz der Länder. Sie beschloß zur Durchführung der Absprache der Regierungschefs die sogenannte «Regel-Anfrage». Vor Einstellung eines jeden Bewerbers hatten danach die Einstellungsbehörden, auch ohne konkreten Anlaß, das Innenministerium, sprich den Verfassungsschutz zu fragen, ob aus den letzten fünf Jahren Tatsachen bekannt seien, die Bedenken gegen die Einstellung des Bewerbers begründeten. Nun entwickelte der Apparat seine Eigendynamik. Das Ergebnis ist bekannt. In den vier Jahren bis 1976 wurden rund 500 000 Bewerber auf ihre Verfassungstreue überprüft. Abgelehnt wurden keine 450. Diese Unverhältnismäßigkeit war Produkt der kalten Hysterie von bürokratischem Perfektionismus. Wir haben das nicht vorausgesehen, rückblickend betrachtet hätten wir aber damit rechnen müssen.

Lehrer, Postboten und Lokomotivführer wurden nun mit Staatssekretären, Polizeichefs und Generälen über einen Kamm geschert. In Berufen, in denen der Staat Ausbilder ist, wie bei Lehrern oder Juristen, führte die Ablehnung eines Bewerbers zu seinem Ausschluß vom Berufsweg. Wer Kommunist war, hätte demnach nicht Lehrer oder Rechtsanwalt werden können. Das

Schlagwort von den «Berufsverboten» wurde zwar propagandistisch genutzt, traf aber doch das Problem.

Bei jungen Leuten, und keineswegs nur bei den Betroffenen, entstand der Eindruck, daß hier nicht «mehr Demokratie gewagt», sondern im Gegenteil Kritik abgewürgt werden solle. Die Regierung Brandt und insbesondere die SPD büßte deswegen bei der jungen Generation viel Vertrauen ein. Die Reaktion im uns befreundeten Ausland war entsprechend negativ. Um keine Mißverständnisse aufkommen zu lassen: Alle diese Länder sorgen auf ihre Weise dafür, daß Feinde der Demokratie nicht in wichtige staatliche Stellungen kommen. Dazu benötigen sie aber weder besondere «Grundsätze» noch «Regel-Anfragen». Das Vorgehen unserer Behörden gegen kleine Leute im Bereich nicht der Hoheitsverwaltung, sondern der öffentlichen Dienstleistungen erschien unseren Nachbarn engstirnig, kleinkariert und undemokratisch, «typisch deutsch».

Der Schaden nach innen und nach außen war unglaublich groß. Mehr als ein Jahrzehnt sollte der Staat brauchen, um zu einer angemessenen Reaktion auf mögliche Gefährdungen der Demokratie zurückzufinden. Verlorengegangenes Vertrauen wurde auch damit nicht zurückgewonnen. Im nachhinein ist man klüger: Wir hätten die Anwendung des öffentlichen Dienstrechts ihren normalen Gang über Behörden und Gerichte gehen lassen sollen. Willy Brandt hat den von ihm mitzuverantwortenden Fehler bald betroffen eingestanden. Gleiche Vorwürfe muß ich mir machen. Ich hätte ihm nicht zuraten dürfen, sich auf die rechtlich unverbindlichen «Grundsätze» einzulassen. Auch mir hat die Voraussicht gefehlt, was mit ihnen angestellt werden würde.

Während ein großer Teil der rebellierenden Jugend den Weg zurück in den demokratischen Prozeß fand, ging eine selbsternannte «Elite» den verhängnisvollen Weg in den Terrorismus. Im Frühjahr 1968 hatte ich auf dem SPD-Parteitag in Nürnberg vom radikalen Flügel der APO gesagt, da er demokratische Reformen diffamiere, die gesellschaftliche Situation andererseits nicht revolutionär sei, predige er mit ebenso romantischen wie kostenlosen

Anleihen bei der revolutionären Situation der Entwicklungsländer und ihren Guerillas eine blind antiliberale «action direct». Im April 1968 setzten Gudrun Ensslin und Andreas Baader in Frankfurt zwei Kaufhäuser in Brand. Der Berliner Rechtsanwalt Horst Mahler übernahm ihre Verteidigung. Ulrike Meinhof rechtfertigte in der Zeitschrift «Konkret» den Kampf gegen den «Konsumterror». Ensslin und Baader tauchten vor der Verwerfung ihrer Revision unter. Mahler und Meinhof gingen mit in den Untergrund. Es folgte eine Serie von Brand- und Sprengstoffanschlägen.

Ende 1970/Anfang 1971 begann die «Baader-Meinhof-Gruppe» nach einer militärischen Ausbildung im Nahen Osten mit dem Aufbau eines Untergrundapparats in der Bundesrepublik. Das aus der Dritten Welt übernommene Modell der «Stadtguerilla» paßte sie mit Versatzstücken aus linken Theorien an unsere Verhältnisse an. Sie nannte sich nun «Rote Armee Fraktion». Eine ihrer ersten Operationsbasen lag in Stuttgart. Diebstähle von Geld, Fahrzeugen und Ausweispapieren dienten dem Aufbau der Logistik. Im Zusammenhang damit folgten bald die ersten Morde an Polizisten.

Die meisten dieser jungen Leute waren Kinder aus dem gehobenen Bürgertum. Strauß erklärte mit einer seiner üblichen Übertreibungen, sie kämen aus der «Kaviarschicht der Gesellschaft». Eine englische Autorin nannte sie den «geistesgestörten Rand der nicht-arbeitenden Klasse». Überwiegend stammten sie aus protestantischen Familien. Auffallend war der hohe Anteil von Frauen. Woher kam der tiefe Irrationalismus, der die Terroristen ihr dramatisches Revolutionstheater als Politik und Mord und Totschlag als deren legitime Mittel ansehen ließ? Viele, auch François Mitterrand, meinten, der Terrorismus sei eine Krankheit unserer gesamten Zivilisation. Aber selbst wenn er das ist, mußte der deutsche Terrorismus auch vor dem Hintergrund unserer Nazi-Vergangenheit gesehen werden, so wie die «Roten Brigaden» vor dem Hintergrund des faschistischen Italiens. Wofür sich die Terroristen auch immer selbst gehalten haben mögen: Während die deutsche Öffentlichkeit in ihnen Linksextreme sah, erinnerte ihre Mischung von Menschenverachtung, Brutalität und Präzision unsere Nachbarn gerade an die Nazis.

Die geistige Verwirrung blieb nicht auf die Handvoll außer sich

geratener junger Leute beschränkt. In meinem Stuttgarter Wahlkreis erlebte ich, wie sie auf Familien, Freunde, Rechtsanwälte,
«Sympathisanten» übergriff. Ich erlebte aber auch, wie der Terror
– das war eines seiner Ziele – Irrationalismus auf der Gegenseite
provozierte. Stichworte waren «Gegenterror» oder gar «Bürgerkrieg». Forderungen nach Wiedereinführung der Todesstrafe
wurden laut, sogar die Forderung nach Erschießung verhafteter
Terroristen wurde erhoben. Es war offensichtlich nicht leicht,
kühlen Kopf zu bewahren und an den eigenen rechtsstaatlichen
Maßstäben festzuhalten. Gewalt, hat Reichspräsident Ebert einmal gesagt, wirkt immer reaktionär.

Der Terrorismus mußte alle, die auf eine demokratische Reformpolitik setzten, tief beunruhigen. Außerdem veränderte er
unseren Politikeralltag. So wurden wir gebeten, vorsichtshalber
Blutgruppen-Ausweise bei uns zu tragen. In Stuttgart mußte ich
bei meinen Wahlkreis-Besuchen viele Wochen täglich in einem
anderen Hotel schlafen, da angeblich RAF-Sympathisanten die
Wohnung neben mir gemietet hatten. Es begann die Zeit des Per-
sonenschutzes, der sich zu martialischen Begleitkommandos entwickelte. Nie war man allein. Der Objektschutz verwandelte
Bonn, die freundliche Hauptstadt der neuen deutschen Demokratie, in eine belagerte Festung. Bei der Planung des neuen Kanzleramtes mußten wir aus Sicherheitsgründen vom Ziel der Bürger-
nähe viele Abstriche machen.

Selbst gegenüber den Terroristen hielt ich den vor allem von
Bundespräsident Heinemann unternommenen Versuch für sinn-
voll, sie zur Rückkehr zur Vernunft zu bewegen. Dabei wußte ich
aber, daß Gesprächsbereitschaft Fahndungserfolge der Sicherheitsorgane nicht ersetzen kann. Wir hatten bei unserem Regierungsantritt die Sicherheitsorgane in einem schlechten Zustand
vorgefunden, nicht nur den BND. Hinsichtlich des Verfassungs-
schutzes sollten wir es im Guillaume-Fall noch schmerzhaft erfahren. Aber auch das Bundeskriminalamt war für die neuen Herausforderungen nicht gerüstet. Genscher mußte den Apparat völlig
überholen.

Angesichts der Versäumnisse früherer Unions-Regierungen
empörten mich die Versuche der Union, aus den Schwierigkeiten

im Bereich der inneren Sicherheit auch noch parteipolitisches Kapital zu schlagen. Teile der Union warfen obendrein radikale Kritik, politischen Radikalismus und Gewaltkriminalität in einen Topf. Sie leisteten damit ungewollt den Terroristen Vorschub, die ihr Sympathisanten-Umfeld so weit wie nur irgend möglich ausdehnen wollten. Wir mußten es gerade einengen und nach Möglichkeit austrocknen, dafür mußte zwischen den unterschiedlichen Gruppen sorgfältig differenziert werden.

Als Genscher den Nürnberger Polizeipräsidenten Horst Herold zum Präsidenten des Bundeskriminalamtes vorschlug, unterstützte ich den Vorschlag nachdrücklich. Mir war der Polizeipräsident während meiner Zeit auf der Rosenburg durch seine Fahndungserfolge so nachdrücklich aufgefallen, daß ich ihn besucht hatte. Ich lernte einen Mann kennen, der phantasievoll und intelligent Erkenntnisse der Kriminologie und der Soziologie mit dem Einsatz von Computern zu ganz neuen Fahndungsmethoden verschmolz. Manche mißtrauten der Besessenheit, mit der er seine Ideen verfolgte. Seine Erfolge aber sprachen für ihn.

Im Mai 1972 erschien Präsident Herold auf Anregung Genschers bei mir im Kanzleramt und bat um meine Unterstützung. Die Sicherheitsbehörden hatten eine RAF-Garage in Frankfurt ausgekundschaftet, verfügten aber nicht über genügend Observationspersonal, um die Garage vielleicht monatelang überwachen zu können. Herold schlug vor, so wie die Fischer am Nil die Fische durch Schläge ins Wasser in die Netze treiben, die Terroristen durch eine bundesweite, sich über ein ganzes Wochenende erstreckende Verkehrskontrolle zum Auswechseln ihrer Wagen zu bewegen. Für diesen «Schlag ins Wasser» brauchte er viel polizeiliches Personal und Gerät. Ich half ihm dabei, es von den Ländern zu bekommen, und gab dem ungewöhnlichen polizeilichen Einsatz mit Genscher politische Rückendeckung. Die Sache klappte. Drei Terroristen – Baader, Meins und Raspe – erschienen bei der Garage, um ihre Wagen zu wechseln, und wurden nach einen Schußwechsel festgenommen. Herold erntete für diese Aktion viel Lob. Was er wohl zu hören bekommen hätte, wenn die Sache nicht zum Erfolg geführt hätte?

Nachdem mit Hilfe einer aufmerksamen Verkäuferin wenige

Tage später Gudrun Ensslin in einer Hamburger Boutique festgenommen worden war, meldete sich Klaus-Rainer Röhl, Herausgeber von «Konkret» und Ehemann von Ulrike Meinhof, bei mir im
Kanzleramt. Er wolle versuchen, seine Frau zur Aufgabe zu bewegen. Ob man die Sache dadurch zu einem unblutigen Ende bringen könne? Sicher, antwortete ich, nach vorheriger Absprache
mit Genscher, vorausgesetzt, sie würde sich einem ordentlichen
Verfahren stellen. Wir würden sie auf keinen Fall außer Landes
lassen. Noch bevor ich aber wieder von Herrn Röhl hörte, wurde
Frau Meinhof eine Woche später, am 16. Juni 1972, in Hannover
verhaftet.

In Stuttgart lebte die evangelische Pfarrersfamilie Ensslin wie
die Familie des Arbeitgeberpräsidenten Schleyer. In Stuttgart-
Stammheim stand der «Hochsicherheitstrakt», in dem die damaligen Spitzenleute der RAF einsaßen. Nachdem es ihren Komplizen
nicht gelungen war, sie mit der Entführung von Hanns-Martin
Schleyer freizupressen, nahmen sich Ensslin, Baader und Raspe
das Leben. Die Frage, ob sie auf dem Stuttgarter Waldfriedhof
begraben werden dürften, teilte die Stadt in zwei Lager. Oberbürgermeister Manfred Rommel machte dem unseligen Streit mit den
Worten ein Ende: «Am Grabe hört die Feindschaft auf.» Das
habe ich ihm nicht vergessen. Die Beerdigung der Terroristen erfolgte zwei Tage, nachdem der von Terroristen der «zweiten Generation» ermordete Hanns-Martin Schleyer ebenfalls in Stuttgart
beigesetzt worden war.

Die RAF war nicht die einzige terroristische Herausforderung
der ersten Regierung Brandt. Am 5. September 1972 überfiel ein
palästinensisches Kommando die israelische Olympiamannschaft
in München. Es erschoß zwei Israelis und nahm andere als Geiseln. Ein Befreiungsversuch am folgenden Tag scheiterte blutig.
Dabei hatten die Spiele heiter und gelassen begonnen. Die glück-
liche Atmosphäre der Spiele, für die ich Urlaub genommen hatte,
war dahin. Brandt rief mich ins Kanzleramt zurück.

Der Überfall hatte für mich auch ein persönliches Sicherheits-
Nachspiel. In einem Brief aus dem Nahen Osten, den die Behör-
den als echt einstuften, wurden gegen Genscher, mich und unsere
Frauen blutrünstige Drohungen ausgesprochen. Da ich nicht be-

reit war, mich fürs Vaterland kastrieren zu lassen, willigte ich in zusätzliche Sicherheitsmaßnahmen ein. Von da an saßen in unserem Haus in Rhöndorf Tag und Nacht Männer der Sicherungsgruppe des Bundeskriminalamts. Das Haus selber aber – die Zuständigkeiten für Personen- und für Objektschutz sind schön säuberlich geteilt – wurde von gerade aus der Ausbildung kommenden jungen Schutzpolizisten des Landes NRW bewacht. Sie schossen in der ersten Nacht vor lauter Aufregung auf die Igel im Garten. Wirklich schützen können uns halt ohnehin nur die Engel.

Willy Brandt

Der antiautoritäre Sozialdemokrat

Willy Brandt war durch seine Herkunft ein Kind der alten Arbeiterbewegung. Aber schon im Lübecker Gymnasium hatte er die bürgerliche Welt betreten. Durch Lektüre, journalistische Arbeit und Erfahrungen im Exil war sie ihm vertraut geworden. Während sich die ursprüngliche Arbeiterpartei zu einer linken Volkspartei entwickelte, stellte Willy Brandt eine Brücke dar zwischen der alten und der neuen Partei, für beide moralisch legitimiert durch seinen Widerstand gegen Hitler.

Unsere Crew im Kanzleramt war bürgerlicher Herkunft. Katharina Focke, die Tochter des Publizisten Ernst Friedländer, war schon durch den Vater in der Europa-Bewegung politisiert worden. Der SPD trat sie 1964 bei. Egon Bahr, Sohn eines Studienrats, war, weil er unter den Nazis nicht hatte studieren dürfen, nach dem Krieg Journalist geworden. Aus dem deutschlandpolitischen Kreis um den Christdemokraten Jakob Kaiser kam er zu Willy Brandt und 1956 in die SPD. Er wurde Brandts Berliner Pressesprecher. Conny Ahlers stammte aus einer Kaufmannsfamilie. Er war ebenfalls Journalist geworden. Der SPD trat er 1968 bei, nachdem er auf deren Vorschlag stellvertretender Regierungssprecher geworden war. Alle waren wir also «gelernte», nicht geborene Sozialdemokraten. Unter uns vieren war ich der an Lebensjahren jüngste, an SPD-Jahren aber älteste. Stärker als meine Kollegen interessierten mich, auch im Gespräch mit Willy Brandt, Fragen der Geschichte der Arbeiterbewegung, ideologische Fragen eingeschlossen.

Unser Umgang mit Willy Brandt war ungezwungen und trotz Streß «überwiegend heiter». Das gleiche galt aber auch für seinen

Umgang mit Mitstreitern, die nicht aus bürgerlichem Milieu stammten – wie Hans-Jürgen Wischnewski, früher Gewerkschaftssekretär, oder Holger Börner, früher Betonfacharbeiter. Gegenüber den Akademikern brachten sie eine größere praktische Erfahrung und nicht selten einen sichereren politischen Instinkt ein.

Die Öffnung der alten Arbeiterpartei zur linken Volkspartei verlief nicht immer reibungslos. Als beispielsweise das Ehepaar Brandt in Abendkleid und Smoking zum Berliner Presseball erschienen war, war das außerhalb der SPD als Sensation empfunden worden – «Sozis im Smoking!» Innerhalb der alten Partei aber weckte es manches Ressentiment, galt noch als Beispiel für mangelnde Askese oder bürgerliche Lebensart. In der Bonner Bundestagsfraktion hatten sich die «Kanalarbeiter» unter anderem darum zu einem Schutz- und Trutzbündnis gegen die «Intellellen» zusammengefunden, weil Karl Mommer als Parlamentarischer Geschäftsführer bei der Zusammenstellung von Auslandsdelegationen die Interessenten – in Englisch oder Französisch – auf ihre Sprachkenntnisse zu prüfen beliebte. Der «Kanal» war allerdings mehr als nur eine Pressure-group innerhalb der Fraktion: ein trinkfester Familienersatz für die Abende, an denen den Abgeordneten sonst im damals noch vielgeschmähten «Bundesdorf» die Decke auf den Kopf gefallen wäre.

Trotz seiner nichtbürgerlichen und nichtakademischen Herkunft war Brandts Verhältnis zum «Kanal» und zur Parteirechten insgesamt gespannt. Das wurde in den Jahren der Jugendrebellion und des Studentenprotestes besonders deutlich. Brandt fand in der «Neuen Linken» nicht seine eigene linke Jugend wieder. Seine Erfahrung als junger Außenseiter bestärkte ihn aber in dem Versuch, die rebellierende Jugend für eine glaubwürdigere demokratische Ordnung zu gewinnen. Die dazugehörige Toleranz legte er sich auch gegenüber seinen eigenen Söhnen auf. Von «modernen» Sozialdemokraten wurde er dafür bewundert, von traditionellen Sozialdemokraten ebensooft kritisiert.

Die «alte Tante SPD», Teil der sozialen und politischen Emanzipationsbewegung der Arbeiterklasse, war eine sehr deutsche Partei; sie pochte auf Disziplin und Solidarität. Nicht weil August

Bebel als Sohn eines preußischen Unteroffiziers in einer Kase-
matte zur Welt gekommen war, sondern weil die damalige Lage
der Arbeiterklasse, vor allem der Kampf gegen die Verfolgung
unter dem Sozialistengesetz, straffe Organisation und Geschlossenheit erfordert hatten. Da diese Tradition eine der Stärken der
Sozialdemokratie gewesen war, blieb sie lange lebendig.

Schon dem jungen Brandt war die alte SPD zu kleinbürgerlich
und zu autoritär erschienen. Darum war er der SAP, einer linken
Absplitterung der SPD, beigetreten. Aufgrund seiner skandinavischen Erfahrung wandte er sich dann mehr und mehr von linken
Utopien ab, nicht aber von seiner antiautoritären Einstellung.
Seine Ausbürgerung ersparte ihm darüber hinaus die deutsche
Schule von Kommiß, Krieg und Gefangenschaft. Für Brandt gehörte Solidarität zum Wesen der Sozialdemokratie. Kameraderie
war ihm ein Greuel. Auch in die Bierabende des «Kanals» mit
Egon Franke als Anführer und Annemarie Renger als Marketen-
derin der rechten Lehre paßte er nicht hinein.

Es gibt Argumente für die Behauptung, Brandt sei gegenüber
Disziplinlosigkeiten, Extravaganzen und ideologischen Sandka-
stenspielen zu tolerant gewesen, er habe die Partei an zu langer
Leine geführt. Dem steht allerdings gegenüber, daß die SPD überhaupt erst unter seinem Vorsitz zur großen linken Volkspartei unseres Landes geworden ist. Und eine linke Volkspartei kann man
nicht autoritär-hierarchisch führen.

Noch in einer anderen Hinsicht war Brandt kein «traditionel-
ler» Sozialdemokrat. Die alte SPD war trotz ihrer Verfolgung unter dem Sozialistengesetz, der sie mit gesetzestreuem Verhalten
die Spitze genommen hatte, auf den Staat ausgerichtet geblieben.
Ein Beispiel dafür ist die Doktorarbeit von Kurt Schumacher.
Brandt war ein deutscher Patriot, der unter der gegen ihn gerichteten rechten Hetze litt, er hatte eine realistische Einschätzung von
der bleibenden, wenn auch abnehmenden Bedeutung des Natio-
nalstaates. Aber er dachte, insofern der ursprünglichen Tradition
der Arbeiterbewegung näher, stärker in internationalen Bezügen
als die damalige Partei. Innenpolitisch orientierte sich Brandt, insoweit mehr der skandinavischen und angelsächsischen Tradition
verbunden als der preußisch-deutschen, an Kategorien des demo-

kratischen Gemeinwesens, seiner Bürger und seiner Verfassungs-
organe, nicht an Kategorien des abstrakten Staates. Dieser Unterschied zwischen einem bürgerbezogenen, zivilen Denken auf der
einen und einem etatistischen Denken auf der anderen Seite ist
mit unterschiedlichen Auffassungen von Pflicht und Autorität verbunden, die die Diskussion in der Partei lange geprägt haben.

Leider haben die Sozialdemokraten weniger über diesen Unterschied als über sein Zerrbild gestritten: hier die Pflichtmenschen
alter deutscher Schule, denen ihre Kritiker vorwarfen, so Oskar
Lafontaine im Streit mit Helmut Schmidt, sie predigten der Partei
mit Pflicht, Opfer und Disziplin Sekundärtugenden, mit denen
man ebensogut ein KZ betreiben könne. Dort die «Hedonisten»,
SPD-Stichwort: Toskana-Fraktion, denen angelastet wurde, mit
ihrem individualistischen Lebensstil und Drang nach Selbstver-
wirklichung den Zusammenhalt der Partei zu gefährden. Das erste
Klischee verschwieg, daß sich auch Sozialdemokraten, die Sekundärtugenden überbetonen, zu den primären Tugenden der Frei-
heitsliebe, des Gerechtigkeitssinns und der Solidarität bekennen.
Das zweite Klischee verschwieg, daß auch die jüngeren, aus einer
individualistischen Lebenswelt kommenden Sozialdemokraten
ihre Pflicht tun. Oskar Lafontaine, um bei ihm zu bleiben, tat sie
selbst dann noch, als er auf Tod und Leben niedergestochen worden war.

Die historischen Wurzeln des Konflikts der beiden Lebens-
welten und der mit ihnen verbundenen Wertvorstellungen hat
Christian Graf von Krockow in seiner 1991 gehaltenen Rede zur
Überführung der Sarkophage des Soldatenkönigs und Friedrichs
des Großen nach Sanssouci noch einmal bezeichnet. Während
Preußen die Pflichterfüllung zum obersten Gebot erhob, habe die
amerikanische Unabhängigkeitserklärung 1776, also noch zu Lebzeiten Friedrichs des Großen, den «pursuit of happiness» zu
einem unveräußerlichen Menschenrecht erklärt. Diese Gegenüberstellung zeigt die Schwäche der preußischen Pflichttradition:
Einem Menschenrecht steht eine Sekundärtugend gegenüber.

Krockow selbst hat in seinem Buch «Warnung vor Preußen» die
Gefahren beschrieben, die von der preußischen «Hypertrophie
der sekundären Tugenden» ausgegangen seien. Die preußischen

Tugenden wie Pflichterfüllung, Opferbereitschaft und Gehorsam seien «Tugenden des Mittels und nicht des Zwecks» gewesen. Sie hätten, wie der preußische Staat, dem sie dienten, keine «Idee», keinen letzten Maßstab gehabt. Dadurch hätten sie erst verabsolutiert und dann von den Nazis instrumentalisiert und mißbraucht werden können. In seiner Rede auf die beiden Preußen-Könige spricht Krockow nun aber doch von der «deutschen Kathedrale der Pflichterfüllung», die sich über geopfertem Glück türme, und davon, daß Großes immer erst dort beginne, wo die Gemütlichkeit aufhöre.

Ich fürchte, daß es sich – um im Bilde zu bleiben – eher um eine Dorfkirche als um eine Kathedrale handelte und daß in dieser Art von Größe, wenn es denn eine war, zugleich die Wurzeln für den Untergang Preußens und Preußen-Deutschlands lagen. Daß der Soldatenkönig zwecks Erziehung seines Sohnes zu Pflichterfüllung und Gehorsam vor dessen Augen dem Freund Katte in Küstrin den Kopf abschlagen ließ, war keine pädagogische Maßnahme, sondern ein Akt der Barbarei. Kein Wunder, daß der Alte Fritz am Ende seine Hunde mehr liebte als seine Mitmenschen. Bei allem Respekt vor großen Leistungen Preußens: Die Tradition der Opferung menschlichen Glücks im Namen der Pflicht war ein Ethos nicht für Bürger, sondern für «Staatsdiener». Es hat die Entwicklung einer selbstbewußten Bürgergesellschaft blockiert, so daß Ruhe als erste Bürgerpflicht proklamiert werden konnte. Die preußisch-deutsche Mischung von Obrigkeits- und Rechtsstaat war, so überlegen sich die Deutschen dünkten, den Demokratien des Westens nicht nur militärisch unterlegen. Verglichen mit den universalen, verallgemeinerungsfähigen Ideen des demokratischen Westens war das preußische Pflichtethos eher provinziell.

Die Bedeutung des «pursuit of happiness», der in der amerikanischen Unabhängigkeitserklärung neben Leben und Freiheit als ein den Menschen von ihrem Schöpfer verliehenes Recht genannt wird, wird von der platten Übersetzung «Streben nach Glück» nicht erfaßt. In unserem Grundgesetz entspricht ihm in etwa das Recht auf «freie Entfaltung der Persönlichkeit», in der Tat das vielleicht größte Glück eines Menschen. Dieses Recht schließt Pflichten nicht aus, sondern ein.

Die Sozialdemokraten müssen, wie unsere Gesellschaft insgesamt, Scheingefechte um alte Zerrbilder endlich einstellen. Es gibt primäre Werte, wie die Menschenrechte, und sekundäre Tugenden, wie die Pflichterfüllung, mit denen man ihnen dient. Nur so kann eine freie Gesellschaft Bindungen schaffen.

Über das uns Deutsche besonders beschäftigende Thema von «Pflicht und Glück» hatte ich mich zu Beginn unserer Regierungszeit gelegentlich mit Helmut Schmidt gestritten. Ausgerechnet in den stürmischen Jahren der ersten Brandt-Regierung kam für mich die persönliche Probe aufs Exempel. Zwischen meiner tschechischen Maria und mir hatte sich inzwischen weit mehr als Freundschaft entwickelt. Ein langes und offenes Gespräch mit meiner Frau brachte diese zu der Überzeugung, wir sollten uns trennen. Durch meinen Absprung in die Politik hatten wir uns nach und nach auseinandergelebt. Wir sprachen mit den Kindern und vereinbarten, die Scheidung einzuleiten, sobald unsere Zwillingstöchter ihr Abitur abgelegt haben würden. Ich wollte dann Maria heiraten. Über das Theater, das über uns hereinbrechen würde, machte ich mir keine Illusionen.

Ich ging zu Willy Brandt, der die tschechischen Glocken bereits läuten gehört hatte. Außer über die Entwicklung unserer Kinder sprachen wir sonst kaum über Privates. Diesmal schilderte ich ihm die private Seite ausführlich, um meine Schlußfolgerung zu begründen. Sollte er in meiner Scheidung und/oder der Heirat mit einer Tschechin eine politische Belastung für das Amt oder für die Regierung insgesamt sehen, würde ich gehen. Nach meinem Empfinden würde ich nicht mehr viel für meine Aufgabe taugen, wenn ich mein Glück – und das von Maria – dem Staat, dem Amt oder ihm «opfern» würde. Aus solchen «Opfern» pflegten Verklemmungen zu entstehen, die ich immer als unselig empfunden hätte. Willy Brandt behandelte das Thema in seiner unnachahmlichen Art als Kanzler und als Freund. Er sah keine Notwendigkeit für einen Rücktritt, zumal die Sicherheitsaspekte überprüft worden waren. Als ich beim Weggehen an der Tür des alten Kanzlerzimmers im Palais Schaumburg angekommen war, rief er mich noch einmal zurück. Ich dachte schon, er hätte es sich überlegt, sah dann aber den Schalk in seinen Augen: «Laß keinen Schwejk aus dir machen.» Mit diesem Scherz wollte er nach so viel Persönlichem zur Distanz des Umgangstons zurückkehren.

Herbert Wehner, der auch schon Wind von der Sache bekommen hatte, ging das Thema auf andere Weise an. Wie so oft fing er an, mit mir über Probleme der Geheimdienste zu sprechen, diesmal aber nur, um mir zu versichern, es gebe im Osten nur einen Dienst, der noch gefährlicher sei als der KGB, der tschechische Dienst. Ich ließ mich nicht aus der Reserve locken, sondern blieb ganz Ohr. Schließlich war er nicht mein Chef.

Helmut Schmidt sprach mit mir überhaupt nicht über das Thema. Meiner Frau Maria gegenüber erschien er seltsam befangen, während Loki Schmidt besonders nett zu ihr war. Die Genossen witzelten, er sei nur neidisch, oder – so die «Hedonisten» – er sei halt so kleinbürgerlich wie die ganze Tante SPD. Ich glaubte, es besser zu wissen: Er war mit der von mir vorgenommenen Abwägung zwischen Glück und Pflicht nicht einverstanden, mit Willy Brandts Entscheidung, mich im Amt zu belassen, natürlich auch nicht.

Ähnlich wie Schmidt liebte es übrigens auch Wehner, seine Autoritätsansprüche mit dem gefälligen Mantel der Pflichterfüllung zu drapieren. Der «alte Kärrner», der «den Karren zog, solange der Karren will» und der am liebsten mit den Füßen zuerst aus dem Plenarsaal getragen worden wäre, blieb länger auf seinem Posten, als es für ihn selber und für die Fraktion gut war. Dieses politische «Urgestein», das schließlich Hagen von Tronje ähneln sollte, brüllte notfalls die Fraktion nicht nur zusammen, er zählte auch schon mal die Stimmen falsch aus, damit sein Vorschlag durchkam. 38 Ja-Stimmen zählte er einmal an einem Tisch, an dem gar keine 38 Fraktionsmitglieder saßen. Die Fraktion lachte. Später rief sie dann bei knappen Auszählungen oft «achtunddreißig» dazwischen. Aber sie ließ sich eben auch von Wehner kujonieren und sich ihre eigene Verantwortung abnehmen. Als ich ihm das vorhielt, schwieg er mich aus.

Willy Brandt war dies alles fremd. So fremd wie Bürokratismus, so fremd wie staatliches oder amtliches Gehabe. Er hatte ein sicheres Gespür für die Würde des staatlichen Amtes, sein Demokratieverständnis war aber vom Ideal der mündigen Bürger bestimmt. Er verstand es, ihnen Perspektiven zu öffnen und Ziele zu zeigen, für die sie sich moralisch und politisch engagieren konnten. Er weckte ihren Bürgersinn und gewann sie zur Mitarbeit für unsere Republik. Seine antiautoritäre Autorität lag für die Genossen wie für die Bürger in seiner menschlichen Glaubwürdigkeit. Brandt war kein «do gooder», wie die Amerikaner sagen, kein, wie Jochen Steffen formulierte, «guter Mensch im schlimmsten Sinne des Wortes», der sein gutes Herz vor sich hergetragen hätte. Er war mit vielen Wassern gewaschen, aber weder ausgekocht noch abgebrüht. Er blieb auch im Amt, auch «an der Macht» sensibel und selbstkritisch. Er blieb, um es mit dem Titel seines schönsten Buches zu sagen, «links und frei». Ob darin auch seine Konfliktscheu wurzelte, seine Abneigung, in Streitfällen klare und notfalls harte Entscheidungen zu treffen? Ganz sicher wurzelte in dieser Einstellung seine viele Menschen bezaubernde Fähigkeit zum Gespräch und zur Geselligkeit.

Der Weltenbürger

Willy Brandts Charme lag in seiner Fähigkeit zum Zuhören, die andere Menschen zum Sprechen brachte, und in seiner Art, Menschen für seine Sache zu gewinnen, indem er sie von sich überzeugte. Er konnte sich, freundlich und aufmerksam, selbst um Leute bemühen, von denen ich wußte, daß er wenig von ihnen hielt. Ich bewunderte das um so mehr, als es mir ganz fremd war. Ob er mit Kirchenleuten oder Wissenschaftlern, mit Gewerkschaftlern oder Unternehmern, mit Soldaten oder Beamten, mit Naturschützern oder Vertriebenen-Funktionären sprach, selbst bei erheblichen Meinungsverschiedenheiten gab es nach meinem Eindruck stets einen Zugewinn an Vertrauen in die Person.

Auch die Gespräche mit ausländischen Gästen bei Staatsbesuchen wurden in einer persönlichen Art geführt. Präsident Pompidou und Premierminister Heath sprachen in erstaunlich offener Weise über ihre innenpolitischen Probleme, Willy Brandt tat es auch. Breschnew klagte in einem langen nächtlichen Gespräch, der Westen habe die Sowjets übers Ohr gehauen. Aus seiner eigenen Kriegserfahrung wisse er, wie viele T 34 sie gegen einen deutschen Panzer gebraucht hätten. Und auch wir wüßten, daß bei ihnen jede zehnte, bei uns aber nur jede fünfundzwanzigste Rakete nicht funktionieren würde. Dennoch hätten wir bei den Abrüstungsgesprächen auf einem 1:1-Schlüssel bestanden.

Besonders herzlich war Brandts Umgang mit Künstlern, obwohl er zur Musik und auch zur bildenden Kunst nicht das enge Verhältnis hatte wie zu Büchern. Georg Meistermann und Herbert Hajek, Präsidenten des Deutschen Künstlerbundes, waren gerngesehene Besucher, sie berieten uns in Kunstdingen. Schon 1970 brachten wir die Bundessammlung zeitgenössischer Kunst auf den Weg.

Ein besonders gern gesehener Gast war Mstislav «Slava» Rostropowitsch. Die Brandts kannten ihn aus Berlin, Rut Brandt ist mit ihm befreundet. Auf ihre Bitten hin gab er eine Reihe von Konzerten für Kinder in Not. Ich schaute ihn im Konzert besonders gerne an, wenn er nicht spielte, sondern – sein Cello zwischen den Knien, die Arme herunterbaumelnd, Oberkörper und Kinn vorgeschoben – auf seinen Einsatz wartete. So einsatzbereit lernten wir ihn auch politisch kennen. Die Sowjet-Regierung begann Anfang der 70er Jahre, ihm wegen seines Eintretens für Solschenizyn, der dann in Moskau auch bei ihm wohnte, Schwierigkeiten zu machen. Sie weigerte sich, seinen Paß zu verlängern. Brandt schickte mich zu Botschafter Zarapkin, um unser Befremden zum Ausdruck zu bringen. Der Botschafter rief mich nach einigen Tagen an. Angeblich ging es nur darum, daß Rostropowitsch zu Hause seinen Lehrverpflichtungen am Konservatorium nachkomme. Als der Druck auf den Cellisten noch größer wurde, schnitt Egon Bahr die Frage in Moskau an, und Rut Brandt lud Rostropowitsch ein, vor in Bonn akkreditierten Botschaftern im Kanzlerbungalow ein Konzert zu geben. Botschafter Zarapkin schickte seine Frau. Die Schikanen gingen weiter. Erst 1974 durften Solschenizyn und Rostropowitsch in den Westen.

Der 50. Geburtstag von Rostropowitsch wurde drei Jahre später im «Bahnhof Rolandseck» gefeiert, den Johannes Wasmuth in einen Musentempel verwandelt hat. Zu unserer Verwunderung erschien auch ein Aufpasser aus der sowjetischen Botschaft.

Brandt wollte ihn wegschicken, aber «Slava» hielt ihn fest. Darauf ermahnte der ihn, Mütterchen Rußland nicht zu vergessen. Anschließend erzählte er einen köstlichen Witz über die Entstehung des «sozialistischen Realismus» in der Malerei, um sich dann glücklich zu preisen, es in Rostropowitsch mit einem Musiker zu tun zu haben. In der Musik seien die Maßstäbe nicht so klar. Die Maßstäbe von Slava Rostropowitsch waren klar genug. Er trat auch für Sacharow ein. Sein Paß wurde nicht mehr verlängert. Nach zwei mysteriösen Anrufen von westeuropäischen Zollstationen zu urteilen, verlängerte er ihn dann eine Weile selber. 1978 wurden er und seine Frau, die Sängerin Galina Wischnewskaja, ausgebürgert. Sie gingen nach Amerika.

Aus dem amerikanischen Exil, in das er vor den Nazis geflohen war, war der Maler Max Ernst nach Europa zurückgekehrt. Werner Spieß, der in Paris lebende Kunsthistoriker, und Peter Schamoni, der Filmemacher, hatten ihn überredet, anläßlich der Olympiade in München Deutschland wieder zu besuchen. Ich half ein bißchen beim «Programm». Max Ernst und Willy Brandt trafen sich am Starnberger See, sie verstanden sich auf Anhieb. «Auf uns beide Ausgebürgerten», erhob Max Ernst sein Glas. Zum Thema Deutschland und Exil hatten sie viele Erfahrungen auszutauschen.

Die private Seite des Besuchs in Deutschland brachte mehr Komplikationen mit sich als die politische. Der «Dadamax» sprach mit uns Deutsch, das seine Frau, die amerikanische Malerin Dorothea Tanning, nicht beherrschte. Extra für diesen Mann habe sie Französisch gelernt, und wir nähmen ihn ihr weg, klagte sie. Maria aber, die gerade anhand der «Galgenlieder» ihre Deutschkenntnisse vervollkommnete, inspirierte Max Ernst zu einer Morgenstern-Rezitation, die in ihrer vergnügten Meisterschaft hätte glauben machen können, er habe Deutschland nie verlassen.

Willy Brandt lud Dorothea Tanning und Max Ernst nach Bonn ein. Auf einem deutsch-französischen Abend zeigte Peter Schamoni im Kanzlerbungalow seinen Max-Ernst-Kurzfilm «Die widerrechtliche Ausübung der Astronomie». Zu Beginn des Films steht der große optische Erfinder aus Brühl am Fenster seines

Hauses in Seillans und sagt: «Er war ein Genie, aber er hatte kein Diplom.» Max sprach von dem Helden seiner «Maximiliana», dem Astronomen Ernst Wilhelm Leberecht Tempel, mit dem er die kosmische Konstellation der Geburt und das deutsche Schicksal von Diplomlosigkeit und Exil teilte.

Nicht lange nach Unterzeichnung des Warschauer Vertrages besuchte Marcel Marceau Willy Brandt. Sie gingen im schönen Kanzlerpark spazieren, den – Koalitions- und Regierungswechsel überdauernd – immer noch Adenauers Gärtner Franz-Josef Dewes liebevoll pflegte. Über die große Freitreppe kamen Brandt und Marceau in den Kabinettssaal. Ich weiß nicht, wie viele Vorstellungen von Marceau ich in meinem Leben gesehen habe. Zuletzt hatte er mich bei einem Abendessen im «Bahnhof Rolandseck» mit einer spontanen Tischrede in zwölf «Sprachen» entzückt. Er ahmte das Sprechen in der jeweiligen Sprache nach mit nur einem Stichwort im Klartext, für unsere Sprache lautete es «Goethe». Jetzt bat ich ihn, uns eine Kabinettssitzung vorzuführen. Von Stuhl zu Stuhl und von Ministeramt zu Ministeramt rutschend imitierte er das Kabinett so verblüffend echt, daß wir ihn am liebsten dabehalten hätten. Beim Abschied verriet er mir den eigentlichen Grund seines Besuches. Nach Brandts Kniefall in Warschau habe für ihn ein neues Verhältnis zu den Deutschen begonnen.

Als Willy Brandt einmal gefragt wurde, woher wir eigentlich die Zeit für die Berge von Arbeit nähmen, antwortete er locker: «Wir vernachlässigen halt unsere Familien.» Zum Ausgleich dafür trafen wir uns nicht selten bei Brandts im familiären Kreise, etwa mit den Ehepaaren Scheel, Ahlers oder Bahr. Gelegentlich kamen Günther Grass oder die Harpprechts, Rudolf Augstein oder Günter Gaus hinzu. Die Abende waren immer anregend, nie ausgelassen. Rut Brandt verbreitete einen heiteren Glanz und hatte außer mir leider noch eine große Schar weiterer Verehrer. Mildred Scheel gab die direktesten und treffsichersten Kommentare zum Bonner Geschehen. Willy Brandt war Mittelpunkt, aber nie dominierend – es sei denn, daß er, selbst am meisten lachend, Witze erzählte.

Geselliger, politischer und diplomatischer Treffpunkt außerhalb der eigenen Reihen war das Restaurant «Maternus» in Godesberg, mit Ria Alsen als Seele des Geschäfts. Ein rheinisches Mädchen aus dem Bilderbuch, das zu Weiberfastnacht auf dem Tisch tanzte, und zugleich eine ungewöhnliche Frau, die mit ihrer Lebensklugheit und Freundschaft vielen Menschen geholfen hat. Bei ihr werde mehr Politik gemacht als im ganzen offiziellen Bonn, behaupteten Kenner der Bonner Szene.

Willy Brandt verstand es auch, den Kanzlerfesten im Palais Schaumburg und dessen schönem Park einen zugleich lockeren und intensiven Charakter zu geben. Eine eher wehmütige Erinnerung, da die Kanzlerfeste inzwischen – eine Folge mißverstandener Demokratisierung – zu ziemlich konturlosen Massenveranstaltungen geworden sind. Eine Entwicklung, die sie mit dem Bundespresseball teilen. Vom Feiern verstanden wir mehr. Jedenfalls lautet so das übereinstimmende Urteil aller «Damaligen». Die ersten drei Jahre Brandt waren meine schönste Zeit in Bonn.

Streitfall Wehner

Über Herbert Wehner haben Willy Brandt und ich oft gestritten. Zwischen Brandt und Wehner zugleich Botschafter, Dolmetscher und Blitzableiter zu sein, war in jenen Jahren eine meiner wichtigen Aufgaben. Denn einerseits war ihre Zusammenarbeit für den Erfolg dieser Regierung entscheidend, andererseits wurde die Unvereinbarkeit ihrer Seelen in jenen Jahren zum Ereignis. Für Wehner blieb das ehemalige SAP-Mitglied Brandt ein jugendbewegter Sektierer, unseriös und «lau». Für Brandt litt Wehner unter den Neurosen seiner KP-Zeit. So unberechenbar Wehner in seinen taktischen Winkelzügen in Personal- wie in Sachfragen oft war: In der auf weite Strecken kleinbürgerlichen SPD hat mich dieser Machtmensch beeindruckt. Es war auch nicht schwer, seine Verletzungen und seine Verletzbarkeit zu verstehen. In seiner Totenrede auf Leo Bauer hat er sie in einem für ihn typischen Satz auf den Nenner gebracht: «Er hatte bis zuletzt zu ertragen, was ehemalige Kommunisten ihr Leben hindurch zu tragen haben, wenn sie ihre Seele nicht umzuschmelzen imstande oder umschmelzen zu lassen bereit sind – nämlich sich dafür verantworten zu müssen, daß sie es einmal geworden sind, dafür, wie lange sie es waren, und dafür, daß sie unter welchen Umständen es dann mit welchen Aussichten auf das, was danach kommen könne, geändert haben.»

Der Tod schied Willy Brandt und Herbert Wehner schon zu Lebzeiten. Anders als mit Brandt habe ich mit Wehner mehr als einmal über den Tod gesprochen, über den Krebstod seines Bruders, über den Tod von Freunden, über das Sterben von Mitarbeitern. Seine Mitleidensfähigkeit war groß. Als Leo Bauer starb, qualvoll starb, hat Herbert Wehner ihn im wahrsten Sinne des Wortes seelsorgerisch begleitet. Er kannte sich nicht nur in den physischen Qualen des Sterbenden, sondern auch in seinen Seelennöten aus. Wehner war, so «unchristlich» er sich oft verhielt, nicht nur pro forma ein Christ. Brandt hatte Leo Bauer an ihrem gemeinsamen Geburtstag an dessen Krankenlager besucht. Aber «wie ein Pfaffe um Sterbebetten herumschleichen» wollte er nicht. Bei ihm klang es mehr nach Rilke: «Oh Herr, gieb jedem seinen eigenen Tod.»

Brandt ist mehrfach in Lebensgefahr gewesen. Während eines Besuchs in Israel drohte auf Massada eine Sturmbö den Hubschrauber, in dem er saß, in den Abgrund zu fegen. Alle sprangen heraus, Brandt blieb sitzen. Der Hubschrauber kam am Rande des Massivs zum Stehen. Jahre später kam Brandt, offensichtlich schwer angeschlagen, von New York zu einer Sitzung der Sozialistischen Internationale ins kanadische Vancouver. Ich holte einen Arzt, der Kreislaufschwäche diagnostizierte und absolute Ruhe empfahl. In Wirklichkeit, so stellte sich später heraus, hatte Brandt in New York einen Herzinfarkt erlitten. Ich beschwor ihn, dem Rat des Arztes zu folgen und nicht die Strapaze einer großen Rede auf sich zu nehmen. Er lehnte das rundweg ab. Die Tagung auf dem amerikanischen Kontinent war für die Sozialistische Internationale wichtig und außerdem hatten zum erstenmal eine große Reihe von Befreiungsbewegungen Beobachter geschickt. Kurz vor seiner Rede rief Willy Brandt mich zu sich. Sollte ihm etwas passieren, würde ich in seiner Jackentasche einen an mich gerichteten Brief finden, er bäte mich, im Falle sei-

nes Todes bestimmte Dinge für ihn zu regeln. Glücklicherweise
wurde das nicht nötig.

Ich verstand Brandts Einstellung, verstand aber nicht, warum er
Wehners Haltung so vehement verwarf. In Wehner steckte, über-
lagert von seiner dialektischen Schulung, ein Stück persönlicher
Schlichtheit. Daher fand ich es auch nicht komisch, daß er «privat» gerne Mundharmonika spielte. Ebenso wenig fand ich es komisch, als er mir eines Tages vorführte, daß er in seinem neuen
Büro nicht mehr in einem gefangenen Zimmer saß, sondern «eine
eigene Tür» hatte. Ich ging durch das Vorzimmer hinaus, um meinen Mantel mitzunehmen. Da stand er auf dem Flur vor «seiner»
neuen Tür: «Das hast du nicht geglaubt, was?» Willy Brandt
konnte mit dieser Art von einfachem Leben nicht viel anfangen.

Wie kompliziert und widersprüchlich die «Mischung» Wehner
war, erlebte ich an seinem 65. Geburtstag im Juli 1971. Die Familie machte in ihrem Haus auf Oeland Urlaub. In Bonn brach ein
großes Rätselraten aus, ob Wehner sich über einen Besuch überhaupt freuen würde und wer hinfahren sollte. Schließlich erklärte
ich, ich würde – obwohl Wehner das für seine Person strikt ablehnte – mit «Schmidt-Airlines», einem Hansa-Jet der Luftwaffe,
nach Schweden fliegen, alle Glückwünsche und Geschenke mitnehmen und noch am selben Abend zurückkehren. Jetzt wollte
plötzlich auch Conny Ahlers mitkommen. Das schmeckte mir
nicht, da Conny sich mit Wehner verkracht hatte. Einst, als beide
noch in Hamburg journalistisch arbeiteten, war er eine Art Zieh-
sohn von Wehner gewesen. Dann erging es ihm wie anderen Zieh-
söhnen Wehners auch, er entwickelte eigene Vorstellungen, und
Wehner verstieß ihn. Wehner war aber Patenonkel des Ahlers-
Sohnes Detlev, ich konnte also schlecht nein sagen. Mich beru-
higte, daß Heilwig Ahlers auch mitkam, sie würde mit ihrer seelischen Ausgeglichenheit Extratouren von Conny verhindern.

Wir flogen also an Wehners Geburtstag in aller Frühe in die
Nähe von Oeland, packten auf dem Flugplatz die Geschenke in
ein Auto und fuhren los. Das große weiße Holzhaus von Wehner
war verschlossen. Conny und ich schwärmten in die Nachbarschaft
aus. Schon die erste Nachbarstochter, die Conny traf, verriet ihm,
wohin sich Wehner zurückgezogen hatte: in das Ferienhaus eines

Hamburger Kaufmanns. Wehner war also «geflohen», um klarzumachen, daß er niemanden sehen wollte. Gleichzeitig hatte er aber dafür gesorgt, daß wenn denn doch einer käme, man ihn auch finden würde. Conny und ich postierten Heilwig Ahlers auf der Treppe des Wehnerschen Hauses und fuhren zu Wehners Ausweichquartier. Wir hörten Wehners Stimme und schlichen uns im Schutz von Büschen an.

Der Anblick war so friedlich und sommerlich heiter, daß ich ein schlechtes Gewissen bekam. Wehner lag in einer Hängematte, Lotte Wehner saß in einem Liegestuhl, Greta im Gras mit dem Rücken gegen einen Obstbaum gelehnt. Wehner las seinen Frauen etwas Schwedisches vor. Ich verstand es nicht, es war aber offensichtlich zum Schmunzeln. Ich winkte Conny, uns zurückzuziehen. Der tippte aber nur kurz mit dem Finger an die Stirn, sprang wie Ziethen aus dem Busch und platzte mit einem lautstarken «Wir gratulieren» in die Ferienstille. In diesem Moment hätte ich ihn prügeln können und mußte mir nebenbei eingestehen, daß ich die Wehners doch sehr mochte. Connys Auftritt löste einen Klimasturz aus. Wehner befreite sich aus der Hängematte, würdigte uns zunächst keines Blickes, sondern sagte zu seinen Frauen: «Packt ein, das hier ist zu Ende.» Frost im Hochsommer.

Die Frauen brachen zum Haus auf, um Heilwig Ahlers zu begrüßen. Herbert Wehner stieg in unseren Wagen und befahl, zur See zu fahren. Als wir uns zum Baden umzogen, sah ich Herbert Wehner zum erstenmal in Badehosen. Sein starkknochiger Körperbau erinnerte mich an einen Schmied, der in meiner Jugendzeit in Danzig-Schidlitz im «Café Derra» geboxt hatte. Wir pflegten ihn mit dem Ruf anzufeuern: «Karl, gib ihm die Brust.» Der Anblick Wehners wirkte so bedrohlich wie seine Stimmung. Auch ein erstes Vorzeigen der Geschenke im Kofferraum brachte keine Entspannung. Im Gegenteil, Wehner nahm auch noch die Brille ab und stampfte quasi blindlings im aufkommenden Nebel ins Meer, so, als ob er beide zum Kampf herausfordern wolle. Conny und ich kamen auf unseren empfindlichen bürgerlichen Fußsohlen nur sehr viel langsamer über die Steine am Ufer. Als wir im Wasser waren, entschwand Wehner schon im Nebel. Conny hielt mich fest und flüsterte: «Laß uns zusammenbleiben, sonst ertränkt er uns einzeln.»

Das tat Wehner dann aber doch nicht. Wir fuhren zum Haus, um mit den Frauen Geburtstagskaffee zu trinken. Wir packten die Geschenke und Glückwünsche aus, und Herbert Wehner taute langsam auf. Über Politik sprach er nicht, weil Ahlers dabei war. Ganz unerwartet lud er uns dann zum Abendessen ein. In einer freundlichen Gaststätte wurde es sehr vergnügt. Unter den Wehrufen seiner Frauen trank Wehner sogar den einen oder anderen und dann noch einen Geburtstagsaquavit.

Der Chef

Willy Brandt war ein Chef von so großer Autorität, daß er es sich leisten konnte, seine Mitarbeiter selbständig arbeiten zu lassen. Mich hatte er nicht einberufen, um das Kanzleramt zu verwalten. Der Zustand des Regierungsapparats nach zwanzig Jahren CDU-Regierung wie unsere knappe parlamentarische Mehrheit stellten uns vor Notwendigkeiten, die ein journalistischer Beobachter treffend als «Zwang zur Stärke» beschrieb. Wir mußten Tempo vorlegen und Durchsetzungsfähigkeit demonstrieren. Die Diskussion um den «Oberminister» ließ mich dabei in der Rolle eines politischen Einpeitschers erscheinen. Conny Ahlers verstärkte das mit einem Versprecher auf einer seiner ersten Pressekonferenzen. Er titulierte mich statt mit «Chef des Bundeskanzleramtes» mit «Chef des Bundeskanzlers». «Jetzt kommt der Chef» oder «Der Chef persönlich», tönte es mir danach von den Oppositionsbänken entgegen, wenn ich in eine Debatte eingriff.

Willy Brandt störte das im Gegensatz zu mir überhaupt nicht. Niemand hatte Zweifel, wer der Chef sei. Außerdem hatte Brandt eine kompensatorische Arbeitsteilung im Sinn gehabt, als er mich zu sich holte. Meine gelegentlich etwas hemdsärmeligen Demonstrationen von «Stärke» störten ihn schon darum nicht, weil sich sein bedächtiger und verbindlicher Stil um so vorteilhafter davon abhob. Ein Pfarrer im Württembergischen fragte mich einmal, Willy Brandt stelle sich vor Möller, vor Schiller, selbst vor

Schmidt, aber nie vor mich. Warum nicht? Das sei nicht nötig, antwortete ich, da ich immer hinter ihm stünde. Die Arbeitsteilung fand Brandt gut.

Sie hatte aber einen Haken. Zeigte Willy Brandt Schwächen, indem er sich von der Union provozieren ließ und aus seiner Rolle fiel – etwa indem er ihr androhte, wenn sie so weitermache, werde «geholzt» –, mußte ich zu Hilfe eilen. Strauß rief dann nicht «Jetzt kommt der Chef», sondern «Jetzt kommt die Ambulanz». Ähnliches galt nach innen, wenn Brandt einer notwendigen Streitentscheidung auswich. In solchen Fällen stieß das Modell der Arbeitsteilung an seine Grenzen.

Warum sich Brandt von der Union provozieren ließ, war leicht zu verstehen, ihm war von seinen Gegnern im Laufe der Jahre politisch so viel zugemutet worden, daß ihm darüber gelegentlich die Galle hochkam. Seine Neigung, schwierige Entscheidungen möglichst lange vor sich herzuschieben oder ihnen gar auszuweichen, war schwieriger zu ergründen. Es fehlte ihm nicht an Mut. Als Regierender Bürgermeister von Berlin hatte er in schwierigen Situationen große Courage gezeigt. Aber er hatte eine Abneigung gegen «Machtworte» und begegnete Männern wie Wehner und Schmidt als innerparteilichen Machtfaktoren mit einer bis zur Konfliktscheu reichenden Vorsicht. Daß Konflikte in den eigenen Reihen bei ihm Anwandlungen von Resignation auslösten, lag wohl daran, daß ihm Solidarität viel bedeutete. Wieviel, kann man daran ermessen, daß er als Parteivorsitzender später seinen Nachfolger im Kanzleramt, dessen Politik er keineswegs immer für richtig hielt, gelegentlich bis zur Selbstverleugnung unterstützte.

Anwandlungen von Melancholie und Selbstzweifeln aber gehörten zu Brandts Naturell. Sie befielen ihn meist im Herbst. Naßkaltes Wetter, Erkältung und Depression kamen zusammen. Als ich das zum erstenmal erlebte, war ich sprach- und hilflos. Ich fragte Klaus Schütz, der ihn aus seinen Berliner Jahren in- und auswendig kannte, was das zu bedeuten habe. «Nichts», antwortete Schütz, «der nimmt jetzt seine Grippe.» Das war eine Verharmlosung, denn die Anfechtung ging tief. Er werde aufhören, er könne nicht mehr, die SPD sei noch nicht regierungsfähig, es sei alles vergeblich, kurz: Die Welt war düster, nordisch-düster. Da

ich die Quelle dieser Düsternis weder kannte noch erreichen
konnte, beschränkte ich mich auf Zuhören und Zureden.

Es gab aber auch eine Variante des Nicht-mehr-Mitmachens,
bei der Brandt am Ende Kraftreserven mobilisierte ähnlich denen,
die ihm nach seinem Rücktritt als Kanzler zu einem Neuanfang
verhalfen. Er fiel dann nicht ins Jammertal, sondern schaltete einfach ab. Theodor Heuss soll seinem Enkel auf dessen Frage, was
er eigentlich an seinem Präsidenten-Schreibtisch mache, geantwortet haben: «Manchmal sitze ich und denke, manchmal sitze ich
auch bloß.» Wenn Brandt abtauchte, war er völlig geistesabwe-
send. Das konnte überraschend passieren. In meinem Stuttgarter
Wahlkreis saß er einmal nach einer großen Wahlveranstaltung bei
schönem Wetter in Waldheim Heslach schweigsam und starr an
einem Gartentisch. Er registrierte zwar physisch, was um ihn
herum vorging, aber im Geiste war er weit weg. Manche Menschen, vor allem Frauen, näherten sich ihm in diesem Zustand mit
besonderer Ehrerbietung, ohne ihn jedoch erreichen zu können.
Mir wurde dabei einmal mehr deutlich, daß seine Wirkung auf
Menschen nicht auf Handeln beruhte.

Ein solcher Zustand konnte sich aber auch langsam aufbauen.
Brandt konnte gut mit sich allein sein. Eines Tages lag er mehrere
Tage zu Hause, angeblich krank. Die Kommunikation mit seiner
Umwelt hatte er nach und nach eingestellt. Ich brauchte von ihm
aber Unterschriften. Rut Brandt sagte mir am Telefon, sie sei mit
ihrer Kunst am Ende, ich könne es ja selber einmal versuchen. Das
tat ich. Ich fuhr auf den Venusberg, ließ mir von Rut eine Flasche
Rotwein und zwei Gläser geben und ging in sein Zimmer. Da er so
tat, als ob er mich nicht wahrnähme, fuhr ich gleich schweres Ge-
schütz auf: «Willy, aufstehen, wir müssen regieren.» Damit
brachte ich ihn immerhin auf die Beine. Er sagte nichts. Im Haus-
mantel trank er mit mir schweigend Rotwein. Den stillen Wettbewerb, den anderen kommen zu lassen, gewann diesmal ich. Er
brummte: «Schmidt und Wehner sind Armleuchter.» Das war mir
schon bekannt, warum wiederholte er es gerade jetzt? Hatten
Wehner und Schmidt ihn bei seinem Wiedereintritt in die Wirklichkeit als Torwächter empfangen? Oder wollte er mich nur auf
eine falsche Fährte lenken? Er war im Geiste weit weg gewesen,

irgendwo in den weiten seelischen Räumen des Nordens, jetzt störte ihn meine Neugierde. Wo er gewesen war, ging mich nichts an. Meine Unterschriften bekam ich aber – und er erschien anderntags mit frischer Kraft wieder im Amt.

Brandt ertrug meine Kritik an seinem Hang zu zögern mit Geduld. Wurde es ihm zuviel, konnte ich das an seinem Gesicht ablesen und hörte auf. Gelegentlich nahm er mich aber auch hoch. Als ich einmal wegen einer Zahnbehandlung nicht richtig sprechen konnte, meinte er: «Geh doch öfter mal zum Zahnarzt. Du bist dann so schön ruhig.»

Während in der Öffentlichkeit der Eindruck entstand, und von manchem lieben Genossen auch gepflegt wurde, ich lege meine Kompetenzen als Chef des Kanzleramtes weit aus, war Brandt der Meinung, ich täte zuwenig. Eines Tages fragte er mich scheinbar beiläufig, ob ich noch in der Partei sei. Ja, sagte ich, meines Wissens zahlte ich regelmäßig Beiträge. Er stelle bei mir aber, so Brandt, Privatisierungstendenzen und Resignation fest. Was das «Privatisieren» betraf, so habe ich mich in der Tat nie ganz von der Politik fressen lassen. Ich habe immer versucht, vom politischen Geschäft auch wieder Abstand zu gewinnen und habe mit dem Leben nicht auf die Zeit nach der Pensionierung gewartet. Von Resignation konnte bei mir überhaupt keine Rede sein, ich tat die Arbeit im Kanzleramt bei und für Willy Brandt mit Freude.

Willy Brandt hatte aber seine Vorstellungen nicht aufgegeben, aus denen heraus er mich vor dem Nürnberger Parteitag für alle möglichen Positionen in der Partei ins Gespräch, gelegentlich auch nur ins Gerede gebracht hatte. Er hätte mich wohl am liebsten in der Rolle eines zweiten Mannes gesehen, der ihm in Partei und Regierung abnahm, was er nicht selber machen wollte. Darum hatte er auch meinen Verzicht auf eine erneute Kandidatur zum Parteivorstand auf dem Saarbrücker Parteitag durch den Kakao gezogen. Jetzt bekam ich das alles noch einmal zu hören. Ich müsse in den Parteivorstand, ich müsse regelmäßig an den Sitzungen auch der anderen Parteigremien teilnehmen und dort auch sprechen, ich müsse mich wieder um die langfristigen Perspektiven für die Partei kümmern. Selbst Helmut Schmidt habe neulich gesagt, die Partei müsse aus dem Kanzleramt geführt werden.

Ich sah das anders. Solange ich im Kanzleramt auf fremde, nämlich auf seine Rechnung arbeite, antwortete ich, könne ich keine selbständige politische Rolle spielen, das würde nur auf seine Kosten gehen. Ihn im Parteivorstand immer nur zu unterstützen, sei nicht die Aufgabe eines Vorstandsmitglieds. Dort «Aufträge» von ihm zu erfüllen würde schiefgehen. Wir sollten uns beide nicht in eine derartige Lage bringen. Wenn ich eine eigene politische Rolle spielen solle, müsse er mich freigeben. Der mit dem Kanzleramt verbundene Betrieb, so fügte ich hinzu, fräße mich ohnehin auf, ich würde immer mehr zum «Macher». Das gelte um so mehr, je mehr ich ihm abnähme. Populärer würde ich dabei auch nicht. Insoweit habe Alex Möller mit seiner Voraussage recht behalten, ich würde im Kanzleramt verschlissen werden. Daher habe ich auch Möllers Frage, ob ich sein Nachfolger als baden-württembergischer Landesvorsitzender werden wolle, ebenso mit Nein beantwortet wie Erhard Epplers Frage, ob ich für die nächste Bundestagswahl als Spitzenkandidat in Baden-Württemberg zur Verfügung stehen würde, wenn er den Landesvorstand übernähme. Für die mir wichtig erscheinende kritische Auseinandersetzung mit der Juso-Spitze opfere ich bereits «freie Nächte».

Brandt nahm das schweigend zur Kenntnis. Vorsichtshalber versuchte er aber, mir wenigstens Verhaltensweisen abzugewöhnen, die nach seiner Meinung für mich politisch schädlich waren. So kritisierte er, ich sei anderen gegenüber – sich selber nahm er davon aus – zu offen und zu vertrauensvoll. Gemeint war in erster Linie Wehner. Der wiederum riet mir, «listiger» zu sein, ich mache mir sonst zu viele Feinde. Am Ende eines stundenlangen Gesprächs der Koalitionsspitzen über die Steuerreform hatte ich einmal festgestellt, keiner habe zur Sache gesprochen, alle hätten nur taktiert. Brandt meinte hinterher: «Horst, du bist zu ehrlich.» Vielleicht sei ich von der Wissenschaft für die Politik verdorben worden, gab ich zurück. Es könne aber nicht schaden, wenn jedenfalls der Chef des Kanzleramtes ergebnisorientiert denke. Die taktischen Koalitionsübungen erinnerten mich an die jüdischen Kombinationswitze, in denen zwei Reisende in einem Eisenbahnabteil versuchen, sich hinsichtlich ihrer wahren Reiseziele gegenseitig auf die Schliche zu kommen. Ich zöge es vor, das Reiseziel zu nennen. Die großen Taktiker stünden in Gefahr, es schließlich selber zu vergessen. Außerdem solle Brandt eines nicht übersehen: Für viele sei meine Offenheit so ungewohnt, daß sie sie für eine besonders raffinierte Taktik hielten.

Brandt ließ das alles nicht gelten. Ich brächte zu oft die Leute gegen mich auf, und zwar gerade dann, wenn ich recht hätte. Mein Vertrauen darauf, daß meine Offenheit honoriert werde, sei unbegründet, andere würden das nur ausnutzen. Es gäbe nicht gute Menschen und Schweine, beides ginge vielmehr quer durch jeden hindurch. Gegen diese säkularisierte Volksausgabe christlicher Anthropologie hatte ich nichts einzuwenden. Ich wollte mich aber nicht verbiegen. Brandts Zuvorkommenheit selbst Schafsköpfen gegenüber war mir fremd. Und wenn der bärbeißige «Zuchtmeister» Herbert Wehner jeweils vor der Wahl des Fraktionsvorsitzenden die Fraktion gnadenlos mit seiner Zuwendung überschüttete, empfand ich das eher als politisches Kabarett.

Diese Einstellung entsprang teils meinem Naturell, teils meiner Position in einem Nicht-Wahlamt. Ich versprach Besserung, wenn ich einmal auf freier politischer Wildbahn leben würde.

Die Ablösung

Der Rücktritt Schillers

Nach dem Rücktritt von Alex Möller waren wir im Herbst 1971 mit Karl Schiller als «Superminister» über eine mühsame Haushalts- und eine schwierige Währungsrunde gekommen. Die Schattenseiten der Inthronisierung Schillers als Schatzkanzler zeigten sich in den folgenden Monaten allerdings immer deutlicher. Entgegen einer mit Brandt getroffenen Absprache, die beiden Ministerien Anfang 1972 neu zu gliedern und wieder zu trennen, blieb es beim bestehenden Zustand. Während wir uns nach der Verleihung des Nobelpreises an Willy Brandt der Schlußrunde um die Ostverträge näherten, wuchsen die Schwierigkeiten mit Schiller. Philip Rosenthal, Parlamentarischer Staatssekretär im Wirtschaftsministerium, ging im November 1971 im Krach mit Schiller. Dem neuen Parlamentarischen Staatssekretär im Finanzministerium, Hans Hermsdorf, mußte ich wiederholt gut zureden, nicht das gleiche zu tun. Schiller legte sich mit den Kabinettskollegen an, gleichgültig ob es um die Beamtenbesoldung, die Fluglotsen, die Vermögensbildung, die Steuerreform oder die Umsatzsteuerverteilung zwischen Bund und Ländern ging, und drohte zwischendurch immer wieder mit seinem Rücktritt.

Schillers Allüren und seine Dauerfehden mit dem Kabinett beeinträchtigten auch sein Ansehen in der Öffentlichkeit. Noch mehr schadete ihm die Ernennung seines Schwippschwagers zum Präsidenten der dem Wirtschaftsministerium unterstellten Bundesanstalt für Bodenforschung, hinter der manche Kritiker Schillers Ehefrau Etta vermuteten.

Auch in Haushaltsfragen trat trotz Verabschiedung des Haushaltsentwurfs für 1972 keine Ruhe ein. Leussink erklärte Willy Brandt im Dezember 1971, nach seinem Streit mit Schiller über den Bildungsetat, er wolle im Mai 1972 zurücktreten. Dann ging er erst einmal auf eine mehrwöchige Urlaubsreise. Ich bewunderte die Gemütsruhe des Hobby-Archäologen mehr als die Unbekümmertheit, mit der der Kanzler dessen Vorstellungen akzeptierte. In der Bildungspolitik standen zentrale Entscheidungen an, und die Nachfolgefrage wäre niemals ein halbes Jahr lang unter dem Deckel zu halten gewesen. Auf mein Drängen wurde die Entscheidung vorgezogen. Zu meiner Erheiterung schlug Helmut Schmidt mich als Nachfolger vor, in Übereinstimmung mit Erhard Eppler, der selber nicht wollte. Schließlich rückte gegen den Widerstand Wehners und der Fraktion Klaus von Dohnanyi für Leussink nach.

Die eigentliche Frontlinie im Streit über den Haushalt verlief weiterhin nicht zwischen Reform- und Finanzpolitik, sie verlief nun zwischen Karl Schiller und Helmut Schmidt. Wie schon gegenüber Alex Möller forderte Helmut Schmidt hohe Mittel für die Bundeswehr ohne Rücksicht auf die Schwierigkeiten des Finanzministers. Der sah sich einer Deckungslücke schon im laufenden Haushalt gegenüber. Gemessen an den heutigen Haushaltsproblemen handelte es sich zwar um Bagatellen, aber Schiller bestand auf einer erneuten Erörterung des Haushalts 1972 im Kabinett. Der Streit zwischen Schiller und Schmidt wurde immer verkrampfter, Brandt hing er inzwischen zum Halse heraus. Im Mai 1972 brachte Schiller das Kabinett in Zugzwang, indem er seine Kürzungsvorschläge durchsickern ließ. Schließlich setzte er eine Kürzung von insgesamt 2,5 Milliarden DM durch, allerdings an anderen Stellen, als er vorgeschlagen hatte. Schmidt kam ziemlich ungerupft davon.

Die sensationslüsterne Schlagzeile der «Welt am Sonntag» vom 28. Mai 1972 lautete: «Wird Schiller von Schmidt und Ehmke gestürzt?» In der Tat hatte auch ich mit Schiller Krach, aber aus ganz anderen Gründen als Schmidt, in Sachen Verteidigungshaushalt teilte ich sogar Schillers Auffassung. Meine Sorge galt unserer allgemeinen politischen Lage. Schiller zwang uns zur erneuten Beschäftigung mit dem Haushaltsentwurf 72, während die Koalition um ihr politisches Überleben kämpfte. Nach dem Scheitern des Mißtrauensvotums gegen Brandt waren zwar die Ostverträge verabschiedet worden, der Haushalt 72 aber war in einem parlamentarischen Patt hängengeblieben. Ein Interesse an weiteren Haus-

haltsberatungen konnte also nur die Opposition haben. Wir mußten Neuwahlen anstreben und die Verabschiedung des Haushalts
72 bis nach den Wahlen vertagen. In dieser Situation war Schillers
Vorgehen im doppelten Sinne eitel.

Obwohl Schiller und ich politisch heftig aneinandergeraten waren, blieb unser persönliches Verhältnis intakt. In einer ruhigen
Viertelstunde fragte ich ihn, was er denn mit seinem Verhalten
eigentlich erreichen wolle. So recht schien er das selbst nicht zu
wissen. Er sorgte sich wohl, ob er nach dem ständigen Streit im
Kabinett und in der Partei – auf einem Steuerparteitag hatte er
sich heftig mit einer von Eppler geleiteten Kommission angelegt –
überhaupt noch in Vorstand und Präsidium der Partei gewählt
werden würde. Er wollte von Brandt Zusagen für seine zukünftige
Rolle in Partei und Kabinett, die dieser weder geben wollte noch
konnte. Schiller fing an, Brandt offen zu kritisieren. Der wurde
aber erst sauer, als Schiller andeutete, er würde, wenn er sich mit
seiner Politik nicht durchsetzen sollte, nicht nur der Partei den
Rücken kehren, sondern auch im Wahlkampf gegen sie auftreten.

Der Showdown kam im Währungsbereich. Nach unserer Wechselkursfreigabe vom Mai 1971 hatten die Vereinigten Staaten im
August den Dollar vom Goldstandard gelöst. Im Dezember 1971
waren dann auf einer Währungskonferenz in Washington neue feste internationale Wechselkurse vereinbart worden. Dieser Erfolg, mit dem kaum noch jemand gerechnet hatte, brachte Schiller
wieder auf eine Linie mit der Bundesbank. Im Juni 1972 löste eine
Schwäche des britischen Pfunds eine neue Krise aus. Wieder über-
schwemmten Dollar-Zuflüsse die Bundesbank. Die Briten gaben
den Wechselkurs des Pfundes frei. Darin sah Schiller einen persönlichen Erfolg, sie waren seinem Beispiel vom Mai 1971 gefolgt.
Er trat für ein europäisches «Floaten» ein, das zu einer weiteren
DM-Aufwertung geführt hätte. Am Ende behielt er damit recht.
Im Frühjahr 1973 beschlossen die Europäer tatsächlich, ihre
Wechselkurse gegenüber dem Dollar freizugeben. Im Sommer
1972 aber stand Schiller mit seinem Vorschlag allein. Sowohl
Bundesbankpräsident Klasen, Arm in Arm mit Helmut Schmidt,
wie auch das Kanzleramt – Leiter der Wirtschaftsabteilung war
inzwischen Karl Otto Pöhl – gaben administrativen Maßnahmen

zur Verteidigung der in Washington vereinbarten Wechselkurse den Vorrang vor einem erneuten «Floaten». Das auch darum, weil nicht nur die Bundesrepublik, sondern auch die Vereinigten Staaten vor Neuwahlen standen.

Schiller blieb stur. Weder Pöhl noch ich konnten ihn zum Einlenken bewegen. Der Kanzler und das gesamte Kabinett stimmten Ende Juni gegen ihn. Brandt ließ Schiller wissen, er stehe ihm über das anschließende Wochenende zur Verfügung. Schiller erschien nicht. Brandt hätte ihn ausdrücklich einladen müssen, sagte er mir später zur Begründung. Schiller kündigte seinen Rücktritt für den 7. Juli an, ließ aber durchblicken, ihn bei bestimmten Zusagen für die Zeit nach der Wahl noch einmal überdenken zu wollen.

Brandt und Wehner hatten die Entwicklung des «Falles Schiller» in jenen Wochen mit mir laufend erörtert. Mit Wehner teilte ich schließlich die Meinung, daß Brandt Schiller nach dem, was er sich dem Kanzler und dem Kabinett gegenüber auch in der Öffentlichkeit geleistet hatte, nicht bitten dürfe zu bleiben. Das warf die Frage seines Nachfolgers auf bzw. seiner Nachfolger, falls man das Doppelministerium wieder teilen würde. Ich gab zu bedenken, ob als Nachfolger Schillers im Doppelministerium nicht in erster Linie Helmut Schmidt in Betracht zu ziehen sei. Er sei fachlich beschlagen und habe breiten Rückhalt in der Fraktion, vor allem beim tonangebenden konservativen Flügel. Brandt und er würden den Wählern gegenüber das gesamte Spektrum der Partei abdecken. Vielleicht würde eine Berufung ins Doppelministerium Schmidt auch aus seiner ständigen Unzufriedenheit herausbringen. Brandt müßte mit ihm allerdings feste Absprachen über ihre Zusammenarbeit treffen. Wehner hatte das alles auch schon überlegt, hielt sich aber bedeckt.

Als ich am 3. Juli zu Willy Brandt kam, schrieb der gerade einen Brief an Schiller, er wolle über alles noch einmal reden. Ich gab zu bedenken, daß Schiller vollends gegen ihn überziehen werde, wenn er sich als Sieger aufspielen könne. Schiller sei zwar ein großes Kaliber, einer von Brandts alten Mitstreitern und im Kabinett ein liberales Gegengewicht gegen Schmidt, angesichts der bevorstehenden Wahlen aber dürfe Brandt mit einer klaren

Entscheidung nicht länger zuwarten. Das würde auf seine Kosten gehen mit nicht abschätzbaren Auswirkungen auf das Wahlergebnis.

Auf meine Überlegungen zur Schiller-Nachfolge reagierte Brandt erstaunt. Er habe bisher nicht den Eindruck gehabt, Schmidt und ich seien große Freunde. Seien wir auch nicht, antwortete ich, aber viele Gründe sprächen dennoch für diesen Vorschlag. Andere, für die Öffentlichkeit politisch gleichgewichtige Nachfolger sähe ich nicht. Brandt zögerte, er sei sich gar nicht sicher, ob Schmidt überhaupt Schillers Nachfolger werden wolle. Ich war mir dessen sicher. Brandt trug mir auf, Schmidt ausfindig zu machen.

Schmidt hielt sich zu diesem Zeitpunkt in der Türkei auf und bat in einem Telefongespräch mit Brandt um Bedenkzeit bis zu seiner Rückkehr. Brandt entschloß sich, Schillers Rücktritt anzunehmen. Ich empfahl Brandt, das brieflich zu tun. Als Schillers Rücktrittsbrief in der Presse erschien, veröffentlichten wir den Antwortbrief. Schiller trat aus der SPD aus. Im Wahlkampf zog er in einer von rechten Wirtschaftskreisen finanzierten großen Anzeigenkampagne zusammen mit Ludwig Erhard gegen die SPD zu Felde. Die Wirkung war gleich Null. Jahre später trat Karl Schiller der SPD wieder bei.

Am Tage vor dem Wirksamwerden von Schillers offiziellem Rücktritt fand zunächst ein Gespräch zwischen dem Kanzler, Wehner, Schmidt und mir und anschließend ein Koalitionsgespräch über die Zukunft des Doppelministeriums statt. Im Vorgespräch erklärte Schmidt zu meiner Überraschung, er sei nur dann für eine Teilung des Doppelministeriums mit der FDP, wenn ich das Innenministerium übernähme. Offensichtlich war ich in seinen Augen für fast alles gut, solange ich nur nicht bei Willy Brandt blieb. Der erwiderte, ebenfalls zu meiner Überraschung, «Das wollen wir nicht», obwohl wir über diesen Punkt nie gesprochen hatten. Kurz vor dem Wahlkampf und der neuen Regierungsbildung machte ein Wechsel im Kanzleramt aber keinen Sinn.

Für das Koalitionsgespräch hatte ich vorausgesagt, daß die FDP zwar im Bereich von Wirtschaft und Finanzen die von Brandt zu-

gesagte «zusätzliche Verantwortung» einfordern werde. Da Genscher aber gar nicht vom Innen- ins Finanzministerium wechseln
wolle, liefe das auf die Zusage einer Neugliederung nach den
Wahlen hinaus. Damit behielt ich recht. Mir blieb allerdings
schleierhaft, wieso die FDP aus der Zusammenlegung und anschließenden Neugliederung von zwei mit Sozialdemokraten besetzten Ressorts überhaupt einen solchen Anspruch ableiten
konnte. Bei Bildung der Koalition hatte Scheel das Finanzministerium zugunsten des Auswärtigen Amtes ausgeschlagen.

In einer Gesprächspause fragte ich Helmut Schmidt, ob wir uns
in der neuen Lage auf gute Zusammenarbeit verständigen könnten. Seine Antwort war knapp und eindeutig: «Nicht, solange du
hier bist.» So hatte ich mir Solidarität immer vorgestellt. Georg
Leber, der unser Gespräch zufällig mitbekommen hatte, meinte:
«Lauf ihm nicht nach.» Der Rat war nicht nötig. Etwas anderes
irritierte mich an Schmidts schneidiger Antwort. Offensichtlich
glaubte er, nach Schiller nun auch mich loswerden zu können. Das
aber hieß, er mußte mit Brandt vor seiner Zusage für die Schiller-
Nachfolge über mich gesprochen haben. Und richtig, während
Willy Brandt sich in den folgenden Tagen und Wochen mir gegenüber in ausdrucksvolles Schweigen hüllte, ließ Schmidt auf diver-
sen Kanälen an mich und andere durchsickern, Brandt habe ihm
zugesagt, ich würde nach der Wahl in ein Ressort wechseln. Ich
ging davon aus, Brandts Antwort an Schmidt sei eher hinhaltend
gewesen und er würde mich nach der Sommerpause darauf ansprechen. In beidem sollte ich mich irren.

Zwei Jahre nach diesen Ereignissen, Anfang Februar 1975, als
Brandt schon nicht mehr Kanzler war und ich nicht mehr Bundesminister, lud er mich zu einem Schluck Rotwein in die «Baracke»
ein. Als ich seine teils verlegene, teils um Verständnis werbende
Miene sah, wußte ich, was kommen würde: die «Beichte». Er
müsse es sich endlich von der Seele reden: Seinerzeit habe er geglaubt, Schmidt als Finanzminister zu brauchen und deshalb auf
seine Forderung nach meinem Wechsel in ein Ressort eingehen zu
müssen. Es sei seine folgenreichste personelle Fehlentscheidung
gewesen. Er habe damals nicht einmal kapiert, daß Schmidts Forderung im Grunde auf ihn zielte. Ich konnte über Willy nur den

Kopf schütteln. Niemand in Bonn hatte daran gezweifelt, daß Schmidts Ausfälle gegen die «Hofschranzen» Ehmke und Ahlers sich indirekt gegen Brandt selbst richteten, den wir ja auch oft genug gegen Schmidts Kritik verteidigt hatten. Brandt war erleichtert, von mir zu hören, daß ich mir alles längst zusammengereimt hätte, unsere Freundschaft habe das nicht berührt. So tranken wir auf neue Zusammenarbeit.

Seltsam waren die Vorgänge im Sommer und Herbst 1972 aber schon gewesen. Schmidt war damals keineswegs stark genug, meine Ablösung durchzusetzen. Ein öffentlicher Hinweis von Brandt, er pflege sich seine Mitarbeiter selber auszusuchen, hätte Schmidt in Fraktion, Partei und Öffentlichkeit in eine eher unangenehme Lage gebracht. Für eine Ablehnung der ihm angebotenen Schiller-Nachfolge galt das gleiche. Hielt Brandt es andererseits für den Versuch einer neuen Zusammenarbeit mit Schmidt – den ich ihm selbst nahegelegt hatte – für ratsam, mich gehen zu lassen, so mußte er über die Zusammenarbeit mit Schmidt feste Absprachen treffen. Er tat weder das eine noch das andere. Er traf auch keine Vorsorge für eine effektive Nachfolge im Kanzleramt.

Die große Enttäuschung für mich war, daß Brandt diese Probleme nicht mit mir besprach, obwohl er sich offensichtlich und nicht zu Unrecht darauf verließ, daß ich in jedem Fall bis zur Neubildung der Regierung im Kanzleramt bleiben würde. Das Thema meines Wechsels in ein Ressort war zwischen uns nicht tabu gewesen. Wollte er sich die Möglichkeit offenhalten, seine Zusage an Schmidt doch noch einmal zu überdenken?

Wie dem auch war – seine Zusage, oder genauer das Herumerzählen dieser Zusage, schwächte meine Position. Bis dahin hatten Brandt und ich als unzertrennlich gegolten. Brandt hatte mir sogar erlaubt, mich wenn nötig auch ohne vorherige Absprache auf ihn zu berufen. Davon hatte ich allerdings nur sehr behutsam Gebrauch gemacht. Diese von Brandt abgeleitete Autorität war nun dahin, zum Schaden für uns beide.

Maria und ich hatten in den Sommerferien geheiratet, das Haus eingerichtet und die Olympiade in München besucht. Der Presserummel um das «neue Paar» ging in den Spielen einigermaßen unter. Nach dem Terroranschlag auf die israelische Mannschaft rief Brandt mich aus dem Urlaub zurück. Im Kanzleramt war zu vieles auseinandergelaufen, und ihm fehlte einer, mit dem – und gegen den – er sich ins reine denken und sprechen konnte. Wurde er nach meiner zukünftigen Rolle gefragt, antwortete er vage, ich müsse größere Selbständigkeit haben, um auch innerhalb der Partei frei agieren zu können. Denen gegenüber, die mir das weitererzählten, äußerte ich mich im gleichen Sinne.

Schließlich, wir waren schon im Wahlkampf und hatten offensichtlich gute Aussicht, ihn zu gewinnen, sprach ich Brandt direkt auf «unser» Thema an. Da nun schon alle anderen darüber redeten, sollten wir es endlich auch tun. Brandt war von meiner Direktheit wenig erbaut. Ich sagte ihm, nach dem Wahlsieg würde ich gerne das Forschungs- und bis zur Neuordnung der Deutschen Bundespost das Postministerium in Personalunion übernehmen, um mich den politischen Problemen der neuen Nachrichtentechnologien zu widmen. Außerdem wolle ich das kritische Gespräch mit den Jusos fortsetzen und auf dem nächsten Parteitag zum Parteivorstand kandidieren. Brandt war einerseits erleichtert, daß ich keine Klagen, sondern Zukunftsideen vorbrachte, andererseits wollte er die Sache aber offensichtlich noch nicht definitiv machen. Ich verschwieg ihm nicht, daß ich nach meinem Ermessen im Kanzleramt nicht mehr sehr viel für ihn tun könne. Von meinen Ressortüberlegungen hielt Brandt politisch wenig.

Brandts Stimmungslage war zwiespältig. Er war sich zwar seines Sieges in der bevorstehenden Bundestagswahl ziemlich sicher, klagte aber, wir hätten ihn im Kanzleramt allein gelassen. Denn nicht nur Katharina Focke und ich, auch Egon Bahr und Conny Ahlers kandidierten diesmal zum Bundestag. Als ich ihn zu Beginn des Wahlkampfs gefragt hatte, ob ich vor allem Wahlkampf machen oder aber im Kanzleramt präsent sein solle, hatte er ohne Zögern geantwortet, ich solle Wahlkampf machen. Nun hatte er, «allein im Kanzleramt», sich offensichtlich erste Gedanken über die Zeit nach der Wahl gemacht. Dabei war er nicht weit gekommen. Er dachte an Klaus Harpprecht als Redenschreiber. Die Idee fand ich gut, daran hatte es im Kanzleramt bisher gehapert. Er hatte aber auch Günter Gaus eine Zusage für die Nachfolge von Conny Ahlers als Pressesprecher gegeben. Ich sagte ihm voraus, sowohl die SPD mit Wehner und Schmidt an der Spitze als auch die FDP, die ihren allseits geschätzten stellvertretenden Pressesprecher von Wechmar aufrücken sehen wolle, würden sich gegen Gaus stellen. Der Umstand, daß ihm andere seine Mitarbeiter vorschrieben, trübte Brandts Stimmung. Dabei hätte er das ja selbst ändern können.

Für mich war die Lage «komisch». Während Dieter Spangenberg und Egon Bahr mit mir bereits über die Nachfolge im Kanzleramt diskutierten, fürchtete Schmidt, Brandt werde seine Zusage nicht einhalten. Er schickte Karl Wienand, um sich ausgerechnet bei mir darüber zu beschweren.

Im Kabinett gab sich Helmut Schmidt etwas moderater als früher und betrieb nun als Schatzkanzler die Politik, die er als Verteidigungsminister gegenüber Möller und Schiller entschieden abgelehnt hatte. In der Partei hielt er sich mit Kritik etwas zurück, zugleich stieg er voll in den Wahlkampf ein. Besorgt machte mich, was ich von Willy Brandt zu hören bekam. Er hatte mit Schmidt offenbar überhaupt keine Absprachen getroffen oder nur solche zugunsten Schmidts. So hatte er ihm zugesagt, er werde hinter dem Kanzler «erster Mann der SPD in der Mannschaft» sein, ein Rückgriff auf Schmidts 1969 noch abgelehnte «Obmann»-Vorstellung. Herbert Wehner, der zu jenem Zeitpunkt noch keineswegs mit Schmidt im Bunde gegen Brandt war, tobte, als er das erfuhr. Eine Einladung Willy Brandts, ihn im Urlaub in Norwegen zu besuchen, lehnte Schmidt ab, während Wehner sie annahm. Dabei wiederholte Schmidt mir gegenüber seine Kritik an Brandt: Der Kanzler sei ein bedeutender Mann, der vor allem weglaufe, was ihm lästig sei. Meine Antwort, da müsse man ihn eben zu entlasten suchen, war seine Antwort nicht. Wie Brandt mir erzählte, benutzte Schmidt seine Ferien dazu, zusammen mit Hans-Jochen Vogel einen «Fritz Erler»-Kreis des konservativen Parteiflügels zu gründen. Der Kreis, der sich später «Seeheimer Kreis» nannte, war als Gegengewicht zum «Frankfurter Kreis» gedacht, der die Koordinierung der SPD-Linken auf Bundesebene übernommen hatte. Er habe Schmidt vorgehalten, man könne nicht gut gleichzeitig stellvertretender Parteivorsitzender und Führer einer Fraktion innerhalb der Partei sein. Das habe Schmidt aber nicht beeindruckt. Als Sprecher des Kreises trat dann Hans-Jochen Vogel auf. Heinz Ruhnau, den ich auf die Gründung ansprach, redete Klartext: Da von Brandt keine Führung ausgehe, müsse sie woanders herkommen.

Für das zweite Kabinett Brandt stimmte mich das alles nicht gerade optimistisch. Aber erst einmal mußten wir die Wahlen gewinnen.

Der vertane Wahlsieg

Im September 1972 waren im Einverständnis mit der Opposition die Voraussetzungen für Neuwahlen geschaffen worden. Brandt hatte die Vertrauensfrage gestellt und war, die Regierungsmitglieder beteiligten sich nicht an der Abstimmung, in der Minderheit geblieben. Da Barzel mit dem mißglückten Mißtrauensvotum seine Chance gehabt hatte, löste Bundespräsident Heinemann den Bundestag auf. Über die Vertrauensfrage mußten angesichts des parlamentarischen Patts nun die Wähler entscheiden. Die Neuwahlen wurden auf den 19. November angesetzt.

Der Wahlkampf war durch starke Polarisierung und Mobilisierung gekennzeichnet. Die Wahlbeteiligung lag mit 91,1 Prozent extrem hoch. Es wurde eine «Willy-Wahl». Buttons, Aufkleber, «Testimonials» und Wählerinitiativen für Willy Brandt auf unserer, mit Millionen der Wirtschaft finanzierte Anzeigen-Serien auf der anderen Seite. Lautstark beteiligten sich rechte Gruppen. Sogar der frühere Gestapo-Mann Naujock wurde reaktiviert, um zu behaupten, Brandt habe 1933 einen Mann erstochen. Naujock war zehn Jahre vorher für unzurechnungsfähig erklärt und in eine Heil- und Pflegeanstalt eingewiesen worden. Das hinderte aber einige lokale CDU-Wahlkämpfer nicht, einen «Offenen Brief» zu verbreiten, in dem Naujock seine absurden Behauptungen wiederholte. Paul Mikat, der Justitiar der CDU-Bundestagsfraktion, der den Brief in den Papierkorb geworfen hatte, erhielt eine Strafanzeige wegen Begünstigung des «Mörders Brandt».

Der Wahlkampf lief von Anfang an trotz des Schiller-Rücktritts zu unseren Gunsten. Die Inflations-und-Wirtschaftskrisen-Kampagne der Union hatte keine Chance. Unser Motto «Es geht uns allen besser» traf die eigene Erfahrung der Wählerinnen und Wähler.

Die «Anti-Sozialismus»-Parolen der Union konterten wir mit einer Aufklärungskampagne über den Demokratischen Sozialismus. Darauf hatte ich in der Wahlkampfvorbereitung gedrungen. Willy Brandt machte mit einer großen Rede zum 20. Todestag Kurt Schumachers den Anfang. Dabei nahm er auch hart gegen linkes Revolutionstheater Stellung: «Was soll das für eine revolutionäre Gesinnung sein, die in erloschene Vulkane pustet. Sie wirbelt nur Staub auf.» Zugleich unterstrich er noch einmal, daß unsere dem Frieden dienende Ostpolitik die grundsätzlichen Unterschiede zwischen Sozialdemokraten und Kommunisten nicht verwischen werde.

Den letzten Schub zum Wahlsieg brachte die Paraphierung des von Egon Bahr mit der DDR ausgehandelten Grundlagenvertrages am 8. November 1972. Die politisch positive Wirkung der Paraphierung war im ganzen Lande zu spüren. Das galt vor allem für die «Zonenrand»-Gebiete, in denen sich die Menschen auf die zusätzlichen Kontakt- und Besuchsmöglichkeiten freuten. Für mich war der Wahlkampf mit der Vielfalt seiner Emotionen, Eindrücke und Erlebnisse trotz des teilweise schon schlechten Novemberwetters eine Erholung von den Bonner Querelen, insbesondere von denen in den eigenen Reihen. Die Auseinandersetzung mit dem politischen Gegner machte mir Spaß, die vielfältige Zustimmung der Freunde und Sympathisanten tat gut. Das galt insbesondere für ein Treffen mit der Wählerinitiative und Heinrich Böll. «Brandt und den Frieden wählen», war die Parole.

In meinem Stuttgarter Wahlkreis versuchten Leute der Union, meine Scheidung und Wiederverheiratung samt des von der rechten Kampfpresse aufgebrachten «Sicherheitsrisikos» unterschwellig zum Thema zu machen. Meine Stuttgarter Bundestagskollegen Peter Conradi und Ernst Haar wurden auf dieses Thema allerdings häufiger angesprochen als ich selber. Ich ging es direkt an, sobald sich Gelegenheit dazu bot. Spießerpolemik wies ich schroff zurück. Auf unpolemische Fragen antwortete ich offen und mit der Bitte, persönliche Entscheidungen erwachsener Menschen zu respektieren. In der SPD unterstützten mich darin interessanterweise vor allem die Frauen. Mein Erststimmen-Ergebnis, ich errang erneut fast die absolute Mehrheit, zeigte, daß mit diesem Thema Vorurteile kaum noch zu mobilisieren waren. Höhepunkt des Stuttgarter Wahlkampfs war eine Kundgebung mit Willy Brandt auf dem Killesberg drei Tage vor der Wahl. Stimmung kam schon auf, als ich die Halle betrat: «Horst»- und «Hotte»-Rufe. Dabei wollte ich nur kontrollieren, ob eine schußsichere Panzerglaskanzel aufgestellt worden war. Es gab eine Attentatsdrohung gegen Willy Brandt, und Egon Bahr hatte mir gerade aus Bonn «Gefahrenstufe 1» durchtelefoniert. Ich solle die Kundgebung schon eröffnen. Kaum stand ich hinter der Glaskanzel, betrat Willy Brandt die Halle. Um für ihn Platz zu machen, sagte ich nur: «Es gibt zwei Gründe, Willy Brandt zu wählen: Willy Brandt und Rainer Barzel. Hier kommt Willy Brandt.» Die Stimmung bordete über. Brandt hielt eine große Wahlkampfrede, die weitaus beste des Tages, wie mir der im Pressetroß reisende Friedrich Nowottny versicherte. In meinem Wahlkreis fand Willy Brandt besonders freundliche Worte für mich: Ich hätte oft für ihn Prügel bezogen, gehöre zur Führungsmannschaft der SPD und bleibe in der Regierung. Aufmerksame Journalisten verstanden das richtig als Ankündigung meines Wechsels in ein Ressort. Das Stuttgarter Wahlergebnis entsprach der guten Stimmung. Ich holte den Wahlkreis wieder direkt.

Den Wahlabend erlebte ich im Kanzleramt. Dort war es zunächst ziemlich leer, die meisten Journalisten waren im neuen CDU-Haus und erwarteten offenbar einen Sieg Rainer Barzels. Die ersten Hochrechnungen schlugen bei der Union wie eine Bombe ein. Presse und Fernsehen liefen nun vom CDU-Haus ins Kanzleramt über. Die SPD holte mit Willy Brandt 45,8 Prozent Zweit- und 48,9 Prozent Erststimmen. Damit wurde die SPD in der Bundesrepublik erstmals stärkste Partei. Auch die FDP wurde gestärkt, 8,4 statt 5,8 Prozent Zweitstimmen 1969. Die Union erhielt 44,9 statt 46,1 Prozent. Als Willy vom Venusberg herunterkam, ging ich ihm entgegen. Wir nahmen uns zum ersten und einzigen Male in die Arme, beide stumm vor Freude. Schließlich hörte ich mich sagen: «Willy, das Exil ist jetzt wirklich vorbei.»

Im Bungalow traf eine Gruppe amerikanischer Senatoren ein, die sich mit Ted Kennedy an der Spitze zu einer Tagung der Nordatlantischen Versammlung in Bonn aufhielt. Kennedy tat den ebenso klassischen wie überparteilichen Ausspruch: «Willy, I like winners.» Die Stimmung auch unter den Gästen war mehr von Freude als von Jubel bestimmt, jeder umarmte jeden. Joan Kennedy, die Frau des Senators, aus den USA offenbar andere Wahlkampfpartys gewohnt, stellte verwundert fest: «This seems to be a kissing-party.» Maria machte ihre erste Protokoll-Erfahrung. Da Frau Brandt keinen Hut trage, möge sie den ihren bitte abnehmen, wurde ihr bedeutet. Die beiden Frauen amüsierten sich später zusammen darüber. Loki Schmidt meinte im Hinblick auf mein gutes Stuttgarter Wahlergebnis, Maria bringe mir offensichtlich Glück.

Der SPD-Wahlsieg war ein historischer Durchbruch. Erst jetzt war der «Machtwechsel» wirklich vollbracht, die Koalition hatte eine komfortable Mehrheit. Es war der Sieg Willy Brandts, aber Willy wußte diese Chance nicht zu nutzen.

Schon Ende Oktober hatte Brandt mir eröffnet, er habe einen sogenannten Sängerknoten an den Stimmbändern. Vielleicht habe er sich das in Ludwigshafen geholt, wo auf der Wahlkundgebung das Mikrofon ausgefallen sei. Er glaube, die drei Wochen bis zur Wahl durchhalten zu können, müsse sich dann aber operieren lassen. Wir besprachen den Terminplan für die Zeit nach der Wahl. Für Brandt war wichtig, daß die Kanzlerwahl vor der Kabinettsbildung stattfand. Er befürchtete Schwierigkeiten sowohl mit Schmidt wie mit der FDP in bezug auf die Teilung des Doppelministeriums. Er hatte ferner Hinweise, daß es bei einem knappen Ergebnis in Personalfragen auch Schwierigkeiten mit den «Kanalarbeitern» geben könnte, die sich deswegen schon getroffen hätten. Ich versprach, ihm einen Plan für Kanzlerwahl, endgültige Kabinettsbildung, Vereidigung, Regierungserklärung und die Debatte zur «Lage der Nation» vorzulegen.

Einige Tage später sprachen wir über meine Vorschläge. Jetzt erklärte Brandt, er müsse nach der Wahl eine Woche ins Krankenhaus und dürfe danach vierzehn Tage mit niemandem reden. «Die müssen alles schriftlich machen. Ist doch gut, was?» Ich reagierte so unwirsch, daß er erstaunt fragte, was ich denn hätte. Mir war in den Kopf geschossen, «In diesem Herbst nimmt er seine Stimmbänder», aber das schluckte ich runter. Ein Wahlsieger in spe, der sich freute, nicht in die Koalitionsverhandlungen gehen zu müssen, das klang nicht sehr vielversprechend. Brandt war offensichtlich erschöpft.

Nach der gewonnenen Wahl bezog in der SPD Herbert Wehner als erster Position. Er meldete seinen Anspruch an, Fraktionsvorsitzender zu bleiben. Einen meines Erachtens undurchdachten Versuch Willy Brandts, ihm das Amt des Bundestagspräsidenten schmackhaft zu machen, hatte er spöttisch zurückgewiesen. Das solle eine Frau werden. Es wurde dann Annemarie Renger, die Brandt nicht im Kabinett haben wollte. Im Parteivorstand ernannte Brandt Helmut Schmidt zum «ersten Mann der Mannschaft nach dem Bundeskanzler». Anschließend bildete die Parteiführung eine Verhandlungsdelegation, die nur aus rechten Sozialdemokraten bestand. Als ich das bei Wehner monierte, brüllte er mich an: «Ich bin kein Rechter.»

Brandt nahm an der ersten Runde der Koalitionsverhandlungen noch teil, dann ging er ins Krankenhaus. Sein Plan, die weiteren Koalitionsverhandlungen vom Krankenbett aus schriftlich zu kontrollieren, ging grandios daneben, die Kontrolle ging auf Schmidt und Wehner über. Wehner setzte jetzt nicht mehr auf Brandt. Brandt hatte in der SPD-Verhandlungsdelegation noch nicht einmal einen persönlichen Vertreter. Er überließ es in einem Schreiben aus dem Krankenhaus ausdrücklich Schmidt und Wehner, ob sie an seiner Stelle «jemand anders» in die Delegation aufnehmen wollten. Sie wollten nicht. Ich auch nicht.

Die Sachfragen wurden erstaunlich schnell geklärt. Die Kontinuität von Außen-, Reform- und Stabilitätspolitik war unbestritten. Im einzelnen orientierte man sich an der Programmplanung des Kanzleramtes. Entscheidend waren die Fragen der Regierungsstruktur, die eng mit den Personalfragen zusammenhingen. In der Frage der «zusätzlichen Verantwortung» der FDP im Bereich von Wirtschaft und Finanzen manövrierte Walter Scheel Helmut Schmidt aus. Schmidts Eigeninteresse war, als Chef eines aus dem Wirtschaftsministerium angereicherten Finanzministeriums eine Art Schatzkanzler zu bleiben. Interesse der SPD war es, der FDP als ein viertes Ressort nur ein kleineres Mittelstands- oder Industrieministerium abzutreten. Die FDP baute auf Schmidts Eigeninteresse. Obwohl Genscher gar nicht Finanzmini- ster werden, sondern Innenminister bleiben wollte, verlangte Scheel zunächst das Finanzministerium. Damit handelte er dann von Schmidts geplanter Anreicherung aus dem Wirtschaftsmini- sterium so viel ab, daß das Wirtschaftsministerium ziemlich unge- schmälert als klassisches Ressort zusätzlich zum Außen- und In- nenministerium an die FDP fiel.

Das hatte Willy Brandt Scheel nicht versprochen. Es stand auch im Gegensatz zu einem Vermerk, den Brandt nach der gut ver- laufenen Operation in der Klinik geschrieben und an Wehner gegeben hatte mit Kopie für Helmut Schmidt. Brandt, von der Operation noch mitgenommen, fragte mich, was denn aus diesem Vermerk geworden sei. Ich gab die Frage an Wehner weiter. In meinem Beisein kramte er den Vermerk samt Kopie für Schmidt aus einer mit «Eingaben» prall gefüllten Aktentasche. Er hatte ihn «einfach vergessen».

Brandt fühlte sich von Schmidt und Wehner, aber auch – was schlimmer war – von Scheel hereingelegt. Jetzt sei Schluß. Erst werde ihm bedeutet, er dürfe seinen Chef des Kanzleramtes nicht behalten, «mit dem ich ja die Wahl verloren habe». Dann dürfe er sich seinen Pressesprecher nicht selber auswählen. Und nun wür- den die Personalfragen an ihm vorbei entschieden, obwohl er sich die endgültige Entscheidung vorbehalten habe.

Ich arrangierte ein Gespräch zwischen Brandt und Scheel. Der erklärte treuherzig, er sei nur auf Schmidts Wünsche eingegangen. Schmidt habe ihm erklärt, weder Partei noch Fraktion würden ak- zeptieren, daß das Finanzministerium an die FDP ginge. Am Ende blieb es bei der von Schmidt mit der FDP getroffenen Verein- barung, die inzwischen der Presse zugespielt worden war. Der Freidemokrat Hans Friedrichs wurde Wirtschaftsminister. Die Abgabe des Wirtschaftsministeriums an die FDP änderte die Ge- wichte in der Koalition grundlegend zuungunsten der SPD, was sie noch zu spüren bekommen sollte. Aber damit nicht genug. Die FDP erhielt zusätzlich auch noch einen Minister für besondere

Aufgaben, die SPD behielt den Ministerposten für besondere Aufgaben, den sie ohnehin hatte, den im Kanzleramt. Und dann rückte auch noch – da sich Brandt mit Gaus nicht durchsetzte und der SPD sonst niemand einfiel – der FDP-Mann von Wechmar als Nachfolger von Conny Ahlers zum Regierungssprecher auf.

Dieses Ergebnis der Koalitionsverhandlungen war grotesk. Sicher, die FDP war wesentlich gestärkt aus der Wahl hervorgegangen. Das galt aber auch für die SPD. Und die gegenüber einem kleineren Koalitionspartner gebotene Großmut soll man nicht übertreiben. Kein Jahr später erklärte der geschickte Walter Scheel, für die Nachfolge Heinemanns kämen nur Willy Brandt und er selber in Betracht, um sich dann – da Brandt Bundeskanzler bleiben wollte – von der FDP für das Amt des Bundespräsidenten nominieren zu lassen.

Willy Brandt nahm das schlechte Verhandlungsergebnis hin, für das er die SPD-Rechte verantwortlich machte. Nach meinem Eindruck war ihm nicht klar, wieviel Macht er nach diesem Wahlsieg in Partei und Fraktion eigentlich hatte. Dafür ließ er seiner Wut und Enttäuschung Mitte Dezember auf einer Parteiratssitzung freien Lauf: Er verbiete sich CDU-ähnliche Kritik von Genossen, die schon 1969 auf Niederlage gesetzt hätten und die sich jetzt hinter seinem Rücken träfen. Die Rechten, die sich für ein weiteres Treffen nach der Parteiratssitzung verabredet hatten, saßen da wie vom Donner gerührt. Dann nahm sich Brandt die Linken vor. Sie hatten nach dem Wahlsieg in Leverkusen die Gründung eines linken Fraktionskreises als Gegengewicht gegen den übermächtigen «Kanal» beschlossen. Davor hatte ich sie eindringlich gewarnt. Das werde nur die Mitte zum «Kanal» treiben. Sie waren aber dem schleswig-holsteinischen Parteivorsitzenden Jochen Steffen gefolgt, obwohl der die Bundestagsfraktion gar nicht kannte. In der Abrechnung mit den beiden Parteiflügeln machte Brandt einen bedauerlichen Unterschied: nach links nannte er Namen, nach rechts nicht. An der Regierungsbildung änderte das alles nichts mehr und in der Partei wenig.

Blieb die Frage, was im Kanzleramt geschehen werde. Ich hatte bei Willy Brandts wütend-ironischem Hinweis, er habe mit mir ja die Wahlen verloren, die Glocken schon läuten hören. Bald darauf sprach er das Thema direkt an: Im Kanzleramt sollten wir «an sich» bei der bewährten Mannschaft bleiben, «aber Ehmke will ja mehr Auslauf haben». Ich winkte ab. Mein Bleiben würde ihm kaum noch etwas nützen. Ich wolle nach den drei Jahren Plackerei etwas Selbständiges machen. Wir sollten aber auf keinen Fall den Eindruck entstehen lassen, wir gingen auch politisch auseinander. «Und was machen wir mit dem Kanzleramt?»

Die nächstliegende Lösung schien zu sein, Egon Bahr meine Position übernehmen zu lassen. Aber die Leitung des Amtes, die Planungsfragen, die Kontrolle über den BND, die Koordinierung der Ressorts, die Abstimmung mit Herbert Wehner und in der Koalition, die Innenpolitik insgesamt waren seine Sache nicht. Das hatte er auch selbst festgestellt, wenn er mich vertrat. Anderseits wollte er, jetzt mit einem Bundestagsmandat versehen, verständlicherweise Minister werden, und er wollte und sollte im Kanzleramt bleiben. Dann mußte der Chef des Kanzleramtes wieder ein beamteter Staatssekretär sein. Das bedeutete von vornherein einen Gewichtsverlust des Amtes und damit eine Schwächung des Kanzlers. Es gab noch ein Problem: Als Bundesminister konnte Egon Bahr die Verhandlungen mit der DDR nicht weiterführen.

Am Ende kam eine Konstruktion heraus, die mehr von persönlichen Wünschen bestimmt als am Ziel politischer Effektivität orientiert war. Brandt machte den Berliner Bundessenator Horst Grabert, von Hause aus Bauingenieur, zum neuen Chef des Kanzleramtes. Der war ein nachdenklicher, aber kein durchsetzungsfähiger Mann. Bahr wurde Minister für besondere Aufgaben im Kanzleramt, zuständig für die Beratung des Kanzlers in außen-, sicherheits- und deutschlandpolitischen Fragen. Da er aber nicht mehr verhandeln konnte, wurde Günter Gaus deutschlandpolitischer Verhandlungsführer. Brandt hatte ihn nun als «Ständigen Vertreter» Bonns in Ost-Berlin vorgesehen, da sich die Realisierung der entsprechenden Abmachung mit der DDR aber ein Jahr hinauszog, blieb Gaus zunächst im Kanzleramt. Parlamentarischer Staatssekretär wurde anstelle der zur Bundesministerin für Jugend, Familie und Gesundheit avancierten Katharina Focke Karl Ravens. Er hatte sich als Parlamentarischer Staatssekretär im

Wohnungsbauministerium hohes Ansehen sowohl in der Regierung als auch in der Fraktion erworben. Fünfter im Bunde, oder richtiger in der Sammlung, wurde Klaus Harpprecht als Redenschreiber, auch er mit direktem Zugang zum Kanzler. Erschwerend kam hinzu, daß der neue Regierungssprecher, von Wechmar, wohl weil er FDP-Mann war, anders als vorher Conny Ahlers nicht in die Kanzleramtsrunde einbezogen wurde.

Der Abschied von der alten Mannschaft wurde gefeiert. Erst bei uns in Rhöndorf, am folgenden Tag im Kanzler-Bungalow und schließlich an Willy Brandts 59. Geburtstag auf dem Venusberg. Scheel schenkte Brandt einen «Eintrachtstaler». Conny Ahlers und ich überreichten ihm ein Daumier-Blatt vom höfischen Leben mit der Widmung: «Die Hofschranzen Horst Ehmke und Conrad Ahlers verabschieden sich untertänigst von Kaiser Wilhelm dem Milden, um dem Geist der Geschichte Platz zu machen.»

Turbulenzen im zweiten Kabinett Brandt

Zu seiner erneuten Vereidigung als Bundeskanzler erschien Willy Brandt versehentlich in einer aparten Mischung von Cut und Frack. Scheel gab das im Diplomatischen Korps als reformierte Kleiderordnung aus. Die Regierungserklärung versprach Kontinuität in der Außen-, Reform- und Stabilitätspolitik. Der moralisch-politische Appell an wachen Bürgersinn und Engagement für Frieden und Demokratie wurde eher noch verstärkt. Die Reformeuphorie machte größerer Nüchternheit Platz, ohne daß Abstriche am Programm vorgenommen wurden. Im Kabinett ging aber nach dem Wahlsieg, man hatte jetzt eine komfortable Mehrheit, der «drive» verloren, der die erste Regierung Brandt ausgezeichnet hatte.

In der Finanzpolitik setzte Schmidt Schillers Politik weiter fort, flexibler in der Sache, im Stil so stramm, daß Walter Arendt ihn bei den Haushaltsberatungen als «Kompaniechef» titulierte. In der Währungspolitik wurde das internationale Währungssystem der Nachkriegszeit endgültig abgelöst.

Der Beginn der Ölkrise im Herbst 1973 markierte einen Einschnitt in der Regierungszeit der sozial-liberalen Koalition und in der Nachkriegsgeschichte. Die arabischen Länder setzten im Krieg gegen Israel ihr Öl als Waffe ein, indem sie die Produktion drosselten und den Preis in die Höhe trieben. Sie verstärkten damit die auf vermachteten Märkten ohnehin vorhandene Preissteigerungstendenz. Gleichzeitig stieg aber auch die Arbeitslosigkeit. Sie beruhte bei gesamtwirtschaftlich schwachen Wachstumsraten unter anderem auf dem Arbeitskräfte sparenden Einsatz der Mikroelektronik nicht nur im industriellen, sondern zunehmend auch im Dienstleistungsbereich. Gegenüber dieser neuen, «Stagflation» getauften Gefahr erschienen Wirtschaftswissenschaft wie Wirtschaftspolitik gleichermaßen hilflos. Die Wirtschaftspolitik schien nur noch die Wahl zwischen Pest und Cholera zu haben. Das ganze Ausmaß der Gefahr wurde erst nach und nach bewußt, überschattete dann aber auch die Reformpolitik. In der Öffentlichkeit schlug das politische Pendel zum Konservativen zurück.

Das Forschungsministerium und die Bundespost in Personalunion zu leiten war genauso interessant, wie ich es mir vorgestellt und genauso wenig populär, wie Brandt es mir prophezeit hatte. Eine große Hilfe war für mich Volker Hauff, den ich – als damals jüngsten Abgeordneten der SPD-Bundestagsfraktion – zum Parlamentarischen Staatssekretär gemacht hatte.

Die Bedeutung der modernen Nachrichtentechnologie für unsere Gesellschaft hatte ich richtig eingeschätzt. Die politischen Einflußmöglichkeiten des Bundes hatte ich überschätzt. Sie blieben auf die technisch-organisatorische Entwicklung des Kommunikationssektors beschränkt. In diesem Bereich hat die von mir mit föderativer Hilfestellung von Franz Josef Strauß gebildete «Kommission für den Ausbau des technischen Kommunikationssystems (KtK)» unter Vorsitz von Professor Witte Grundlegendes geleistet.

In beiden Ressorts bestand auch sonst an interessanter Arbeit kein Mangel. Die Zusammenarbeit im Forschungsministerium hat mir besondere Freude gemacht. Unter dem Druck der Ölkrise entwickelten wir ein neues Energieforschungsprogramm zur Einsparung und besseren Nutzung von Energie. Die Energiepolitik, einschließlich der umstrittenen Rolle der Kernenergie, sollte mich erst als Forschungsminister und dann als Vorsitzenden der Energiekommission der SPD über ein Jahrzehnt beschäftigen.

Zusammen mit Walter Arendt entwickelten wir das Programm «Humanisierung des Arbeitslebens». Es sollte Fortschritte von Forschung und Technik zur menschenwürdigeren Gestaltung der Arbeitswelt, einem der alten Ziele der Sozialdemokratie, einsetzen.

Im Postministerium hatte ich mich nicht nur mit Fragen der Postreform, einschließlich der geplanten Unternehmensverfassung zu beschäftigen, sondern auch mit mehr technischen Problemen wie dem Ausbau des Notrufs und mit so unpopulären Fragen wie Gebührenerhöhungen. Außerdem hatte ich es zum ersten Mal mit einem großen Personalkörper zu tun, dem größten nach der Bundeswehr. Das Pikante daran war, daß mein beamteter Staatssekretär und späterer Nachfolger, Kurt Gscheidle, der selbst aus der Deutschen Bundespost und der Deutschen Postgewerkschaft kam, in einer Art Dauerclinch mit seiner eigenen Gewerkschaft lag. So lernte ich die norddeutschen Qualitäten des damaligen DPG- und späteren DGB-Vorsitzenden Ernst Breit kennen und schätzen.

Weder im Kabinett noch im Bundestag mochte ich mich allerdings auf Ressortfragen beschränken. Im Bundestag setzte mich Herbert Wehner wiederholt als «Libero» ein, in den großen Debatten über die Entwicklung unserer Demokratie und unseres Verfassungsstaats ebenso wie in denen über die Ost- und Deutschlandpolitik.

Mein Ansehen als Chef des Kanzleramtes wuchs nach meinem Ausscheiden. Das galt für viele Ministerkollegen. Aber auch aus dem Kanzleramt und den Ressorts hörte ich über meine Arbeit im Kanzleramt viel Freundliches. Dort gab es jetzt offenbar persönliche Animositäten und Eifersüchteleien. Die Pannen häuften sich. Brandt hatte angesehene Leute um sich geschart, die aber unfähig schienen, sich zu einem Team zusammenzuraufen. Grabert konnte sich als Chef des Kanzleramtes nicht durchsetzen, zumal Egon Bahr, seiner Verhandlungsaufgaben ledig und daher unterbeschäftigt, ihm in seine Dinge hineinredete. Es gab weder administrativ noch politisch eine klare Linie. Wichtige Aufgaben, wie die «Vermittlung» mit Herbert Wehner, aber auch der Kontakt zur FDP, wurden vernachlässigt. Die Zeche zahlte der Kanzler. «Du bist hier schon eine Legende», behauptete er nach einigen Monaten. Anschließend beschwerte er sich bitter, er bekäme aus dem Amt nicht mehr die Hilfe, die er brauche. Ich hielt mich mit Ratschlägen über meine Nachfolger zurück.

Brandt erlitt empfindliche Schlappen. Wehner – immer kränker, mürrischer und unberechenbarer – hatte das Gefühl, das zweite Kabinett Brandt lasse die Ostpolitik durchhängen. So ärgerte er sich über die Behandlung des Gefangenenfreikaufs mit der DDR durch das Kanzleramt, speziell durch Bahr. Das gleiche galt für das Berlin-Problem, einschließlich der Behandlung der Berlin-Klausel im Vertrag mit der ČSSR. Wehner warf der Regierung, vor allem aber dem Auswärtigen Amt, Überheblichkeit und «Buchhaltermentalität» in den Verhandlungen vor.

Im Mai 1973 fuhr Wehner ohne Abstimmung mit Brandt, den er erst eine Stunde vorher von seiner Absicht unterrichtet hatte, zu Gesprächen mit Honecker nach Ost-Berlin. Das weckte Brandts Mißtrauen, zumal Informationen aus dem Osten über Gegenstand und Tenor der Gespräche von Wehners eigener Berichterstattung abwichen.

Während der Reise einer hochrangigen Bundestagsdelegation nach Moskau im September 1973, der erste Besuch einer Delegation des Deutschen Bundestages in der Sowjetunion, griff Wehner ausgerechnet auf sowjetischem Boden bei mehreren Gelegenheiten die Ostpolitik der Bundesregierung und die angebliche Abgeschlafftheit von Bundesregierung und Kanzler auch in Gegenwart von Journalisten in unglaublicher Form an. Vielen kamen die Ausfälle so vor, als habe Wehner die Kontrolle über sich verloren. Ich hielt Wehners Verhalten für kalte Provokation. Mochte es auch von der Sorge getragen sein, die Ost- und Deutschlandpolitik der Regierung werde nach dem Abschluß der Verträge nicht mit nötigem Nachdruck betrieben, so war es doch deutlich auf die Demontage Brandts angelegt. Der hielt sich zusammen mit Walter Scheel gerade in den USA auf, um als erster deutscher Bundeskanzler vor den Vereinten Nationen zu sprechen.

Brandt brach seine Reise in den USA ab und kam nach Bonn

zurück. Er rief mich an. Ich machte kein Hehl aus meiner Meinung, Wehner müsse gehen. Ich bot Brandt an, Wehner vom Flugplatz abzuholen, um ihm das zu überbringen. Er folgte dem Rat anderer und wich dem Konflikt aus. Wehner aber machte sich mir gegenüber noch am gleichen Abend über meinen «großen Vorsitzenden» lustig. In der Fraktion kam es zu einem Burgfrieden, an den niemand glaubte. Der Parteivorstand deckte den Skandal mit dem Motto «Neue Impulse für die Ostpolitik» zu. Verlierer war Willy Brandt, der Wehner nicht gestellt hatte, nun aber nachträglich schimpfte.

Das Votum des Parteivorstands spiegelte auch die Unzufriedenheit der Parteirechten mit der innerparteilichen Situation wider. Brandt hatte im Frühjahr 1973 auf dem Parteitag in Hannover die Grenze zu Positionen, die mit sozialdemokratischen Auffassungen unvereinbar waren, noch einmal gezogen, sich in diesem Rahmen aber erneut zur Integration unterschiedlicher Richtungen in der Volkspartei SPD bekannt. Die Vorstandswahlen erbrachten für Brandt ein überwältigendes Vertrauensvotum. Er erhielt 404 von 428 Stimmen. Wehner räumte seinen Platz als stellvertretender Vorsitzender voller Bitterkeit für Heinz Kühn und erhielt anschließend bei den Wahlen für den Vorstand noch 15 Stimmen mehr als Willy Brandt. Gleichzeitig führten die Wahlen zu einer erheblichen Stärkung der «linken Mitte» im Vorstand. Auch ich wurde diesmal gewählt, obwohl ich auf der Streichliste der Parteirechten stand. Die Rechte gab Brandt die Schuld für ihren Terrainverlust. Ihre Unzufriedenheit drückte sich jetzt im Parteivorstand in einer indirekten Unterstützung von Wehners Kritik an der ostpolitischen Schlaffheit der Bundesregierung aus.

Von der Streitkulisse der SPD hob sich die Entwicklung in der CDU eher vorteilhaft ab. Barzel wurde abgelöst, Carstens Fraktionsvorsitzender, eine Übergangslösung, und Kohl Parteivorsitzender. Nach ihrer klaren Wahlniederlage nahm die Unionsfraktion nun ihre Oppositionsrolle an. Und die CDU entwickelte sich unter ihrem neuen Generalsekretär Kurt Biedenkopf zu einer modernen, gut organisierten Mitgliederpartei.

Nicht weniger abträglich als Wehners Ausfälle in Moskau war für Willy Brandts Ansehen seine Schlappe in der Tarifauseinandersetzung im öffentlichen Dienst Anfang 1974. Ihr war 1973 ein halbjähriger Bummelstreik der Fluglotsen vorausgegangen. Er hatte die Verwundbarkeit unserer Gesellschaft gegenüber Störungen solch zentraler Funktionen ebenso drastisch deutlich gemacht wie die Gefahr der Erpreßbarkeit des demokratischen Staates. Die Gewerkschaften standen im Frühjahr 1974 aber auch noch unter dem Druck von wilden Streiks, die dadurch ausgelöst worden waren, daß im Auf und Ab der Konjunkturentwicklung die Löhne weit hinter den Unternehmensgewinnen zurückgeblieben waren. Im öffentlichen Bewußtsein ist von jener Tarifauseinandersetzung nur hängengeblieben, daß die ÖTV 15 Prozent Lohnerhöhung forderte und nach einem kurzen Streik 11 Prozent bekam. Man muß hinzufügen, daß die Preissteigerungsrate, vor allem wegen der drastischen Verteuerung von Brennstoffen, im ersten Quartal 1974 bei 7,2 Prozent lag und der Jahreswirtschaftsbericht einen Preisanstieg auf 9 Prozent für möglich hielt.

Das Wort in dieser Sache führte im Kabinett nicht der für die Verhandlungen zuständige Innenminister, sondern vielmehr sein Kollege Helmut Schmidt, unterstützt von Hans Friedrichs. Sie bestanden aus Stabilitätsgründen darauf, nur 7,5 Prozent «anzubieten», was angesichts der Preissteigerungsrate einen realen Einkommensverlust bedeutet hätte. Brandt erklärte öffentlich, eine zweistellige Lohnerhöhung komme nicht in Frage, obwohl solche «amtlichen» Erklärungen psychologisch eine Verpflichtung der Gewerkschaftsführung gegenüber ihren Mitgliedern zu begründen pflegen, ebendiese Grenze zu überschreiten. Helmut Schmidt forderte den Kanzler auf, hart zu bleiben und flog dann in die USA. Als Brandt ihn vor der Entscheidung dort telefonisch nach seinem Votum befragte, erklärte er, er werde jede Entscheidung des Kanzlers mittragen. Der «starke Mann» im Kabinett überließ Brandt die Niederlage. Nach einem kurzen Streik fiel die Front der öffentlichen Arbeitgeber auseinander, wobei der Bund höhere Sockelbeträge, die Länder und Gemeinden aber höhere Prozentzahlen anboten. Heinz Kluncker, ÖTV-Boß und Genosse, bekam beides und damit Lohnsteigerungen von etwa 11 Prozent. Der Eindruck in der Öffentlichkeit war verheerend.

Im März büßte die SPD in der Hamburger Bürgerschaftswahl

über 10 Prozent Stimmen ein. Anschließend verlor sie die Kommunalwahlen in Rheinland-Pfalz und Schleswig-Holstein. Während in der Partei noch darüber spekuliert wurde, ob Wehner
gehen und Helmut Schmidt wieder den Fraktionsvorsitz übernehmen würde, meldete Schmidt in Form harter öffentlicher Kritik
unverhohlen seinen Anspruch an, Brandts Nachfolger zu werden.
Die Partei zog aber nicht mit, zumal Willy Brandt – einem Rat
Holger Börners folgend – diesmal im Parteivorstand wie im Parteirat entschlossen reagierte und Schmidt zur Ordnung rief. So kam
das Ende der Kanzlerschaft Brandts trotz großer Schlappen dann
doch überraschend. Der «Fall Guillaume» führte zu Brandts
Rücktritt. Zugleich brachte er uns auf bittere Weise wieder zusammen.

Der Fall Guillaume

Kurz nach Übernahme des Kanzleramts im Oktober 1969 hatten
die neuen Abteilungsleiter begonnen, Personalvorschläge für die
Besetzung freier Stellen zu machen. Der damalige Leiter der Abteilung Wirtschaft, Herbert Ehrenberg, stellte mir Mitte November Günter Guillaume vor, den er als Hilfsreferenten für Kontakte
zu den Verbänden, vor allem zu den Gewerkschaften, einstellen
wollte. Ehrenberg kannte Guillaume aus seiner früheren Tätigkeit
bei der IG Bau-Steine-Erden, dorther kannte ihn auch Georg Leber. Guillaume war mit seiner Ehefrau Christel 1956 aus der DDR
nach Frankfurt/Main zu seiner Schwiegermutter übergesiedelt.
Im schriftlichen Notaufnahmeverfahren hatten sie eine ständige
Aufenthaltsgenehmigung erhalten. Guillaume trat 1957 in die
SPD ein und wurde Anfang 1964 Geschäftsführer des SPD-Unter-
bezirks Frankfurt. Anfang 1968 wurde er Stadtverordneter und
Geschäftsführer der Frankfurter Stadtverordneten-Fraktion.
Gleichzeitig war er Wahlkreisbeauftragter von Georg Leber in
dessen Frankfurter Bundestagswahlkreis
    Ehrenbergs Vorschlag erschien vernünftig. Da Guillaume in
Frankfurt noch Geschäfte abzuwickeln hatte, wurde eine Einstel-
lung zum Jahresbeginn 1970 ins Auge gefaßt. Der Personalrat des

Kanzleramtes erhob Einspruch: Der Bewerber erfülle die fachlichen Voraussetzungen nicht, ihm fehle eine akademische Ausbildung. Nach meiner Meinung war Guillaume aufgrund seiner beruflichen Erfahrung für die vorgesehene Aufgabe besser geeignet als ein Akademiker mit Behördenerfahrung. Guillaume sollte im Kanzleramt in die gleiche Vergütungsgruppe eingestuft werden, die er schon bei der Stadtverordneten-Versammlung in Frankfurt gehabt hatte. Noch bevor ich dem Personalrat formell antworten konnte, tauchten bei der Sicherheitsüberprüfung Bedenken auf. Sie veranlaßten mich, das Einstellungsverfahren bis zu deren Klärung zu unterbrechen. Wie immer baten wir den Verfassungsschutz um zügige Bearbeitung. Vor unserer Zeit hatte die lange Dauer von Überprüfungen gelegentlich dazu geführt, daß Bewerber schon vor Abschluß der Sicherheitsüberprüfung eingestellt worden waren.

Nach den damals geltenden Sicherheitsrichtlinien wurde vor der Einstellung von Bewerbern eine sogenannte «einfache Karteiüberprüfung» durchgeführt, d. h. es wurden Polizei und Verfassungsschutz nach etwa vorliegenden Erkenntnissen befragt. In der Praxis ging das Kanzleramt aber über die bestehenden Sicherheitsvorschriften hinaus. Es richtete zur Beschleunigung des Verfahrens Voranfragen an die Sicherheitsbehörden. Es fragte außerdem den seiner Aufsicht unterstehenden BND nach etwaigem Material, obwohl der BND nicht zu den Geheimschutzbehörden gehört. Und es verlangte schließlich vom Bundesamt für Verfassungsschutz nicht eine einfache, sondern eine «umfassende Karteiüberprüfung», die nach den bestehenden Vorschriften nur vor der Ermächtigung zum Umgang mit Verschlußsachen der Stufe «Geheim» vorgeschrieben war.

Auf die Voranfrage des Kanzleramtes meldete der Verfassungsschutz Fehlanzeige. Beim Polizeipräsidenten in Berlin und beim BND förderte sie dagegen Meldungen des «Untersuchungsausschusses freiheitlicher Juristen» aus der Mitte der 50er Jahre zutage, nach denen Guillaume im Verdacht stand, vor seiner Übersiedlung in die Bundesrepublik als Angehöriger des Ostberliner Verlags Volk und Wissen in verdächtiger Weise für die DDR tätig gewesen zu sein. In seinem Notaufnahmeverfahren hatten diese

Meldungen nicht vorgelegen, da die Behörden Guillaume nach seiner Übersiedlung in die Bundesrepublik aus den Augen verloren hatten.

Ich bat den Präsidenten des BND, General Wessel, um Stellungnahme. Er empfahl, Guillaume gezielt zu befragen. Nach den Sicherheitsvorschriften war ein Bediensteter ohnehin grundsätzlich anzuhören, wenn sicherheitsrelevante Erkenntnisse auftauchten. Das Ziel des Vorschlags des BND-Präsidenten war ein anderes: Guillaume sollte überraschend befragt werden, um anschließend seine Antworten mit früheren Einlassungen vergleichen zu können. Dem gleichen Ziel diente eine Aufforderung an Guillaume, seinen Werdegang noch einmal schriftlich im Zusammenhang zu schildern. Die Rechnung des Präsidenten ging auch auf. Guillaumes Antworten und Schilderungen wichen in Einzelheiten von seinen früheren Darstellungen ab. Dies wurde aber vom Verfassungsschutz wie vom Sicherheitsreferat des Kanzleramtes nicht erkannt oder aber für unwesentlich gehalten.

Präsident Wessel regte weiter an, den Lebenslauf des Bewerbers nach 1954 zu überprüfen. Die vom BND vorgelegte Meldung gebe für sich genommen keinen ausreichenden Grund für eine Ablehnung. Sie zwänge aber zu einer eingehenden Hintergrundüberprüfung durch den Verfassungsschutz. Schließlich warf der Präsident die Frage auf, ob man Guillaume nicht in einer anderen Behörde verwenden solle. Egon Bahr, der auch für eine Anhörung war, wies darauf hin, daß auch bei einem positiven Eindruck gerade im Kanzleramt ein gewisses Sicherheitsrisiko bleibe. Die eigentliche Frage war aber, ob ich das Einstellungsverfahren abbrechen oder die Sicherheitsüberprüfung weiterführen solle. Ich entschied mich für die Durchführung der Sicherheitsüberprüfung.

Dafür gab es zwei Gründe: Hätte ich die Einstellung abgelehnt, hätte Guillaume sich mit großer Wahrscheinlichkeit an anderer Stelle in Bonn beworben, der aber – anders als dem Kanzleramt – das Material des BND nicht zur Verfügung gestanden hätte. Es schien mir – nicht zum ersten Mal – falsch, Verantwortung einfach nur weiterzuschieben. Hinzu kam, daß die Verdachtsgründe gegen Guillaume mit seiner Herkunft aus der DDR verbunden waren. Bürger der Bundesrepublik, die aus der DDR stammten, durften aber auch bei Einstellung in den öffentlichen Dienst nicht als Bürger zweiter Klasse behandelt werden, sowenig es ein Recht auf Einstellung gibt. Auch in dieser Perspektive erschien es richtig, dem aufgetauchten Verdacht nachzugehen.

Da die für den 1. Januar 1970 vorgesehene Einstellung von Guillaume nicht zustande kam, beschwerte sich Georg Leber bei Willy Brandt über mich. Er hielt die von mir intensivierte Sicherheitsüberprüfung offenbar für eine Schikane gegenüber einem rechten Sozialdemokraten, der in der Frankfurter Partei als «Kommunistenfresser» galt. Ich bat Leber, für die Akten zur Person Guillaume Stellung zu nehmen. In einem Brief vom 22. Januar lobte er Guillaumes Zuverlässigkeit und «sein verantwortungsbewußtes Geradestehen für die freiheitliche Lebensart und die Demokratie». In sein Urteil über die «uneingeschränkte Vertrauenswürdigkeit» Guillaumes bezog er dessen Ehefrau mit ein. Die übrigen von Guillaume benannten Auskunftspersonen, die ihn alle aus seinen Frankfurter Jahren kannten, äußerten sich ebenfalls uneingeschränkt positiv über ihn.

Zusammen mit dem Sicherheitsreferenten des Kanzleramtes, einem Juristen mit großer Vernehmungserfahrung, und im Beisein des Abteilungsleiters führte ich die von Präsident Wessel vorgeschlagene Befragung durch. Guillaume bestand sie derart ruhig und sicher, daß mir nach seiner Enttarnung der Verdacht kam, er sei damals gewarnt gewesen. Nach der Befragung gab das Kanzleramt die ihm zugegangenen Auskünfte, das Protokoll über die Befragung und Guillaumes schriftliche Stellungnahmen an das Bundesamt für Verfassungsschutz mit dem Auftrag weiter, die von Präsident Wessel angeregten Sicherheitsermittlungen durchzuführen.

Das Kanzleramt war für die Einstellung und grundsätzlich auch für die Durchführung der Sicherheitsüberprüfung zuständig. Das Bundesamt für Verfassungsschutz trug für die von ihm durchzuführenden Karteiüberprüfungen und Ermittlungen die fachliche, Innenminister Genscher für die Arbeit des Amtes die politische Verantwortung. Der Chef des Kanzleramtes befand sich dem Verfassungsschutz gegenüber in einer Position wie etwa gegenüber

einem Amtsarzt, den er um eine Stellungnahme zur Diensttaug-
lichkeit eines Bewerbers bittet.

Das Verfassungsschutzamt kam am 26. Januar 1970 ohne Vorbehalt zu dem Ergebnis, seine umfassende Karteiüberprüfung und
Sicherheitsermittlungen hätten «keine Erkenntnisse erbracht, die
einer Ermächtigung zum Umgang mit Verschlußsachen bis ‹Geheim› entgegenstehen». Daraufhin lehnte ich den Einspruch des
Personalrats ab und verfügte die Einstellung Guillaumes.

Später stellte sich heraus, daß die Abteilung «Geheimschutz»
des Verfassungsschutzamtes weder bei den anderen Sicherheitsbehörden noch bei der Abteilung «Spionageabwehr» des eigenen
Hauses gründlich nachgefragt hatte. Es gab zusätzliches Material
des «Untersuchungsausschusses freiheitlicher Juristen» wie des
BND, das den DDR-Verlag Volk und Wissen als Residenz des
Staatssicherheitsdienstes erscheinen ließ. Die Abteilung Spionageabwehr des Verfassungsschutzamtes selbst verfügte über
gleichlautende Erkenntnisse. Sie verfügte ferner über Material,
nach dem Guillaume Anfang der 60er Jahre in DDR-Spionage-
Prozessen «in Erscheinung getreten» war. Schließlich suchte die
Spionageabwehr schon seit Jahren aufgrund entschlüsselter
Glückwunsch-Funksprüche nach einem in die SPD-Organisation
eingeschleusten Agenten «G». Funksprüche an «G.» und «Chr.»
stimmten mit den Geburtstagen des Ehepaares Guillaume, eine
Gratulation zum «zweiten Mann» mit der Geburt ihres Sohnes
überein.

Eine von der Bundesregierung nach der Verhaftung Guillaumes
eingesetzte Kommission «Vorbeugender Geheimschutz», der ein
Parlamentarischer Untersuchungsausschuß folgte, äußerte in ihrer Bewertung die Vermutung, die Geheimschutzabteilung des
Bundesamts für Verfassungsschutz habe sich vielleicht vom Kanzleramt, insbesondere durch meine persönliche Einschaltung, unter Zeitdruck gesetzt gefühlt. Die Beamten des Verfassungsschut-
zes haben vor dem Parlamentarischen Untersuchungsausschuß
übereinstimmend ausgesagt, sie hätten das Kanzleramt, wie es
ständiger Praxis entsprach, vorrangig behandelt. Sie seien aber
weder unter Zeitdruck gesetzt worden noch hätten sie sich unter
Druck gesetzt gefühlt.

Daß die Geheimschutz-Abteilung des Bundesamtes bei den anderen Sicherheitsbehörden nicht gründlich genug nachgefaßt hatte, lag an einem Mangel an Sorgfalt, nicht an Zeit. Und daß die fachkundige Spionageabwehr-Abteilung nicht eingeschaltet, sondern nur das Zentralregister des Amtes routinemäßig abgefragt wurde, lag ebenfalls nicht an Zeitmangel, sondern, wie die Regierungskommission angedeutet hat, an Eifersüchteleien zwischen den «Geheimschützern» und den «Agentenjägern». Die Abteilung Geheimschutz schaltete, obwohl der Chef des Kanzleramtes und der Präsident des BND mit dem Fall befaßt worden waren, noch nicht einmal die eigene Hausleitung ein. Als das Kanzleramt ein halbes Jahr später für Guillaume die formelle Überprüfung auf die Geheimhaltungsstufe «Streng geheim» beantragte, erklärte die Geheimschutz-Abteilung nach sechs Wochen erneut, gegen Guillaume bestünden keine Bedenken. Während dieser Wochen hatte sie weder vorher Versäumtes nachgeholt noch überhaupt zusätzliche Schritte unternommen.

Das Problem lag genau andersherum, als die Regierungskommission unterstellt hat. Das Kanzleramt hat nicht zuviel, sondern zuwenig Druck ausgeübt, die Geheimschützer zu mehr als ihrer üblichen Routine zu bewegen. Einen Moment lang hatte ich daran gedacht, Genscher als den für das Verfassungsschutzamt verantwortlichen Minister schriftlich zu bitten, sich auch seinerseits der Sache anzunehmen. Dann erschien mir das aber bei der Einstellung eines Hilfsreferenten doch als übertrieben. Das war nachträglich gesehen falsch, wenn man auch nicht mit Sicherheit davon ausgehen kann, daß Genschers Einschaltung zu einer gründlicheren Überprüfung geführt hätte.

Einem wachsamen Beamten der Spionageabwehr fiel 1972 auf, daß ein «Guillaume» in laufenden DDR-Spionage-Prozessen aufgetreten war. Er begann nachzuforschen und bekam 1973 zunächst den Überprüfungsvorgang bei der Einstellung ins Kanzleramt zu Gesicht. Guillaume war inzwischen zum Mitarbeiter im Kanzlerbüro aufgerückt. Schon aufgrund des dem Geheimschutz seinerzeit vom Kanzleramt übergebenen Materials war der Beamte alarmiert. Er faßte gründlich nach und trug nun alles Material zusammen, das im eigenen Amt und bei den anderen Sicher-

heitsbehörden schon vorgelegen hatte, als das Verfassungsschutzamt dem Kanzleramt 1970 mehrfach die Unbedenklichkeit Guillaumes bescheinigte. Seine Abteilung fertigte darüber einen Vermerk mit einer langen Indizienkette an, der dem Präsidenten des
Verfassungsschutzamtes Nollau vorgelegt wurde.

Am 29. Mai 1973 unterrichtete Nollau den Bundesinnenminister, offenbar aber nicht vollständig, so daß Genscher von einem
bloßen Verdacht ausging, während Nollau überzeugt war, den
lange gesuchten Agenten in der SPD gefunden zu haben. Der Präsident des Verfassungsschutzamtes verband seinen Bericht mit
dem Vorschlag, niemanden zu unterrichten. Genscher bestand
demgegenüber darauf, den Bundeskanzler über den Verdacht zu
informieren, und tat das am nächsten und übernächsten Tag. Genscher trug Brandt den Wunsch Nollaus vor, Guillaume auf seinem
Posten zu belassen, während der Verfassungsschutz ihn observie-
ren würde. Brandt ließ sich unverständlicherweise darauf ein.
Auch dem Drängen von Nollau und Genscher auf strengste Geheimhaltung entsprach er. Er unterrichtete lediglich Staatssekretär Grabert und seinen persönlichen Referenten Wilke von dem
Verdacht gegen Guillaume und von dem Wunsch des Verfassungsschutzamtes, im Kanzleramt nichts zu ändern. Weder Egon
Bahr noch ich, noch der Sicherheitsreferent des Kanzleramtes
wurden informiert. Brandt, der Guillaume für einen Domestiken
hielt, wollte offenbar auch jetzt noch nicht so recht an eine Spio-
nagetätigkeit glauben. Im übrigen verließ er sich darauf, das Verfassungsschutzamt werde dafür sorgen, daß Guillaume keinen
Schaden anrichten könne. In Wirklichkeit geschah – trotz gelegentlicher Nachfragen von Grabert – für den Geheimschutz
nichts, gar nichts, und das elf Monate lang.

Das von Genscher gedeckte Vorgehen Nollaus bekam den Charakter eines absurden Theaters, als Willy Brandt mit seiner Familie
nach Norwegen auf Sommerurlaub ging. Vor der Unterrichtung
des Kanzlers über den Verdacht war im Kanzleramt festgelegt
worden, daß Guillaume mit Frau und Sohn die Brandts begleiten
solle. Auch daran wurde nichts geändert, um Guillaume nicht
mißtrauisch werden zu lassen. Brandt wurde in seinem Urlaub von
mehreren Angehörigen der Sicherungsgruppe des Bundeskrimi-

nalamtes als Personenschutz begleitet. Außerdem war in der Nähe des Kanzlerdomizils eine Verbindungsstelle des BND für den Fernschreibverkehr, einschließlich Ver- und Entschlüsselung, eingerichtet worden. Weder die Beamten der Sicherungsgruppe noch die des BND waren von dem Verdacht gegen Guillaume unterrichtet worden. Die BND-Leute hatten auch keine Weisung bekommen, Guillaume Geheimmaterial vorzuenthalten. So konnte Guillaume seine Laufbahn als Spion unter den Augen der Sicherheitsdienste krönen. Er holte Material bis zur höchsten NATO-Geheimhaltungsstufe von der BND-Fernschreibstelle ab, brachte es zum Kanzler und sammelte es dann wieder ein. Das Wichtigste ließ er nach seiner eigenen Darstellung auf der Rückfahrt mit seinem privaten Pkw noch in Schweden von einem dorthin bestellten Helfershelfer fotokopieren.

Nollau versuchte später, sich damit herauszureden, Genscher habe ihn erst verspätet von der Norwegen-Reise unterrichtet, was Genscher vehement bestritt. Vermutlich hatte Nollau angenommen, daß Guillaume während des Urlaubs in Skandinavien keinen Kontakt mit seinen Auftraggebern wagen würde.

Alle diese Fehlleistungen entsprangen Nollaus Grundeinstellung, «der Agentenaufklärung Vorrang vor dem Schutz von Sicherheitsinteressen zu geben», wie die Regierungskommission später in nüchternem Amtsdeutsch rügte. Die politische Dimension des Falls lag aber ganz woanders. Hier wurde ein Bundeskanzler als Köder für die Überführung eines bis dahin bestenfalls zur Mittelklasse gehörenden DDR-Spions benutzt. Gravierender noch als die Vernachlässigung von Geheimschutzinteressen war die illoyale Mißachtung der politischen Interessen des Kanzlers, den Nollau ursprünglich noch nicht einmal hatte informieren wollen. Brandt ist nach meinem Urteil nicht nur schlecht beraten, sondern schäbig behandelt worden. Warum er sich darauf einließ, ist für mich nicht nachvollziehbar.

Da Nollau ein Vertrauter Herbert Wehners war, den er als Sicherheitsbeauftragten der SPD auch sofort unterrichtet hatte, strickte die Union später an der Legende eines Komplotts Wehner/Nollau gegen Brandt. Dafür gibt es keinen Anhalt. Mit Sicherheit hat Wehner aber Nollau überschätzt. Aus der Tatsache, daß Genscher sich Nollaus Vorschlägen anschloß, sind später ebenfalls Komplottspekulationen abgeleitet worden. Auch dafür gibt es keine Anhaltspunkte. Daß Genscher die politischen Gefahren seines Rats nicht erkannte, muß bei seiner sonstigen Umsicht allerdings erstaunen. Der Rat, Guillaume in der Nähe des Kanzlers zu belassen und nichts zu verändern, war auch deshalb fragwürdig, weil Guillaume ebenso durch Observierungsmaßnahmen außerhalb des Amts hätte gewarnt werden können und wohl auch tatsächlich gewarnt wurde. Naheliegender wäre gewesen, Guillaume in eine andere, etwa eine höher dotierte Stellung zu «befördern» und ihn dort von einem Mitarbeiter überwachen zu lassen.

Die Observierungsbemühungen des Verfassungsschutzamtes brachten keine durchschlagenden Erkenntnisse. Nach der Verhaftung Guillaumes wurde in eingeweihten Kreisen behauptet, das zusammengetragene Material hätte noch nicht einmal zu einer Verurteilung ausgereicht. Als Außenstehender kann ich das nicht beurteilen. Sicher ist, daß der Verfassungsschutz glücklich war, als sich Guillaume bei der Verhaftung des Ehepaares am 24. April 1974, elf Monate nach dem Beginn der Observierung, als Offizier des Staatssicherheitsdienstes zu erkennen gab, weil er in gut altdeutscher Weise seine Offiziersehre respektiert sehen wollte.

Am Tage der Verhaftung Guillaumes wurde ich von Grabert vorweg unterrichtet. Ich war fassungslos, daß Willy Brandt mich nicht informiert hatte, obwohl er wußte, daß ich mit dem Fall bei der Einstellung Guillaumes befaßt gewesen war. Am darauffolgenden Tag sprach ich mit Brandt kurz am Rande des Bundestagsplenums. Mir wurde dabei deutlich, daß Brandt sich über die politische Dimension des Falles noch nicht im klaren war. Drei Tage später rief er mich in meinem Stuttgarter Wahlkreis an und bat mich, sofort nach Bonn zu kommen. In der Nacht saßen wir lange bei ihm auf dem Venusberg zusammen. Später bat Willy Brandt Grabert hinzu, weil ich weitere Details wissen wollte. Der berichtete die absurden Einzelheiten, meinte aber guten Mutes, das Schlimmste sei schon vorbei. Ich hätte ihn auf den Mond schießen können. Erst in diesem Gespräch wurde Brandt sich der Schwere des Vorgangs und seiner möglichen Folgen bewußt. Ich bot ihm meinen Rücktritt an. Davon hielt er nichts, ebenso wenig wie später Wehner, da die Versäumnisse bei der Einstellung im wesentlichen beim Verfassungsschutzamt gelegen hatten und ich über das Folgende nicht informiert worden war.

Brandt und ich verabredeten, daß ich die Auseinandersetzung über die Einstellung Guillaumes übernehmen würde. Wie er mit den Dingen fertig werden würde, die nach seiner Unterrichtung durch Genscher und Nollau passiert waren, war uns beiden noch nicht klar. Das galt insbesondere für die Vorgänge während des Norwegen-Urlaubs. Brandt dachte zum ersten Mal an Rücktritt. Für diesen Fall müsse Helmut Schmidt übernehmen. Noch wolle er aber kämpfen. Am Nachmittag des 5. Mai, einen Tag vor seinem Rücktritt, rief er mich an und bat mich, die Auseinandersetzung um die Einstellung weiterzuführen und wie vorgesehen zu diesem Thema am folgenden Abend in die «Report»-Sendung zu gehen. Als ich am nächsten Abend aus der Sendung kam, erfuhr ich im Kanzleramt, daß Brandt zurückgetreten war. Er schlug Helmut Schmidt, der ihm nachdrücklich vom Rücktritt abgeraten hatte – so wollte er nicht Kanzler werden –, zu seinem Nachfolger vor. Brandt blieb aber Parteivorsitzender. Auch darum hatte Helmut Schmidt ihn gebeten.

Nach dem, was Brandt mir später berichtete, war für seinen Entschluß Wehners Verhalten ausschlaggebend gewesen. Wehner war durch Nollau auch über die «Frauengeschichten» aus dem Wahlsonderzug informiert worden, denen die Ermittler mit besonderer Gründlichkeit nachgegangen waren. Ich selbst stufte diese Geschichten im wesentlichen als Fama des mitfahrenden Volkes ein. Brandt nannte später das Herumschnüffeln in seinem Privatleben als einen der Gründe für seinen Rücktritt, neben dem Norwegen-Desaster und seinem durch die Spionage-Affäre getrübten Verhältnis zu den Staaten des Warschauer Pakts, insbesondere zur DDR. Sein Entschluß stand aber auch im Zusammenhang mit der allgemeinen politischen Situation.

Für die Opposition hatte Karl Carstens im Bundestag «Betroffenheit und Bestürzung» ausgedrückt. Aber dann wurde der Fall, in Niedersachsen war Wahlkampf, voll in die parteipolitische Auseinandersetzung einbezogen. Carstens forderte zunächst meinen

Rücktritt. Dann wandte sich die Union – durch Indiskretionen aus dem Apparat immer bestens unterrichtet – mehr und mehr dem Kanzler zu. Die Presse, voran die Kampfpresse, stürzte sich mit Wollust auf die «pikanten» Reiseerzählungen. Das Ansehen der Regierung in der Öffentlichkeit sank auf den Nullpunkt, als Genscher einen Versuch des Verfassungsschutzamtes zuließ, alle Schuld für die Fehler bei der Einstellung Guillaumes auf das Kanzleramt zu schieben. Erst nach einer harten Reaktion von mir und einem Eingreifen von Walter Scheel kam eine zwischen Kanzleramt und Verfassungsschutzamt abgestimmte Stellungnahme der Bundesregierung über die Einstellungsvorgänge zustande.

Genscher, der nach der bevorstehenden Wahl Scheels zum Bundespräsidenten FDP-Vorsitzender und Außenminister werden sollte, versuchte mit vagen Andeutungen über die Gefährdung der Koalition Forderungen aus den Reihen der SPD abzuwehren, er müsse wegen seiner fatalen Ratschläge im Falle Guillaume zurücktreten. Das entsprang einer verständlichen Nervosität. Die SPD-Führung, ich selbst eingeschlossen, behandelte diese Frage im Interesse der Erhaltung der Koalition aber ohnehin mit großer Zurückhaltung. Auch diese allgemeine Situation, einschließlich der Aussicht, Genscher als Vizekanzler zu erhalten, mag zu Brandts Entscheidung beigetragen haben.

Ich schrieb Brandt am Tage nach seinem Rücktritt, es sei für mich bitter, durch die Einstellung Guillaumes eine Ursache für seinen Rücktritt gesetzt zu haben. Brandt antwortete bald darauf, Freundschaft und Verbundenheit müßten sich gerade dann beweisen, wenn die Sonne nicht scheine.

Am gleichen Tage bat ich Helmut Schmidt als designierten Bundeskanzler, mich nicht für einen Posten in seinem Kabinett in Erwägung zu ziehen. Ich wolle mit Willy Brandt aus der Regierung ausscheiden. Es sei – Koalition hin, Koalition her – ein Unding, Brandt allein gehen zu lassen. Schmidt erwiderte, Brandt sei nicht an mir, sondern an sich selber gescheitert. Für mich war mein Rücktritt aber nicht nur ein Akt der Loyalität gegenüber Brandt. Er entsprach auch meiner vom herrschenden Verständnis abweichenden Auffassung von politischer Ministerverantwortlichkeit. Ich wollte mich an die Maßstäbe halten, die Reinhold Maier, der alte Liberale aus dem Remstal, im September 1954 in einer großen Rede vor dem Bundestag gesetzt hatte. Damals war der Verfassungsschutzpräsident Otto John plötzlich in Ost-Berlin aufgetaucht, der damalige Innenminister Gerhard Schröder aber im Amt geblieben. «Was», so hatte Reinhold Maier damals gefragt, «muß in der Bundesrepublik eigentlich passieren, bis irgend etwas passiert, bis irgendeinem Verantwortlichen etwas passiert.» Diese Auffassung von politischer, nicht auf nachweisbares Verschulden eingeschränkter Ministerverantwortlichkeit hielt ich, obwohl das Grundgesetz kein Mißtrauensvotum gegen einen einzelnen Minister kennt, für politisch-moralisch richtig. Ich hatte sie in Vorlesungen, Aufsätzen und Reden oft vertreten. Nun wollte ich mich auch selbst danach richten.

Helmut Schmidt bat mich um einen Tag Bedenkzeit, da er erst die möglichen Auswirkungen auf Genscher bedenken müsse. Das kostete mich in der öffentlichen Diskussion 24 Stunden. Die Bitte war aber fair, ich kam ihr nach. Am anderen Tag gab Schmidt mir sein Einverständnis, wir vereinbarten, daß ich selber eine Erklärung abgeben würde. Die zeigte ich vorher Walter Scheel als amtierendem Bundeskanzler. Der war ebenfalls einverstanden, obwohl auch er die möglichen Auswirkungen auf Genscher im Auge haben mußte. Meine Erklärung lautete, ich habe vor der Öffentlichkeit dargelegt, daß ich bei der Einstellung Guillaumes meine Sorgfaltspflicht nicht verletzt hätte. Ich sei jedoch der Meinung, daß ein Minister auch ohne Verschulden aus politischen Resultaten Konsequenzen zu ziehen habe.

Das Echo überraschte mich. Kollegen aus den politischen Wissenschaften schickten mir von einem Kongreß Grüße und bekundeten mir ihren Respekt. In der Fraktion schlug die kritische Stimmung um, als Wehner bekanntgab, daß ich Willy Brandt meinen Rücktritt längst vorher angeboten, Willy Brandt dieses Angebot aber in Übereinstimmung mit ihm abgelehnt habe. In der Stuttgarter Partei und auch sonst in meinem Wahlkreis wurde ich mit großer Herzlichkeit empfangen. Ebenso kurz darauf in der SPD-Fraktion der Bundesversammlung, die Walter Scheel zum Bundespräsidenten wählte. Alle fanden es gut, daß ich nicht an meinem Doppelsessel geklebt hatte.

Vier Wochen später sprachen Willy Brandt und ich noch einmal in Ruhe die ganzen Vorgänge durch. Zum Schluß meinte er: «Der Hauptfehler war, daß wir uns getrennt haben.»

Zerreißproben

Fraktion, Partei,
Sozialistische Internationale

Der Übergang

Mein Ausscheiden aus der Regierung nach über sieben Jahren als Staatssekretär und Minister erschien mir wie eine Rückkehr ins normale, «bürgerliche» Leben – ohne Apparat und ohne Streß. Entzugserscheinungen hatte ich nicht, wohl weil ich mit Willy Brandt gegangen war. Mein alter wissenschaftlicher Mentor Rudolf Smend riet mir in einem freundschaftlichen Brief, allen weiteren politischen Versuchungen zu widerstehen und in die Wissenschaft zurückzukehren. Der Aufforderung folgte ich nicht. Der politische Bazillus hatte mich schon zu stark infiziert. Ich hatte als Bundestagsabgeordneter und SPD-Vorstandsmitglied Pflichten im Bundestag, in der Fraktion und in der Partei, die ich auch weiterhin wahrnehmen wollte. Als Seiteneinsteiger von «oben» war ich in die Bonner Politik gekommen und erst später Abgeordneter geworden. Ich war gespannt, Bundestag und Fraktion von innen kennenzulernen und zu sehen, wie sich Politik aus der Sicht des Parlaments und einer Regierungsfraktion ausnimmt.

Zum Bonner «Betrieb» ging ich auf Distanz, sehr zur Freude meiner Frau. Nach den politisch turbulenten anderthalb Jahren seit unserer Heirat genossen wir zum ersten Mal ein richtiges Privatleben. Ich nutzte es zum Ausspannen und Auftanken. Es gab wieder genügend Zeit für Bücher, Bilder und für Freunde. Wirklich «privat» wird man in unserer Fernsehgesellschaft beim Ausscheiden aus der ersten politischen Linie allerdings nicht so schnell. Selbst im Urlaub verspüren deutsche Touristen einen im internationalen Vergleich unübertroffenen Drang zum Händeschütteln. Irgendwie scheint es sie in der Gewißheit zu bestärken, ihren Urlaubsplatz goldrichtig gewählt zu haben.

Nach einer Weile ließ ich mich als Rechtsanwalt nieder und übernahm Beratungen und Gutachten. Im Streit um den § 218 vertrat ich die erste vom Deutschen Bundestag beschlossene Fristenregelung vor dem Bundesverfassungsgericht, leider ohne Erfolg. Doch als ich später vor der Frage stand, ob ich notfalls unter Niederlegung meines Mandats in einen großen, lukrativen Prozeß einsteigen sollte, entschied ich mich erneut für die Politik.

Herbert Wehner hatte mich gedrängt, für den Fraktionsvorstand zu kandidieren, er wurde wütend, als ich diese «Auffangposition» ausschlug. Ich wußte nicht, ob ich überhaupt gewählt werden würde. Zudem wollte ich mich nicht gleich wieder an Wehner binden. Sehr zufrieden, auch Helmut Schmidt keine Kabinettsdisziplin zu schulden, wollte ich mich als «freier» Abgeordneter zunächst einmal umsehen.

Ich wurde Mitglied des Auswärtigen Ausschusses. Die Jahre bei Brandt hatten mein außen- und sicherheitspolitisches Interesse geweckt. In meiner ersten Ausschußsitzung wurde im Juni 1974 der mit Prag vereinbarte Vertrag behandelt. Bei der Union führten Vertriebenen-Funktionäre das große Wort gegen den Vertrag. Noch war die Kontinuität der Entspannungspolitik auch zu Hause nicht gesichert. In der Außen- und Sicherheitspolitik fand sich nicht zuletzt unter dem Einfluß von Brandt eine SPD-Crew zusammen, die ihresgleichen in den anderen Parteien und Fraktionen suchte.

Verglichen mit den Anfängen vor zwanzig Jahren, als ich Assistent von Adolf Arndt gewesen war, gab es in der Fraktion, wie im Bundestag im allgemeinen, weniger Originale. Diese Entwicklung hat sich seitdem fortgesetzt. Die wachsende Kompliziertheit unserer Gesellschaft und damit der Politik führt zu deren Professionalisierung. Diese aber scheidet «Laien» und damit auch Originale mehr und mehr aus. Da deutsches Schubladendenken ein Hin- und Herwechseln zwischen Wirtschaft, Wissenschaft und Politik wie in den angelsächsischen Ländern nicht kennt, spezialisieren sich unsere Politiker immer früher. Für ihre Arbeit brauchen sie in der Regel schon der Ausstattung wegen ein Mandat. Über ihre

Aufstellung als Kandidaten entscheiden heute aber aufgrund der Demokratisierung der Parteien fast ausschließlich die Parteiorganisationen in den Wahlkreisen. Außenseiter gehören nicht zu deren Favoriten. Die Chance der Parteivorstände, Seiteneinsteiger mit Reputation durchzudrücken, ist fast auf Null gesunken. Auch für die weitere Karriere der meisten Abgeordneten ist die Wahlkreis- und Parteiarbeit wichtiger geworden als die Parlamentsarbeit. Dazu trägt bei, daß es in den Medien der Bundesrepublik nur eine recht kümmerliche Parlamentsberichterstattung gibt. Über die Arbeit ihres Abgeordneten im Parlament erfahren die Bürger in den Wahlkreisen herzlich wenig.

Trotz des in diesem Punkt gewachsenen Gewichts der örtlichen Parteiorganisationen verläuft die Entwicklung in der Fraktion nicht im Gleichschritt mit der der Partei. Während die SPD sich als Partei seit dem Hannoveraner Parteitag mehr und mehr zur «linken Mitte» geöffnet hatte, dominierte in der Fraktion nach wie vor der «Kanal». Ohne in der Fraktion eine Mehrheit zu haben, war er als der geschlossenste Stimmblock doch meist ausschlaggebend. Wer nicht auf seinem «Ticket» fuhr, hatte wenig Chancen, in eine Führungsfunktion gewählt zu werden. Die Entwicklungen in der Partei wirken sich durch die Mandatsdauer nur phasenverschoben in der Fraktion aus. Außerdem gelten in der Partei für Bundestagskandidaten andere Auswahlkriterien als für Parteitagsdelegierte. Abgeordnete sollen arbeiten, Delegierte dem Parteiestablishment Dampf machen. Hinzu kam das harte Fraktionsregiment des «Zuchtmeisters» Wehner und eine interne Organisation, die Leitungsfunktionen in wenigen Händen konzentrierte. «Extratouren» waren hier nicht gefragt. Schließlich war die «Truppenbetreuung» des «Kanals» für die in Bonn heimatlosen Abgeordneten konkurrenzlos und sein Anhang nicht zuletzt darum groß.

Ich hielt bei weitem nicht alles für richtig, vieles nicht einmal für diskussionswürdig, was im linken «Frankfurter Kreis» der Partei oder im «Leverkusener Kreis» der Fraktion gesagt und resolutioniert wurde. Das galt aber erst recht für den «Kanal», in dem manchmal unglaublicher Stuß geredet wurde. Die Gründung eines Gesprächskreises der Parteirechten, später «Seeheimer

Kreis» genannt, bedeutete einen Fortschritt gegenüber den Bierabenden der «Kanaler», da sich nun auch die Parteirechte aufs Argumentieren verlegte. Darum ging es meines Erachtens: unterschiedliche oder gar gegensätzliche Positionen auszudiskutieren, um daraus eine gemeinsame Linie für operatives Handeln zu entwickeln.

Ich zog in die 16. Etage des «Langen Eugen», die zu einer Art Treffpunkt der «Linken Mitte»-Minderheit in der Fraktion geworden war. Dabei ging es mir auch darum, den «Leverkusener Kreis», dessen Gründung ich skeptisch beurteilt hatte und dessen Mitglied ich nicht wurde, für eine auf Integration angelegte Diskussion zu gewinnen. Von bloßen Herausforderungen des «Kanals» versprach ich mir wenig. Dafür war mir auch die Handlungs- und Regierungsfähigkeit der Sozialdemokratie zu wichtig. Später wandelte sich der «Leverkusener Kreis» in einen offenen Gesprächskreis «Parlamentarische Linke» um, ein insofern problematischer Vorgang, als dieser Name der Gesamtfraktion gebührte.

Im Parteivorstand arbeitete ich weiter für den Integrationskurs von Willy Brandt. Die gesellschaftlichen Entwicklungen verlangten mehr denn je eine selbstkritische Offenheit der Partei gegenüber Andersdenkenden, Außenstehenden und Kritikern in den eigenen Reihen. Die Mitgliedschaft der Partei war stark gewachsen. Damit hatte sich auch ihre soziale Zusammensetzung verändert, angefangen von der Differenzierung innerhalb der Arbeitnehmerschaft bis zur Eintrittswelle von Studenten und Schülern. Die Bürger waren durch zunehmenden Wohlstand, bessere Bildungschancen und die laufende Information des Fernsehens eigenständiger geworden. Das alte sozialdemokratische Milieu gab es nicht mehr und auch nicht mehr die alte, Disziplin stärkende Heilsgewißheit, daß die Zeit ohnehin für die Sozialdemokratie arbeite. Eine autoritär-hierarchische Führung der SPD als linker Volkspartei war ausgeschlossen. Brandt führte die Partei gelegentlich an einem zu langen Zügel, konnte sie aber durch seine Offenheit, seine Fairneß und seine Überzeugungskraft auch immer wieder einigen und auf Kurs halten.

Als Willy Brandt die Sozialistische Internationale zu neuem Leben erweckte, zog er mich auch in diese Arbeit hinein.

Die internationale Sozialdemokratie

Ignazio Silone hat einmal gesagt, von allen Nationalisierungen sei den Sozialisten die Nationalisierung ihrer eigenen Parteien am besten gelungen. Historisch gründete dies im Sieg des Nationalismus über den Internationalismus der Arbeiterbewegung, ein «Sieg», der sich in zwei Weltkriegen manifestierte. Nach dem Zweiten Weltkrieg wurde die Sozialistische Internationale 1951 in Frankfurt wiedergegründet, gewann aber keine überragende internationale Bedeutung. Erst nachdem Willy Brandt Ende 1976 in Genf einstimmig zum Vorsitzenden gewählt worden war, sollte das anders werden, ohne daß sich am Charakter der SI als eines losen Zusammenschlusses «souveräner» Parteien mit gemeinsamen Grundüberzeugungen etwas änderte.

Die Sympathie für Willy Brandt war in der internationalen Sozialdemokratie noch größer als in der eigenen Partei. Er war in diesem Kreis für viele nicht nur der Vorsitzende der starken und traditionsreichen deutschen Sozialdemokratie, sondern einfach die Personifizierung des «anderen», des demokratischen Deutschlands. Und er war Träger des Friedensnobelpreises. Brandt rief die SI zu drei Offensiven auf: für Friedenspolitik und Abrüstung, für neue Nord-Süd-Beziehungen, für die Menschenrechte.

Die Entspannungspolitik fand in der SI ein Stück zusätzlicher internationaler Verankerung. Dabei kam ihr das Prestige sozialistischer und sozialdemokratischer Regierungschefs wie Kreisky und Palme, Wilson und Mitterrand, Soares und Gonzales zugute. Im Ost-West-Dialog über Abrüstung sollte der Abrüstungsausschuß der SI unter dem Vorsitz des langjährigen Außenministers und Ministerpräsidenten Finnlands, Kalevi Sorsa, eine erhebliche Rolle spielen.

Hinsichtlich der Nord-Süd-Beziehungen warb Brandt in Überwindung des sozialdemokratischen «Eurozentrismus» für eine Allianz der europäischen SI-Parteien mit progressiven Parteien in der Dritten Welt, in Mittel- und Südamerika, in Afrika, in Asien. Dabei ging es nicht um einen Export der europäischen Sozialdemokratie in andere Teile der Welt, sondern darum, weltweit – bis hin zu den Befreiungsbewegungen – fortschrittliche Orientierungen gegenüber dem Konservativismus wie gegenüber dem Kommunismus besser zur Geltung zu bringen. Manche Blockfreien befürchteten, dieser Vorstoß könnte einen erneuten Versuch Moskaus auslösen, das Lager der Blockfreien unter kommunistische Kontrolle zu bringen. Im Endergebnis wurden aber die nichtkommunistischen Kräfte gestärkt. Für die Achtung der Menschenrechte hatte sich die SI seit jeher weltweit eingesetzt, in der Dritten Welt wie in Europa. Sie hatte die kommunistische ebenso wie rechts-autoritäre Unterdrückung gegeißelt. Die krampflösende Wirkung der Entspannungspolitik innerhalb der Blöcke brachte erst die rechts-autoritären und dann, in einem längeren Prozeß, die kommunistischen Regime in Schwierigkeiten.

Im Westen reichte es, um respektiert zu werden, für ein Regime nicht mehr aus, lediglich antikommunistisch zu sein. Das trug dazu bei, der Junta in Griechenland, dem Salazar-Regime in Portugal und dem Franco-Regime in Spanien die Legitimität zu entziehen. Die SI, voran die SPD, unterstützte die Opposition gegen die griechische Junta. Die Bundesregierung hatte noch unter Brandt die Fortführung der Waffenlieferungen an Griechenland, zu denen wir innerhalb des Bündnisses verpflichtet waren, auf meinen Vorschlag hin mit der Forderung nach Freilassung von politischen Gefangenen verknüpft. Vom Regierungschef der Junta, Papadopoulos, verlangte ich als Zeichen guten Willens die Freilassung von Professor Giorgos Mangakis und seiner Frau Aky. Mangakis war in Freiburg als Gastprofessor mein Kollege gewesen. Die Junta hatte ihn wegen aktiven Widerstands zu achtzehn Jahren Zuchthaus verurteilt. Papadopoulos ließ sich unter Umgehung von Innenminister Pattakos auf meine Forderung ein. Mit Hilfe des deutschen und des amerikanischen Botschafters in Athen ließ ich das Ehepaar Mangakis im April 1972 mit einer Luftwaffenmaschine vom amerikanischen Militärstützpunkt bei Athen in die Bundesrepublik holen. Der übergangene Innenminister, der alles mitbekommen, aber nicht interveniert hatte, erhob nach dem Abflug ein großes Geschrei über diese «illegale Ausreise», worauf auch der Junta-Chef so tat, als ob wir das Ehepaar Mangakis gekidnappt hätten. 1973 wurde Papadopoulos gestürzt, 1974 kehrte Griechenland zur Demokratie zurück.

Noch intensiver hatten wir uns mit der Entwicklung in Portugal beschäftigt. 1970 hatte mich der sambische Staatspräsident Kaunda als Vorsitzender der Organisation Afrikanischer Staaten gebeten, beim portugiesischen Ministerpräsidenten Caetano, dem Nachfolger Salazars, zu sondieren, ob man über die Zukunft der portugiesischen Überseegebiete vertrauliche Gespräche führen könne. Ich kannte Caetano, der Rektor der Universität Lissabon gewesen war, aus einem Internationalen Juristenseminar in Santiago de Compostella. Im Oktober 1970 traf ich ihn in einem Fort am Tejo. Er betrachtete seinen politischen Spielraum in der Afrikapolitik als gering, nicht zuletzt mit Rücksicht auf die Streitkräfte. Ironischerweise putschte die Armee dann 1974 gerade wegen der das Land ruinierenden Kosten der Afrikapolitik.

Da Portugal keine demokratischen Strukturen kannte, drohte der Putsch das Land völlig zu destabilisieren. Ein Teil der portugiesischen Militärs paktierte mit den Kommunisten, die aggressiv auftraten. Brandt startete in Zusammenarbeit mit Helmut Schmidt und unterstützt von Freunden aus der SI eine dreifache Operation. Wir beschworen Washington, nicht in Portugal zu intervenieren, ein Ratschlag, von dem Kissinger nicht leicht zu überzeugen war. Wir erklärten Moskau unverblümt, daß wir eine kommunistische Machtergreifung in Portugal als unvereinbar mit der Entspannungspolitik ansehen würden. Und wir halfen in einer beispiellosen Aktion Mario Soares und seiner kleinen, 1973 in der Bundesrepublik gegründeten Sozialistischen Partei. Sie wurde zu einer die demokratische Entwicklung stabilisierenden Kraft und gewann im April 1975 die Wahlen. 1976 wurde Soares Regierungschef.

Aus der portugiesischen Erfahrung klug geworden, bauten wir in Spanien vor. Lange Jahre hatten wir uns darauf beschränkt, vom Franco-Regime verfolgten Sozialisten zu helfen. Jetzt gingen wir zur Unterstützung der halblegalen Sozialistischen Arbeiterpartei (PSOE) unter ihrem jungen Generalsekretär Felipe Gonzales über. Wir luden ihn im November 1975 zu unserem Mannheimer Parteitag ein, der zu einem großen sozialistischen Familientreffen wurde. Auf Bitten Willy Brandts hatte König Juan Carlos dafür gesorgt, daß Gonzales einen Paß bekam. Felipe hielt eine kurze, aber eindringliche Rede, mit der er internationale Aufmerksamkeit gewann. Kurz darauf starb Franco, der König wurde Staatsoberhaupt und Felipe Gonzales zu einem der führenden Köpfe der neuen spanischen Demokratie.

Die Mitwirkung der SI bei der Überwindung der drei autoritären Regime in Südeuropa stärkte ihr Ansehen. Die in Portugal gemachten Erfahrungen aktualisierten zugleich ihre Auseinandersetzung mit dem Kommunismus. Nach der Spaltung der Arbeiterbewegung durch die Kommunisten war das Verhältnis zwischen ihnen und der Sozialdemokratie fast durchgehend feindlich gewesen. Die Komintern hatte 1924 unter Stalins Führung die Sozialdemokratie als «Sozialfaschismus» denunziert und sie, nicht die Nazis, zu ihrem Hauptgegner erklärt. Der spätere Kampf gegen den Faschismus und Nationalsozialismus hatte wegen der schlechten Erfahrungen, die die Sozialdemokraten im Spanischen Bürgerkrieg und in der illegalen Arbeit gegen Hitler mit den Kommunisten machen mußten, die Gräben nicht zugeschüttet. Die Gleich- und Ausschaltung der Sozialdemokraten im kommunistischen Machtbereich der Nachkriegszeit riß die Gräben vollends wieder auf.

Die Prinzipien-Erklärung der SI von 1951 hatte dementsprechend einen harten Trennungsstrich gezogen: «Die Kommunisten berufen sich zu Unrecht auf sozialistische Traditionen... Der internationale Kommunismus ist das Instrument eines neuen Imperialismus. Wo immer er zur Macht gekommen ist, hat er die Freiheit ausgerottet, oder die Möglichkeit, sie zu erringen, vernichtet.» Kurt Schumacher nannte die Kommunisten «rotlackierte Nazis». Im Godesberger Grundsatzprogramm von 1959 hieß es: «Die Kommunisten unterdrücken die Freiheit radikal. Sie vergewaltigen die Menschenrechte und das Selbstbestimmungsrecht der Persönlichkeit und der Völker. Gegen ihren Machtapparat stellen sich heute zunehmend auch die Menschen der kommunistisch regierten Länder selber.» In seiner berühmten, die Entspannungspolitik begründenden Rede in Tutzing erklärte Willy Brandt vier Jahre später, ideologisch könne es zwischen Sozialdemokraten und Kommunisten keine «Koexistenz» geben.

Nach Brandts Rücktritt als Kanzler überzeugte ich ihn als Parteivorsitzenden davon, daß sich die SPD systematisch mit den weltweiten Entwicklungen im Kommunismus beschäftigen müsse. Mitte 1975 wurde eine Arbeitsgruppe unter meinem Vorsitz gebildet. Um uns die üblichen Diffamierungen der Union und der Rechtspresse als Kommunisten-Knechte zu ersparen, erhielt sie den Namen «Arbeitsgruppe Südwesteuropa». Wir beschäftigten uns mit dreierlei: mit der Lage der kommunistischen Parteien in den Ländern des Westens; mit der Entwicklung eines sich von Moskau lossagenden «National-» und eines sich zum demokratischen Pluralismus bekennenden «Eurokommunismus»; schließlich mit der Entwicklung der kommunistischen Parteien und Regime im Ostblock. Für Willy Brandt wie für mich war diese ideologische Auseinandersetzung auch für die Entspannungspolitik von erheblicher Bedeutung.

In unserer Arbeitsgruppe waren für mich zwei Diskussionen besonders wichtig. Wolfgang Leonhard und ich erzielten Ende 1978 Übereinstimmung darüber, daß «Stabilisierung» oder aber «Destabilisierung» der Ostblock-Regime nicht Kriterien der Entspannungspolitik sein dürften. Und ein origineller Vortrag von Professor Ludwig Bress aus Kassel über den «Germanischen Eurokommunismus» machte mir Ende 1979 klar, daß das Problem der SED in ihrem Verhältnis zur Moskauer Zentrale bisher keineswegs nur in ihrer «Linientreue» gelegen hatte, sondern vielleicht mehr noch in ihren Abweichungen nach der falschen Seite, hin zu noch gründlicherer Orthodoxie.

1975 leitete ich einen intensiven Meinungsaustausch mit den jugoslawischen und den italienischen Kommunisten ein. Mit dem Bund der Kommunisten Jugoslawiens (BdKJ) unterhielt die SPD seit dem mutigen Bruch Titos mit Moskau offizielle Parteibeziehungen. Die Jugoslawen waren Vorreiter eines Moskau gegenüber eigenständigen Nationalkommunismus. Mit Tito als einem der Mitbegründer der Blockfreien kam ihnen außerdem eine wichtige Rolle für die Eindämmung sowjetischen und kubanischen Einflusses in deren Lager zu. Ich begleitete Willy Brandt zu Besuchen bei Tito, der mich im politischen Gespräch beeindruckte, in seinem balkanfürstlichen Gepränge aber abstieß. Mein Gesprächspartner im BdKJ wurde dessen Internationaler Sekretär, Aleksandar Grličkow, ein Mazedonier aus Stip.

Die große kommunistische Partei im Nachbarland Italien war Vorreiter des «Eurokommunismus», der nicht nur das Recht auf den eigenen Weg in Anspruch nahm, sondern sich auch – anders als die regierenden jugoslawischen Kommunisten – zur westlichen pluralistischen Demokratie bekannte. Gelegentliche Kontakte zwischen SPD und PCI hatte es im Vorfeld der Ostpolitik schon seit 1967/68 gegeben. Gestützt auf BND-Berichte, hatte Kiesinger sie in der Großen Koalition zum Anlaß genommen, gegen die SPD zu polemisieren, obwohl wir aus diesen Kontakten gar kein Geheimnis gemacht hatten. Jetzt begannen wir einen regelmäßigen Meinungsaustausch mit der PCI. Ihr langjähriger Vorsitzender, Enrico Berlinguer, war ein zerbrechlich wirkender Mann von stiller Kraft und großer Ausstrahlung. Eurokommunistisch waren auch Teile der spanischen KP, vor allem solche, die wie Generalsekretär Santiago Carrillo aus dem französischen Exil zurückgekommen waren. Auf Vermittlung des BdKJ und der PCI traf ich ihn in Rom. Mein Gesprächspartner wurde der liberale «Chefideologe» Manuel Azcárate, der später die auseinanderfallende Partei verließ.

Der intensive und weitgehend öffentliche Meinungsaustausch der deutschen Sozialdemokraten mit den jugoslawischen und italienischen Kommunisten traf den Moskauer «Weltkommunismus» in einer Phase wachsender Schwierigkeiten. Auf dem 20. Parteitag der KPdSU hatte Chruschtschow 1956 die erste Abrechnung mit den Verbrechen Stalins vorgenommen und damit eine Tauwetterperiode eingeleitet, die dann aber, wie die mit ihr verbundenen Reformansätze, steckengeblieben war. In der späten Breschnew-Ära führte das zu Unbeweglichkeit im Innern bei zunehmendem, von der Entspannungspolitik gefördertem «Polyzentrismus» draußen. Der Bruch mit China und dem Maoismus schien ohnehin unheilbar. Die Rumänen verfolgten eine nationalistische Linie. Die jugoslawischen und italienischen Kommunisten stimmten mit den Sozialdemokraten nicht nur hinsichtlich Entspannungspolitik, Abrüstung und Nord-Süd-Beziehungen weitgehend überein. Sie erklärten auch das sowjetische Gesellschaftsmodell für nicht nachahmenswert und die Idee eines von der Moskauer Zentrale gelenkten «Weltkommunismus» für unakzeptabel.

In diesem Zusammenhang gewann die von Moskau lange geplante, wegen Meinungsverschiedenheiten unter den kommunistischen Parteien aber immer wieder verschobene Europäische Kommunisten-Konferenz große Bedeutung, die schließlich im Sommer 1976 in Ost-Berlin stattfand. Die jugoslawischen, italienischen und spanischen Kommunisten, zu denen sich vorübergehend auch die Franzosen gesellten, stimmten ihr Vorgehen ab. Der Konferenz fernbleiben wollten sie schon im Hinblick auf die osteuropäischen Parteien nicht. Nach meinem Eindruck befürchteten sie für diesen Fall aber auch Schwierigkeiten in ihrer eigenen Mitgliedschaft. Nach dem letzten Vorbereitungstreffen in Ost-Berlin informierte mich Grličkow in der jugoslawischen Militärmission in West-Berlin über den Stand der Dinge. «Eingehüllt in das bengalische Feuer der Ideologie», so Grličkow, hätten die «Autonomisten» die Bedingungen für ihre Teilnahme an der Konferenz praktisch durchgesetzt: Eigenständigkeit der nationalen Parteien in der Außen- wie in der Innenpolitik. Die KPdSU versuchte durch Flexibilität ihrerseits, den Verein wenigstens pro forma zusammenzuhalten. Aber das Ende des «Weltkommunismus» war eingeläutet. Weder wurde eine europäische Konferenz wiederholt noch kam eine neue Weltkonferenz zustande.

Bei der Union stießen unsere Kontakte dennoch auf pure Ablehnung. Ihr schauderte bei der Idee, es könne in Italien zu einem «historischen Kompromiß» zwischen Christdemokraten und Eurokommunisten kommen. Auf dem rechten Flügel der SPD gab es Unbehagen. Willy Brandt und ich verabredeten daher, die Kontakte publizistisch zu begleiten. Er ging im Januar 1976 mit einem «Spiegel»-Gespräch voran, ich folgte wenige Wochen später mit einem Vortrag im Gesprächskreis «Wissenschaft und Politik» der Ebert-Stiftung. Er wurde in mehrere Sprachen übersetzt und an alle europäischen Parteien verschickt. Ich wies in diesem Vortrag noch einmal auf die Notwendigkeit hin, Entspannungspolitik und ideologische Auseinandersetzung miteinander zu verbinden und die eurokommunistische Entwicklung nüchtern zu beobachten. Während sich namhafte europäische Christdemokraten wie der frühere Generalsekretär der Democrazia Cristiana, Verteidigungsminister Forlani, oder der Vorsitzende der Christlichen Volkspartei Belgiens, Maertens, im gleichen Sinne äußerten, erschöpfte sich die Union in Polemik und hielt an der konservativen Angstparole fest, die Reformkommunisten seien besonders gefährlich.

Die Frage, ob die «real existierenden» kommunistischen Regime überhaupt reformfähig seien, war meines Erachtens a priori weder zu bejahen noch zu verneinen. Wir mußten sie eben dazu drängen. Der Kommunismus war eine Perversion der Tradition der europäischen Arbeiterbewegung, der tausendfache Bruch einst gläubiger Kommunisten mit seinen Dogmen hatte hier seinen Ursprung. In einem der Deutschlandpolitik gewidmeten Essay «Was ist des Deutschen Vaterland» wiederholte ich daher 1979 noch einmal, «Stabilisierung» oder «Destabilisierung» der Ostblock-Regime seien für die Entspannungspolitik falsche Kriterien. Der Entspannungspolitik müsse es in Europa um Frieden, aber auch um politische Reformen im sozialdemokratischen Geiste gehen.

Helmut Schmidt stand unserer Arbeit in Sachen Ideologie skeptisch gegenüber. Überhaupt wurde im Kreise der SI der Unterschied zwischen Brandt und ihm besonders deutlich. Während Willy Brandt, ebenso wie Bruno Kreisky, seit seiner Jugend und seinem Exil in der internationalen Sozialdemokratie zu Hause war, wirkte Helmut Schmidt im Kreise der SI fremd. So nahm er ausgerechnet den Genfer Kongreß, auf dem Willy Brandt 1976 zum Vorsitzenden gewählt wurde, zum Anlaß, den versammelten Sozis wirtschaftspolitisch die Leviten zu lesen, was seinen Kanzlerkollegen Kreisky zu einer harten Antwort provozierte.

Helmut Schmidts Krisenmanagement

Der Wechsel zu Schmidt

Der Übergang zur Kanzlerschaft von Helmut Schmidt war «reibungslos» vonstatten gegangen. Manche Beobachter konstatierten das mit Erstaunen, andere wußten mit Tucholsky, daß bei der SPD Disziplin in der Familie liegt. Da der Rücktritt Brandts offenbar die Gefühle erschöpft hatte, lief der Wechsel seltsam emotionslos ab. Die Koalition hatte eine klare Mehrheit. Helmut Schmidt bildete eine Ministermannschaft aus traditionellen Sozialdemokraten mit vielen Gewerkschaftlern. Zum linken Spektrum wurde nur Matthöfer gezählt, auch er ein Gewerkschaftler und seit der Notstandsdebatte mit Schmidt befreundet. Als einziger Schmidt-Kritiker blieb Eppler, doch nur für ein paar Wochen. Dann klagte er im internen Kreis über Schmidts «Rekrutenschule» und verließ wegen Differenzen über den Haushalt des Entwicklungshilfeministeriums die Regierung. Zu meiner Überraschung trat Egon Bahr als sein Nachfolger in das Kabinett Schmidt ein.

Es war ein Kabinett ohne «Stars» – mit Ausnahme des «Superstars» Helmut Schmidt. In acht Regierungsjahren wurden elf Minister ausgewechselt. Auch soweit das mit Krisen und Affären verbunden war, blieb Schmidts Stellung als Kanzler unangefochten. Das galt selbst für das Rentendebakel von 1976, für das Walter Arendt verbittert seinen Hut nahm. Aufgrund falscher Berechnungen hatten Bundeskanzler und Bundesarbeitsminister vor der Wahl Versprechungen gemacht, die sie nach der Wahl nicht halten konnten.

In der Koalition verstärkte der Übergang zu Schmidt den konservativen Trend der FDP weg von den «Freiburger Thesen». Aus

dem sozial-liberalen «Bündnis» wurde endgültig eine ganz normale Koalition. In der langen, psychologisch geschickten Regierungserklärung, die an Brandts Regierungserklärung von 1972 an-
knüpfte, wurde die Tatsache, daß es sich um mehr als nur um
Kurskorrekturen handelte, durch das Motto «Kontinuität und
Konzentration» verdeckt. Der Wechsel von Brandt zu Schmidt
war aber mehr als ein Mannschaftswechsel. Im Grunde war er ein
«kleiner Regierungswechsel». So schimpfte Hermann Höcherl,
als wir in jenen Tagen zusammen ins Glas schauten, wir Sozis seien
alte Lumpen. Nach den Brandt-Jahren habe das deutsche Volk
Anspruch auf eine solide konservative Regierung. Und was machten wir? Wir ließen mit Helmut Schmidt einfach den konservativen Flügel der SPD ans Ruder. Das sei ein «In-sich-Geschäft» auf
Kosten der Union und des ganzen deutschen Volkes.

Schmidt hatte aus seiner konservativen Grundeinstellung nie
ein Hehl gemacht. Die «linke Mitte» diskutierte daher heftig, ob
sie Brandts Nachfolgevorschlag im Parteivorstand überhaupt unterstützen solle. Ich trat dafür ein. Es gehe darum, die Regierung
Schmidt gegenüber der Union zu stützen, um ihren Kurs in der
Fraktion notfalls zu streiten und in der Partei dafür zu sorgen, daß
die neuen Ansätze der Brandt-Jahre nicht plattgewalzt würden.
Da Brandt Vorsitzender bleibe, seien wir das auch ihm schuldig.

Brandts Abgang machte die von ihm bewirkten Änderungen
nicht ungeschehen. Die SPD hatte von 1964 bis 1974, in den ersten
zehn Jahren von Brandts Parteivorsitz, Hunderttausende neuer
Mitglieder gewonnen. Brandt hatte im Bund den Regierungswechsel herbeigeführt und die SPD mit seinem großen Wahlsieg
von 1972 zur stimmenstärksten Partei der Bundesrepublik gemacht. Die Sozialdemokraten hatten als Regierungspartei ein
neues Verhältnis zur politischen Macht und zur Bundesrepublik
als auch ihrem Staat gewonnen. Mit der Entspannungs- und der
Reformpolitik hatte Brandt die großen Themen aufgerufen, die
bis zum Fall der Mauer auf der Tagesordnung bleiben sollten. Den
Schutz der Umwelt hatte er erstmals auf die politische Agenda
gesetzt. Schließlich hatte er im Pro und Contra zu seiner Politik
auf breiter Front Bürgersinn und demokratisches Engagement geweckt. Auf alldem konnte Helmut Schmidt aufbauen.

Andererseits hatten sich die äußeren Umstände und Rahmen-
bedingungen seit Gründung der sozial-liberalen Koalition drastisch verschlechtert. Mit der ersten Ölkrise war eine Periode
scheinbar unbegrenzten Wachstums zu Ende gegangen. Die Weltwirtschaft war in eine «Stagflation» geraten mit hohen Inflations-
raten und gleichzeitig wachsenden Arbeitslosenzahlen. Einer
Politik der Globalsteuerung zu stetigem Wachstum bei Vollbe-
schäftigung und damit zu vereinbarenden Löhnen, wie sie die Sozialdemokratie angestrebt hatte, wurde damit der Boden entzogen.
Gleichzeitig verschärften die als erste Reaktion auf die Ölkrise
verordneten Autofahrverbote und Geschwindigkeitsbegrenzun-
gen das vom «Club of Rome» geweckte öffentliche Bewußtsein
wachsender Umweltgefahren. In der Encrgiepolitik, vor allem in
der Frage der Nutzung der Atomkraft, stießen altes ökonomisches
und neues ökologisches Denken aufeinander.

Die Entspannungspolitik wurde durch die Schlußakte von
Helsinki, die das Mitspracherecht der Vereinigten Staaten und
Kanadas in europäischen Angelegenheiten festschrieb, multilate-
ralisiert, erlitt aber bald schwere Rückschläge. Altes Sicherheitsdenken, vor allem auf seiten der Sowjetunion, aber auch in den
USA, räumte dem vermeintlich eigenen Vorteil gegenüber den
gemeinsamen Sicherheitsinteressen im Zeitalter von Massenvernichtungswaffen weiterhin den Vorrang ein. So wurde der Rüstungswettlauf in Gang gehalten. Das Wettrüsten wurde von einer
Folge zu einer zusätzlichen Ursache weltpolitischer Spannungen.
Präsident Carters Sprunghaftigkeit in der Abrüstungspolitik irritierte die Sowjets. Die sowjetische Einmischung in regionale Konflikte verschärfte das amerikanische Mißtrauen und verhinderte
so die beiderseits geforderte Vertrauensbildung. Die forcierte
Menschenrechtspolitik Präsident Carters verstärkte die Sorge der
Ostblock-Führungen, der KSZE-Prozeß mit seinem Menschen-
rechts-«Korb» könne ihr System von innen gefährden. Nach dem
sowjetischen Einmarsch in Afghanistan Ende 1979 drohte ein erneuter Rückfall in den Kalten Krieg die Entspannungsfortschritte
auch in Europa zunichte zu machen. Die Amerikaner wurden
außerdem nach dem fundamentalistischen Umsturz im Iran durch
die Geiselnahme ihrer Botschaftsangehörigen bis aufs Blut gereizt.

Die gleichzeitige Krise der Weltwirtschaft und der Weltpolitik führte drastisch vor Augen, welche Kluft sich zwischen der internationalen Dimension der Probleme und der im Kern immer noch nationalen Organisation der politischen Entscheidungsprozesse aufgetan hatte. Die Europäisierung und Internationalisierung der Politik hatte zwar erhebliche Fortschritte gemacht, ohne doch mit den Problemen mithalten zu können. Das gilt – bis heute – für äußere Sicherheit, Wirtschaft und Umwelt wie für die Bekämpfung des Terrorismus und der organisierten Kriminalität einschließlich des Drogenhandels.

Die Auseinandersetzung mit der rebellierenden Jugend war nicht beendet. Es änderten sich aber ihre Formationen. Während innerhalb und außerhalb der SPD die Auseinandersetzung mit der «Neuen Linken» nach und nach abklang, stellten die Friedensbewegung, die ökologische Bewegung und die Frauenbewegung die politischen Parteien, voran die SPD, vor neue Herausforderungen. Die Frauenbewegung, die die Vorherrschaft der Männer und männlichen Denkens überwinden wollte, kam einer Kulturrevolution gleich. Die Ökologiebewegung forderte den «Frieden mit der Natur», sie stellte den Glauben an ständigen technischen Fortschritt und die Vorherrschaft industrieller Eliten in Frage. Die Friedensbewegung forderte für eine Welt voller Massenvernichtungswaffen ein neues Sicherheitsdenken. Alle drei Bewegungen wollten mehr Demokratie wagen – von unten.

Helmut Schmidt hatte für diese Bewegungen und ihre Fragen so wenig Verständnis wie seinerzeit für die Studentenbewegung, was zu einem Grundsatzkonflikt mit Erhard Eppler führte. Schmidt war in der krisenhaften Situation ganz auf die sich drastisch verschlechternde wirtschaftliche Lage fixiert, in der es ihm vor allem darauf anzukommen schien, das Erreichte zu bewahren. Er hielt Kurskorrekturen, Abstriche an Reformprogrammen eingeschlossen, für unumgänglich und war damit für die eher traditionell gesonnenen Kräfte im Lande der Mann der Stunde. Den anderen fehlte es nicht an Einsicht in die veränderte Lage. Die Problematik von Schmidts Kurswechsel lag für sie vielmehr darin, daß er die Beschränkung auf das Machbare zur politischen Maxime, den Pragmatismus zum politischen Prinzip erhob. Verglichen mit

Willy Brandt waren Schmidts Stärken und Schwächen geradezu spiegelbildlich verteilt. «Wenn man die beiden doch kreuzen könnte», seufzten manche Sozialdemokraten.

Schmidts Politikverständnis war nicht an stetiger Beeinflussung langfristiger Entwicklungen, sondern am Bild des «Krisenmanagements» orientiert. Das bravouröse Management der Hamburger Flutkatastrophe hatte den Hamburger Innensenator 1962 in der Bundesrepublik bekanntgemacht. Die Operation gegen die terroristischen Flugzeugentführer im Oktober 1977, die mit der Befreiung der Geiseln durch Hans-Jürgen Wischnewski und die GSG-9 in Mogadischu endete, wurde das internationale Paradestück. Mit dem weltpolitischen und weltwirtschaftspolitischen Krisenmanagement seiner Regierungszeit steuerte Schmidt die Bundesrepublik durch die Turbulenzen jener Jahre und gewann dabei weltweites Ansehen.

Doch der Mensch lebt nicht vom Brot allein, die Demokratie nicht nur vom Krisenmanagement. Selbst gekonnter Pragmatismus eröffnet keine Perspektiven für die Zukunft. Insoweit blieb Schmidt, gerade in der Nachfolge Willy Brandts, merkwürdig blaß. Die bramarbasierende Anklage Kohls, er ließe «geistig-politische Führung» vermissen, beantwortete Schmidt erstaunlich defensiv. Der Staat sei nicht dazu da, Sinnfragen zu beantworten, ein Bundeskanzler dürfe nicht den «Vordenker der Nation» spielen wollen. Das ist unbestritten. Aber politische Perspektiven öffnen, Ziele setzen, Diskussionen anregen, für demokratisches Engagement werben, aktiven Bürgersinn wecken, das dürfen politische Führer nicht nur, das müssen sie.

Helmut Schmidt gehörte jener Generation an, deren Idealismus vom «Dritten Reich» im Frieden und im Krieg mißbraucht worden war. Diese Generation hielt nichts mehr von großen Worten, und Schmidt hielt nichts von Utopie. Andererseits empfand aber auch er das Manko eines bloßen Pragmatismus, so daß er versuchte, seinen Pragmatismus durch Rückgriff auf Kant und Popper philosophisch aufzubessern. Das war für die Frage politischer Zielsetzungen wenig ergiebig. Der politisch aktiven jungen Generation sagte es nichts. Politische Orientierung wurde auch verfehlt, wenn Schmidt sich einerseits in technokratischer Manier als «leitender Angestellter des Unternehmens Bundesrepublik Deutschland» verstand, andererseits aber für seine politische Moral – die eigene Person steht insoweit im Mittelpunkt des Pragmatismus – auf das preußische Pflichtethos zurückgriff, samt der dazugehörenden Überbetonung von Sekundärtugenden. Beides, das Managerimage wie das Bekenntnis zur «preußischen Moral», unterstrichen nur die konservative Ausrichtung seines Pragmatismus.

Hierin lagen seine Schwierigkeiten mit der eigenen Partei, vor allem mit deren nichttraditionellem Flügel. Ihm gegenüber brachte er seine eigenen Ansichten und Überzeugungen in oft recht autoritärer Weise zur Geltung. Er machte der Partei gegenüber Fehler, weil er ihre Eigenständigkeit nicht ernst genug nahm. Und in der Partei, aber auch in der Koalition, empfand man Schmidts fehlende Zukunftsorientierung als politisches Manko.

An die Stelle von Zukunftsorientierung trat bei Helmut Schmidt eine seinen energischen Pragmatismus überhöhende staatsmännische Selbstinszenierung, die über alle politischen Alltagssorgen hinweg immer zugleich Staatsdarstellung war. In dieser Verbindung wurzelt seine hohe, bis heute anhaltende Popularität. Bis die Koalition auseinanderzufallen begann, hat Helmut Schmidt der großen Mehrheit unseres Volkes in einer schwierigen Zeit das Gefühl gegeben, die Regierung liege bei ihm in guten Händen. Unabhängig davon, wieweit man dieses Urteil teilt, war diese psychologische Wirkung für die politische Stabilität unseres Landes von großer Bedeutung. Ein amerikanischer Publizist, Samuel Lubell, hat einmal geschrieben, politische Stabilität sei wie die Luft, die wir atmen. Wenn wir sie haben, nehmen wir sie für selbstverständlich. Wird die Zufuhr aber einmal knapp, wird alles Leben zu einem hektischen Ringen mit dem Ersticken. Ein «Ersticken» der Republik hat Schmidt in schwieriger Zeit verhindert.

Schmidt hatte seine Kunst der staatsmännischen Selbstdarstellung und der Staatsdarstellung hoch entwickelt. Er begann damit schon als Verteidigungsminister, als er die rüde Attitüde des frühen «Schmidt-Schnauze» durch ein gemessenes Auftreten und eine moderate Tonart ersetzte. Dabei inszenierte er sich aber stets als den starken, überlegenen Mann, in der Kritik an der eigenen

Partei ebenso wie in der Zurechtweisung der Opposition oder in der Belehrung des Auslands. Die größte Wirkung erzielte er damit im Fernsehen. Er war der erste Spitzenpolitiker, der seine Fernsehwirkung bewußt einzusetzen verstand. Das wirkte bis in Kleinigkeiten. Bei Parlamentsreden steckte Schmidt beispielsweise gelegentlich die rechte Hand unter die linke Seite des Jacketts, nicht napoleonisch-herrisch, sondern eher prüfend. «Draußen» erinnerte diese Bewegung viele an die Geste «Hand aufs Herz», mit der die Amerikaner ihr Sternenbanner grüßen. Es wirkte amtlich und feierlich. Und dann die Prinz-Heinrich-Mütze, neben dem Schnupftabak ein Zeichen von Bodenständigkeit. Vor allem aber wies sie Schmidt als Lotsen aus, noch bevor er wie weiland Bismarck in der berühmten Zeichnung des «Punch» von Bord des Staatsschiffes ging.

Schmidts Auftreten wirkte konservativ-stabilisierend. Konservativ nicht im engeren parteipolitischen Sinne, sondern im Sinne eines Politikverständnisses, das mehr auf das Wirken des Staates als auf das demokratische Engagement der Bürger setzt. Diese Haltung kam vor allem bei der älteren Generation an, den Jüngeren erschienen Schmidts Auftritte als altmodisch, wenn nicht gar als autoritär.

Da diese Staatsdarstellung konservative Gefühle ansprach, ging sie auf Kosten der SPD. Mit gelegentlichen öffentlichen Ausfällen gegen die eigene Partei, vor allem gegen deren kritischen Teile, trug Schmidt dazu bei, daß er bald als der beste CDU-Kanzler gefeiert wurde, den die SPD je gestellt habe. Diese Einschätzung vergrößerte seine Popularität beträchtlich, führte aber andererseits dazu, daß er sie in Wahlen nur begrenzt auf die SPD übertragen konnte.

1976 sagte ich Schmidt voraus, ihm werde sein Kanzlerbonus nur begrenzt gegen die «Freiheit statt/oder Sozialismus»-Kampagne nützen, die Strauß und Filbinger angezettelt hatten und die Kohl mitmachte. Schmidts konservative Bewunderer wählten überwiegend die Union.

Streit und Zusammenhalt in der Partei

Die Ministermannschaft Schmidts hatte die vielen neuen SPD-Mitglieder nicht vom Stuhl gerissen, die Abstriche an der Reformpolitik taten es erst recht nicht. Viel kam darauf an, ob Helmut Schmidt sein Gewicht als Bundeskanzler und stellvertretender Parteivorsitzender im Sinne der Integration der Partei einsetzen würde. Er zog es vor, den Dompteur zu spielen. Dafür wählte er die Fraktion als Forum. Sie war sein unmittelbares Gegenüber als Regierungschef, er war ihr Vorsitzender gewesen. Parteivorsitzender war ein anderer.

Schon unmittelbar nach seiner Nominierung durch den Parteivorstand und dann gleich noch einmal nach seiner Wahl zum Bundeskanzler, beides mit den Stimmen der «linken Mitte», hielt er Anfang Mai 1974 Standpauken gegen «akademische» Theorien und Modelle in der SPD. Die Partei sei kein Seminar, sie müsse sich unter seiner Kanzlerschaft «häuten». Nun warf die zunehmende Akademisierung der Partei natürlich Probleme auf, aber sie entsprach der Entwicklung der Gesellschaft und war ein Resultat sozialdemokratischer Politik, mehr jungen Menschen den Zugang zum Studium zu öffnen. Viele Theorien und Modelle der rebellierenden Jungen waren tatsächlich praxis-, oft auch weltfremd und irritierten Teile der SPD-Wählerschaft. Gegenüber den APO-Zeiten waren in der Diskussion aber erhebliche Fortschritte erzielt worden, das Engagement der jungen Leute war echt, und viele kritische Fragen verlangten von der Partei eine Antwort. Durften wir diese Jugend sich selbst oder einer Partei links von der SPD überlassen?

Gewisse antiintellektuelle Untertöne in Schmidts Standpauken empfand ich als töricht. Sie waren zwar unter «Kanalern» populär, widersprachen aber der Tradition der Sozialdemokratie. Schmidt wollte im Ernst ja auch gar nicht auf Intellektuelle verzichten, etwa auf Carlo Schmid, Fritz Erler oder Adolf Arndt, um nur diese Namen zu nennen. Außerdem war er selbst Akademiker, wenn er gelegentlich auch so tat, als ob er beruflich nicht in der Hamburger Verwaltung, sondern im Hamburger Hafen groß geworden wäre.

Hinter all diesem stand sein traditionelles Bild der SPD mit ihrer Geschlossenheit und Disziplin, die vor jeder «Extratour» geschützt werden muß. Dieses Bild wurde bei ihm offenbar noch dadurch verstärkt, daß er – Kriegskameraden hatten ihn für die Sozialdemokratie gewonnen – nach eigenen frühen Bekundungen Parallelen zwischen der in der Armee erfahrenen Kameradschaft und der die SPD prägenden Solidarität sah. Dieser Gedanke war für die junge Generation und für die Frauen nicht nachvollziehbar und für mich zumindest schief. Kein Begriff im SPD-Vokabular war mir so fremd wie der des «Parteisoldaten». Ich verstand nicht, daß selbst ein so begabter Mann wie Hans Apel, dazu noch ein weißer Jahrgang, diesen Begriff im positiven Sinne benutzte – jedenfalls solange er Helmut Schmidt «diente».

Traditionelle Sozialdemokraten machten zu Recht geltend, pseudorevolutionäre Sprüche aus dem Kreis der «Neuen Linken» kosteten die SPD Stimmen. Doch das Festhalten an einer überholten Vorstellung von Sozialdemokratie kostete auch Stimmen. Für viele der neugewonnenen Mitglieder und Wähler glich die alte, «geschlossene» SPD – das gleiche galt für die Gewerkschaften – einem Dinosaurier. Und die Affären und Skandale, die in jenen Jahren zu erheblichen Stimmverlusten der SPD in den Ländern und in den Großstädten beitrugen – ich nenne nur die Stichworte «Neue Heimat», «Flick», «HeLaBa», «Garski» –, hatten viel mit verkrusteten Strukturen zu tun, nichts mit der «Neuen Linken». Das gleiche galt für Fehlleistungen in Sachen Parteifinanzierung. Sie waren von den Parteiführungen zu verantworten.

Willy Brandt stützte als Parteivorsitzender mit großer Loyalität, oft aber auch mit ebenso großer Unlust den Kanzler. Die Situation war für ihn wenig befriedigend. Mit um so größerem Elan widmete er sich der Sozialistischen Internationale und der von ihm geleiteten Nord-Süd-Kommission, die Ende 1977 ihre Arbeit aufnahm. Sein internationales Comeback war erstaunlich. Der Streit zwischen ihm und Wehner flackerte immer wieder einmal auf. Manchmal bekamen sich auch die «großen Drei» auf einmal in die Haare. Ich erzielte zumindest einen Überraschungserfolg, als ich sie bei einer dieser Gelegenheiten im Parteivorstand unterbrach, um sie daran zu erinnern, daß die Partei ihnen nicht gehöre.

Brandt stand den kritischen Kräften in der eigenen Partei wie den neuen Sozialbewegungen weiterhin sehr viel sensibler und aufgeschlossener gegenüber als Schmidt. Er sah, daß die Etablierung der «Grünen», die viele junge Menschen anzogen, das politische Gewicht der SPD verminderte. Von der Chance, in der Bundesrepublik einmal aus eigener Kraft eine Mehrheit zu gewinnen, entfernte die SPD sich immer weiter.

Ich hielt Helmut Schmidt erst unter vier Augen und dann im Parteivorstand vor, er trage nichts zur Integration der Partei bei, die Willy Brandt zusammenzuhalten suche. Er konterte, «wir» – gemeint war Brandt – ließen die Partei verludern. Seine Levitenleserei ärgerte mich, weil wir in der Partei schon viel weiter waren. Zum einen waren wir in der erweiterten Debattenrunde mit den Jusos inzwischen zu einer wirklichen Sachdiskussion gekommen. Zum anderen hatte ich mit Holger Börner, dem Bundesgeschäftsführer, und Egon Franke, dem Häuptling der «Kanaler», über die Notwendigkeit gesprochen, in der Partei eine auf Integration gerichtete Rechts-Links-Diskussion in Gang zu bringen, statt sich die unterschiedlichen Positionen und Ansichten nur um die Ohren zu schlagen. Nach dem Erfolg der «linken Mitte» in Hannover hatte sich die Position der Parteirechten allerdings verhärtet. Ihr Sprecher wurde, Schmidt hielt sich etwas zurück, mehr und mehr Jochen Vogel. Vogel war von seiner Auseinandersetzung mit der Münchner Linken, vor allem mit den Jusos, geradezu traumatisch geprägt. Die dortige Linke hatte in der Tat verrückt gespielt. Selbst Vogel wohlgesonnene Beobachter meinten aber, er selber habe den Konflikt durch sein autoritäres Gebaren gegenüber den Rebellen noch verschärft.

Als Jusos die wilden Streiks vom Herbst 1973 unterstützten, hatte Vogel für ihren Ausschluß plädiert. Ich fragte ihn, warum er nicht mit dem Ausschluß sozialdemokratischer Betriebsräte beginne, die diese Streiks mitorganisierten. Die Juso-Stellungnahme war zwar eine Torheit, vor allem gegenüber den Gewerkschaften; eine noch größere Torheit war aber das Verhalten der Arbeitgeber, die die Entwicklung von Unternehmergewinnen und Löhnen weiter auseinanderdriften ließen, statt sich zu einem Nachschlag bereit zu finden. Diese Konfliktsituation mit Parteiausschlüssen zu belasten war Krampf. Dennoch kam es in einigen Bezirken zu solchen Maßnahmen. Vogel heizte die parteiinterne Diskussion durch öffentliche Äußerungen weiter an. Ende September antwortete ich als Festredner auf dem hundertjährigen Jubiläum des Ortsvereins Dortmund-Hörde. Als mich darauf Hermann Heinemann, der Chef des mächtigen SPD-Bezirks Westliches Westfalen, im Parteivorstand annahm, kündigte ich an, ich würde auf die «konservative Welle» von nun an jedesmal öffentlich antworten und auch andere dazu ermuntern. Es solle keiner in der SPD meinen, die Union an Konservativismus noch übertreffen zu können. Eine Anpassung an die «Tendenzwende» lähme die Partei und den Reformwillen in der Gesellschaft. Da wir uns einen politischen Bruch der Generationen nicht leisten könnten, müsse es beim Integrationskurs bleiben. Die Auffassung setzte sich bei dieser Gelegenheit im Parteivorstand durch.

Bald darauf traf ich mich mit Vogel zu einem Gespräch unter vier Augen. Er befürchtete eine Unterwanderung der SPD und empfahl eine Ausschlußpolitik mit Symbolwirkung. Ich sah keine Unterwanderung der SPD, wohl aber Randgruppen, die nicht zu uns gehörten. Meine Antwort war daher eine politische Integration der Linken, die sie selbst zu einer Abgrenzung gegenüber solchen Randgruppen führen werde. In Einzelfällen dürfe man zwar auch vor Ausschlüssen nicht zurückschrecken, das sei aber Administration, keine Politik. Ich hielt daher Vogels Kurs für falsch. Wären wir ihm gefolgt, wäre die SPD so «staatstreu und jugendfrei» geworden, wie ihr das nach der späteren Auseinandersetzung mit den «Bunten» ohnehin noch vorgeworfen wurde.

Anfang 1974 hatten wir uns dann bei mir in Rhöndorf in einem größeren Kreis getroffen. Das «flügelübergreifende» Gespräch führte zu einer spürbaren Entkrampfung. Als bald darauf auf dem Juso-Kongreß in München die «Stamokap»-Fraktion den Aufstand gegen den Juso-Bundesvorstand probte, beauftragte das Parteipräsidium Jochen Vogel, mich, Bruno Friedrich und Peter von Oertzen, einen Beschlußvorschlag für den Parteivorstand zu entwerfen. Unser Entwurf bezog klar gegen die «Stamokap»-Fraktion Stellung. Vor der «linken Mitte» des Parteivorstands fand er erst Gnade, nachdem Erhard Eppler ihn überarbeitet

hatte. Im Parteivorstand wurde er dann mit breiter Mehrheit beschlossen. Vier Wochen später, im April 1974, hatte Willy Brandt
kurz vor seinem Rücktritt – «gestützt auf eine einmütige Meinungsbildung im Parteivorstand» – in einer 10-Punkte-Erklärung
die Notwendigkeiten für Partei und Regierung mit deutlicher
Grenzziehung gegenüber nicht zu uns gehörenden Gruppen noch
einmal zusammengefaßt.

In diese positive Entwicklung platzte nun der frischgebackene
Bundeskanzler Schmidt mit seinen Standpauken. Die Reaktion in
den Reihen der «linken Mitte» war entsprechend. Der Integrationskurs setzte sich in der Partei dennoch durch, nicht zuletzt
dank der Diskussion über den «Orientierungsrahmen 85», der ersten programmatischen Debatte der SPD als Regierungspartei. Es
ging darum, zwischen dem Godesberger Grundsatzprogramm und
der praktischen Politik eine Brücke zu schlagen.

Der Hannoveraner Parteitag hatte dafür eine zweite Kommission eingesetzt, die ihre Arbeit im Herbst 1973 aufgenommen
hatte. Vorsitzender wurde Peter von Oertzen, Herbert Ehrenberg
und ich wurden seine Stellvertreter. Die Kommission löste sich
vom technokratisch-quantitativen Ansatz des ersten, unter Helmut Schmidt erarbeiteten Entwurfs und wandte sich grundsätzlichen Fragen zu. Die Verwirklichung der Grundwerte und
Grundforderungen der Sozialdemokratie wurde nicht program-
matisch-strahlend, sondern auf dem Hintergrund einer nüchter-
nen Analyse der gesellschaftlichen Bedingungen und des internationalen Bezugsrahmens behandelt. In die Erörterung der Rolle
des Staates, des Verhältnisses von Markt und Lenkung sowie des
Zusammenhangs von Wachstum und Reformen gingen nicht nur
fünf Jahre Regierungsverantwortung, sondern auch das durch den
Ölschock ausgelöste Krisenbewußtsein ein. Entgegen gesell-
schaftspolitischem Gezeter von rechts, voran der «Wirtschafts-
liberalen» zum Thema Investitionssteuerung, zeigte die OR-85-
Kommission bemerkenswerte Distanz zur etatistischen Tradition
der Partei und erstaunliche Skepsis gegenüber den Möglichkeiten
der Bürokratie.

Der OR 85 stellte einerseits den Abschluß der Auseinandersetzung mit der «Neuen Linken» dar. Anderseits war die von der

Grundwertekommission unter Erhard Eppler angeregte Behandlung des Wachstums- und des Rentabilitätsbegriffes wie die Erörterung der Frage, was Leistung und was Lebensqualität sei, der Beginn der Auseinandersetzung mit Fragestellungen der neuen Sozialbewegungen. Auch das Nachdenken über Dezentralisation und gesellschaftliche Selbstregulierung, über die Bildung von öffentlichem Reformbewußtsein und die Vertrauensarbeit der Partei stand in diesem Zusammenhang. Ich bin oft gefragt worden, ob sich eine derart intensive Beschäftigung einer politischen Partei mit nicht unmittelbar praktischen Fragen denn überhaupt lohne. Darüber habe ich mich immer gewundert. Wie kann eine Gesellschaft Orientierung finden, die ihre eigene Zukunft nicht mehr interessiert? Rückblickend betrachtet stellt der OR 85 eine scharfe Momentaufnahme der SPD zwischen Krisenmanagement der Regierung Schmidt und den neuen Herausforderungen dar.

Helmut Schmidt leistete seinen Beitrag zur Integration der SPD als regierender Reformpartei, indem er zu dem von der zweiten Kommission mit breiter Mehrheit vorgelegten Entwurf schwieg. Seinen eigenen Entwurf hätte er ohnehin kaum noch verteidigt. Nach intensiver Diskussion verabschiedete der Mannheimer Parteitag Ende 1975 den OR 85 mit einer Gegenstimme bei zwei Stimmenthaltungen. Die Gegenstimme kam von Reinhard Klimmt, heute gewichtiger Fraktionsvorsitzender im saarländischen Landtag. Als ich ihn nach seinen Gründen fragte, antwortete der gebürtige Westfale trocken, er sei grundsätzlich gegen einstimmige Parteitagsbeschlüsse.

Auch die Vorstandswahlen trugen zur Integration der Partei bei, sie hatten ein insgesamt ausgeglichenes Ergebnis. Ich stand zwar wieder auf der rechten «Streichliste», wurde aber dennoch erneut in den Vorstand gewählt. Die «linke Mitte» hatte auch nach Mannheim im Vorstand keine Mehrheit. Peter von Oertzen unterlag in der Wahl zum Präsidium Jochen Vogel mit zwei Stimmen. Zwei Jahre später, nach dem Hamburger Parteitag, sollte auch ich scheitern.

Die Partei und ihr Kanzler konnten relativ einig in den Bundestagswahlkampf 1976 gehen. Für diesen Wahlkampf hatten Franz Josef Strauß in seiner im März 1975 bekanntgewordenen Sonthofe-

ner Katastrophen-Rede und Filbinger in seinem Landtagswahl-
kampf im Frühjahr 76 den Unions-Ton vorgegeben: «Freiheit
statt/oder Sozialismus». Helmut Schmidt setzte dagegen zu lange
auf Leistungsbilanz und Kanzlerbonus. Obwohl die Wahlbeteiligung wieder über 90 Prozent lag und Schmidt ein respektables
Stimmergebnis erreichte, fehlten Helmut Kohl bei seinem ersten
Versuch nur 1 Prozent der Stimmen für einen Sieg über den SPD-
Kanzler. Es war die erste Bundestagswahl seit langem, in der die
SPD keine Stimmen hinzugewann. Ich kam diesmal nur über die
Landesliste Baden-Württemberg in den Bundestag. Auch die
FDP verlor Stimmen. Die Koalitionsmehrheit schrumpfte auf
zehn Mandate, was die Auseinandersetzungen in der SPD- und
der FDP-Fraktion über Beschäftigung und Finanzen, Energie und
innere Sicherheit um so dramatischer werden ließ. Mehrmals
stand in Schmidts zweiter Amtsperiode die Bundestagsmehrheit
der Koalition auf dem Spiel. Daß die Union davon nicht mehr
profitierte, lag vor allem daran, daß Strauß sie mit seinen in Bad
Kreuth verkündeten Spaltungsplänen in Atem hielt.

Da Holger Börner Ende 1976 Ministerpräsident von Hessen
wurde, war – parallel zur Kabinettsbildung – auch über seine
Nachfolge in der «Baracke» zu befinden. Willy Brandt wollte
mich als Bundesgeschäftsführer haben, auch als Gegengewicht zu
Kurt Biedenkopf als Generalsekretär der CDU. Für diese Idee
gab es unter den Vorstandsmitgliedern einiges Wohlwollen. Helmut Schmidt als stellvertretender Parteivorsitzender war aber dagegen. Hans Koschnick berichtete Willy Brandt und mir eine Woche nach der Wahl, als er Schmidt auf einem Flug nach Hamburg
auf diese Frage angesprochen habe, sei der fast aus dem Flugzeug
gesprungen. Dann verkündete Schmidt auch Harry Ristock, dem
jovialen Vermittler der Parteivorstands-Linken, er werde seine
Zustimmung auf keinen Fall geben, er wolle keine «Nebenregie-
rung». Gegen die Kombination Brandt/Ehmke war er offensichtlich immer noch allergisch. Statt dessen brachte er Egon Bahr ins
Gespräch, der sich auch zur Verfügung stellte. Ich erheiterte Willy
Brandt mit der Ermahnung, nun müsse er aufpassen, daß Egon die
Partei nicht zur Geheimsache erkläre und in den Panzerschrank
stecke.

Helmut Schmidt und ich hätten über die Angelegenheit vermutlich nie ein Wort gewechselt, wenn er nicht in dieser Zeit um meine guten Dienste bei Jimmy Carters Leuten gebeten hätte. Er hatte sich unklugerweise mit einer Befürwortung der Wiederwahl von Präsident Ford in den amerikanischen Wahlkampf eingemischt. Nach der Bundestagswahl und kurz vor den Präsidentschaftswahlen in den USA – die Wahlen lagen nur vier Wochen auseinander und es wurde ein Sieg des demokratischen Herausforderers Carter vorausgesagt – wollte Schmidt diesen Fauxpas aus der Welt schaffen.

Ich war nach einem längeren Besuch bei Bruno Kreisky in Wien und einer Stippvisite in Belgrad gerade zu Gesprächen über die Sozialistische Internationale und den Eurokommunismus in Rom, als Willy Brandt mich telefonisch bat, umgehend für Helmut Schmidt nach Amerika zu fliegen, um mit Carters Leuten zu sprechen. Ich sagte zu, der Kanzler schickte mir seine Regieanweisungen per Kurier. Drei Tage vor den amerikanischen Wahlen traf ich mich mit Cyrus Vance, dem designierten Außenminister Carters, in seinem New Yorker Anwaltsbüro in der Park Avenue. Ich überbrachte ihm eine mündliche Botschaft des Bundeskanzlers für Jimmy Carter und versuchte auch im übrigen, die Dinge einzurenken. Der nüchterne und umsichtige Mann machte mir meine Aufgabe leicht.

Nach der Rückkehr aus New York empfing mich Helmut Schmidt. So bekam ich erstmals Gelegenheit, das neue Kanzleramt fertiggestellt zu sehen. Schmidt bedankte sich für meine New Yorker Mission. Anschließend erklärte er etwas theatralisch, es sei skandalös, daß ich Eppler Baden-Württemberg überließe und in der Fraktion nicht mehr täte. Ich bat ihn, sich dererlei zu schenken und mir lieber einmal zu erklären, warum er mich partout nicht als Bundesgeschäftsführer akzeptieren wolle. Er ließ die Rhetorik und kam zur Sache. Ich auch. Wir brauchten dafür ein paar Stunden.

Schmidt erinnerte mich daran, daß er mich nach Bonn geholt habe. Als Staatssekretär und Minister auf der Rosenburg sei ich Klasse gewesen. Daß er sich gegen meine Bestellung zum Justizminister ausgesprochen hatte, hatte er schon verdrängt. Seitdem ich bei Brandt gewesen sei, sei ich immer schlechter geworden. «Wir» hätten alles gefährdet. Gemeint war in erster Linie Brandt, «aber du warst schließlich der zweite Mann im Staate». Zwei Finanzminister hätten wir verbraucht. Ich erinnerte ihn daran, daß er den Anlaß für Alex Möllers Rücktritt gegeben habe und wir uns über die Notwendigkeit von Schillers Rücktritt einig gewesen seien. «Ja, das war unvermeidlich.» Was dann der Vorwurf solle? Statt einer Antwort kam der nächste Vorwurf, so ging es vom Hölzchen aufs Stöckchen. Was «wir» aus der Partei gemacht hätten! Ich hätte die Linken ja überhaupt erst in die Partei geholt. Über diese Behauptung wären die Linken ebenso erstaunt gewesen, wie ich es war.

Als ich darauf hinwies, daß «wir» 1972 hoch gewonnen hätten, er aber gerade fast verloren habe, meinte er, ja, wir hätten etwas bewegt, das habe aber an den Umständen gelegen. Auf meine Frage nach seinen Umständen folgte – «du magst das für Arroganz halten» – eine Selbstdarstellung des einsamen Staatsmannes, der wenn nicht für alles eine Lösung, so doch den großen Überblick hat, zu Hause und in der Welt aber leider, leider von Mittelmäßigkeit umgeben ist. Ich wunderte mich, daß er diese Selbstsuggestion nötig hatte und sagte ihm, was er in der Partei mache, sei meiner Meinung nach politisch falsch. Wenn Kanzler und Partei zusammenstießen, könne man nicht gut – frei nach Brecht – die Partei auflösen. Schmidt blieb in Sachen Bundesgeschäftsführer bei seiner Meinung. Ich pries mich ein weiteres Mal glücklich, nicht seinem Kabinett anzugehören.

Fraktion und Regierung

Herbert Wehner, inzwischen 70 Jahre alt, voller Sorge um seine Frau Lotte und selber krank, blieb Fraktionsvorsitzender. Der «Kanal» blockte mich Ende 76 als stellvertretenden Fraktionsvorsitzenden ab. Ich wurde aber außenpolitischer Sprecher der Fraktion. Im März 77 setzte ich mich dann mit Wehners Unterstützung in einer Nachwahl auch als Stellvertreter durch. Kurz zuvor hatten wir, persönliche Freunde und politische Weggefährten bunt gemischt, in Haus und Garten in Rhöndorf bei rheinisch-warmem Februarwetter zwei Tage lang meinen 50. Geburtstag gefeiert. Ich gewann Wehner für die überfällige «Kulturrevolution» in der Fraktion. Die Leitungsfunktionen wurden neu und breiter verteilt, die «linke Mitte» einbezogen. Dieser Integrationsschritt war dringend nötig, denn die Auseinandersetzungen über die Regierungspolitik nahmen bei knapper Mehrheit zu. Die Fraktion reagierte empört, als die Regierung ihre Rentenzusagen aus dem Wahlkampf nach der Wahl einfach brechen wollte und zwang sie zum Rückzug. Die Regierung konnte ihre Versprechungen aber nicht halten und rückte dann stufenweise von ihnen ab, was der Union den «Rentenbetrug» als Dauerbrenner lieferte.

Im Bereich der inneren Sicherheit wurde das Klima in der SPD wie in der FDP durch Abhöraffären belastet. Den «Fall Traube» – der Atomwissenschaftler war in den Verdacht des Kontaktes zu Terroristen gekommen und mit einer in seine Wohnung gepflanzten «Wanze» gesetzeswidrig abgehört worden – überlebte Innenminister Maihofer nur kurz. Mitte 1978 mußte er wegen Pannen in der Schleyer-Fahndung gehen. Schon im Februar hatte Georg Leber wegen Abhöraktionen des MAD die Segel streichen müssen. Beide Affären belasteten die ohnehin kontroverse Diskussion über zusätzliche gesetzliche Maßnahmen gegen den Terrorismus, der im deutschen Herbst 1977 mit der Entführung und Ermordung von Arbeitgeberpräsident Hanns-Martin Schleyer seinen Höhepunkt erreicht hatte.

Mancher Vorschlag, etwa der einer Überwachung der Gespräche der Angeklagten mit ihren Verteidigern, war unüberlegt. Andere Maßnahmen, wie etwa die zeitweilige «Kontaktsperre» zwischen Anwälten und Angeklagten, hielt ich dagegen aufgrund meiner als Kanzleramtschef gewonnenen Einblicke in die Rolle, die Anwälte in der Organisation der Terroristen spielten, für notwendig. Es war verständlich, daß darüber hart gestritten wurde. Der Versuch, auf die ungewöhnliche Herausforderung des Terrorismus mit ungewöhnlichen Mitteln zu antworten, traf auf die Tradition einer Partei, die in ihrer Geschichte gelernt hatte, zu großer Staatsmacht zu mißtrauen.

Helmut Schmidt hat im Kampf gegen den Terrorismus die demokratischen Kräfte zusammengebracht und die rechtsstaatliche Ordnung sowohl gegenüber den Terroristen wie gegenüber Panikreaktionen und Hysterie mit kühlem Kopf verteidigt. Daran, die Ermordung des entführten Arbeitgeberpräsidenten Schleyer nicht verhindern zu können, hat er schwer getragen.

In der Wirtschafts-, Steuer- und Sozialpolitik wurde nach der 76er-Wahl in der SPD-Fraktion der Vorwurf lauter, Schmidt gebe der FDP zu sehr nach. Helmut Schmidt hat in diesem für seine Regierung zentralen Bereich mit verschiedenen Ansätzen hantiert, auch er hatte kein Patentrezept für die Bewältigung der von der Ölkrise verschärften wirtschaftlichen Schwierigkeiten.

Zunächst versuchte die Regierung, der Probleme durch eine Kombination von Konjunkturprogrammen und Haushaltskonsolidierung Herr zu werden. Da es sich um eine Mischung von konjunkturellen und strukturellen Verwerfungen handelte, waren die Programme nur begrenzt erfolgreich. Auch Infrastrukturprogramme änderten daran wenig, zumal sie mehr auf allgemeines Wachstum als auf Strukturwandel angelegt waren. Trotz Abstrichen bei der Reformpolitik wurde auch das Ziel der Haushaltskonsolidierung nicht erreicht. Die Steuereinnahmen und die Beitragseinnahmen der Sozialversicherungen sanken, die Kosten der Arbeitslosigkeit und ihrer Bekämpfung stiegen.

Ende 1977 gab die Regierung das Ziel der Haushaltskonsolidierung auf und ging zu einer kreditfinanzierten Nachfrageverstärkung über. In einem typischen Koalitionskompromiß wurden Steuersenkungen mit neuen Sozialleistungen verbunden. Beim Bonner Weltwirtschaftsgipfel von 1978 ließ sich Schmidt weiter in diese Richtung drängen, obwohl sich die Konjunktur bereits vom ersten Ölpreisschock zu erholen begann. Als der nächste Ölpreisschock 1979/80 einen zweiten, noch schwereren Wirtschaftseinbruch auslöste, hatte die Regierung Schmidt weder für Investitionsprogramme noch für Maßnahmen der Nachfragestärkung ausreichende Mittel. Jedenfalls glaubte sie, selbst im wirtschaftlichen Abschwung zu einer Politik der Haushaltskonsolidierung zurückkehren zu sollen. Das führte zu einer Zerreißprobe der Koalition.

Da die wirtschaftlichen Schwierigkeiten vorwiegend internationale Ursachen hatten, konnte die nationale Politik allenfalls relative Erfolge erzielen. Die Diskrepanz zwischen der Internationalität der Krise und der Nationalität der Steuerungsinstrumente ging Schmidt durch eine internationale Wirtschaftsgipfel-Diplomatie an. Auch diese Gipfeldiplomatie konnte – von der Arbeitslosigkeit bis zu den Problemen einer sicheren Energieversorgung – keines der grundsätzlichen Probleme lösen. Aber sie hat doch verhindert, daß die Krise durch unkoordiniertes Handeln der einzelnen Staaten, wie in den 30er Jahren geschehen, noch weiter vertieft wurde. Schmidt selber spielte bei diesem Versuch eine entscheidende Rolle, ging seinen Partnern allerdings gelegentlich durch seinen Belehrungsdrang auf die Nerven. Nicht nur deutsche Sozialdemokraten haben bei allem schuldigen Respekt über die «Weltwirtschaftsoper» von «Schmidt-Kosmos» gelästert.

Ein Hauptstreitpunkt zwischen Regierung, Fraktion und Partei wurde die Energiepolitik. Zwischen Helmut Schmidt und Erhard Eppler fiel mir hier die Rolle des Weltkindes in der Mitten zu.

Volle Unterstützung der Fraktion hatte Helmut Schmidt dagegen in der Außen-, mit Ausnahme der Waffenexportpolitik. Er unterzeichnete 1975 in Helsinki die KSZE-Schlußakte, nachdem die Supermächte 1972 den SALT I-Vertrag über strategische Raketen und den ABM-Vertrag über die Nicht-Stationierung von Raketenabwehrsystemen abgeschlossen hatten. Als sie in der zweiten Hälfte der 70er Jahre zur politischen Konfrontation zurückzukehren drohten, hat Schmidt entscheidend dazu beigetragen, die Entspannungspolitik für Europa zu bewahren, ohne an der Bündnistreue der Bundesrepublik Zweifel aufkommen zu lassen. Diese Leistung ist um so höher zu bewerten, als Schmidt in Genscher einen Außenminister und Vizekanzler hatte, der sich in der SPD/FDP-Koalition insoweit eher als Bremser zu profilieren suchte. Vorreiter der Entspannungspolitik wurde Genscher erst nach dem Koalitionswechsel der FDP, nun in Profilierung gegenüber der Union. Als außenpolitischer Sprecher der Fraktion und Vorsitzender der «Arbeitsgruppe USA» von Partei und Fraktion hielt ich weiter engen Kontakt zu Genscher, zum Nutzen der Koalition.

In der Sicherheitspolitik löste Schmidt mit seiner Initiative, die zum NATO-Doppelbeschluß führte, in Fraktion und Partei, Koalition und Öffentlichkeit einen bitteren Streit aus. Seine Kritik an der eurostrategischen Rüstung der Sowjets war berechtigt. Mit dem Versuch, die beiden Supermächte nicht nur zu Verhandlungen über ihre nuklearen Mittelstreckenwaffen, sondern in diesen Verhandlungen auch noch zu dem von uns gewünschten Ergebnis zu bringen, übernahm er sich aber.

Die Mitwirkung der Fraktion in allen diesen schwierigen Streitfragen wurde dadurch erschwert, daß Herbert Wehner immer vergeßlicher und immer mißtrauischer wurde. Ein Teamarbeiter war er ohnehin nicht. Ihm fehlte der über seine eigenen Füße gestolperte Karl Wienand. Wehner sah die Hauptaufgabe der Fraktion im allgemeinen darin, die Regierung durch dick und dünn zu stützen. Die Meinungsbildung in der Fraktion war mühsam, deren Einfluß auf die Regierung meist gering. Die Zusammenarbeit von Wehners fünf Stellvertretern, von denen nur ich der «linken Mitte» zugerechnet wurde, war gut. Aber es war nicht leicht, dem von der Partei verehrten Wehner den gebotenen Respekt zu erweisen und gleichzeitig den Einfluß der Fraktion auf die Regierung zu stärken. Schmidt, unter Druck geraten, hielt in der Fraktion erneut Standpauken. Die meiste Zeit und Kraft brauche er dazu, Entscheidungen in allen möglichen Gremien zu vertreten. Daß die Demokratie das so an sich hat, sollte er aber schon vor seiner Kanzlerschaft gewußt haben.

Als Anfang 1978 Leber gehen mußte, überraschte mich der Kanzler mit einem Anruf in meinem Stuttgarter Wahlkreis. Er sei sich mit Brandt und Wehner einig, daß ich in der Fraktion bleiben müsse, Wehners Zustand mache ihm Sorgen. Für die Hardthöhe kämen Apel und Vogel in Frage, für wen ich plädiere? Ich plädierte für Apel. Er wirke jungenhaft, sei aber erfahren. Mit ihm könnten wir im Amt des Verteidigungsministers den Übergang zu den weißen Jahrgängen schaffen. Apel tat sich dann auf der Hardthöhe weit schwerer, als ich erwartet hatte.

Ein Jahr später fragte mich Schmidt, ob ich bereit sei, als Verkehrsminister ins Kabinett einzutreten. Kurt Gscheidle, der Post und Verkehr leitete, könne aus gesundheitlichen Gründen nicht länger beides machen. Eine Zusage von mir bis zur Bundestagswahl 80 reiche ihm aus. Ich wollte nicht in Schmidts Kabinett und hielt meine Arbeit in der Fraktion für wichtiger. Außerdem wunderte ich mich darüber, daß Schmidt das jetzt offensichtlich anders sah als im Vorjahr, obwohl sich Wehners Zustand nicht gebessert hatte. Zusammen mit der zeitlichen Begrenzung der an mich gerichteten Bitte erweckte das bei mir den Eindruck, als ob Schmidt hoffe, Wehner nach der Wahl ersetzen zu können, mich vorher aber aus der Fraktion weghaben wolle. In der Regierung machten sich Apel und Wischnewski Hoffnung auf den Fraktionsvorsitz. In der Presse begannen wilde Personal-Spekulationen. Aus der Fraktion kamen Stimmen, das Loch, das ich in der Fraktion hinterlassen würde, würde größer sein als das, das ich in der Regierung stopfen könnte. Dem allem machte ich durch eine förmliche Absage ein Ende. Darauf ließ Schmidt seinen Pressesprecher Klaus Bölling erklären, die Spekulationen seien «gegenstandslos».

Als ich tags darauf Kurt Gscheidle telefonisch um Verständnis für meine Absage bitten wollte, erklärte der munter, weder sei er krank noch habe er um Entlastung gebeten. Das Ganze sei Schmidts Idee gewesen, dem er gleich gesagt habe, daß er mich nicht bekommen werde. Im Fraktionsvorstand und in der Fraktion gab es viel Schulterklopfen. Es tat den wundgescheuerten Seelen offensichtlich gut, daß einer die Fraktion für wichtiger hielt als einen Ministerposten und deswegen dem großen Kanzler getrotzt hatte. Viele in der Fraktion, selbst vom «Kanal», wollten außerdem weder Apel noch Wischnewski als Fraktionsvorsitzenden. Nach meiner Überzeugung stand die Frage der Wehner-Nachfolge allerdings überhaupt nicht an. Weder Brandt noch Schmidt würden es wagen, Wehner offen auf dieses Problem anzusprechen. Und Wehner selbst tat unermüdlich seinen «Kärrner»-Dienst.

Schmidts mißglückte Operation hatte dennoch Folgen. Einmal bestärkte sie mich in meiner kritischen Distanz ihm gegenüber. Zum anderen verschlechterte sie mein Verhältnis zu Wehner, der nun offenbar meinte, ich säße ihm im Nacken. Nach dem Tode von Lotte Wehner wurde es noch schwieriger mit ihm. So ließ er einmal einen für ihn bestimmten vertraulichen Gesprächsvermerk

an die Fraktion verteilen. Mit dem Bemerken, es müsse sich um
ein Versehen handeln, stoppte ich das. Daraufhin verbat er sich
meine «dauernden Belehrungen», während ich ihm versicherte,
ich versuche nur zu helfen, wo Hilfe nötig sei. Später wollte er
sich während eines Krankenlagers nicht von mir vertreten lassen,
am liebsten hätte er Wienand zurückgeholt. Es tat weh, mitanse-
hen zu müssen, wie der große alte Mann immer weiter abbaute.
Es tat aber auch weh, in der Fraktion derartige Schwierigkeiten
zu haben, während die nach dem zweiten Ölpreisschock einset-
zende erneute wirtschaftliche Talfahrt den Kanzler und seine
SPD-Ministermannschaft in politische Bedrängnis zu bringen begann.

Die großen Themen des Wahlkampfs 1980 waren aber noch
der «Rentenbetrug» und die Staatsverschuldung, zum Schulden-
thema gab es damals sogar einen Hirtenbrief. Vor allem ging es
jedoch um Schmidt oder Strauß. Der Wahlkampf wurde praktisch schon mit der vorhergehenden Landtagswahl in Nordrhein-
Westfalen entschieden. Strauß holte sich bei Auftritten an Rhein
und Ruhr eine Abfuhr, die SPD mit Johannes Rau zum ersten
Mal die absolute Mehrheit im Landtag. In der Bundestagswahl
wählten die Wechselwähler der Union, die Strauß nicht wollten, aber nicht die SPD, sondern die FDP. Schmidt konnte auch
in dieser Wahl seinen Kanzlerbonus nur begrenzt auf die SPD
übertragen. Die Freien Demokraten machten sich den Umstand
zunutze, daß Schmidt zunehmend mit ihnen gegen die eigene
Partei votierte. Man müsse Genscher wählen, um Schmidt nicht
nur gegenüber der Union, sondern auch gegenüber seiner eigenen Partei den Rücken zu stärken, lautete die Parole. Sie war ein
Volltreffer, wie das zweistellige Wahlergebnis für die FDP
zeigte, während die SPD stagnierte. Das Wahlergebnis lockerte
den Zusammenhalt der Koalition, Kohl wurde nach der Niederlage von Strauß endlich Herr im eigenen Hause.

Für mich war die Bundestagswahl 1980 mit einem wichtigen
Einschnitt verbunden. Da Stuttgart aufgrund seiner Bevölke-
rungsentwicklung einen Wahlkreis verlor, folgte ich einer vom
Bezirk Mittelrhein unterstützten Aufforderung der Bonner SPD,
in der Bundeshauptstadt – einst Konrad Adenauers Wahlkreis –

zu kandidieren. In Bonn hatten mich nicht alle Sozialdemokraten als Kandidaten herbeigesehnt, und der Wahlkreis war auch nicht direkt zu holen, so daß ich auf einen Platz der NRW-Landesliste angewiesen war. Aber ich lebte schon lange und gerne in Bonn und fand die Aufgabe reizvoll. Außerdem konnte ich in Bonn Fraktions-, Partei- und Wahlkreisarbeit ideal verbinden. Die Bonner Sozialdemokraten führten mit mir und einer munteren Wählerinitiative einen guten Wahlkampf. Die CDU verlor erheblich Stimmen, davon profitierte aber auch hier die FDP weit mehr als wir. Und auf der anderen Seite nahmen uns, wie in anderen Universitätsstädten auch, die «Grünen» Stimmen ab.

Das Ende der sozial-liberalen Ära

Die siegreiche FDP drückte in den Koalitionsverhandlungen für die SPD schwer tragbare Zugeständnisse durch. Sie trat geschlossen auf, die SPD-Ministermannschaft war durcheinander. Der Kanzler war gesundheitlich angeschlagen. Ein Jahr nach der Wahl mußte ihm ein Herzschrittmacher eingesetzt werden. Er hatte sich für die Republik buchstäblich kaputtgearbeitet. Die SPD-Minister hinterließen in den Beratungen mit der Fraktion den Eindruck, daß man von einer Mannschaft nicht mehr recht sprechen könne. Der Kanzler blockte dennoch eine verstärkte Mitwirkung der Fraktion ab. Ich warnte ihn vor einer «Status quo minus»-Koalition. Wir dürften vor der Arbeitslosigkeit nicht kapitulieren, sondern müßten sie mit gezielteren Wirtschaftsstruktur- und Arbeitsmarktprogrammen weiter bekämpfen. Die finanziellen Opfer, die das – nicht nur von den Arbeitnehmern – erfordere, müsse er offen ansprechen. Die Parole, uns gehe es im internationalen Vergleich ja noch Gold, ziehe nicht mehr. Die Regierung habe aus Sorge, die Wirtschaft zu verunsichern, die Lage besser dargestellt, als sie sei. Jetzt seien Unternehmer und Arbeitnehmer verunsichert, weil sich ihre Erwartungen nicht erfüllten. Schmidt dürfe die SPD auch nicht zwischen Krisenmanagement und Alternativbewegung zerreiben lassen. Er müsse zu Themen wie Energiesparen, Umweltschutz, Waffenexport wieder auf die Partei zugehen. Gefragt seien nicht weitere Anpassungen an konservative Positionen, sondern «Perspektiven für die 80er Jahre».

Daraus wurde nichts. Schmidt erschien mir nicht nur erschöpft, sondern zum ersten Mal auch ratlos. Bei dem neuen Anlauf zur Haushaltskonsolidierung versuchte die FDP, die Kosten der Krise den unteren Einkommensschichten aufzubürden. Der Widerstand der SPD-Mannschaft war offensichtlich zu schwach. Der Kanzler schloß eine Koalitionsvereinbarung, die in weiten Teilen von der FDP bestimmt war, was in Partei und Fraktion offenen Protest auslöste. Die Gewerkschaften verlangten zusätzliche beschäftigungspolitische Initiativen, auch sie hatten kein Patentrezept, wollten aber den Kampf gegen die Arbeitslosigkeit nicht aufgeben. Der nichttraditionelle Teil der Partei kritisierte neben der Waffenexport- und der Raketenpolitik vor allem die Kernenergiepolitik der Regierung. Auch hier hatte Schmidt mit Lambsdorff gegen die eigene Partei votiert. Die Fraktion war sauer, daß Wehner diese Koalitionsvereinbarung abgesegnet hatte.

In der Folgezeit versuchte die Fraktion, in all diesen Bereichen Änderungen durchzusetzen, war aber nur in Sachen Waffenexporte erfolgreich. Die Regierung gab unter meiner kräftigen Mitwirkung die bereits zugesagte Lieferung von Leo-II-Panzern an die Saudis auf. Sie erließ neue Richtlinien, die Waffenexporte sehr viel stärker beschränkten und eine Mitwirkung der Fraktionen vorsahen. Kohl sollte das dann als Kanzler alles wieder rückgängig machen.

In der Partei war der Prestigeverlust der Regierung noch größer als in der Fraktion. Beim Rücktritt Willy Brandts als Kanzler hatte Schmidt ihn geradezu beschworen, Parteivorsitzender zu bleiben, er selber könne die Partei nicht zusammenhalten. Diese Selbsteinschätzung war richtig. Um so mehr hätte er als Kanzler auf die Partei achten, auch auf die kritischen Kräfte in der Partei zugehen müssen. Das tat er aber nur gelegentlich. Die Partei wurde in allen Turbulenzen weiter von Brandt integriert. Ihm gelang es auch immer wieder – jenseits allen Flügelstreits und aller Sachauseinandersetzungen –, den in einer tiefen gefühlsmäßigen Schicht verankerten Konsens der Partei über die politischen

Grundziele anzusprechen, der bei den großen «Deutschlandtreffen» ebenso zum Ausdruck kam wie auf regionalen und örtlichen Parteijubiläen.

Willy Brandt hatte Helmut Schmidt jahrelang den Rücken freigehalten. Erst nach der Regierungserklärung von 1980, als die gesamte Partei einschließlich des Gewerkschaftsflügels ihre soziale und politische Identität aufs Spiel gesetzt sah, stellte Brandt die Interessen der Partei über eine Regierungsteilhabe, die inhaltslos zu werden drohte. Die Auseinandersetzung um Schmidts von der SPD-Position abweichende Kernenergiepolitik nahm ebenso an Schärfe zu wie der die Koalition zusätzlich entzweiende Streit über die eurostrategischen Atomraketen. Die große Bonner Friedensdemonstration vom Oktober 1981 zeigte die Breite des Protestes. In der Koalition blieb die Wirtschafts-, Finanz- und Sozialpolitik der Hauptstreitpunkt. Die FDP spielte ihre neugewonnene Stärke voll aus. Die Kabinettsmannschaft der SPD hatte dem offenbar wenig entgegenzusetzen. Es begann ein quälender Zerfall der Koalition.

Da es zwischen Schmidt und Genscher nie ein Vertrauensverhältnis wie zwischen Brandt und Scheel gegeben hatte, bat Schmidt mich im November 1981, mit Genscher zu sprechen. Das tat ich einen Abend lang. Nach meinen dabei gewonnenen Eindrücken strebte Genscher keinen Bruch mit Schmidt an. Als Taktiker immer vorsichtig, scheute er auch einen Koalitionswechsel innerhalb der Legislaturperiode. Andererseits wollte er die FDP nicht von der SPD – es gab wieder herbe Wahlniederlagen – in einen Abwärtsstrudel ziehen lassen. Da nach der Bundestagswahl der rechte Flügel in der FDP wieder klar die Oberhand hatte, öffnete Genscher seiner Partei schrittweise die Möglichkeit zum Umsteigen auf die Union. Die Schuld für einen etwaigen Bruch der Koalition sollte aber natürlich nicht auf die Freidemokraten fallen, auch nicht auf Schmidt, sondern auf die SPD. Das lag im Selbstinteresse der FDP, wie es deren Führung verstand. Die Art, wie führende Liberale die Koalition zerredeten, war allerdings auch für meine Begriffe ziemlich mies. Besonders Lambsdorff wirkte unglaubwürdig, er verdammte nun vieles, was er als Wirtschaftsminister jahrelang mitgetragen hatte.

Inzwischen zerfiel Schmidts SPD-Ministermannschaft zunehmend. Anfang 1981 war Vogel nach Berlin gegangen. Ich empfand das als couragiert, verstand auch, daß er sich damit vom Justizministerium und von Helmut Schmidt freischwimmen wollte. In Berlin hatte er eine eigene Bühne. Für die zerstrittene und angeschlagene Berliner SPD war er eine große Hilfe. Die klagte allerdings bald, kaum daß er im Sattel säße, zeige er schon wieder autoritäre Allüren. Bevor Vogel nach Berlin ging, hatten wir miteinander gesprochen. Ich wußte, daß Schmidt inzwischen in ihm, nicht mehr in Apel, der in der Tornado-Krise steckte, seinen etwaigen Nachfolger sah. Vogel sagte mir, er gehe davon aus, ich würde eines Tages Wehners Nachfolger werden. Ich antwortete, das würde ich gerne, die Nachfolgeregelungen nach dem «Triumvirat» müßten aber breit getragen werden. Davon, daß wir nach der nächsten Wahl nicht den Kanzler stellen würden, gingen wir beide aus.

Nach Vogels Weggang beklagte sich Schmidt immer häufiger über sein eigenes Kabinett. Eine Kabinettsumbildung schob er jedoch vor sich her, was endlose Spekulationen zuließ. Auch eine Vertrauensfrage des Kanzlers, bei der die Koalition im Februar 1982 geschlossen für Schmidt stimmte, brachte keine Entlastung. Bald darauf zwang ihn der Rücktritt von Familienministerin Antje Huber zum Handeln. Bei der Kabinettsumbildung schied Hans Matthöfer als Finanzminister aus. Schmidt fragte mich, ob ich Matthöfer nachfolgen würde. Ich antwortete, im Finanzbereich hätte ich keine Erfahrung. Dann wackelte Apels Stuhl, der sich nun wieder in die Nachfolge von Herbert Wehner zu retten hoffte. Vogel, der inzwischen die Wahlen in Berlin verloren, aber gegen Richard von Weizsäcker ein für die Berliner SPD unerwartet respektables Wahlergebnis erzielt hatte, dachte nicht daran, seine neuen Aufgaben in Berlin wegen Apel hinzuschmeißen. Auch ich war nicht bereit, Apel in einem letzten Aufgebot abzulösen, zumal er in seinem angeschlagenen Zustand für die Fraktion eine Belastung gewesen wäre. Apel startete daraufhin mit Freunden aus dem «Kanal» eine regelrechte Kampagne. Als mir ein Zuträger steckte, Schmidt habe geäußert, er werde mich auf die Hardthöhe «zwingen», antwortete ich, auch der Kanzler wisse, daß die Leute

dann sagen würden, «die Ratten betreten das sinkende Schiff».
Schmidt tobte. Es ging halt dem Ende zu.

Im August 1982 besuchten Maria und ich während unseres Sommerurlaubs Loki und Helmut Schmidt am Brahmsee. Ich fand den Kanzler, der gerade von einer Auslandsreise zurückgekommen war, nicht nur erschöpft, sondern auch in einem Zustand von Gottergebenheit vor, der ihn mir sympathisch machte. Die Lage der Wirtschaft sah er jetzt noch pessimistischer als ich, zu pessimistisch. Über den Zustand der Koalition machte er sich keine Illusionen. Wir sprachen über seine bevorstehende Regierungserklärung zur «Lage der Nation», die vielleicht seine letzte sein würde und daher auch eine Erklärung zur Lage der Koalition sein müsse. Dann erschien Klaus von Dohnanyi; und die beiden regierenden Hamburger gerieten sich über den Umgang mit der GAL in die Haare. Wir verabschiedeten uns.

Brandt und Schmidt wurden sich einig, die Entwicklung in der Koalition nicht weiter laufenzulassen, sondern die FDP zu stellen. Schmidt tat das Anfang September in seiner Erklärung zur Lage der Nation in großer Form. Genscher versuchte, weiter zu taktieren. Zur Fortführung der Koalition bekannte er sich nicht. Er wollte die Landtagswahl in Hessen abwarten, bei der die FDP ohne sachlichen Anlaß einen Koalitionswechsel, also ein Zusammengehen mit Alfred Dregger, angekündigt hatte. Mit einer gekonnten Operation durchkreuzte Schmidt die FDP-Rechnung. Wegen der Unvereinbarkeit von Erklärungen Genschers und Lambsdorffs mit dem Fortbestand der Koalition kündigte er diese auf und schlug Neuwahlen vor. Es gelang ihm souverän, der FDP und ihrer würdelosen Taktiererei in der Öffentlichkeit die Schuld am Ende der Koalition zuzuweisen. In seiner letzten Rede als Kanzler, sie war zugleich seine beste, sagte Helmut Schmidt: «Ich kann und will nicht länger zusehen, wie die Handlungsfähigkeit und das Ansehen der Bundesrepublik stetig beschädigt werden... Uns Sozialdemokraten sind Ansehen und Festigkeit unserer Demokratie wichtiger als taktische Vorteile zugunsten der eigenen Partei.» Die FDP geriet in eine schwere Zerreißprobe und scheiterte in den hessischen Wahlen an der 5-Prozent-Klausel. Genscher schaffte dennoch den Koalitionswechsel in Bonn. Die Mehrheit der FDP-Bundestagsfraktion stimmte in einem konstruktiven Mißtrauensvotum für Kohl als Kanzler. Schmidts starker Abgang war zugleich der Abschied von anderthalb Jahrzehnten sozialdemokratischer Regierungsverantwortung.

Die Auseinandersetzung
über die Energiepolitik

Die Energiepolitik war zwischen der SPD und der Regierung Schmidt wie innerhalb der Partei zu einem Hauptstreitpunkt geworden. Die Namen Whyl, Brokdorf, Grohnde, Gorleben und Wackersdorf standen für einen Konflikt, der die Gesellschaft der Bundesrepublik, voran aber die SPD, auseinanderzureißen drohte. Verglichen mit ihm verblaßte die Auseinandersetzung mit der «Neuen Linken», wenn die Kernkraftgegner für ihre Aktionsformen auch auf APO-Vorbilder zurückgriffen. Der Streit ging nicht nur um die Zukunft der Industriegesellschaft; spätestens seit der von Robert Jungk bei Brokdorf ausgesprochenen Warnung vor dem «Atomstaat» ging er auch um die Zukunft unserer parlamentarischen Demokratie.

Das erste Energieprogramm

Der Energiekreislauf ist der Blutkreislauf der Industriegesellschaft. In den Aufbaujahren der Nachkriegszeit hatten wir unseren wachsenden Energiebedarf zunächst fast völlig aus heimischer Kohle gedeckt. Dann trat das billige Erdöl seinen weltweiten Siegeszug an. Von 1957, dem Jahr der höchsten Kohleproduktion, bis 1973, dem Jahr des ersten Ölpreisschocks, sank der Anteil der Kohle am Energieverbrauch von rund 90 Prozent auf rund 30 Prozent ab, während der Anteil des Erdöls von rund 5 auf rund 55 Prozent stieg. Damit wurde die Bundesrepublik von Energieimporten abhängig, während der Steinkohlebergbau in eine Strukturkrise geriet.

Im Bereich der Stromerzeugung begann Mitte der 50er Jahre auf Initiative des Staates, nicht der Wirtschaft, die Entwicklung der Kernenergie. Ohne die milliardenschwere staatliche Förderung und Risikobeteiligung hätte sich die Wirtschaft vielleicht gar nicht auf dieses Abenteuer eingelassen. Angesichts des rapide steigenden Energieverbrauchs einerseits, der Endlichkeit fossiler Energievorkommen andererseits, wurde die Entwicklung der Kernenergie als große Hoffnung der Industriegesellschaften angesehen. Für die SPD war die zivile Nutzung der Atomenergie ein Element der «zweiten industriellen Revolution» neben der Automation und den «elektronischen Maschinen». Für das Godesberger Programm begründete die Kernenergie die Hoffnung, Wohlstand für alle schaffen zu können. Die Bundesrepublik mußte im Kernenergiebereich den Vorsprung anderer Industriestaaten, vorweg der USA, aufholen. Das gelang durch ein enges Zusammenwirken von Staat und Wirtschaft. Dennoch lag der Anteil der Kernenergie an der Stromerzeugung 1973 erst bei etwa 4 Prozent.

Im Oktober 1973 legte die Brandt-Regierung zum ersten Mal ein Energieprogramm vor. Die auf dem Erdöl-Weltmarkt wachsenden Risiken wurden betont, für akute Versorgungskrisen die Mineralölvorräte aufgestockt. Zur Verminderung unserer Öl-Abhängigkeit wurden die weitere Förderung des Steinkohlebergbaus, der Ausbau von Braunkohle, Erdgas und Kernenergie, die Förderung des Energiesparens und die Intensivierung der Energieforschung zu energiepolitischen Zielen erklärt. Da der Verbrauch von Strom als veredelter Energie besonders rasch wuchs und die Kernenergie verglichen mit den fossilen Brennstoffen als besonders umweltfreundlich galt, wurde ein massiver Zubau an Kernkraftwerken (Leichtwasserreaktoren) gefordert. Außerdem wurde die Entwicklung von Brut- und Hochtemperaturreaktoren befürwortet.

Als wenig später die erste Ölpreiskrise über uns hereinbrach, nahm sich das Programm geradezu prophetisch aus. Seine Prognosen eines weiteren linearen Wachstums des Energieverbrauchs sollten sich allerdings als verfehlt erweisen. Wir hatten uns zu stark auf die absatzorientierten Schätzungen der Energiewirtschaft verlassen. Der von der Ölkrise ausgelöste Einbruch im

Wirtschaftswachstum dämpfte auch das Wachstum des Energieverbrauchs. Die Energieeinsparungen, die sich aus der Verteuerung der Energiepreise wie aus staatlichen Förderungsmaßnahmen ergaben, koppelten das Wachstum des Energieverbrauchs von dem des Bruttosozialprodukts ab.

Nach dem Energieprogramm legte das von mir geleitete Bundesministerium für Forschung und Technologie das Vierte Atomprogramm zum Ausbau der Kernenergie vor. Ich hatte mich vor meinem Amtsantritt als Forschungsminister mit den Fragen der Kernenergie nicht besonders beschäftigt. Im Rahmen eines naturwissenschaftlichen Nachhilfeunterrichts, den ich mir als (Kriegs-) Absolvent eines humanistischen Gymnasiums im Forschungsministerium geben ließ, wurden mir eher die Vorteile als die Gefahren der Kernenergie nahegebracht.

Mit einer ganz anderen Einschätzung der Kernenergie wurde ich konfrontiert, als ich im Juli 1973 eine Bürgerversammlung in Breisach besuchte, die sich gegen das dort geplante Kernkraftwerk zusammengefunden hatte. Die örtlichen Bürgerinitiativen hatten mich eingeladen. Ich kannte den ebenso bedächtigen wie hartnäckigen Menschenschlag der Landschaft am Kaiserstuhl aus meiner Zeit an der Freiburger Universität, wir führten eine sehr ernsthafte Diskussion. Im Vorwort zum Vierten Atomprogramm schrieb ich, die wachsende grundsätzliche Skepsis gegenüber der friedlichen Nutzung der Kernenergie müsse ernst genommen werden. Im «Vorwärts» warnte ich davor, die Angst der Menschen vor Atomstrahlung und Erbschäden in Expertenmanier beiseite zu wischen. Folgerungen aus dem Bürgerprotest wurden im Vierten Atomprogramm aber nur insoweit gezogen, als vor einer vermeidbaren Steigerung des Energiekonsums gewarnt und Maßnahmen zur Reaktorsicherheit und zum Schutz der Umwelt besonderes Gewicht zugemessen wurde. Am Ziel eines massiven Ausbaus der Kernenergie, die bis 1990 die Stromerzeugung zur Hälfte abdecken sollte, hielt das Programm fest.

Schon im Januar 1974 ergänzten wir das Vierte Atomprogramm um ein erstes Rahmenprogramm für nichtnukleare Energieforschung. Es widmete sich den Möglichkeiten des Energiesparens und der rationellen Energieverwendung in Industrie, Verkehr und

Haushalten sowie der Förderung alternativer Energiequellen, vor allem der Sonnenenergie.

Bei dem Versuch, erstmals eine zusammenhängende Energiepolitik zu entwickeln, geriet die Regierung also einerseits in die Turbulenzen der Ölkrise, andererseits unter den Druck der Kernkraftgegner. Die Forderungen «(soweit wie möglich) weg vom Öl» und «keine Kernkraft» waren nicht gleichzeitig zu verwirklichen. Nachtspeicherheizungen etwa halfen zwar, Öl zu sparen, verstärkten aber den Stromverbrauch im Wärmemarkt. Zur Kohlewirtschaft konnten wir schon aus wirtschaftspolitischen Gründen nicht zurückkehren, wenn sich die Marktsituation der heimischen Kohle auch durch den steigenden Ölpreis vorübergehend verbesserte. Energiepolitisch vernünftig erschien allein ein «Mix» der verschiedenen Energieträger, für die Stromerzeugung einschließlich der Kernkraft, verbunden mit Programmen zum Energiesparen und zur Entwicklung alternativer Energien.

Diese Linie vermochte aber nicht die grundsätzlichen Einwände der Kernkraftgegner aufzuheben. Sie gewannen nicht nur argumentativ an Boden, sondern brachten auch die seit den 60er Jahren an den Standorten von Kernkraftwerken und Atomanlagen entstandenen Bürgerinitiativen nach und nach zu einer großen Umweltschutzbewegung zusammen. Die Demonstrationen gegen die Kernkraftwerke Whyl (1975) und Brokdorf (1976) machten deutlich, daß ein energiepolitisches «Weiter so» nicht reichte.

Bei ihrem Versuch, aus diesem Gegen- und Durcheinander einen neuen energiepolitischen Konsens zu entwickeln, geriet die SPD in eine Zerreißprobe. Dem traditionellen Teil der Partei schienen die Ängste gegenüber der gerade noch hochgelobten Kernkraft als übertrieben. Er befürwortete energisch weiteres Wachstum, schon um den Lebensstandard der Arbeitnehmer weiter zu verbessern, und befürchtete einen Zusammenbruch der Energieversorgung mit unübersehbaren Folgen für die Industriegesellschaft. Der nichttraditionelle, zunehmend ökologisch orientierte Teil der Partei bezweifelte den Wert eines ständigen Wirtschaftswachstums. Die der Menschheit aus der Kernenergie drohenden Gefahren hielt er mit den struktur- und beschäftigungspolitischen Risiken für unvergleichbar. Angesichts der ver-

heerenden Wirkung der Ölpreiserhöhungen auf die Wirtschafts-
lage der Nicht-Erdölländer der Dritten Welt mit ihrer schnell
wachsenden Bevölkerung erklärte dagegen auch Willy Brandt, gestützt auf die Beratungen der internationalen Nord-Süd-Kommission, die Kernenergie für unverzichtbar.

Der nichttraditionelle Teil der Partei firmierte weiter als «linke
Mitte». Seine Zusammensetzung verschob sich aber mehr und
mehr in Richtung auf das ökologische Lager, das sich vor allem aus
den bürgerlich-protestantischen Neuzugängen der Partei rekru-
tierte, die an alten sozialistischen Fragestellungen wenig interessiert waren. Bald war die «linke Mitte» so zerstritten wie die Partei
insgesamt. Erhard Eppler, ein nachdenklicher, beschlagener
Mann mit Sendungsbewußtsein, wurde nicht zufällig der Reprä-
sentant des neuen Lagers. 1976 verließ er den Bundestag, um sich
ganz der Partei, vor allem dem Landesverband Baden-Württemberg zu widmen.

Zweifrontenstreit in der Partei

Von meiner Grundhaltung her stand ich der industriepolitischen
Tradition der SPD sehr viel näher als dem «bunten» Versuch, aus
der Industriegesellschaft auszubrechen. Ich war bereit, in der Sache von der Protestbewegung zu lernen, ich war nicht bereit, die
Handlungs- und Regierungsfähigkeit der SPD von einer «Basisbewegung» beeinträchtigen oder zerstören zu lassen, die sich in ihrer
fundamentalistischen Grundströmung über die operativen Bedingungen und Schwierigkeiten demokratischer Politik wenig Gedanken machte. Sie strebte Direktrouten zu ihren Zielen an und
hielt den Hinweis, politische Veränderungen seien ein sehr mühsamer Prozeß, für eine Ausrede. Der endzeitliche Aufstand eines
Teils unseres Protestantismus, der in evangelischen Kirchentagen
einen starken Resonanzboden fand, war mir fremd. Wenn ich im
Fernsehen Pfarrer mit wehenden Talaren in der Wilster Marsch
gegen Brokdorf demonstrieren sah, freute ich mich zwar über ihre
Wiederentdeckung der Schöpfungsordnung, ohne doch mit ihnen
die Eschatologie in die Ökologie verlegen zu wollen.

Bei allen Vorbehalten war mir aber klar, daß die zu den ideologischen Einteilungen des 19. Jahrhunderts – Konservative, Liberale, Sozialisten – querlaufende Ökologiebewegung die Basis
für eine das bisherige Parteiensystem sprengende Parteigründung
abgeben könnte. Auch darum war ich für eine ökologische Erweiterung sozialdemokratischer Programmatik. Ein solcher Versuch
setzte aber voraus, daß die SPD zusammenblieb und sich ihre
Handlungsfähigkeit bewahrte.

Weder der Bewältigung der energiepolitischen Aufgaben noch
dem Zusammenhalt der SPD hat es gutgetan, daß der ohnehin
komplizierte Streit immer mehr zu einer persönlichen Auseinandersetzung zwischen Schmidt und Eppler hochstilisiert wurde,
nicht zuletzt von Eppler selbst. Nach meinem Eindruck hielt Eppler Schmidt im Grunde für einen Kommißkopp, Schmidt Eppler
für einen Sektierer. Während der Krisenmanager Schmidt Parteisoldaten um sich scharte, die ihm dienten, sammelte der Missionar
Eppler Jünger um sich, die ihm folgten. Ich eignete mich weder für
das eine noch für das andere. So rieb ich mich an beiden.

Als ich in einem energiepolitischen Disput des Parteivorstandes
einmal in aller Bescheidenheit bemerkte, das Wesentliche hätte
ich doch schon sehr gut zusammengefaßt, rief Helmut Schmidt
dazwischen: «Du hältst dich überhaupt für sehr gut.» Ich antwortete: «Aber nur, um dich nicht allein zu lassen.» Eppler mußte in
seiner Art mehr leiden. Wehner taufte ihn einen «Pietcong», was
mir zu militaristisch erschien. Ich hielt die schwäbisch-fromme
«Beißzange Gottes» für treffender. Epplers Getreue pflanzten dafür die Frage in die Presse: «Was unterscheidet Eppler und
Ehmke?» Die Antwort lautete: «Eppler sagt: ‹Hier stehe ich, ich
kann nicht anders, Gott helfe mir, Amen.› Ehmke sagt: ‹Hier
stehe ich, ich kann auch anders, Gott helfe euch, Amen.›» Ich
fand den mir in den Mund gelegten Satz amüsant, weil er das mir
nicht unbekannte Unbehagen in der Partei, mich in keine Schublade einordnen zu können, wiedergab. In diesem Fall stand ich
sogar noch schlimmer da: als Ungläubiger im Glaubenskrieg.
Eppler empfand es vermutlich als frivol, daß ich darüber auch
noch lachen konnte. Mir wäre es sehr viel unangenehmer gewesen, mit Luther verglichen zu werden.

Glücklicherweise bestand die Partei nicht nur aus Schmidt, Eppler und mir. Und die Genossen der SPD-Energiekommission, deren Vorsitz ich 1977 übernahm, waren selbst im heftigsten Streit fair und im Umgang solidarisch. Dabei waren die Meinungsverschiedenheiten nicht nur zwischen den einzelnen Kommissionsmitgliedern, sondern auch zwischen den Regionen, die sie vertraten – etwa zwischen Kohle- und Kernkraftländern –, beträchtlich. Der Mannheimer Parteitag von 1975, der den «Orientierungsrahmen» verabschiedete, war zum ersten Mal auf den «verständlichen Widerstand» gegen Kernkraftwerke eingegangen. Er forderte eine offene Diskussion und trat mit Nachdruck für eine Politik des Energiesparens ein. In Vorbereitung auf den Hamburger Parteitag von 1977 nahm die Diskussion an Intensität zu. Helmut Schmidt trat für einen weiteren Ausbau der Kernenergie ein und erklärte, die Partei habe der Regierung zu folgen. Die Partei sah das anders. Eine Fachtagung «Energie, Wachstum, Lebensqualität» zeigte im Frühjahr 77, daß der energiepolitische Konsens in der Partei zerbrochen war. Im April diskutierten Eppler und ich, einem Vorschlag Harry Ristocks folgend, auf einem Treffen der «linken Mitte» in Oer-Erkenschwick unsere unterschiedlichen Positionen.

Eppler hatte für den Anfang der 70er Jahre eine nicht näher präzisierte «historische Zäsur» postuliert, um auf dieser Basis eine Politik der Umkehr – «Ende oder Wende» – zu fordern. Angesichts dieses Einschnitts erklärte er den Fortschrittsglauben des Liberalismus für oberflächlich und den der Arbeiterbewegung für überholt. Die Zukunft sollte einem «Wertkonservativismus» gehören, der in seinen politischen Konturen aber unklar blieb. Mir erschien dieser Ansatz mit seiner Bruchmentalität ungeschichtlich. Seine Begriffsbildung empfand ich als ebenso willkürlich wie seine historischen Bewertungen. Außerdem fürchtete ich, dieser Ansatz werde im Kampf zwischen «zweiter Aufklärung» und «Tendenzwende» die Fronten verwirren. Hinsichtlich ihrer Durchsetzung warf die ökologische Korrektur der Industriegesellschaft für mich die gleichen Fragen auf, die wir für die humanen und sozialen Korrekturen unserer am Gewinnstreben orientierten Gesellschaft im «Orientierungsrahmen» behandelt hatten. Ich war davon überzeugt, daß wir uns für einen ökologischen Umbau nicht an vorindustriellen Leitbildern orientieren dürfen und daß wir für ihn qualitatives Wachstum wie die von Eppler als «strukturkonservativ» geschmähten Technokraten dringend benötigen. Die inhaltlichen Fragen eines ökologischen Umbaus waren dagegen in der Tat weit brisanter als die eines sozialen Umbaus, wenn mir auch die Gefahren der zivilen Nutzung der Kernenergie geringer erschienen als die der Existenz von Atomwaffen. Das «Restrisiko» des Reaktorbetriebs hielt ich angesichts der Entwicklung der Sicherheitstechnik für eine bloße logische Abgrenzungsgröße. Praktisch, so hatte ich es gelernt, könne das gänzlich Unwahrscheinliche nicht Wirklichkeit werden. Diese Sicherheitsphilosophie war falsch, wie ich mir angesichts der Katastrophe von Tschernobyl (1986) endgültig eingestehen mußte, die zwischen deutscher und sowjetischer Sicherheitstechnik bestehenden Unterschiede ändern an dieser grundsätzlichen Einsicht nichts. In dieser zentralen Frage behielten Erhard Eppler und die bedingungslosen Kernkraftgegner recht.

Ernster nahm ich von Anfang an das Risiko des in keiner Weise gelösten Entsorgungsproblems. Die Menschheit hat sich auf die Nutzung der Kernenergie eingelassen, ohne die Entsorgungsfrage beantwortet zu haben. Der Schritt in die Brütertechnologie, die Wiederaufarbeitung und den Plutonium-Kreislauf wurde bei uns durch den Widerstand der Kernkraftgegner verhindert. In anderen Ländern ging man selbst diesen Schritt, ohne die bei dieser Technologie noch sehr viel gravierenderen Entsorgungsprobleme gelöst zu haben, von den potentiellen Gefahren durch Sabotage, Terror und Kriegseinwirkung zu schweigen.

Einig war ich mit Eppler darin, daß das Krisenmanagement der Schmidt-Regierung das Problem der Kernenergie nicht grundsätzlich genug anfaßte. Über wichtige Elemente der erforderlichen Kurskorrektur bestand aber mit meinen Nachfolgern im Forschungsministerium, Hans Matthöfer und Volker Hauff, Einverständnis: Vorrang der Kohle sowohl für den Wärmemarkt wie für die Stromerzeugung trotz der damit verbundenen Umweltprobleme, enge Bindung eines weiteren Zubaus an Kernkraftwerken, soweit er sich als erforderlich erweisen sollte, an Fortschritte bei der Lösung der Entsorgungsprobleme. Und als Rahmenbedingung zu alldem: Energiesparen, -sparen, -sparen und die Entwicklung regenerierbarer Energiequellen.

Die Streitfrage aber, ob man auf Kernenergie ganz verzichten könne, ohne die Energieversorgung künftiger Generationen zu gefährden, blieb bestehen. Eppler hatte dazu beigetragen, einen breiten Katalog möglicher Energiesparmaßnahmen zusammenzustellen. Ich beurteilte Chancen und Zeitbedarf ihrer Verwirklichung skeptischer als er. Auch die Kernenergiegegner in der SPD wollten ja keine Kommandowirtschaft einführen. In der Marktwirtschaft aber können wir den Energieverbrauch weitgehend nur indirekt beeinflussen. Man muß die Menschen von der Notwendigkeit, Energie zu sparen, überzeugen. Die Erschließung regenerierbarer Energiequellen verdient zwar staatliche Förderung, ihr Erfolg hängt aber nicht allein von deren Umfang ab. Daher plädierte ich mit anderen dafür, aus der Kernkraft trotz ihrer Risiken nicht sofort auszusteigen. Man dürfe die deutsche Nuklearindustrie mit ihrem Know-how nicht dichtmachen, ohne sicher zu sein, sie wirklich nicht mehr zu brauchen. Wir müßten uns die Option Kernenergie offenhalten, uns die Option, aus der Kernkraft auszusteigen, aber erst zuverlässig erschließen.

Für diese Linie fand sich in der Antragskommission für den Hamburger Parteitag von Ende 1977, deren Vorsitz ich in Arbeitsteilung mit Herbert Wehner übernommen hatte, eine Mehrheit. Nachdem sich der Parteivorstand darüber zusammengerauft hatte, an welche Fortschritte in der Entsorgung der Bau und die Inbetriebnahme etwa notwendig werdender zusätzlicher Kernkraftwerke gebunden werden sollte, gelang es überraschenderweise, Schmidt wie Eppler für die «Zwei-Optionen-Lehre» zu gewinnen. Schmidts Einverständnis war Teil eines recht kurzlebigen Versuchs, auf den kritischen Teil der Partei zuzugehen. Unser Antrag erhielt eine breite Mehrheit. Eine Minderheit stimmte für den sofortigen Baustopp. In der FDP gab es in jenen Jahren eine ähnliche Diskussion. Nur die Union setzte – verbal jedenfalls – unbeirrt auf Kernenergie.

Die «Optionen-Lehre» wurde sowohl von denen, die einen Ausstieg gar nicht erst versuchen, wie von denen, die sofort aussteigen wollten, als eine «Wischiwaschi»-Position verspottet. Dabei wurde sie unserer energiepolitischen Lage durchaus gerecht. Die Frage eines Ausstiegs aus der Kernkraft war weder der Sache noch dem Stand des öffentlichen Bewußtseins nach entscheidungsreif. Die Partei hielt daher auch auf dem Berliner Parteitag im Dezember 1979 und auf dem Münchner Parteitag im April 1982 an der «Zwei-Optionen-Lehre» fest. Eine vom Deutschen Bundestag 1978 eingesetzte Enquetekommission von Abgeordneten und namhaften Wissenschaftlern stärkte ihr 1980 dafür den Rükken. Sie schlug vor, die Wahl zwischen verschiedenen Energie-«Pfaden», mit und ohne Kernenergie, zu öffnen. Die Vertreter der Union votierten für einen Ausbau der Atomenergie ohne Wenn und Aber.

Durch die «Optionen-Lehre» wurde die Kluft zwischen SPD und Ökologiebewegung dennoch nicht kleiner, zumal der Reaktor-Störfall im amerikanischen Harrisburg vom März 1979 den Kernkraftgegnern recht zu geben schien. Im Mai erklärte der CDU-Ministerpräsident von Niedersachsen, Albrecht, angesichts der Massendemonstrationen und Krawalle in Grohnde und Gorleben, der Bau eines Entsorgungszentrums mit Wiederaufarbeitung der Brennstäbe sei politisch nicht durchsetzbar. Das war der Anfang vom Ende der auch im Bundestag umstrittenen Brüter- und Wiederaufarbeitungstechnologie. Es sollte allerdings noch Jahre dauern, bis Wirtschaft und Staat beides aufgaben. In der Zwischenzeit wuchs die Grüne Partei heran.

Zwischen Regierung und Grünen

Helmut Schmidt honorierte die Anstrengungen der Partei um energiepolitische Konsensbildung nicht. Unter dem Eindruck der zweiten Ölpreiskrise wiederholte er vielmehr seine These, die Energiepolitik werde von der Regierung, nicht von der Partei bestimmt. Obwohl die Bundesregierung ihre unrealistischen Energieverbrauchsprognosen von Fortschreibung zu Fortschreibung nach unten korrigieren mußte und es im Stromerzeugungssektor Überkapazitäten gab, verwarf Schmidt die Optionen-Lehre und proklamierte, unterstützt von Lambsdorff und Genscher, die Unverzichtbarkeit eines weiteren Ausbaus der Kernenergie. Dafür holte er sich internationale Rückendeckung. Er berief sich für diese Entscheidung auch auf die durch die Kohleverbrennung verursachten Umweltschäden, etwa das Waldsterben, vor allem aber auf die wachsende Erkenntnis der Wissenschaft über den gefährlichen Einfluß des Kohlendioxid-Ausstoßes auf das Weltklima. Der berechtigte Hinweis auf diese Risiken verringerte aber die in Harrisburg wie in Niedersachsen sichtbar gewordenen Risiken der Kernenergie nicht im geringsten. So geriet die Energiepolitik zwischen die Skylla der Atomenergie (Tschernobyl) und die Charybdis der fossilen Brennstoffe (Klimakatastrophe).

Die richtige Schlußfolgerung wäre gewesen, bei breiter Förderung der Sonnenenergie radikaler auf eine Politik des Energiesparens zu setzen. Matthöfer schlug vor, die Mineralölsteuer trotz der hohen Ölpreise drastisch zu erhöhen, um den Energieverbrauch über den Preis weiter zu drosseln. Mit den Einnahmen wollte er Energiesparmaßnahmen finanzieren. Das war ein Vorläufer des später von der SPD-Kommission «Fortschritt '90» unter Vorsitz von Oskar Lafontaine ausgearbeiteten Vorschlags für eine Umstellung unseres Steuersystems von der Besteuerung der Arbeit auf die Besteuerung des Energieverbrauchs. Dieser Ansatz ist im Grundsatz richtig. In einer Zeit struktureller Arbeitslosigkeit, in der die deutsche Industrie gleichzeitig über zu hohe Lohnnebenkosten klagt, ist es strukturell unrichtig, Arbeit zu belasten. Umgekehrt ist es in unserem energiepolitischen Dilemma strukturell richtig, den Energieverbrauch zu verteuern. Matthöfer fand seinerzeit aber weder beim Kanzler noch bei der SPD oder der FDP Unterstützung.

Zusätzliche Energiesparvorschriften lehnte die Lambsdorff-FDP, die die massive staatliche Investitionslenkung zugunsten der Kernenergie mit der Marktwirtschaft für durchaus vereinbar hält, als «Dirigismus» ab, aus grundsätzlichen und aus taktischen Gründen. Die «Freiburger Thesen» spielten für die FDP inzwischen keine Rolle mehr. Für «Wirtschaftsliberale» stellt die «Freiheit zur Energieverschwendung» offenbar genausowenig eine Perversion des liberalen Erbes dar wie die der Abwehr eines Tempo-

limits dienende Parole «Freie Fahrt für freie Bürger». Taktisch
hoffte die FDP – zu Recht –, im bevorstehenden Wahlkampf den
Bundeskanzler auch in energiepolitischen Fragen gegen seine
eigene Partei ausspielen zu können.

Helmut Schmidt beeindruckte das nicht. Ein Vorschlag von mir
für seine Regierungserklärung von 1980, der dem Energiesparen
einen hohen Rang einräumte, blieb ohne Echo. Die blasse Regierungserklärung enttäuschte die Partei auch in dieser Frage. Die
dritte Fortschreibung des Energieprogramms der Bundesregierung von 1981 mißachtete die von der Partei gemeinsam erarbeitete Linie souverän, was die Energiekommission in ihrem Bericht
an den Münchner Parteitag von 1982 vehement rügte. CDU und
CSU frohlockten mit dem Hinweis, daß die Energiepolitik des
Kanzlers und der Bundesregierung den Vorstellungen der Union
folge. Mit der eigenen Partei eine energiepolitische Option ohne
Kernenergie zu entwickeln, hatte Schmidt nicht einmal versucht.
In der Opposition forderte die SPD später, noch vor Tschernobyl,
den Ausstieg aus der Kernenergie. Die von ihr dafür angesetzte
10-Jahres-Frist war allerdings völlig unrealistisch.

1980 wurde nach Erfolgen von Grünen und Bunten in Kommunalwahlen und in der ersten Direktwahl des Europäischen Parlaments (1979) die Bundespartei der Grünen gegründet. Opfer der
Grünen wurde aber nicht Helmut Schmidt. In der Konfrontation
zwischen ihm und Strauß gingen die Grünen in der Bundestagswahl unter, sie landeten bei 1,5 Prozent der Stimmen. Opfer
wurde vielmehr sieben Monate vorher in der baden-württembergischen Landtagswahl Erhard Eppler. Die Grünen übersprang-
en in Baden-Württemberg die 5-Prozent-Klausel, während die
SPD weiter Stimmen verlor. Eppler, der Helmut Schmidt am liebsten aus seinem Landtagswahlkampf herausgehalten hätte, gab im
Parteivorstand seine Niederlage unumwunden zu, machte insgeheim aber Schmidt für sie verantwortlich.

Meiner Meinung nach haben beide «in unbewußtem und unge-
wolltem Zusammenwirken» zur Wahlniederlage und sogar zur
Entstehung der Grünen Partei beigetragen. Schmidt durch seine
mangelnde Sensibilität für die Ökologiebewegung, Eppler – der
nach Schmidt die energiepolitische Linie der Partei zur anderen

Seite verließ – durch seinen missionarischen Eifer. Ohne Geduld für die notwendigen, aber eben auch langwierigen Umdenkprozesse in den Gewerkschaften, in der Partei und in der Gesellschaft rief er mit großer Wirkung in der Öffentlichkeit zur radikalen Umkehr auf und förderte damit die Gründung einer Grünen Partei.

Über die Frage, ob und wieweit die SPD die Ökologiebewegung politisch integrieren könne, löste Willy Brandt im Herbst 1981 einen heftigen Disput aus. Er vertrat in einem Referat über «Sozialdemokratische Identität» die Auffassung, die neuen Strömungen seien von der SPD nicht als Gegner anzusehen. Sie strebten nichts an, was den Zielen der Sozialdemokratie fremd sein müsse. Richard Löwenthal widersprach ihm vehement, erst in einem Aufsatz für die «Neue Gesellschaft», dann in sechs Thesen, für die die wieder einmal empörte Annemarie Renger Unterschriften unter der Parteiprominenz sammelte.

Für Rix Löwenthal war die Sozialdemokratie, die als ein Produkt der Industriegesellschaft die Masse der Berufstätigen vertrete, unvereinbar mit einer Protestbewegung, die aus der modernen Welt «aussteigen» wolle. Mir war diese These zu pauschal. Nach meinen Eindrücken waren die «Aussteiger» unter den Umweltschützern eine – allerdings gewichtige – Minderheit. Ich war auch über die Ungeschichtlichkeit der These erstaunt. Wie konnte die SPD dieselbe bleiben, da sich doch die Industriegesellschaft längst zu einer Industrie- und Dienstleistungsgesellschaft fortentwickelt hatte und manche Trenddeuter bereits – etwas voreilig – das «postindustrielle Zeitalter» verkündeten? Recht hatte Löwenthal dagegen in einem anderen Punkt, nämlich hinsichtlich des Verhältnisses eines Teils der Protestbewegung zur parlamentarischen Demokratie. Darum waren mir auch Brandts Argumente zu pauschal. Rückblickend ausgedrückt: Die «Realos» hätte die SPD, wenn sie und ihr Kanzler auf der Höhe der Zeit gewesen wären, vielleicht integrieren können, die «Fundis» nicht. Für mich war das Verhältnis zur parlamentarischen Demokratie, nicht der sachliche Streit, in dem ich von den Umweltschützern im allgemeinen und den Kernkraftgegnern im besonderen viel gelernt habe, der grundsätzliche Punkt der Auseinandersetzung.

Einmal hinderte der Fundamentalismus des Protests die Ökolo-

giebewegung daran, praktikable politische Alternativen zu entwickeln. Sie nannten sich «Alternative», waren es aber nicht. Die
Losung «Reformen von unten statt von oben» war nur ein Spruch.
Reformpolitik braucht gewiß öffentlichen Druck, «Basisbewe-
gungen» können aber Parteien, Parlamente und Regierungen
nicht ersetzen.

Unakzeptabel war für mich die Aufkündigung der Demokratie
durch Eiferer, die sich im Besitz der Wahrheit wähnten und ein
Recht auf «Widerstand», ja auf Gewaltanwendung gegen demo-
kratische Entscheidungen in Anspruch nahmen. Im Laufe der
Brandt-Löwenthal-Kontroverse geriet ich darüber mit Erhard
Eppler im Parteirat aneinander. In bezug auf die gewalttätigen
Auseinandersetzungen um die Startbahn West, ich hatte darüber
gerade vor Ort erregte Debatten erlebt, erklärte Eppler, dort leisteten sich beide Seiten Übergriffe. Die Situation der heutigen
Protestbewegung ähnele der Situation der Arbeiterbewegung im
Kaiserreich. Es gehe um das Verhältnis von «Legitimität und Le-
galität». Ich widersprach zusammen mit anderen dem schiefen historischen Vergleich, vor allem aber der Benutzung einer Formel,
die Carl Schmitt im Kampf gegen die Weimarer Republik eingesetzt hatte. Epplers Provokation, er habe nichts gegen «eine andere Republik», es komme nur darauf an, welche, hatte schon
Brandt als «Quatsch» zurückgewiesen. Eppler antwortete, das
seien nicht seine Worte, er habe sie nur aufgenommen.

Der Vorstoß von Eppler für ein «ökologisches Grundrecht» war
ernster zu nehmen, er traf einen Kernpunkt unseres Demokratie-
verständnisses. Demokratie besteht nicht nur aus dem Mehrheits-
prinzip, sondern auch aus der Verständigung darüber, was nicht
abstimmbar ist. Adolf Arndt, der «Kronjurist» der SPD, ist nicht
müde geworden, das zu betonen. Die grundrechtlich garantierte
Freiheit der Religion, der Kunst und der Wissenschaft bedeutet,
daß darüber, was wahr, schön oder wissenschaftlich richtig ist,
nicht durch Mehrheit entschieden werden kann. Absolutisten und
Totalitäre haben dem Parlamentarismus denn auch immer wieder
seine «Relativität» vorgeworfen. Donoso Cortés hat gehöhnt, der
Parlamentarismus sei das Regierungssystem, das auf die Frage
«Christus oder Barabas» mit einem Vertagungsantrag oder der

Einsetzung einer Untersuchungskommission antworte. Und auf der Linken hat Leo Trotzki konstatiert, im Bewußtsein der Relativität könne man kein Blut vergießen.

Die parlamentarische Demokratie kann aber auch dadurch ad absurdum geführt werden, daß man Dinge absolut setzt und damit der Mehrheitsentscheidung für entzogen erklärt, die für das Zusammenleben der Menschen entschieden werden müssen, dazu gehören Fragen der Umwelt- und der Energiepolitik. Wenn sie demokratisch nicht entschieden werden können, wie sollen sie dann entschieden werden? Durch Propheten oder Gurus? Junge Leute haben mir gegenüber oft eingewandt, sie müßten wegen der existentiellen Gefährdung der Menschheit gegen die zivile Nutzung der Kernenergie «Widerstand» leisten. Ich habe ihnen geraten, das große Wort «Widerstand» im demokratischen Staat nicht in kleine Münze zu wechseln, für zivilen Ungehorsam aber die Rechtsfolgen auf sich zu nehmen. Denn gerade darin liege dessen moralische Würde. Das machte sie nachdenklich, wohl auch, weil sie sich ernstgenommen fühlten.

Der Streit
um die Nachrüstung

Zum Streit über die zivile Nutzung der Kernenergie trat im Übergang zu den 80er Jahren der Streit über die atomare «Nachrüstung». Ausgelöst durch die amerikanische Debatte über einen «begrenzten Atomkrieg», rückte der Raketenstreit mit der Friedensbewegung gegenüber dem Kernenergiestreit mit der Ökologiebewegung in den Vordergrund. Große Teile der Ökologiebewegung gingen in der Friedensbewegung auf.

Der Weg nach Guadeloupe

Ende der 50er Jahre hatten die Sowjets – sie verfügten noch nicht über die USA bedrohende Interkontinentalraketen – nukleare Mittelstreckenraketen gegenüber Westeuropa stationiert. Sie nahmen es gewissermaßen zur Geisel. Die USA brachten, um ihre Nukleargarantie für Westeuropa zu unterstreichen, in Großbritannien, Italien und in der Türkei – nicht aber in der Bundesrepublik – bis in die Sowjetunion reichende nukleare Mittelstreckenraketen in Stellung. Anfang der 60er Jahre versuchte Chruschtschow, die nuklearstrategische Unterlegenheit der Sowjetunion durch die Stationierung sowjetischer Mittelstreckenraketen auf Kuba auszugleichen. Die entschlossene Reaktion Präsident Kennedys zwang ihn zum Rückzug. Wenig später zogen die Vereinigten Staaten ihre Mittelstreckenraketen aus Europa ab. Die auf Westeuropa gerichteten sowjetischen Mittelstreckenraketen blieben dagegen in Stellung. Dieses regionale, «eurostrategische» Ungleichgewicht wurde angesichts der weiterhin bestehenden amerikanischen

Überlegenheit im strategischen, interkontinentalen Bereich als vernachlässigbar angesehen.

Als die Sowjets ihren Rückstand in der Raketenrüstung aufholten, begannen die Supermächte in den 70er Jahren, durch die sogenannten SALT-Abkommen ein ungefähres strategisches Gleichgewicht festzuschreiben. Dabei ging es um «strategische» Raketen, die vom Territorium der einen Supermacht das Territorium der anderen erreichen konnten. U-Boot-gestützte Raketen wurden dazugezählt. Nukleare Mittelstreckenraketen wurden nicht in die Verhandlungen einbezogen. Die Amerikaner hielten sie aufgrund ihrer geographischen Lage für nicht so wichtig.

Die Europäer wurden dagegen besorgt, als die Sowjets Mitte der 70er Jahre ihre inzwischen veralteten Mittelstreckenraketen nicht wie erwartet abbauten, sondern begannen, sie durch moderne Raketen größerer Reichweite zu ersetzen. Die neuen Raketen vom Typ SS20 waren mobil, zielgenauer und mit drei Sprengköpfen ausgestattet. Von der Sowjetunion aus deckten sie Europa, den Mittelmeerraum, den Nahen Osten und Asien ab. Helmut Schmidt sah in dieser sowjetischen Rüstung – mitten in den Helsinki-Prozeß hinein – eine Bedrohung westeuropäischer Sicherheitsinteressen und machte sich zu deren Sprecher. Das war, kurz skizziert, der politisch-strategische Strang der Entwicklung, die zum NATO-Doppelbeschluß führte.

Daneben gab es einen zweiten, militärisch-technischen Entwicklungsstrang, der mit der Umsetzung der NATO-Strategie einer «flexiblen Antwort» zusammenhing. Diese Strategie war eine Verlegenheitslösung. Die alte Abschreckungsdoktrin der «massiven Vergeltung» hatte angesichts des sich abzeichnenden nuklearstrategischen Gleichgewichts zwischen den Supermächten ihre Glaubwürdigkeit verloren. Die USA waren verwundbar geworden. Andererseits sah sich die NATO – schon wegen der innenpolitischen Grenzen, die die Budgets und die öffentliche Meinung setzten – nicht in der Lage, in Europa eine ausreichende konventionelle Verteidigung gegen einen etwaigen konventionellen Großangriff der Sowjets aufzubauen. Die Androhung des «flexiblen» Ersteinsatzes von Nuklearwaffen unterschiedlicher Größe und Reichweite gegen Panzeransammlungen, Nachschublinien,

Flugplätze, Kommandozentralen etc. sollte die konventionelle Unterlegenheit ausgleichen und in den Augen und Köpfen des Gegners die Abschreckung aufrechterhalten. Verbunden wurden diese Vorstellungen mit komplizierten Überlegungen zur Kontrolle der «Eskalation» eines atomaren Schlagabtauschs.

Um dieser «flexiblen» Strategie militärische Glaubwürdigkeit zu verleihen, schlugen NATO-Experten vor, das europäische Waffenarsenal des Bündnisses um kleinere, aber treffgenauere Atomwaffen zu ergänzen. Genannt wurden einerseits taktische Neutronenwaffen, andererseits eurostrategische Mittelstreckenraketen und Marschflugkörper mit einer Reichweite bis in die westlichen Teile der Sowjetunion. Obwohl es sich dabei um eine neue Waffengeneration handelte, sprachen die Experten lediglich von einer «Modernisierung». Die politische Führung in Washington hatte sich diese Pläne aber noch nicht zu eigen gemacht.

In den Reihen der SPD gab es gegen diese Pläne massive Bedenken. Die Androhung eines «flexiblen» Einsatzes immer kleinerer und immer zielgenauerer Nuklearwaffen drohe, die politische Rolle der Atomwaffen als Instrumente der Abschreckung in eine militärische Rolle als Kriegsführungswaffen in einem begrenzten Atomkrieg zu verändern. Sie drohe außerdem, die Schwelle zu einem Nuklearkrieg zu senken und einen neuen Rüstungswettlauf auszulösen. Und was immer der nicht nur Generäle faszinierende Versuch, «das Undenkbare zu denken», die Apokalypse durchzurechnen, an Eskalationsszenarien und Abschreckungsphilosophien hervorbringe: daß ein Atomkrieg sich nach diesen Theorien richten würde, sei weniger wahrscheinlich, als daß schon der erste Einsatz einer Atomwaffe einen unkontrollierbaren nuklearen Schlagabtausch auslösen und Deutschland, Europa, vielleicht die ganze Welt zerstören würde.

Helmut Schmidt regte Ende Oktober 1977 in einem vielbeachteten Vortrag vor dem Londoner Institut für Strategische Studien an, die Neutronenwaffe im Bündnis unter verteidigungs- wie unter abrüstungspolitischen Aspekten zu prüfen. Der Hamburger SPD-Parteitag forderte wenig später die Bundesregierung auf, durch Rüstungskontrollverhandlungen Voraussetzungen dafür zu schaffen, daß sich eine Stationierung neuer Atomwaffen auf dem Gebiet der Bundesrepublik erübrige. Die Bundesregierung verlangte, die Neutronenwaffen in Rüstungskontrollverhandlungen einzubeziehen und erklärte sich zu ihrer Lagerung bereit, falls die Verhandlungen nach zwei Jahren noch zu keinem Ergebnis geführt hätten.

Das war insofern ein Fortschritt, als die Spirale des Rüstungswettlaufs nicht einfach weitergedreht, sondern ein Rüstungsbegrenzungsversuch vorgeschaltet wurde. Die Probe aufs Exempel wurde aber nicht gemacht. Der in Nuklearfragen sensible amerikanische Präsident Carter stellte die Produktionsentscheidung angesichts erheblicher Meinungsverschiedenheiten unter seinen Beratern und unter dem Eindruck der europäischen Diskussion zurück.

Schmidt hatte mit seiner Londoner Äußerung, die in Europa bestehenden Disparitäten müßten durch Rüstungsbegrenzungen oder, wenn das nicht gelinge, durch verstärkte Rüstungsanstrengungen der NATO abgebaut werden, aber auch die Debatte über die eurostrategischen Raketen wieder eröffnet, und zwar im Alleingang. Ob die sowjetische SS-20-Rüstung eine «Nachrüstung» des Westens militärisch zwingend erscheinen ließ, war nämlich umstritten. Die sicherheitspolitischen Experten der Fraktion neigten, wie Alfons Pawelczyk im April 1978 im Bundestag ausführte, nicht zu dieser Ansicht. Die Sowjetunion verstärkte mit der SS-20-Rüstung zwar ihre eurostrategische Überlegenheit, eine neue militärische Option gegen die NATO gewann sie damit aber auch meiner Meinung nach nicht, da das strategische Potential der NATO zur Abdeckung auch dieser neuen Bedrohung ausreichte.

Das kontinuierlich anwachsende SS-20-Arsenal der Sowjetunion stellte Westeuropa gegenüber aber in jedem Fall ein beachtliches neues Drohpotential dar und widersprach damit westeuropäischen Sicherheitsinteressen. Die Besorgnis über die sowjetische Politik wuchs, als Breschnew bei einem Besuch in Bonn im Mai 1978 zwar die sowjetische Bereitschaft erklärte, auch über Mittelstreckenraketen zu verhandeln, dieser Erklärung dann aber keine Taten folgten. Es war nicht zu erwarten, daß die sowjetische SS-20-Rüstung ohne Ankündigung westlicher Gegenmaßnahmen gestoppt werden könnte.

Auch gegenüber dem amerikanischen Bündnispartner war die

Wahrnehmung westeuropäischer Interessen politisch geboten. Gegenüber wiederholtem Drängen Helmut Schmidts, die eurostrategischen Raketen in die SALT-Verhandlungen einzubeziehen, hatte die amerikanische Seite sich mehr oder minder taub gestellt. Die Experten der SPD-Fraktion hätten es als ausreichend angesehen, wenn diese Forderung erfüllt und eine westliche «Nachrüstung» für den Fall des Scheiterns der Verhandlungen angekündigt worden wäre. Schmidt koppelte aber, wie schon bei den Neutronenwaffen, den Rüstungskontroll- an den «Nachrüstungs»-Ansatz. Während die neuen Waffen produziert würden, sollte verhandelt werden.

Die NATO-Experten, die für die Strategie der «flexiblen Antwort» einer «Modernisierung» des atomaren Waffenarsenals der NATO das Wort redeten, beriefen sich nunmehr auch auf Schmidts Vorschlag, obwohl die sowjetische SS-20-Rüstung für ihre Modernisierungspläne ursprünglich keine Rolle gespielt hatte. So bahnte sich in den Beratungen der NATO eine Kombination von «Modernisierungs»-Entscheidung und Rüstungskontrollangebot an. Diese Kombination war in mehrfacher Hinsicht widersprüchlich. Die für eine Modernisierung ins Auge gefaßten Waffen – Pershing-II-Raketen und Marschflugkörper – waren keine Antwort auf die SS 20, sie sollten die Strategie der «flexiblen Antwort» untermauern. Diese «Modernisierung» war nach Ansicht ihrer Verfechter in jedem Falle erforderlich, während in der Logik des Rüstungskontrollansatzes eine «Nachrüstung» des Westens durch eine SS-20-Abrüstung der Sowjets überflüssig geworden wäre. Schließlich waren die vorgesehenen neuen Waffen unter Rüstungskontroll-Gesichtspunkten problematisch. Da die Modernisierungspläne auf Expertenebene aber schon weit entwickelt waren, als Schmidt seinen Kombinationsvorschlag machte, kamen diese Gesichtspunkte zu kurz.

Die Kritik des deutschen Bundeskanzlers an der Nichteinbeziehung des eurostrategischen Aspekts in die Rüstungskontrollverhandlungen vergrößerte gleichzeitig die ohnehin schon erheblichen Schwierigkeiten Präsident Carters, den Kongreß für den SALT-II-Vertrag zu gewinnen. So wuchs bei Carter und seinem Sicherheitsberater Brzezinski die Neigung, im Interesse des

SALT-Vertrages und – nach der Kontroverse über die Neutronenwaffen – auch im Interesse des Zusammenhalts des Bündnisses, dem Drängen Schmidts und anderer Westeuropäer nachzugeben. In der Sache hielten sie dieses Verlangen nach wie vor nicht für zwingend.

Anfang Januar 1979 trafen sich der amerikanische Präsident, der französische Staatspräsident, der britische Premierminister und der deutsche Bundeskanzler auf Guadeloupe. Die gleichberechtigte Teilnahme des deutschen Regierungschefs war Ausdruck des gewachsenen politischen Gewichts der Bundesrepublik. Die Westeuropäer erklärten ihre Unterstützung für den SALT-II-Vertrag und verabredeten mit dem amerikanischen Präsidenten, die Entscheidung für eine Nachrüstung mit dem Angebot für die Einbeziehung eurostrategischer Flugkörper in SALT-III-Verhandlungen zu verbinden. Die Bundesregierung bestand darauf, daß neue amerikanische Waffen nicht allein in der Bundesrepublik stationiert und bei uns komplett, Trägersysteme und Sprengköpfe, unter amerikanischer Kontrolle stehen würden. Der französische Staatspräsident und ihm folgend der britische Premierminister bestanden darauf, daß französische und britische Nuklearwaffen auch weiterhin nicht in die Verhandlungen einbezogen werden dürften.

Der Doppelbeschluß

Die SPD-Fraktion nahm die Absprache von Guadeloupe sehr kritisch auf. Herbert Wehner erklärte öffentlich, die Entspannungspolitik sei in Gefahr, und verwarf die Entscheidung, zusätzliche nukleare Waffensysteme in der Bundesrepublik aufzustellen. Im Bundestag verlangte ich eine weitere gründliche Debatte im Bündnis. Wie wolle man die Verifikationsprobleme hinsichtlich der Reichweite und der Art der Sprengköpfe – konventionell oder nuklear – von Marschflugkörpern lösen? Welche Auswirkungen würde es auf die Entspannungspolitik haben, wenn mit Pershing-II-Raketen erstmals auf dem Boden der Bundesrepublik amerikanische Nuklearraketen aufgestellt würden, die das Territorium der Sowjetunion erreichen könnten? Warum prüfe man nicht eine seegestützte Lösung, wie sie Helmut Schmidt wiederholt vorgeschlagen habe? Hans Apel gestand mir aber kurz darauf am Rande einer Kabinettssitzung, die auf der Hardthöhe stattfand und in der ich Herbert Wehner vertrat, in der NATO werde bereits auf politischer Ebene über die Pershing II und die Marschflugkörper verhandelt. Der Rest des Kabinetts war mit der schwierigen Problematik offensichtlich wenig vertraut.

Mitte Mai 1979 – vier Monate nach der Grundvereinbarung von Guadeloupe – lud Helmut Schmidt zu einer Erörterung des Themas ins Kanzleramt ein. Apel trug den Stand der Sache vor. Wehner schwieg, er hatte sich öffentlich kritisch geäußert und wollte davon nichts zurücknehmen. Brandt erklärte, er verstehe von der Sache nichts, Helmut Schmidt sei ja der Fachmann. Für die, die Brandt kannten, hieß das, er hielt die Sache für einen politischen Fehler von Militärexperten. Damals war ich sauer, daß Brandt und Wehner nicht Klartext sprachen. Rückblickend sage ich mir, was hätte es gebracht? Der Bundeskanzler hatte Fraktion und Partei durch die Absprache von Guadeloupe präjudiziert. Ihm die Unterstützung zu verweigern, wäre einem Mißtrauensvotum gleichgekommen. Egon Bahr zog sich Schmidts Zorn zu, als er dennoch nicht zustimmen wollte. Schmidt wiederholte, es sei die Sowjetunion gewesen, die die Lage verändert habe. Wenn wir zögerten, notfalls qualitativ gleichzuziehen, würden wir im amerikanischen Kongreß den SALT-II-Vertrag gefährden.

Mit Pawelczyk und Dohnanyi brachte ich den Kanzler dazu, uns den Entwurf eines Memorandums vorzulesen, das er Präsident Carter zur Vorbereitung eines Gesprächs in Washington schicken wollte. Darüber entspann sich die Sachdiskussion, in der wir unsere Einwände noch einmal deutlich machten. Im Ergebnis zeichnete sich folgende Linie ab: Vorrang der Rüstungskontrolle mit dem Ziel, eine «Nachrüstung» überflüssig zu machen; keine Stationierung vor Ende 1983, keine Stationierungsautomatik, Entscheidung vielmehr im Lichte des Verhandlungsstandes. Der Rüstungsteil des geplanten Doppelbeschlusses hatte in dieser Sicht die Rolle eines Faustpfandes für die Verhandlungen. Ich unterstrich das bald darauf in einem «Spiegel»-Gespräch. Ende des

Jahres, noch vor der NATO-Entscheidung, machte sich der Berliner SPD-Parteitag auf der Grundlage eines unter dem Vorsitz von Pawelczyk erarbeiteten sicherheitspolitischen Konzepts diese Linie zu eigen. «Unsere Probe auf Glaubwürdigkeit liegt im Nicht-Automatismus der Stationierung», sagte ich dort.

Bei der Besprechung im Kanzleramt hatten wir für den Rüstungsteil verlangt, an einer seegestützten Option festzuhalten. Im Gegensatz zu der aus anderen Gründen geplanten «Modernisierung» wäre das eine Antwort auf die SS20 gewesen. Auch Helmut Schmidt war nach wie vor für eine seegestützte Lösung: zusätzliche Raketen-U-Boote für das europäische NATO-Kommando oder Marschflugkörper auf Überwasserschiffen. Schmidt hatte aber offensichtlich Zweifel an der Durchsetzbarkeit dieser Forderung. Im März hatte ich ihm berichtet, McGeorge Bundy, ehemals sicherheitspolitischer Berater der Präsidenten Kennedy und Johnson, habe mich gefragt, ob wir mit einer Entscheidung Präsident Carters für einen Ausgleich durch zusätzliche Raketen-U-Boote leben könnten. Schmidt hatte mir geantwortet, das habe er Brzezinski gegenüber schon vor einem Jahr vertreten, auf den könne man sich aber nicht verlassen.

Schmidt war gegenüber den Amerikanern in keiner sehr starken Position. Er hatte die in der Sache nicht überzeugte Führung in Washington mit der Forderung konfrontiert, die eurostrategische Disparität entweder rüstungskontroll- oder aber rüstungspolitisch auszugleichen. Da es um neue amerikanische Waffen ging, lag die Entscheidung in erster Linie bei den Vereinigten Staaten. Präsident Carter stand hinsichtlich einer Waffenmodernisierung unter dem Druck der NATO-Stäbe in Europa. Gegen eine seegestützte Lösung wurden militärtechnische Einwände vorgebracht. In Washington gab es aber auch eine Stimmung, wonach die Westeuropäer, wenn sie schon auf amerikanische Mittelstreckenwaffen drängten, auch mit ihrem eigenen Territorium haften sollten, so wie die Amerikaner das Risiko eines sowjetischen Schlages gegen Raketensilos, Fernbomber-Flugplätze, U-Boot-Basen und Kommandozentralen auf ihrem Boden trugen. Dabei war die Verärgerung Washingtons über Helmut Schmidts als überheblich empfundenes Verhalten ein unwägbarer negativer Faktor, Präsident

Carter und «Zbig» Brzezinski haben dieser Verärgerung in ihren Memoiren beredten Ausdruck gegeben. Manchem in Washington mag der Gedanke Genugtuung bereitet haben, Schmidt die Raketen vor die eigene Tür zu stellen.

Vorstöße für eine seegestützte Lösung wurden jedenfalls abgelehnt, die «Modernisierungs»-Pläne der NATO-Stäbe setzten sich durch. Dieses Ergebnis der Willensbildung im Bündnis konnte der deutsche Bundeskanzler, der sie in Gang gebracht hatte, schlecht ablehnen. Er akzeptierte sogar, daß die neuen Pershing-Raketen allein in der Bundesrepublik, in der bereits eine Infrastruktur für Pershing-Raketen bestand, aufgestellt werden würden, obwohl er eine «Singularisierung» der Bundesrepublik grundsätzlich ausgeschlossen hatte.

Die NATO- und die SPD-Position liefen also, was den Rüstungsteil betraf, auseinander, noch bevor die NATO ihre Entscheidung im einzelnen formuliert hatte. Die Brisanz dieser Entwicklung wurde in der SPD unterschätzt, weil sie den Rüstungsteil der ins Auge gefaßten Entscheidung ohnehin nur als «bargaining chip» verstand.

Dafür, daß die große Mehrheit der SPD-Führung ein solches Verhandlungspfand für erforderlich hielt, hatten die Sowjets gesorgt. Soweit sie die westeuropäischen Sicherheitsinteressen überhaupt ernst nahmen, hofften sie zunächst, der Westen werde sich, wie bei der Neutronenwaffe, nicht zu einer Stationierung durchringen, und später, er werde sie angesichts des Massenprotests der Friedensbewegung nicht durchsetzen können. Sozialdemokratische Sicherheitspolitiker haben 1978 und 1979 ihre sowjetischen Gesprächspartner in Bonn und in Moskau geradezu beschworen, es werde zu einer westlichen Nachrüstung kommen, wenn die Sowjetunion ihre SS-20-Politik nicht korrigiere. Breschnew hatte bei seinem Besuch in Bonn im Mai 1978 behauptet, es bestünde bereits ein Gleichgewicht in Europa. Er behauptete das aber auch dann noch, als die Sowjetunion die Zahl ihrer SS-20-Raketen verdoppelt und verdreifacht hatte. Die sowjetische Führung bewegte sich nicht.

Der Schlüssel dafür lag offenbar in der Person Breschnews und in seinem engen Verhältnis zu den sowjetischen Militärs. Breschnew hatte sie vor allem wegen ihrer Sorge vor den Chinesen für die Entspannungspolitik gegenüber dem Westen gewinnen können, sie waren aber noch – in den späteren Worten Gorbatschows gesprochen – «altem» Sicherheitsdenken verhaftet. In diesem Zusammenhang wurde Breschnews «Militarisierung» ironisiert: Er habe alle Orden und Ehrentitel der sowjetischen Streitkräfte erhalten, mit Ausnahme des Titels «Generalissimus», der Stalin vorbehalten blieb. Gleichzeitig schwanden Breschnews psychische und intellektuelle Kräfte bis zur geistigen Unbeweglichkeit. Bei seinem Besuch in Bonn mußte Gromyko wiederholt die Antworten auf an Breschnew gerichtete Fragen auf kleine Zettel schreiben, die dieser dann vorlas. Breschnew trug wesentlich zur Verschlechterung der sowjetisch-amerikanischen Beziehungen bei, indem er den politischen Willen Präsident Carters zur Rüstungskontrolle – Zurückstellung der Entscheidung über die Neutronenwaffe, den B1-Bomber und die MX-Rakete – nicht honorierte. Und mit dem Einmarsch nach Afghanistan stürzte er die Sowjetunion in ein Abenteuer, das für sie nur in einem militärischen und politischen Desaster enden konnte. Bei der SS-20-Rüstung bewegte er sich erst gar nicht und dann zu spät und zuwenig, um den NATO-Doppelbeschluß noch abwenden zu können.

Am 12. Dezember 1979 verkündete die NATO ihre Entscheidung. Schon deren Aufbau zeigte, daß sie die Rüstungskontrolle als bloße Ergänzung der «Nachrüstung» ansah, nicht, wie es die SPD tat, die Rüstungsoption als Treibsatz für Rüstungskontrollverhandlungen. Die «Modernisierungs»-Entscheidung wurde unter Berufung auf die Strategie der «flexiblen Antwort» vorangestellt: «verbindliche Festlegung» auf die Stationierung von Pershing-II-Raketen anstelle der alten Pershing-Raketen kürzerer Reichweite in der Bundesrepublik; Dislozierung von bodengestützten Marschflugkörpern in der Bundesrepublik, Großbritannien, Italien, Holland und Belgien. Der Stationierungsbeginn wurde angesichts der erforderlichen Produktions- und Vorbereitungszeiten NATO-intern für Ende 1983 vorgesehen. Erst an zweiter Stelle folgte das Rüstungskontrollangebot: Nach der Ratifizierung des SALT-II-Abkommens sollten eurostrategische Waffen in die SALT-III-Verhandlungen einbezogen werden mit dem Ziel ihrer beiderseitigen Begrenzung. Von der Möglichkeit eines Verzichts auf westliche «Nachrüstung» war nicht die Rede. Die Unterschiede zwischen dem «Doppelbeschluß» und der eine Woche zuvor auf dem Berliner Parteitag festgelegten SPD-Linie waren nicht zu übersehen. Sie wurden lediglich durch den letzten Satz des Beschlusses verwischt, den offenbar Hans Apel noch in letzter Minute hatte anhängen können. Danach sollte der Nachrüstungsbedarf der NATO «im Lichte konkreter Verhandlungsergebnisse geprüft werden». Die SPD interpretierte das in ihrem Sinne eines Nicht-Automatismus der Stationierung und der Möglichkeit einer «Null-Lösung». Darin fühlte sie sich durch Helmut Schmidt bestärkt, der Anfang September den Sicherheitspolitikern der Fraktion bestätigt hatte, «im Idealfall» würden beide Seiten auf solche Waffen verzichten. Im November hatte er das, zum Ärger der «Modernisierungs»-Verfechter, vor der Bundestagsfraktion und kurz darauf auch auf dem Berliner Parteitag öffentlich wiederholt.

Auch der letzte Satz des Doppelbeschlusses konnte aber nicht darüber hinwegtäuschen: Die Intentionen der SPD waren nicht deckungsgleich mit denen der NATO. Das unterschied die SPD nicht nur von der Union, sondern auch von der FDP, in deren Reihen es allerdings ebenfalls Vorbehalte gegenüber dem Doppelbeschluß gab. Die NATO- und die SPD-Linie konnten sich bestenfalls bei einem vollen Verhandlungserfolg treffen. Auf den setzte die SPD – nicht nur im Interesse ihrer Regierungsfähigkeit, sondern auch im Interesse der Rüstungskontrolle und der Entspannung. Ein solcher Verhandlungserfolg lag aber weder in ihrer Hand noch in der des Bundeskanzlers, er lag in den Händen der Supermächte, um deren Waffen es ging und die die Verhandlungen führten. Sie aber waren gerade dabei, zum Kalten Krieg zurückzukehren.

Zwischen Regierung und Friedensbewegung

Vierzehn Tage nach dem Doppelbeschluß marschierten sowjetische Truppen in Afghanistan ein. Präsident Carter schwenkte vollends auf einen harten Kurs. Nicht Rüstungskontrolle, sondern Wirtschaftssanktionen und Olympiaboykott waren jetzt die – umstrittenen – Themen im Bündnis. Der amerikanische Kongreß ratifizierte den SALT-II-Vertrag nicht. Die Sowjets lehnten es ab, die SALT-Verhandlungen unter Einbeziehung der eurostrategischen Waffen fortzusetzen. Im amerikanischen Wahlkampf des Jahres 1980 errang Ronald Reagan mit einer für europäische Ohren schockierenden Kalten-Kriegs-Rhetorik und der Forderung nach Rückkehr zur «Politik der Stärke» einen fulminanten Sieg. In seiner ersten Amtsperiode nahm er seinen Kreuzzug gegen das «Reich des Bösen» auf. Der schloß den Versuch ein, die Sowjetunion an die Wand zu rüsten.

Die Westeuropäer, voran Helmut Schmidt, versuchten von der Entspannung in Europa zu retten, was zu retten war. Trotz der ausgebliebenen Ratifizierung des SALT-II-Vertrages drängten sie mit Erfolg darauf, daß sich die Supermächte an dessen Abmachungen hielten. Außerdem bestätigten sie, obwohl es nicht zu SALT-III-Verhandlungen kam, das Rüstungskontrollangebot des Doppelbeschlusses. Ende Mai 1980, mitten im amerikanischen Wahlkampf, reiste Helmut Schmidt nach Moskau. Die sowjetische Führung machte keine Zugeständnisse in der Sache, erklärte sich aber bereit, über Mittelstreckenwaffen zu verhandeln. Präsident Reagan gewann Helmut Schmidt dagegen erst im Frühjahr 1981 für die Aufnahme von gesonderten eurostrategischen Verhandlungen in Genf.

Zwei der vier Jahre, die die NATO für die Verhandlungen vorgesehen hatte, waren vertan, ohne daß diese auch nur begonnen hatten. Willy Brandt erklärte bei aller Skepsis in der Sache dennoch: «Wir können nicht aussteigen.» Die große Mehrheit des Parteivorstands folgte ihm darin. Dabei ging es nicht nur darum, die Regierungsfähigkeit der Sozialdemokraten zu erhalten, sondern auch darum, in Sachen Rüstungskontrolle die Flinte nicht ins Korn zu werfen. Zur Abrüstung brauchten wir die Vereinigten

Staaten wie die Sowjetunion, und wir brauchten das Bündnis, um beide zu bewegen. In der Öffentlichkeit wie in der Partei wuchs aber die Kritik an der «Nachrüstung».

Die Anti-Raketen-Bewegung, die an die «Kampf dem Atomtod»-Bewegung vom Ende der 50er und die Ostermarschbewegung aus den 60er Jahren anknüpfen konnte, wurde immer stärker. Anders als in der Ökologiebewegung standen große Teile von ihr der Sozialdemokratie nahe. Der Grundgedanke der Brandtschen Entspannungspolitik, die es im militärischen Bereich als Abrüstung fortzuführen galt, wurde geteilt. Die Sorge, daß diese ins Stocken geratene Politik endgültig scheitern könnte, trieb die Protestbewegung an. Dabei richtete sich ihre Empörung primär gegen Reagan, der mit seinen Kalten-Kriegs-Parolen selbst den gerade in der Bundestagswahl geschlagenen Franz Josef Strauß noch übertraf. Auch insoweit bestand kein Unterschied zur SPD.

Daß trotz dieser Nähe zur SPD der Streit so heftig wurde, lag zum einen daran, daß sich die Protestbewegung – anders als die Ökologiebewegung – auf eine einzige Frage konzentrierte, die des Doppelbeschlusses. Zum anderen gab es für die Sozialdemokraten in der Raketendiskussion ein Handicap, abgesehen von den Schwierigkeiten, die sich in Debatten zwischen einer Protestbewegung und einer Regierungspartei schon aus ihren unterschiedlichen Perspektiven ergeben – die einen wollen «Zeichen setzen», die anderen sollen die Probleme praktisch lösen. Die Sicherheitspolitiker der Fraktion verteidigten den Doppelbeschluß, obwohl sie dessen Rüstungsteil kritisch gegenüberstanden. Ich tat das in einem «Spiegel»-Artikel, der mir nicht nur in meinem Bonner Unterbezirk heftige Kritik aus der Partei eintrug. Im Interesse eines vielleicht doch noch möglichen Verhandlungserfolges durften wir auch die geplante Stationierung nicht in Frage stellen, obwohl sich bereits abzuzeichnen begann, daß die Partei bei weiterhin ausbleibenden Rüstungskontrollanstrengungen der Reagan-Administration eine automatische Stationierung Ende 1983 ablehnen würde. Dieser Spagat schadete der Glaubwürdigkeit des Bundeskanzlers im Bündnis wie der Glaubwürdigkeit der SPD gegenüber der Friedensbewegung. Wir zahlten einen hohen Preis für die Präjudizierung der Partei durch den Kanzler.

Der Hamburger evangelische Kirchentag vom Juni 1981 brachte die Anti-Raketen-Bewegung vollends in Fahrt. Für den Oktober wurde eine große Demonstration im Bonner Hofgarten angekündigt, für die auch Erhard Eppler als Redner vorgesehen war. Helmut Schmidt warnte öffentlich, wer an der Demonstration teilnehme, müsse Vorsorge gegen Mißbrauch und Gewalttätigkeit treffen; die Kundgebung dürfe die westliche Position nicht schwächen. Die Union brachte diese Äußerungen mit großem Vergnügen in den Bundestag, um die Auseinandersetzung zwischen dem Kanzler und seiner Partei anzuheizen. Willy Brandt machte in der Art der Argumentation seine Distanz zu Helmut Schmidt in dieser Frage deutlich.

Ich empfand Schmidts vorbeugende Kritik an der Kundgebung als unklug und sagte das auch öffentlich. Für mich war die Friedensbewegung kein Gegner, sondern ein Diskussionspartner und potentieller Verbündeter. Es ging darum, den Friedenswillen der protestierenden Bürger in Friedenspolitik umzusetzen, guter Wille allein reicht ja nicht. Schmidts vorweggenommene Kritik war aber auch überflüssig. Niemand hatte ein größeres Interesse an einem friedlichen, gegen einseitige Inanspruchnahme geschützten Verlauf der Kundgebung als deren Veranstalter. Die Demonstration verlief dann auch völlig friedfertig, wozu Erhard Eppler mit seiner Rede beitrug.

Erhard Eppler hatte an der Festlegung der SPD-Position im Frühjahr 1979 nicht mitgewirkt und hatte auf dem Berliner Parteitag gegen sie gestimmt. Auch an den frustrierenden Gesprächen mit der sowjetischen Seite hatte er nicht teilgenommen. So konnte er noch 1981 in seinem Buch «Wege aus der Gefahr» bezweifeln, daß die SS20 überhaupt drei Sprengköpfe trage, während die Sowjets das gar nicht bestritten. Eppler hatte aufgrund seiner von der SPD-Mehrheitsmeinung abweichenden Position eine gute Chance, Brücken zur Friedensbewegung zu schlagen. Das sprach für seine Teilnahme, auch wenn er dabei nicht für die Partei sprechen konnte. Das Parteipräsidium wäre meines Erachtens gut beraten gewesen, mehr zu tun, als diese Selbstverständlichkeit festzustellen. Es hätte von ihm als Präsidiumsmitglied verlangen müssen, auch die SPD-Position – einschließlich des Nicht-Automatis-

mus der Stationierung und der Befürwortung einer Null-Lösung –
darzulegen.

Eppler sah sich offenbar mehr in der Rolle eines Vorkämpfers
der Friedensbewegung als in der eines SPD-Präsidiumsmitglieds.
Er begnügte sich im Bonner Hofgarten damit, dem Friedenswillen
der Sozialdemokraten, die auf dem Berliner Parteitag für die Linie
der SPD-Führung gestimmt hatten, Respekt zu bekunden. Ziel
seiner Rede war es, die Protestbewegung in ihrer Überzeugung zu
bestärken, daß man vor einem Fortgang des Wettrüstens mehr
Sorge haben müsse als vor einer wirklichen oder eingebildeten
Überlegenheit der Sowjets. Was er dabei über die Aporien der
Nuklearphilosophie, der Abschreckungs- und Gleichgewichts-
doktrinen sagte, war alles ernst zu nehmen. Die moralische Erha-
benheit seiner Ausführungen störte mich allerdings einmal mehr.
Sie konnte in meinen Augen zwei Defizite nicht ausgleichen: eine
einseitige Kritik an den USA bei Schonung der Sowjetunion und
das Fehlen einer konkreten Alternative zu der von der SPD beschlossenen Linie. Er sagte es nicht, aber im Grunde liefen seine
Ausführungen auf eine einseitige Rüstungsbegrenzung des Westens hinaus.

Ähnlich wie große Teile der Friedensbewegung unterstellte Eppler, wir seien dabei, das willige Opfer amerikanischer Machtpoli-
tik zu werden. Bei aller Empörung über die Reagan-Administration war das gerade im Zusammenhang mit den Mittelstreckenraketen mehr als schief. Denn es waren die Westeuropäer, voran
Helmut Schmidt, gewesen, die die Amerikaner zur Entscheidung
gedrängt hatten, von einer Satellitenrolle der Bundesregierung
konnte keine Rede sein. Mich störte auch Epplers Vokabular.
Obwohl in der Raketendebatte antiamerikanische Töne rechter
und linker Provenienz unüberhörbar waren, kritisierte er das
Wort «Anti-Amerikanismus» als «Heloten-Sprache». Wir dürften das «Stirnrunzeln einer fremden Regierung» nicht zum politischen Maßstab machen. Wir müßten die «Kette» von Vor- und
Nachrüstung «zerschlagen». Ich bat ihn, auf dieses Vokabular,
das mich an die deutschnationalen Töne der Treitschke-Schule
erinnere, zu verzichten. Viele Freunde in unseren westlichen
Nachbarländern, in denen es auch Protest gäbe, sähen in Teilen

der deutschen Friedensbewegung ohnehin schon den «furor teutonicus» am Werk.

Die Friedensbewegung rechnete es sich als Erfolg an, daß die Amerikaner den Sowjets bei Eröffnung der Genfer Verhandlungen Ende 1981 eine gegenseitige globale Null-Lösung für Mittelstrecken-Flugkörper vorschlugen. Und in der Tat war dieses Angebot von Rücksichtnahme auf die Protestbewegungen in Europa bestimmt. Die Bundesrepublik und die Niederlande hatten die Nulloption als Ideallösung vorgeschlagen, um endlich überhaupt Verhandlungen in Gang zu bringen. Die «Falken» in Washington aber unterstützten diesen Vorschlag in der Überzeugung, Breschnew werde ihn ohnehin nicht annehmen. Das glaubten auch weite Teile der Unionsparteien. Breschnew lehnte die Null-Lösung dann auch prompt ab. Es begann eine breite Diskussion über alle möglichen Kompromißvorschläge, die Verhandlungen in Genf kamen aber nicht vom Fleck. Auch ein erneuter Besuch Breschnews in Bonn im Herbst 1981 änderte daran nichts.

Der Münchner SPD-Parteitag hielt im April 82 dennoch an der Ende 1979 in Berlin beschlossenen Linie fest. Er bestimmte aber zugleich, daß die Frage des Stationierungsbeginns einem außerordentlichen Parteitag vorgelegt werden müsse. Der Ausgang dieses Sonderparteitags stand für mich außer Zweifel, nachdem Washington im September 1982 einen Kompromiß, den die beiden Unterhändler Nitze und Kwizinskij im Juli auf einem Waldspaziergang bei Genf ins Auge gefaßt hatten, abgelehnt hatte, ohne seine Bündnispartner zu informieren, geschweige denn zu konsultieren. Und dies, obwohl aufgrund des Doppelbeschlusses für die Genfer Verhandlungen ein besonderes Konsultationsgremium eingerichtet worden war. Die Nichtunterrichtung der Partner sollte vor allem Helmut Schmidt ausschalten, von dem man Einwände gegen eine Ablehnung des Kompromisses erwartete, dessen Regierung aber kurz vor dem Aus stand. Von einer CDU/CSU/FDP-Regierung befürchtete man solche «Schwierigkeiten» nicht. Doch auch Moskau lehnte den «Waldspaziergang» ab.

Für die SPD und Helmut Schmidt hätte der «Waldspaziergang» einen durchaus akzeptablen Kompromiß dargestellt: entscheidende Reduzierung der Zahl der SS-20-Raketen gegen Beschränkung der westlichen «Nachrüstung» auf Marschflugkörper. Zahlenmäßige Begrenzung nicht nur der Mittelstreckenraketen und Marschflugkörper, sondern auch der Mittelstreckenbomber. Die Sozialdemokraten waren über die negative Reaktion der Reagan-Administration um so mehr empört, als sich in unseren Kontakten mit den beiden Verhandlungsführern und ihren Delegationen ein besonderes Vertrauensverhältnis zu Paul Nitze entwickelt hatte. Das galt für mich in besonderem Maße. In dem ganzen Rüstungs/ Abrüstungs-«Geschäft» hat mich in all den Jahren als Person und in der Sache niemand so beeindruckt wie dieser ebenso kluge und erfahrene wie liebenswürdige alte Diplomat. An ihm lag es nicht, daß die Verhandlungen scheiterten.

Am 1. Oktober 1982 wurde Helmut Schmidt durch ein konstruktives Mißtrauensvotum gestürzt. Für die Kohl/Genscher-Regierung waren zunächst andere Dinge wichtiger als die Genfer Verhandlungen. Mit dem Nahen des Stationierungstermins wurden die Verhandlungen dann zwar hektischer, aber nicht erfolgsorientierter. Die neue Koalition war fest entschlossen, Ende 1983 zu stationieren. Damit hatten sich Union und FDP bei der Reagan-Administration seit langem empfohlen. Genscher war als Außenminister im Wort, und die Union hatte mit dem «Nachrüstungs»-Teil des Doppelbeschlusses im Gegensatz zu seinem Rüstungskontrollteil nie Schwierigkeiten gehabt.

Vor der SPD-Fraktion trat Helmut Schmidt Mitte September 1983 als Bundestagsabgeordneter noch einmal für den Doppelbeschluß ein. Das veranlaßte Willy Brandt zu erklären, er habe nie an den Beschluß geglaubt. Antje Huber, Egon Bahr und ich entwarfen den Antrag für den auf den 19. November nach Köln einberufenen Sonderparteitag. Der Entwurf lehnte die Stationierung ab und forderte weitere Verhandlungen. Er fand im Parteipräsidium und Parteivorstand eine breite Mehrheit. Helmut Schmidt begründete seine Ablehnung des Antrags im Parteirat mit der Pflicht, Wort zu halten. Er war gegenüber dem Bündnis in der Tat im Wort, anders die Partei. Ich stellte unter Berufung auf die Beschlüsse der Partei fest, die SPD habe nie ihr Wort für eine automatische Stationierung Ende 1983 gegeben. Schmidt widersprach dem nicht. Er hatte sich mit seinem Spagat zwischen Bündnis und

Partei übernommen. Auf dem außerordentlichen Parteitag zwei Tage später legte Helmut Schmidt seine Position noch einmal ausführlich dar. Der Parteitag lehnte, Willy Brandt folgend, die Stationierung mit überwältigender Mehrheit ab. Als Oppositionspartei fiel der SPD diese Entscheidung sicher leichter, als sie ihr als Regierungspartei gefallen wäre. Nach meiner Überzeugung hätte die SPD der Stationierung aber auch als Regierungspartei nicht zugestimmt.

Die Koalition stimmte zwei Tage nach dem SPD-Parteitag im Bundestag für die Stationierung. Fünfundzwanzig SPD-Abgeordnete, Helmut Schmidt eingeschlossen, enthielten sich zum SPD-Antrag auf Ablehnung der Stimme. Schmidt begründete sein Votum in einer fairen Rede. Die bemerkenswerteste Erklärung Helmut Schmidts zum Thema der Nuklearwaffen stammt aber aus der Diskussion über die Null-Lösung. Im Mai 1987 ließ er die Öffentlichkeit wissen, er sei schon als Verteidigungsminister entschlossen gewesen, bei einem etwaigen sowjetischen konventionellen Großangriff nicht an einem Atomwaffeneinsatz der NATO mitzuwirken. Von der Bundeswehr habe man nicht erwarten können, daß sie weiterkämpfen werde, nachdem die ersten nuklearen Sprengköpfe auf deutschem Boden explodiert seien. Dialektik der Abschreckungsstrategie: Sie ist nichts mehr wert, wenn sie erst einmal versagt hat. Bemerkenswerterweise gab es kein öffentliches Echo, auch nicht von seiten der NATO, auf Schmidts erstaunliche Mitteilung und seine nunmehr vehemente Kritik an der Strategie der «flexiblen Antwort».

In der Opposition

Die SPD stand in Gefahr, nach einer kurzen Empörungseuphorie über das Wendemanöver der FDP in ein tiefes Loch zu fallen. Da Wehner erklärt hatte, nach den für März vorgesehenen Neuwahlen als Fraktionsvorsitzender auszuscheiden, setzte ich mich an die Oppositionsrede auf Kohls bevorstehende Regierungserklärung. Als einige «Kanaler» murrten, schlug ich vor, die Fraktion entscheiden zu lassen, darauf wollten sie es dann aber doch nicht ankommen lassen. Ich zeigte Helmut Schmidt meinen Redetext. Er gab eine Reihe sachlicher Anregungen und riet mir dann: «Schreib auf jede Seite in großen Buchstaben ‹LANGSAM›. Wenn du in Fahrt kommst, sprichst du zu schnell, gerätst in eine zu hohe Tonlage und verschluckst die Endsilben.» Ich mußte mir eingestehen, daß er recht hatte, also folgte ich seinem Rat. Das führte dazu, daß ich auf Kohls sehr allgemein gehaltene Regierungserklärung geschlagene neunzig Minuten antwortete, dreißig Minuten länger als geplant. Das war eigentlich Unsinn. Aber die Fraktion ging bei meiner Kritik an der Wendepolitik begeistert mit, besonders bei jenen Passagen, in denen ich mir die FDP-Führung vornahm. Genscher und Lambsdorff hatten sich auf der, wie ich es ausdrückte, «Übergangsbank» Kohls Tiraden über die «Erblast» der Regierung Schmidt mit so unbeteiligter Miene angehört, als ob sie dieser Regierung nie angehört hätten. Helmut Schmidt fand meine Rede gut. Willy Brandt meinte, ich hätte dem ganzen Verein einen großen Dienst erwiesen. Jedenfalls hatte ich der Fraktion und der Partei Mut gemacht und Grundlinien für unsere Wahlkampfargumentation vorgegeben. Herbert Wehner sagte kein Wort.

Helmut Schmidt lehnte es wegen seiner angeschlagenen Gesundheit, aber auch wegen der Meinungsverschiedenheiten mit

der Partei nach kurzer Bedenkzeit ab, noch einmal als Kanzlerkandidat «zu laufen». Da die Fraktion seine Gründe nicht auch
noch diskutieren wollte, dauerte seine Verabschiedung ganze 35
Minuten. Nun war Johannes Rau der Favorit. Er hatte in Nordrhein-Westfalen bewiesen, daß er regieren und bis tief ins bürgerliche Lager hinein Stimmen holen konnte. Ich habe seine Erfolge
immer bestaunt. Er fischte Wähler, indem er auf jede Zuspitzung,
für mich das Salz in der politischen Suppe, verzichtete. Ihm gaben
auch Bürger ihre Stimme, die mit seinen politischen Ansichten nur
sehr allgemein oder nur zu einem kleinen Teil übereinstimmten.
Er wäre wohl als Kandidat angetreten, aber die Sozialdemokraten
in Nordrhein-Westfalen wollten ihn nicht gehen lassen. Sie fürchteten, ihr Spitzenmann könne in cincm Bundestagswahlkampf
verschlissen werden, der für die SPD ohnehin nicht zu gewinnen
war. Ihnen war ihre absolute Mehrheit im Land wichtiger.

So lief die Kandidatur auf Jochen Vogel zu, der durch seinen
Einsatz in Berlin zusätzliches Ansehen gewonnen hatte. Ich gab
ihm geringere Chancen als Rau, zumal er die Berliner Wahl verloren hatte. Er wollte dennoch Kandidat werden, und die Berliner
Partei hielt ihn nicht fest. Auch aus Eigeninteresse sah ich Vogels
Kandidatur mit gemischten Gefühlen. Rau wäre nach einer Niederlage als Ministerpräsident nach Düsseldorf zurückgegangen,
dann hätte ich für den Fraktionsvorsitz kandidiert. Einen Kanzlerkandidaten Vogel hingegen konnte die Partei nicht gut auf die
Berliner Oppositionsbänke zurückschicken. Er selber erklärte das
mir gegenüber zwar für möglich, mit Hans Apel, meinem potentiellen Gegenkandidaten, war ich mir aber darin einig, daß wir uns
einen Kanzlerkandidaten im Leasing-Verfahren nicht leisten
könnten. In der schwierigen Lage der Partei müßten wir die Kräfte
bündeln. Uns beide, Apel und mich, hat allerdings bald der Gedanke heimgesucht, wir hätten uns insoweit zu edel verhalten.

Ich konnte mich mit dem Gedanken trösten, daß Vogel seit seiner Münchner Zeit nach und nach auf Integrationskurs gegangen
war. Er hatte aus Fehlern gelernt, aus eigenen wie aus denen
Helmut Schmidts. Das wurde ihm dadurch erleichtert, daß der
kritische Teil der Partei immer grüner wurde. Hatte die linke innerparteiliche Opposition bei ihm «Law and order»-Reaktionen

ausgelöst, so weckte der grüne Protest in ihm eine «wertkonservative» Nachdenklichkeit. In Berlin schilderte er mir gleich mehrmals eine Art Saulus-Erlebnis. Während der von ihm mit Umsicht und Geschick geführten Auseinandersetzung mit den Hausbesetzern in Kreuzberg hatte er an einer Hauswand den Spruch entdeckt «Life is Xerox, you are just a copy». Ob die darin zum Ausdruck kommende Verzweiflung junger Menschen nicht erschütternd sei? Ich hatte mich insgeheim gefragt, ob diese aus den USA importierte Wandmalerei wohl von der Werbeabteilung der Firma Xerox diskret gefördert würde. Die naheliegende Frage, wie heil Vogels Weltbild eigentlich gewesen sein müsse, wenn er diesen Spruch für ein Menetekel hielt, behielt ich für mich.

Vogel hatte für seinen Integrationskurs natürlich auch taktische Gründe, er suchte breite Unterstützung in der Partei. Auf dem Parteitag des linken Bezirks Hessen-Süd legte er sich derart ins alternative Zeug, daß die «Kanaler» Verrat witterten. In der SPD als Oppositionspartei verschoben sich die innerparteilichen Gewichte deutlich; nun mußte die Partei-Rechte integriert werden, das konnte jemand wie Vogel, der selbst vom traditionellen Flügel kam, am besten leisten. Als Übergang zu einer neuen, jüngeren Führungsmannschaft, die mir nach den zu langen Jahren unseres «Triumvirats» dringend erforderlich erschien, fand ich Vogels Kurs in Ordnung.

Vogel versammelte als Kanzlerkandidat eine Mannschaft um sich, in der ich für die Außenpolitik zuständig war. Das Verhältnis der Supermächte war unter Reagan noch schlechter geworden. Angesichts der Krise der Genfer Verhandlungen und des näherrückenden Stationierungstermins hatte ich viel zu tun. Insgesamt hatte die Mannschaft aber wenig zu bestellen, Vogel entschied am liebsten alles allein. Die Union, die auf einen Kurs der Haushaltskonsolidierung setzte, kam mit der Parole «Den Aufschwung wählen» in die Offensive. Darüber hinaus hatte sie Glück, die Weltkonjunktur begann sich auch nach der zweiten Ölpreiskrise wieder zu erholen. Und insgesamt verdrängte der Wunsch, nach dreizehn Jahren SPD-Führung die Regierung wieder zu wechseln, den Protest gegen das Wendemanöver. Vogel, kein Volkstribun, führte einen nachdenklich-engagierten Wahlkampf, die Partei legte sich ins Zeug. Zu gewinnen war die Wahl nicht, auch wenn mancher sich das angesichts guter Landtagswahlergebnisse nach der «Wende» erhofft hatte.

Spannender war die Frage, ob die FDP aus dem Bundestag herausfallen und die Grünen hineinkommen würden. Wäre die FDP herausgefallen, hätte die Union die absolute Mehrheit der Sitze erhalten. Ebenso wäre es gewesen, wenn die Grünen den Sprung ins Parlament nicht geschafft hätten. In diesem Fall hätten Genscher und Lambsdorff in die Opposition gehen müssen, worauf ich einen ausgegeben hätte. Doch FDP und Grüne kamen in den Bundestag. Der Erfolg der Grünen war die eigentliche Niederlage der SPD, er nahm ihr fürs erste die Chance, mehrheitsfähig zu werden. Die Union verfehlte nur knapp die absolute Mehrheit. Unsere rund 38 Prozent der Stimmen hielt ich unter den gegebenen Umständen noch für passabel. Vogel war dagegen enttäuscht, er hatte gehofft, auf jeden Fall über 40 Prozent zu kommen.

«Ja, Horst», meinte ein nachdenklicher Willy Brandt in der Wahlnacht, «jetzt sind wir wieder da, wo wir waren, als wir uns kennenlernten.»

Die Bürokratisierung der Fraktion unter Vogel

Unmittelbar nach der Wahl kürten wir Vogel zum Fraktionsvorsitzenden. Herbert Wehner, dem schon der Dortmunder Wahlparteitag Huldigungen dargebracht hatte, wurde feierlich verabschiedet. Dann gingen wir daran, die Fraktion für ihre Aufgaben in der Opposition zu organisieren. Wir bildeten acht Arbeitskreise für ressortübergreifende Politikbereiche, deren Vorsitzende zugleich stellvertretende Fraktionsvorsitzende sein sollten. Zusammen mit den Parlamentarischen Geschäftsführern bildeten sie den geschäftsführenden Fraktionsvorstand. Der «Kanal», der Apel anstelle von Egon Franke zu seinem Sprecher gewählt hatte, lehnte zunächst sowohl die Struktur- wie die damit verbundenen Personalvorschläge ab. Ich stärkte dem zögernden Vogel den Rücken: Jetzt oder nie. Wir kamen in der Fraktion glatt durch. Ich übernahm den Arbeitskreis für Außen-, Sicherheits-, Deutschland-

und Europapolitik und außerdem die Abstimmung mit der «Baracke», das heißt mit Peter Glotz als Bundesgeschäftsführer.

Der Widerstand der «Kanaler» gegen Vogel wurde nicht nur durch dessen Kursänderung und durch ihren mit der Neuordnung der Fraktion verbundenen Einflußverlust ausgelöst. Er richtete sich auch gegen seine autokratischen Neigungen. Er behandele sie wie ein «Gouverneur», während er gleichzeitig Sensibilität predige, lautete die Klage, mit der die «Kanaler» nicht allein standen. Mitarbeiter beschwerten sich, wie Vogel mit ihnen umgehe, entspräche nicht sozialdemokratischen Maßstäben. Selbst Geschäftsführern mußten wir den Rücken stärken, sich nicht anschreien zu lassen. Im geschäftsführenden Fraktionsvorstand war Vogel für die alten Hasen, die selbst schon ein Regierungsamt ausgeübt hatten, nicht mehr als Primus inter pares. Für die Jungen hingegen, auch für die «68er», war er Respektsperson. Da die «Alten» nach und nach neue Aufgaben fanden, blieb ich später mit Vogel und den Jüngeren allein, was meine Rolle nicht einfacher machte. Zunächst aber war Hans Apel lautstarker Wortführer des Protests. Da wir Vogel für den Fraktionsvorsitz unterstützt hatten, hielt ich es für richtiger, in der Fraktion antiautoritäre Kräfte zu wecken: Wir würden aus ihm schon noch einen Parlamentarier machen. Mich behandelte Vogel wie ein rohes Ei.

Ich bestand ihm gegenüber auf einer Regelung, nach der die acht Stellvertreter ihn in der Reihenfolge ihrer Anciennität vertreten sollten, so daß ich intern erster Stellvertreter sein würde. Da ich über die breiteste Erfahrung in der Bundespolitik und die längste Erfahrung in der Fraktionsführung verfügte, hielt ich das für vernünftig. Vogel widersprach nicht, wich einer Festlegung aber immer wieder aus. Dafür schob er Apel vor, der gegen eine solche Lösung sei. Meine Forderung hatte bei Apel in der Tat Konkurrenzgefühle verstärkt, dabei ging es mir um etwas ganz anderes – was Vogel besser verstand als Apel.

Ich wollte nicht, daß Vogel je nach Lust und Laune mal die eine, mal den anderen mit seiner allgemeinen Stellvertretung betrauen könne. Schon gegenüber den Geschäftsführern brauchten wir eine feste Regelung. Angesichts von Vogels Neigung, die Fraktion wie ein Ministerium zu führen, mußten wir verhindern, daß er mit

Hilfe der Geschäftsführer «regieren», die acht Stellvertreter aber nach der Maxime «divide et impera» auf ihre jeweiligen Aufgabengebiete beschränken könnte. Als eine Geschäftsführerin die Sitze im Plenum neu zuteilen wollte, ein anderer die Fraktionsredner einzuteilen begann sowie «Stundenpläne» für die Anwesenheit der Stellvertreter im Plenum und «Wochenpläne» für Vogels Urlaubsvertretung aufstellte, zog ich die Notbremse. Ich sagte Vogel, entweder er stelle diesen Unsinn ab oder er könne die Arbeit allein machen. Außerdem bestand ich auf der zwischen uns besprochenen Stellvertreter-Regelung, die schließlich auch getroffen wurde.

Die Bürokratisierung des Oppositions-«Betriebes» auf unterer Ebene ging dessenungeachtet weiter. Entgegen anfänglichen Sparappellen wuchs der Apparat und mit ihm die Zahl der Vorlagen und der ihrer korrekten Durchführung dienenden Kontrollen. Vogel beherrschte den Apparat bis in die Protokollführung hinein. Die Abgeordneten lästerten über den «Anstaltsleiter» und seine «Dezernenten», wußten andererseits aber sehr wohl, was sie an Vogel hatten. Er setzte die Fraktion organisatorisch instand, ihre Oppositionsaufgabe zu erfüllen. Er legte – ein Akt politischer Hygiene – die Gehälter der Geschäftsführer und die auf seinen Wunsch besonders bescheidenen Aufwandsentschädigungen für den Fraktionsvorsitzenden und seine Stellvertreter offen. Im Zuge der Neuordnung der Parteifinanzierung brachten wir Klarheit in die finanziellen Beziehungen zwischen Fraktion und Partei. Selbst ein besessener Arbeiter, brachte Vogel die Fraktion dazu, sich in die Arbeit zu stürzen, statt ihre Wunden zu lecken. Er bemühte sich nicht nur, die verschiedenen Gruppen der Fraktion zu integrieren, sondern moderierte auch in sachlichen Streitfragen kenntnisreich und detailbesessen. Die eigene Meinung äußerte er allerdings meist erst in seinem Schlußwort, das nicht mehr zur Diskussion stand, oft entschied er sich wohl überhaupt erst in Kenntnis des Stimmungsbildes der Fraktion. Mit einer geradezu flächendeckenden Medienarbeit verschaffte er der Fraktion große Präsenz in der Öffentlichkeit. An einem bayerischen Stammtisch meinte einmal ein Einheimischer, an «Vogel Hansi» wundere ihn nur eins: daß er nicht auch noch den Wetterbericht kommentiere.

Im Parlament machte Vogel eine gute Figur, gelegentlich hatte ich
allerdings den Eindruck, da spreche kein Oppositionsführer, sondern ein Staatsanwalt.

Die Sozialdemokratie war jedenfalls, obwohl sie sich die Oppositionsrolle mit den Grünen teilen mußte, im Bundestag unüber-
seh- und unüberhörbar. Das trug, parallel zu einer Konsolidierung
der Partei in der Opposition, auch zu SPD-Erfolgen in den nächsten Landtagswahlen bei.

In der Behandlung von Einzelthemen und -bereichen waren wir
fleißig, besonders gute Arbeit leisteten die Gruppen «Frauen»
und «Umwelt». Mit der Entwicklung der großen Linien für eine
Rückkehr zur Regierungsmacht in Bonn haperte es dagegen.
Schon die Koordinierung von Wirtschafts-, Finanz- und Sozialpolitik, auf diesem Feld hatte die Koalition die Wahl gewonnen,
klappte nicht. Vogels Einrichtung eines «Verzahner»-Kreises änderte daran nicht viel. Er verstand von diesen Themen weniger,
als ich angenommen hatte, und lag mit Apel im Dauerclinch. Das
schwerwiegendste Defizit aber saß tiefer: Es fehlte an politischer
Phantasie, an Ideen, Konzepten und Strategien. Sie waren Vogels
Stärke nicht.

Vogel ertrug mein kritisches Drängen auf ein Oppositionskon-
zept und eine Oppositionsstrategie oft nur mit mühsamer Beherr-
schung. Einmal im Monat trafen wir uns mit unseren Frauen zum
sonntäglichen Frühstück. Da ging es lebhaft zu, insbesondere
wenn die Frauen sich als Volkes Stimme gegen uns verbündeten.
Während Vogel, sobald es «amtlich» wurde, aus dem Käfig seiner
Amtsperson nur schwer heraus konnte, war er im privaten Kreis
locker und zuweilen sogar witzig. Zu einer politischen «jam ses-
sion» kam ich mit ihm aber auch privat nicht. Mit einem «Mein
lieber Horst, wir müssen arbeiten» erhob er sich vom Frühstücks-
tisch, wenn es für mich gerade interessant zu werden begann.
Dann packte er aus seiner Aktentasche einen großen Stapel «Vorgänge» aus, von denen mich die meisten herzlich wenig interessierten. Auch im geschäftsführenden Vorstand wurden die immer
zahlreicheren Punkte der Tagesordnung abgearbeitet, als ob sie
politisch alle gleich wichtig wären.

Ich hielt die Entwicklung politischer Konzepte für wichtiger, schon um die Sozialdemokraten auch in der Opposition nicht zu jenen «friedensliebenden Sozialpolitikern» werden zu lassen, als die sie in den Weimarer Jahren einmal verspottet worden waren. Für die Rückkehr an die Regierung war es erst recht erforderlich, eigene Konzepte mit wirtschafts- und finanzpolitischem wie mit außen- und sicherheitspolitischem Sachverstand zu untermauern. So erarbeiteten wir in meinem Arbeitsbereich eine sehr präzise «Gedächtnisstütze» zur Raketenfrage und eine «Handreichung» zu strittigen Fragen des westlichen Bündnisses. Darüber hinaus schrieb ich in den Weihnachtsferien 1983/84 ein Papier zur «Selbstbehauptung Europas», das weit über die SPD hinaus Beachtung fand. Bald darauf veröffentlichte ich anläßlich eines Streitgesprächs mit Lothar Späth unter dem Titel «Wohin geht die Bundesrepublik?» zehn kritische Punkte zur Gesellschaftspolitik.

Mein wichtigster politischer Gesprächspartner, nicht nur in Fragen meines engeren Aufgabenbereichs, blieb Willy Brandt. Mit ihm zu diskutieren war selbst dann eine Erholung, wenn wir, was jetzt häufiger vorkam, nicht übereinstimmten.

Brandts Rücktritt vom Parteivorsitz

Willy Brandt, der Herbert Wehner und Helmut Schmidt politisch überlebt hatte, war der unangefochtene Mittelpunkt der Partei. Um Einzelheiten kümmerte er sich noch weniger als früher, um die Innereien der Fraktion überhaupt nicht. Ihn beschäftigten die großen Linien, zum Beispiel die reaktionären Tendenzen in der Union und das Verhältnis der SPD zu den Grünen.

Die Bundesrepublik kam damals in die Jubiläumsjahre: 40 Jahre Kriegsende, Bundesrepublik und Grundgesetz auf dem Hintergrund von 50 Jahre Machtergreifung, Reichspogromnacht und Kriegsbeginn. Die Union aber bescherte der Bundesrepublik in jenen Jahren eine Fülle von politischen Fehlleistungen und Peinlichkeiten. Helmut Kohl, ein Mann der demokratischen Mitte, ließ es zu, daß Vertriebenenfunktionäre seiner Partei die polnische Westgrenze immer wieder in Frage stellten und daß eine Nachhut von Kalten Kriegern in der Union die Fortführung der

Entspannungs- und Abrüstungspolitik angriff. Er selber häufte von der Bitburg-Inszenierung anläßlich des Reagan-Besuchs bis zum Vergleich Gorbatschows mit Goebbels eine Peinlichkeit auf die andere. Hätte nicht Bundespräsident Richard von Weizsäcker seine große Rede zum 8. Mai 1985 gehalten, die Welt hätte glauben können, die Union sei von allen guten Geistern verlassen. Zusätzlich erregten politische Affären und die Art, wie Kohl mit ihnen umging, die Öffentlichkeit. Einem Anschlag auf unsere Demokratie glich die Barschel-Affäre, in der die Machtbesessenheit eines CDU-Ministerpräsidenten im Kriminellen endete, ohne daß die Union selbst rechtzeitig klar Schiff gemacht hätte. Von «geistig-politischer Führung», die Kohl so lautstark gegenüber Helmut Schmidt eingefordert hatte, war bei ihm selber weder in der Tagespolitik noch gegenüber den großen Herausforderungen unserer Zeit etwas zu merken. Vielmehr legte sich eine Art politischer Mehltau über die Republik. Schon damals begannen sich «Staats-» und «Parteiverdrossenheit» und mit ihnen verbunden neue Rechtstendenzen bei uns auszubreiten. Apologetische und restaurative Neigungen in der Geschichtsschreibung jener Jahre wurden von Jürgen Habermas und anderen zum Gegenstand des «Historikerstreits» gemacht.

Die bei fortbestehender Massenarbeitslosigkeit positive konjunkturelle Entwicklung hielt Kohl und seine Koalition dennoch im Amt. Der Kampf der sozialdemokratischen Opposition gegen die «Umverteilung von unten nach oben» – beispielsweise gegen eine ungerechte Steuerpolitik einschließlich der Steuervorteile für Flugbenzin und für die Beschäftigung von Hausgehilfinnen, gegen die Beeinträchtigung der gewerkschaftlichen Streikfähigkeit durch Beschränkung der Zahlung von Arbeitslosengeld an mittelbar vom Streik betroffene Arbeitnehmer, gegen eine Gesundheitsreform auf Kosten vor allem der Versicherten etc. – fand erhebliche Resonanz. Diese Kritik konnte aber den Marsch in die Zwei-Drittel-Gesellschaft und – verbunden mit dem Ausländerproblem – den wachsenden Zulauf zu rechten Gruppierungen aus sozialem Protest nicht verhindern. Das soziale Engagement der SPD war auch kein Ersatz für fehlende wirtschaftspolitische Alternativen.

War die politische Auseinandersetzung mit der Union und der Koalition in hohem Maße rückwärtsgewandt, so ging es gegenüber den Grünen um die Fortentwicklung der eigenen Position. Willy Brandt verkörperte auch in der neuen Situation Kontinuität und Wandel zugleich. Am deutlichsten wurde das in der unter seiner Moderation begonnenen Arbeit an einem neuen SPD-Grundsatzprogramm.

Die Idee, das vor einem Vierteljahrhundert beschlossene Godesberger Grundsatzprogramm zu ersetzen, war zunächst umstritten. Mir erschien es wichtiger, «Zwischenstücke» zwischen dem Godesberger Programm und der praktischen Politik zu entwickeln. So hatten wir nach dem «Orientierungsrahmen» ein breitangelegtes «Forum Zukunft» auf die Beine gestellt, um Entwicklungstrends unserer Gesellschaft öffentlich zu diskutieren. Mit der Rückkehr der SPD in die Opposition setzte sich dann aber die Überzeugung durch, die SPD müsse das Godesberger Programm fortentwickeln. So begann die Programmarbeit, vieles war dabei kaum noch umstritten. Die von Eppler geleitete Grundwertekommission hatte zum Verhältnis der drei Grundwerte Freiheit, Gerechtigkeit und Solidarität bereits hervorragende Vorarbeit geleistet, der Orientierungsrahmen 85 manches zum Thema «demokratischer Staat» aufgearbeitet. Auch über die neuen Themen bestand Übereinstimmung: Mit der Gleichberechtigung der Frauen mußte endlich Ernst gemacht, die Ökonomie mußte ökologisch umgebaut, der traditionelle Internationalismus der Arbeiterbewegung im Lichte der neuen globalen Herausforderungen neu begründet werden.

Heftigen Streit gab es dagegen angesichts der neuen Sozialbewegungen um den Grundtenor des neuen Programms, den Erhard Eppler maßgeblich bestimmte. Zu seinem ersten Gliederungsentwurf, der auf mich eher wie die Gliederung einer Dissertation als die eines politischen Programms wirkte, schrieb ich: «Deutungen von Welt und Mensch in allen Ehren: Wo ist der rote Faden unserer Programmaussagen...?» Auch über Epplers Entwürfe für einzelne Abschnitte wurde heftig debattiert. So unterstützte ich die berechtigten Änderungsvorschläge unserer Frauen zum Thema Gleichberechtigung, fälschlicherweise immer als «Frauenfragen»

behandelt, obwohl es doch in Wirklichkeit immer auch Männer-
fragen sind. Mit seinem Entwurf zum Thema Kultur löste Eppler
nahezu einen Kulturkampf aus. Der von ihm postulierte Kulturbe-
griff erschien liberalen Geistern etwas verstaubt und zugleich zu
missionarisch. Nach heftigen Debatten wurde das neu geschrieben. In der Verteidigung seines Grundansatzes aber war Eppler
nicht nur hartnäckig, sondern auch erfolgreich. Das zeigte sich, als
die öffentliche Diskussion über den ersten, den sogenannten «Ir-
seer Entwurf» des neuen Programms im Herbst 1987 im Münchner Künstlerhaus eröffnet wurde. Dort kleidete Carl-Friedrich
von Weizsäcker nämlich seine Kritik an dem Entwurf in ein Zitat
von Eugen Roth: «Schon früher stand, nebst manchem Schiefen,
viel Wahres in den Hirtenbriefen.»

Nach dem Rücktritt Brandts vom Parteivorsitz übernahm Jochen Vogel auch den Vorsitz der Programmkommission, aus der
ich mich zurückzog. Ihre Geschäfte leitete Oskar Lafontaine, der
die Programmarbeit durch seine breitgefächerte Kritik an der
Verengung des Begriffs der Arbeit auf Erwerbsarbeit wesentlich
bereicherte. Eppler bestimmte das Programm aber auch weiterhin
mit, zumal er – ein glänzender Formulierer – die Textentwürfe
schrieb. Die Sozialdemokraten arbeiteten die Fragestellungen der
neuen Bewegungen in ihre Programmatik ein. Eine große Leistung, auch wenn das Endprodukt stellenweise immer noch mehr
einem politischen Bildungsroman als einem politischen Programm
gleicht.

Gegenüber dem Godesberger Grundsatzprogramm blieb die
politisch-publizistische Wirkung des erst auf dem Berliner Parteitag von 1989 verabschiedeten neuen Programms gering. Die fünf-
jährige Programmarbeit wurde von der politischen Entwicklung
überrollt. Die Themen des Programms werden uns noch lange beschäftigen, sie gerieten aber in den Schatten des großen weltpolitischen Umbruchs in den Ostblockstaaten.

Parallel zur Programmarbeit setzte sich die Partei mit den
neuen sozialen Bewegungen in den Debatten und Beschlüssen ihrer Parteitage auseinander. Das galt insbesondere für die Beschlüsse des Nürnberger Parteitags von 1986 zur Energie- und zur
Sicherheitspolitik. War es zu Helmut Schmidts Zeiten darum ge-

gangen, gegenüber der Regierungspolitik neue Ansätze durchzusetzen, so ging es nun darum, die SPD auch in der Opposition regierungsfähig zu halten und sie nicht zu einer bloßen Protestbewegung abrutschen zu lassen.

Schwer tat sich die SPD dabei mit ihrer Strategie und Taktik gegenüber den Grünen, die sich auf Kommunal-, Landes- und Bundesebene in bunter Vielfalt präsentierten und in der Europawahl 1984 über 8 Prozent der Stimmen gewannen. Die rechten Tendenzen in der Union ließen Brandt nach einer neuen Mitte-Links-Mehrheit rufen. Dafür mußten wir die Grünen vor die Wahl stellen, entweder mit uns koalitions- und regierungsfähig oder aber überflüssig zu werden. Im Frühjahr 1985 gewannen Oskar Lafontaine und Johannes Rau ihre Landtagswahlen mit absoluter Mehrheit. Die Grünen blieben in den beiden Kohle-Ländern unter fünf Prozent der Stimmen, im Saarland, weil Lafontaine die Koalitions- und Regierungsunfähigkeit der Grünen öffentlich vorführte, in NRW, obwohl Rau ein Zusammengehen mit den Grünen von vornherein ablehnte. Die Strategie, die sich für NRW als richtig erwies, sollte sich im Bundestagswahlkampf 1987 fatal auswirken.

Das Nachdenken über den Kanzlerkandidaten von 1987 hatte unmittelbar nach Vogels Niederlage in der 83er Wahl begonnen, vor allem auch bei Willy Brandt, der wußte, daß Erfolg oder Mißerfolg in der nächsten Wahl sowohl die Dauer seines Parteivorsitzes als auch die Wahl seines Nachfolgers beeinflussen werde. Inzwischen war er zwanzig Jahre Parteivorsitzender. Vogel wollte sich anfangs die Möglichkeit einer zweiten Kandidatur offenhalten, dafür gab es aber wenig Unterstützung. Mit Raus großem Sieg in der Landtagswahl vom Mai 1985 war praktisch entschieden, daß er der nächste Kanzlerkandidat sein würde. Noch vor Jahresende nominierte ihn der Parteivorstand, viel zu früh vor den Wahlen.

Zur gleichen Zeit wurde in den Kulissen gestritten, ob Peter Glotz als Bundesgeschäftsführer oder aber das siegreiche NRW-Team – Wolfgang Clement, der Pressesprecher der Partei war, und Bodo Hombach – den Wahlkampf organisieren sollten. Ich beschwor Willy Brandt, eine klare Entscheidung zu treffen. Er fand wieder einmal eine scheinbar salomonische Lösung, gegen die Johannes Rau und das Präsidium keinen Einspruch erhoben. Alle Genannten kamen in die Wahlkampfleitung, und ich kam – gewissermaßen als Moderator – hinzu. Bald ärgerte ich mich, daß ich mich Willy zuliebe hatte beschwatzen lassen. Die Düsseldorfer wollten eine Art NRW-Wahlkampf auf Bundesebene führen, die Bonner erschöpften ihre Kraft im Kampf dagegen. Die Parteispitze entschied nichts. Ein aus der Oppositionsarbeit der Bundestagsfraktion entwickeltes Regierungsprogramm war noch nicht vorhanden. Auf sich selbst gestellt, mußte die Wahlkampfleitung stückweise vorgehen.

Johannes Rau sollte «aus der Mitte der Ministerpräsidenten» bundespolitisch aufgebaut werden, und zwar in der Perspektive einer SPD-Bundesratsmehrheit nach einem Wahlsieg von Gerhard Schröder in Niedersachsen. Die Auseinandersetzung mit der nach rechts driftenden Union und Koalition sollte unter dem Motto «Soziale Erneuerung statt soziale Spaltung» geführt werden.

Entscheidender war die Frage, wie wir den Wahlkampf gegenüber den Grünen anlegen würden. Nach meiner Überzeugung mußten wir sie anhand «öko-sozialer» Reformansätze auf ihre Koalitions- und Regierungsfähigkeit testen. Johannes Rau lehnte aber ein etwaiges Zusammengehen mit den Grünen, auch mit Rücksicht auf Nordrhein-Westfalen, grundsätzlich ab – während Gerhard Schröder in Niedersachsen auf ein rot-grünes Bündnis setzte. Damit hingen wir strategisch in der Luft. Anders als in Nordrhein-Westfalen gab es für die SPD auf Bundesebene keine glaubhafte Aussicht auf eine absolute Mehrheit. Bodo Hombach konnte zwar, gestützt auf demoskopisches Material, mit der Darstellung entsprechender SPD-Wählerpotentiale verblüffen. Nur wenige glaubten aber, daß die Wähler diesen Vorgaben folgen würden.

Die Katastrophe von Tschernobyl sieben Wochen vor der Niedersachsen-Wahl begünstigte Gerhard Schröder entgegen unseren ersten Annahmen nicht. Sie brachte vielmehr seinen auf die sozialen Themen angelegten Wahlkampf durcheinander und kostete ihn im Juni 1986 den Wahlsieg. Zu allem Überfluß erklärte Willy Brandt dann auch noch öffentlich, 43 Prozent SPD-Stimmen

auf Bundesebene wären doch auch schon «schön». Das kam einer
öffentlichen Demontage der Wahlkampfstrategie des Kandidaten
Johannes Rau durch den Parteivorsitzenden gleich. Es begann
eine Nonsensdiskussion darüber, «welche Mehrheit» wir denn
eigentlich wollten. Auf dem Parteitag in Nürnberg im August 1986 übernahm Rau
endlich selbst den Vorsitz der Wahlkampfleitung. Klaus Matthie-
sen und ich brachten ein Regierungsprogramm zu Papier. Die
SPD-Defizite im Bereich der Wirtschaftspolitik konnten wir nicht
wegzaubern, die Mehrheit der Wähler war nicht davon überzeugt,
daß wir die besseren Rezepte zur Wirtschaftsankurbelung und zur
Beseitigung der Arbeitslosigkeit hätten. Schließlich hatten wir
viele Jahre regiert, und die sozial-liberale Koalition war gerade an
diesen Fragen gescheitert. Der nicht enden wollende «Neue Heimat»-Skandal trug auch nicht gerade zu unserer Glaubwürdigkeit
bei. Im November 86 verloren wir in Hamburg 10 Prozent der
Stimmen, die Grünen kamen über 10 Prozent. Die Wahlkampfleitung in Bonn lief auseinander, der Wahlkampf auch. In der Bundestagswahl im Januar 87 erhielt die SPD noch 1 Prozent weniger
Stimmen als 1983. Die CDU verlor mit Kohl 4,5 Prozent. Gewinner waren die FDP und die Grünen.

Nicht die Fehlkonstruktion der Wahlkampfleitung war der
eigentliche Skandal. Skandalös war vielmehr, daß die Parteispitze
von ihr zu treffende und zu verantwortende Entscheidungen der
Wahlkampfleitung überlassen hatte. Meine Enttäuschung und
Verärgerung darüber trugen dazu bei, daß ich mich wochenlang
mit einer fiebrigen Erkältung herumschleppte, die ich mir in dem
naßkalten Wetter dieses Winter-Wahlkampfs bei Straßenaktio-
nen und Hausbesuchen geholt hatte. Später mußte ich deswegen
sogar, zum ersten Mal in meinem Leben, ins Krankenhaus.

Zu meinem 60. Geburtstag Anfang Februar hatte ich mich zwischendurch aber soweit erholt, daß ich die Geburtstagsfeier genie-
ßen konnte, die mir Fraktion und Partei «in der großen Halle des
Volkes», dem Foyer des Ollenhauer-Hauses, bereiteten. Der
Auftrieb war groß und bunt. Die SPD zeigte sich den in- und ausländischen Gästen von ihrer Schokoladenseite. Vogel beschwor
unsere Zusammenarbeit. Willy Brandt hielt eine sehr persönliche

Rede, an deren Ende er ebenso gerührt war wie ich, er rühmte meine «unbequeme Verläßlichkeit». Ich bedauerte, daß meine Eltern die Lobreden nicht mehr hören konnten: «Meinem Vater hätten sie gefallen und meine Mutter hätte sie geglaubt.» Dann hielt ich eine Dankesrede auf «die SPD als pädagogische Anstalt». Ich schilderte die Stationen meines Weges in der Partei und gedachte der Weggefährten, der Freunde und Widersacher. An diesem Tag spürten auch unsere Gäste, wie sehr diese Partei unser politisches Zuhause ist.

Der Alltag holte uns schnell ein. Das 87er Wahlergebnis schwächte Brandts Position als Parteivorsitzender. In der engeren Parteiführung wurde davon ausgegangen, daß er 1988 nicht noch einmal kandidieren werde. Es erschien auch nicht ausgeschlossen, daß eine weitere SPD-Niederlage in den hessischen Landtagswahlen seinen Rücktritt noch beschleunigen könnte. Die Niederlage in der Bundestagswahl warf zugleich Johannes Rau aus dem Rennen um Brandts Nachfolge. In einer Pressekonferenz vor der Parteivorstandssitzung stellte Oskar Lafontaine ein Bein in die Nachfolgetür.

Vogels Ehrgeiz und sein taktisches Verhalten sprachen dafür, daß er versuchen werde, Parteivorsitzender zu werden. Er hatte sich aus dem Streit über die Führung des Wahlkampfs herausgehalten. Seit längerem vertrat er in der Partei «seinen» Integrationskurs und engagierte sich, bei Zurückhaltung in unpopulären Fragen, für Dinge, die in der Partei populär waren. So hatte er zunächst im Brustton moralischer Überzeugung der Schließung des «Vorwärts» widersprochen, obwohl er durch die Darlegungen des Schatzmeisters genau wußte, daß wir nicht noch weitere Millionen in das Blatt stecken durften. Ich hatte, obwohl der «Vorwärts» in meinem Wahlkreis lag, seine weitere Subventionierung im Parteivorstand «eine Veruntreuung von Mitgliedsbeiträgen» genannt.

Nach Raus Niederlage spielte Vogel seine Partie wach und abwartend. Angesichts der Erfahrungen, die ich mit ihm als Fraktionsvorsitzendem gemacht hatte, konnte ich mir von einem Parteivorsitzenden Vogel zwar eine straffere Ordnung, aber nur wenig politische Perspektive versprechen. Mit noch größerer Skepsis betrachtete ich einen Doppelvorsitz in Partei und Fraktion. Ein gewisses Spannungsverhältnis zwischen Fraktion und Partei ist angesichts ihrer unterschiedlichen Aufgaben nicht nur natürlich, sondern auch wünschenswert. Ich hatte es darum sogar abgelehnt, neben dem Vorsitz des Außenpolitischen Arbeitskreises der Fraktion den Vorsitz der Internationalen Kommission der Partei zu übernehmen. Schließlich war ich mehr denn je davon überzeugt, daß wir die «Jungen» – es ging um Ministerpräsidenten im fünften Lebensjahrzehnt – nach vorne lassen mußten. Auch sie hatten, wie sich zeigte, Schwächen, die aber nicht dadurch abgebaut wurden, daß wir sie noch länger von der Spitzenverantwortung fernhielten.

Ich sprach mit Vogel offen darüber, überzeugen konnte ich ihn nicht. Meine sachlichen Argumente tat er ab. Scheu, in die großen Fußstapfen Willy Brandts zu treten, hatte er offensichtlich nicht. Verständnislos reagierte er auf meine Bemerkung, es sei politisch vielleicht auch darum klug, den Vorsitz der deutschen Sozialdemokratie nach über zwanzig Jahren Brandt auf einen von den Jüngeren übergehen zu lassen, weil sie weder durch das Dritte Reich noch durch den Krieg hatten gehen müssen. Ich riet ihm, Oskar Lafontaine für den Parteivorsitz den Vortritt zu lassen. Vogel schob in seiner Antwort die Entscheidung Willy Brandt zu.

Willy Brandt war selber in der Klemme. Er wußte, daß er den Parteivorsitz abgeben mußte, hätte sich aber Vogel nicht als Nachfolger ausgesucht. Er hatte sich den «Enkeln» zugewandt; sein «Lieblingsenkel» war Oskar Lafontaine geworden, ein politisches Naturtalent voller Machtinstinkt und Lebensfreude. Leider hatte er im Saarland und in der saarländischen Sozialdemokratie nie einen gleichwertigen Gegenspieler gehabt. So war er zu einem «Napoleon» geworden, der kühne Vorstöße in politisch unerforschtes Gelände unternahm, sich dabei aber gelegentlich vergaloppierte. Ich hatte mich mit ihm wegen seiner Alleingänge in bündnis- und deutschlandpolitischen Fragen angelegt, darüber hatten wir uns näher kennen- und schätzengelernt. Auf die Spruchweisheit bauend, daß der Verstand mit dem Amte wächst, stärkte ich Oskar Lafontaine den Rücken. Dabei wußte ich aber nicht genau, ob er den Parteivorsitz anstrebte oder sich zunächst mit einem Stellvertreterposten begnügen wollte. Nach Brandts Rücktritt hieß es später, Brandt, Rau, Vogel und Lafontaine hätten sich schon im Februar 1987 auf die Lösung: Vogel Vorsitzender/Lafontaine Stellvertreter geeinigt. Sehr fest kann eine solche Absprache nach Brandts Verhalten zu urteilen aber nicht gewesen sein.

Im März 87 wurde die Partei von Brandts Vorschlag überrascht, eine junge Griechin, Margarita Mathiopoulos, als Nachfolgerin für Wolfgang Clement zur SPD-Sprecherin zu bestellen. Mit ihren in Bonn wohnenden Eltern waren meine Frau und ich seit vielen Jahren befreundet. Der Vater, ein angesehener griechischer Journalist, war unser Verbindungsmann zum griechischen Widerstand während der Juntazeit gewesen. Meine Wertschätzung der Familie konnte aber mein Urteil nicht ändern, daß Brandts Vorhaben eine Narretei war. Ich hatte Brandt, Glotz und Frau Mathiopoulos selber vor einer solchen Fehlentscheidung gewarnt. Sie war nicht nur kein Mitglied der SPD, was die Partei zu Recht als Manko empfand, sie kannte sich auch in der Partei nicht aus. Auch sonst erschien sie mir für den dienenden Job einer Pressesprecherin wenig geeignet. Ich konnte mir den Zusammenstoß zwischen der ehrgeizigen, zur Selbstüberschätzung neigenden jungen Dame und der «Baracke» plastisch vorstellen. Öffentlich äußerte ich mich mit Rücksicht auf Willy Brandt nicht, intern sagte ich voraus, sie werde nach drei Monaten im Krach gehen und dann ein Buch gegen die SPD schreiben.

Brandt warf seinen Kritikern so vehement nationale und parteiliche Engstirnigkeit vor, daß mich der Verdacht beschlich, er wolle lieber mit Aplomb gehen, als seinen Vorsitz inmitten von Wahlniederlagen auslaufen zu lassen. Im Präsidium schien Brandt einlenken zu wollen, dann stärkte ihm aber vor allem Jochen Vogel den Rücken, ein Parteivorsitzender müsse sich seine Pressesprecherin aussuchen können. Vogel muß klargewesen sein, den Konflikt damit zu forcieren.

Auch zu diesem Zeitpunkt war Brandt noch nicht für Vogel als seinen Nachfolger. Er wollte die Frage noch einmal mit den «Enkeln», die ihn nach Norderstedt eingeladen hatten, sondieren. Ich fragte Brandt, ob ich zu einer Konferenz der «Trilateralen Kommission» in die Vereinigten Staaten fahren könne. Ja, sagte er, während meiner Abwesenheit werde er nichts entscheiden. Drei Tage später, es war der 23. März, rief mich meine Frau in San Francisco entsetzt an: Brandt sei am Vortag zurückgetreten. Der Parteivorstand habe mit großer Mehrheit Vogel als Parteivorsitzenden und Lafontaine als Stellvertreter vorgeschlagen. Aus der «Baracke» hörte ich dann, die «linke Mitte» sei über Lafontaine sauer, weil er ihr über seine Pläne keinen klaren Wein eingeschenkt habe. Schließlich erreichte mich auch Vogel, er war weit besserer Laune als ich.

Als ich wieder in Bonn war, bat mich Willy Brandt zu sich. Er habe sich am Sonntag nach meiner Abreise zum Rücktritt entschlossen, nachdem Vogel im Fernsehen über eine «würdige Lösung» geredet habe. Mitleid brauche er sich nicht gefallen zu lassen. Er habe dann herumtelefoniert, keiner habe ihn mehr umstimmen können. Alles wäre anders gelaufen, wenn ich dagewesen wäre. Ich widersprach, offensichtlich habe Lafontaine doch überhaupt nur Stellvertreter werden wollen. Was denn vor der Parteivorstandssitzung in Norderstedt herausgekommen sei? Brandts Bericht darüber blieb bemerkenswert vage, lief aber auf eine deutliche Relativierung des «Enkel»-Themas hinaus. Brandt war von Lafontaine enttäuscht, weil der es aus persönlichen und politischen Gründen abgelehnt hatte, den Parteivorsitz zu diesem Zeitpunkt zu übernehmen. Lafontaine glaubte offenbar, daß er mit Brandt über und Vogel neben sich die Partei gar nicht führen könne. Im Grunde hatte nur Vogel gewußt, was er wollte – und hatte es bekommen.

Im April verloren wir das «rote Musterland» Hessen an die CDU, nachdem wenige Wochen vorher die rot-grüne Koalition geplatzt war. Auf einem Sonderparteitag im Juli folgte die Wachablösung in der Bundespartei. Willy Brandt wurde Ehrenvorsitzender. Anschließend fragte er mich, was das sei. Er brauche sich nun keinen Wahlen mehr zu stellen und könne daher auch nicht abgewählt werden, antwortete ich, jetzt sei er King. Das war er denn auch.

Vogel sagte ich, er müsse die Fraktion abgeben, nicht an mich, sondern an einen Jüngeren. Vogel sprach zunächst davon, die

Fraktion nur noch für eine Übergangszeit zu leiten. Dann stellte er aber fest, daß die, die von der Fraktion gewählt werden würden, nicht konnten oder wollten, und die, die wollten – die vor allem er wollte – nicht gewählt werden würden. Da war sogar etwas dran. Monate später glaubte ich zu entdecken, daß Vogel sich auch noch eine neue Kanzlerkandidatur offenhalten wollte, um die «Scharte» von 1983 auszuwetzen. Ich riet ihm entschieden ab, er würde nur noch einmal verlieren.

Im Herbst 1987 hatte ich wegen einer Nierenentzündung zum zweiten Mal ins Krankenhaus gehen und anschließend drei Monate pausieren müssen. Zum Auskurieren ging ich in unser Wochenendhaus in die Eifel. Mein Fehlen in Bonn war so ungewöhnlich, daß wilde Gerüchte die Runde machten. Eines Tages meldete sich Willy Brandt zum Besuch an: «In der SPD habe ich ja nicht viele, mit denen ich reden kann.» Als er kam, begrüßte er mich nicht nur freundschaftlich, sondern geradezu liebevoll. Ich war verdutzt. Wir machten einen langen Spaziergang und sprachen vor allem über Persönliches. So in seiner Art: alle hundert Meter zehn Sätze. Zum Schluß kamen wir auf Gorbatschow zu sprechen. Als ich die Ansicht äußerte, ohne seine Entspannungspolitik würde es Gorbatschow politisch gar nicht geben, verfiel er für die nächsten hundert Meter wieder in Schweigen. Dann blieb er stehen und zog sich mit der Binsenweisheit «Ja, vielleicht, irgendwie hängt ja alles zusammen» ironisch aus der Affäre.

Einige Tage später rief er mich an: In Bonn habe das Gerücht, ich stürbe an Aids oder Krebs, inzwischen dem Gerücht Platz gemacht, ich sei kerngesund, erwarte in der Eifel aber eine SPD-Delegation, die mich bitte, nach Bonn zurückzukehren. Da wurde mir rückblickend der Grund für seine liebevolle Begrüßung klar: Er hatte offensichtlich geglaubt, ich sei todkrank und war gekommen, um nach mir zu sehen. Nun verbreitete er auf seine Art die Kunde meiner Rückkehr.

Ich ging auch ohne SPD-Delegation wieder nach Bonn. Dort fand inzwischen in der Partei das gleiche Theater statt, das wir mit Vogel in der Fraktion erlebt hatten. Er sorgte in der Baracke mit Umsicht und Energie für Ordnung und verdarb zugleich das Klima. Die neue Bundesgeschäftsführerin, Anke Fuchs, stauchte er vor versammelter Mannschaft so zusammen, daß sie mit Tränen in den Augen zu mir kam. Ich riet ihr, ihm beim nächsten Mal den erstbesten Gegenstand an den Kopf zu werfen, damit würde sie zugleich der SPD und der Frauenbewegung, vielleicht aber sogar Vogel selber einen Dienst erweisen. Leider fraß sie die Dinge weiter in sich hinein. Vogels Verdienste waren in der Partei so unumstritten wie seine Defizite. So setzte er auf dem Parteitag in Münster im Herbst 1988 die Frauenquote durch. Andererseits unterließ er es, in Sachen Zuwanderung und Asyl rechtzeitig eine Neubestimmung der SPD-Position einzuleiten.

Ich hielt mich im folgenden an einen Vorsatz, den ich während der Krankheit gefaßt hatte. Angesichts der von Gorbatschow eingeleiteten weltpolitischen Wende konzentrierte ich mich auf meinen engeren Aufgabenbereich der Außen-, Sicherheits- und Deutschlandpolitik.

Mit Entspannungspolitik gegen die Teilung

Der Kampf um die Fortsetzung
der Entspannungspolitik

Beim Regierungswechsel 1982 hatte Genscher die Fortführung der Entspannungspolitik trotz der Verhärtung zwischen den Supermächten zur Bedingung der neuen Koalition gemacht. Kohl hatte sich in seiner Regierungserklärung vom Oktober 82 dazu bekannt. Ich sicherte der Bundesregierung im Bundestag für eine Fortsetzung der Entspannungspolitik unsere Unterstützung zu. Der Streit um die Stationierung der Pershing-Raketen überlagerte dann aber diesen Ansatz. Nach Beginn der Stationierung geriet die Entspannungspolitik vollends ins Stocken. Nicht nur die SALT-Verhandlungen über strategische und die Genfer Verhandlungen über eurostrategische Nuklearwaffen stagnierten, auch die Wiener Verhandlungen über die Reduzierung von Streitkräften und Rüstungen in Europa (MBFR) kamen nicht vom Fleck. Entgegen sozialdemokratischen Befürchtungen – Breschnew starb Ende 1982 und wurde durch Andropow ersetzt – kam es im Ost-West-Verhältnis aber nicht zu einer neuen Eiszeit.

Die SPD: Gemeinsame Sicherheit

Die Sozialdemokraten forderten eine «zweite Phase der Entspannung». Da sich die erste Phase im militärischen Bereich festgefahren hatte, begannen wir, frei von den einer Regierungspartei auferlegten Rücksichtnahmen, die sicherheitspolitische Debatte ins Grundsätzliche zu führen. Die Hauptarbeit dafür leistete eine vom Münchner Parteitag eingesetzte Strategiekommission unter dem Vorsitz von Egon Bahr. Der Kölner Parteitag, der 1983 die

Raketenstationierung ablehnte, legte die Richtung der Arbeit fest; der Essener Parteitag von 1984 setzte Eckpunkte; der Nürnberger Parteitag von 1986 verabschiedete die neue sicherheitspolitische Plattform der SPD. Ihre Stichworte «Sicherheitspartnerschaft» und «Gemeinsame Sicherheit» drückten die Überzeugung aus, daß es im Zeitalter von Massenvernichtungswaffen für beide Seiten Sicherheit nicht mehr gegeneinander, sondern nur noch miteinander geben könne.

Auf dem Wege zu einer europäischen Friedensordnung, die die Blöcke eines Tages ersetzen sollte, waren nach unserer Überzeugung weitgehende Maßnahmen der Vertrauensbildung, der Rüstungskontrolle und der Abrüstung erforderlich. Die nuklearen Potentiale beider Seiten mußten auf die Rolle der Abschreckung zurückgenommen und schrittweise abgebaut werden. Die konventionellen Potentiale mußten reduziert und strukturell so umgebaut werden, daß keine Seite mehr zum Angriff fähig war. Was das im einzelnen an Änderungen erforderte, buchstabierten wir durch, von den auf «worst case»-Szenarien gestützten Bedrohungsanalysen beider Seiten, über ihre Militärdoktrinen und Strategien bis hin zu den Rüstungen und Streitkräftestrukturen.

Diese sicherheitspolitische Linie wurde vom Nürnberger Parteitag einstimmig beschlossen. Dem waren heftige Auseinandersetzungen vorausgegangen. Der traditionelle Flügel der Partei befürchtete eine Einschränkung unserer Verteidigungsfähigkeit. So fiel es Hans Apel offensichtlich schwer, noch einmal kritisch in Frage zu stellen, was er auf der Hardthöhe gelernt hatte. Neuerer, wie Oskar Lafontaine, forderten dagegen unser Ausscheiden aus der militärischen Integration der NATO, andere sogar den Austritt aus dem Bündnis. Egon Bahr und ich wiesen solche Vorstöße mit Nachdruck zurück. Mit Willy Brandt teilten wir die Überzeugung, daß das politische Bündnis der westlichen Demokratien auch seinen militärischen Ausdruck finden müsse, Amerika und Westeuropa auch insoweit aufeinander angewiesen seien. Wir waren ferner davon überzeugt, daß die Blöcke – so paradox das klang – nur durch ihr gemeinsames Handeln überwunden werden könnten.

Bahrs und meine grundsätzliche Übereinstimmung schloß Reibereien zwischen uns nicht aus. Oft erschien ich Bahr in der Rolle eines Bremsers. Als Vorsitzender des Außen- und Sicherheitspolitischen Arbeitskreises mußte ich mehr als er dafür sorgen, daß die Fraktion nicht auseinanderlief. Als außenpolitischer Sprecher der Fraktion mußte ich vor allem Washington gegenüber aufpassen, daß unsere Bündnisdebatte nicht als gegen das Bündnis gerichtet mißverstanden wurde. Außerdem fand ich Bahrs nicht gerade seltenen Alleingänge wenig hilfreich. «Bei dir liegt die Wahrheit immer in der Mitte», schimpfte Egon. Ich antwortete, daß sie in der Politik in der Tat oft in der Mitte liege – und keineswegs nur aus gruppendynamischen Gründen. Herrlich streiten konnten wir uns auch über seine «Logik». Zu ihr nahm er Zuflucht, wenn seine politischen Argumente einmal dünn waren. So erfand er – die für mich etwas verstaubte Kategorie der «Souveränität» stand bei ihm hoch im Kurs – eine Art negative Souveränität der Nicht-Kernwaffen-Staaten: auf deren Territorium dürften Nuklearwaffen anderer Staaten nicht disloziert werden. Praktisch hätte das bedeutet, daß es auf dem europäischen Kontinent zwar sowjetische, aber keine amerikanischen Nuklearwaffen hätte geben dürfen. Das lehnte ich als einseitig ab und ärgerte ihn mit der Bemerkung, er sei besonders dann unerbittlich logisch, wenn seine Logik schief sei. Dafür, daß unsere Reibereien produktiv blieben, sorgten schon unsere Kritiker.

Die sicherheitspolitische Unorthodoxie der Sozialdemokraten stieß im konservativen Lager auf Unverständnis, Ablehnung und teilweise sogar Empörung. Uns störte das wenig. Wir verließen uns auf die Erfahrung, die wir mit der ersten Phase der Entspannungspolitik gemacht hatten. Erst hatte die Union, von den Ostverträgen bis zur Helsinki-Schlußakte, alles verworfen. Dann hatten die aufgeschlossenen Teile der Union unsere Politik mehr und mehr für nachdenkenswert gehalten. Bei Bildung der Koalition mit der FDP hatte die Union die Entspannungspolitik – eine «realistische» Entspannungspolitik natürlich – zumindest verbal übernommen. Später sollte sie so tun, als ob sie sie erfunden hätte.

Mit unserer Kritik an amerikanischen Überlegungen, Kriegsverhütungs- durch Kriegsführungsoptionen einschließlich der Option begrenzter Nuklearschläge zu ersetzen, wurde die sicherheitspolitische Auseinandersetzung heftiger. Reagans großes «Krieg der Sterne»-Projekt trieb den Streit auf die Spitze.

Nach Reagans Vision sollte das Gleichgewicht des Schreckens, die gegenseitige Abschreckung durch interkontinentale Nuklearraketen, durch ein Weltall-gestütztes Raketenabwehrsystem ersetzt werden. Viel wahrscheinlicher war, daß immer zielgenauere Erstschlagraketen mit Abwehrsystemen zum Abfangen eines dem Gegner noch möglichen Zweitschlags kombiniert würden. Um die destabilisierende Wirkung einer solchen Konstellation zu verhindern, hatten die Supermächte 1972 im ABM-Vertrag gerade vereinbart, keine Raketenabwehrsysteme zu installieren. Das SDI-Kolossalprojekt sollte die Sowjets verunsichern und tat es auch, obwohl Teile des Projekts zur Science-fiction gehörten und seine Durchführung selbst die amerikanischen Ressourcen überfordert hätte. Die Sowjets fürchteten, an die Wand gerüstet zu werden. Unsere bange Frage war, was sie tun würden, bevor es soweit war. Ronald Reagans Vertrauen in die Rationalität einer derart unter Druck gesetzten sowjetischen Führung schien grenzenlos zu sein. Wir stellten einer solchen «Politik der Stärke» unser Konzept der Gemeinsamen Sicherheit entgegen.

Vieles vom «neuen Denken» der SPD war von anderen vorgedacht worden, nicht alles war richtig. Dennoch war es eine beachtliche Leistung, aus der Opposition heraus ein Konzept der «Gemeinsamen Sicherheit» zu entwickeln und eine Debatte darüber anzustoßen, und zwar nicht nur im eigenen Land und im westlichen Bündnis, sondern auch im Warschauer Pakt, für den unsere Vorstellungen von konventioneller Angriffsunfähigkeit eine Provokation darstellten. Möglich wurde diese Leistung und das mit ihr verbundene internationale Standing der SPD durch eine von Willy Brandts Beispiel bewirkte Konzentration der Partei auf den Bereich der Außen- und Sicherheitspolitik. Die SPD verfügte auf diesem Gebiet über eine Mannschaft mit einer Vielfalt von Talenten. Die Kehrseite der Medaille war eine Unterbesetzung anderer Bereiche, vor allem der Wirtschaftspolitik, dort gab es eine solche Mannschaft nicht. Rückblickend glaube ich, daß schon in dieser Konzentration auf Außen- und Sicherheitspolitik eine gewisse «gouvernementale» Verengung unserer Entspannungspolitik lag.

Wir machten große Anstrengungen, unser Konzept und seine möglichen Auswirkungen der Bundeswehr zu erläutern. Die sicherheitspolitische und strategische Diskussion mit der militärischen Führung fand in Seminaren der Friedrich-Ebert-Stiftung statt. Dabei wurden vor allem die Generäle Altenburg und Tandecki für uns zu wichtigen kritischen Gesprächspartnern.

Ein internationaler sicherheitspolitischer Workshop der Ebert-Stiftung war seit 1980 ein wichtiges Diskussionsforum zwischen uns und der amerikanischen Administration, die durch hochrangige Experten des Außen-, des Verteidigungsministeriums und des Nationalen Sicherheitsrates vertreten wurde. Die Diskutanten kannten sich, nicht zuletzt aufgrund der jahrelangen Tätigkeit unserer Arbeitsgruppe USA und der Ebert-Stiftung, meist sehr gut. So wurde in den Diskussionen kein Blatt vor den Mund genommen. Mit den sicherheitspolitischen Köpfen der Demokraten, wie Senator Nunn, standen wir in einem stetigen Meinungsaustausch. Paul Warnke, ehemaliger SALT-Chefunterhändler und Abrüstungsbeauftragter von Präsident Carter, war Gastredner auf unserem Nürnberger Parteitag. Für Les Aspin, den langjährigen Vorsitzenden des Verteidigungsausschusses im Abgeordnetenhaus und später Verteidigungsminister von Präsident Clinton, faßten wir unsere sicherheitspolitischen Überlegungen 1989 in einem Papier «Sicherheit 2000» zusammen. Auch zur amerikanischen Friedensbewegung hatten wir gute Kontakte.

Im Herbst 1984 begannen wir mit den Sowjets ebenfalls ein sicherheitspolitisches Seminar. Die erste Sitzung fand in Moskau statt. Die Sowjets, an öffentliche sicherheitspolitische Diskussionen im eigenen Land und dann auch noch mit Ausländern nicht gewöhnt, wollten keine Presse zulassen. Als SPD-Delegationsleiter setzte ich durch, daß deutsche Korrespondenten teilnehmen durften. Der noch aus Komintern-Zeiten stammende Internationale Sekretär des ZK Ponomarjow hielt eingangs eine Propagandarede, die ich zurückweisen mußte. Die anschließende Diskussion mit der hochrangig besetzten sowjetischen Delegation war lohnend. Wir forderten sie einmal mehr auf, über ihre Fixierung auf die USA nicht die westeuropäischen Sicherheitsinteressen zu vergessen, sondern endlich eine konstruktive Europapolitik zu

entwickeln. Das Seminar gewann aber nicht die Bedeutung wie
der Workshop mit den Amerikanern. Die Sowjets zogen intensive
Einzelgespräche öffentlichen Gruppendiskussionen vor. Das galt
insbesondere für die sowjetischen Generäle, zu denen uns Helmut
Schmidt Zugang verschafft hatte.

Egon Bahr und Karsten Voigt gelang es Ende 1985, unsere Position nach intensiver Diskussion mit den sozialistischen und sozialdemokratischen Parteien der EG- und der NATO-Staaten in eine
gemeinsame sicherheitspolitische Plattform einzubringen. Das
war auch für die Arbeit des 1978 eingesetzten Abrüstungsaus-
schusses der Sozialistischen Internationale unter seinem finni-
schen Vorsitzenden Kalevi Sorsa wichtig.

Neuland beschritt die SPD mit sicherheitspolitischen Arbeitsgruppen, die sie nach ihrem Ausscheiden aus der Regierung mit
der KPdSU, der SED und der polnischen PVAP auf Fraktions-
ebene bildete. Wir wollten auch als Oppositionspartei einen Fuß
im operativen Bereich der Entspannungspolitik behalten. Für
diesen Zweck war der Kontakt mit den östlichen Staatsparteien
so gut wie der mit ihren Regierungen. Dabei durften wir aber die
ideologischen Gegensätze nicht verwischen. Die SPD hatte auf
dem Kölner Parteitag 1983 gerade im Zusammenhang mit unserer Arbeit an einem Konzept der Gemeinsamen Sicherheit die
Unvereinbarkeit von demokratischem Sozialismus und Kommunismus noch einmal unterstrichen. Dementsprechend wurde in
dem außenpolitischen Kreis um Willy Brandt auf meine Anregung hin ausdrücklich festgestellt, daß mit der Bildung der gemeinsamen Arbeitsgruppen das grundsätzliche Verhältnis der
SPD zu den kommunistischen Parteien nicht geändert werde. Offizielle Parteibeziehungen, mit Austausch von Delegationen zu
Parteitagen etc., unterhielt die SPD auch weiterhin nur zum
Bund der Kommunisten Jugoslawiens.

Die mit der KPdSU gebildete Gruppe sollte keine große Bedeutung erlangen. Viel wichtiger war die von Egon Bahr und dem
Politbüro-Mitglied Hermann Axen geleitete Arbeitsgruppe mit
der SED. Hier verbanden sich Deutschland- und Sicherheitspolitik. Die Politik der Gemeinsamen Sicherheit sollte der Verbesserung des Verhältnisses zwischen den beiden deutschen Staaten

dienen, deutsche «Verantwortungsgemeinschaft» der gemeinsamen Sicherheit in Europa. Da die SED ihre Linie mit der KPdSU abstimmen mußte, saß Moskau bei der Erarbeitung gemeinsamer Vorschläge für eine chemiewaffen- und atomwaffenfreie Zone gemeinsamer Sicherheit in Zentraleuropa als stiller Teilnehmer mit am Tisch.

In der Gruppe mit der Polnischen Vereinigten Arbeiterpartei übernahmen Ryszard Wojna und ich den Vorsitz. Wojna war außen-, vor allem aber deutschlandpolitischer Experte und stellvertretender Vorsitzender des Auswärtigen Ausschusses des Sejm. Ihm stand der frühere stellvertretende Außenminister Professor Marian Dobrosielski zur Seite. Mir war die deutsch-polnische Gruppe wichtig. Einmal, weil die strategische Bedeutung Polens in unseren Diskussionen oft unterschätzt wurde. Sodann, weil ich von polnischer Seite oft das Argument gehört hatte, nach Hitlers Überfall auf Polen wisse man, daß Polens Sicherheit nur an der Seite der Sowjetunion gewährleistet sei, wobei die Frage nach Polens Sicherheit unlösbar mit der seiner Westgrenze verbunden war. Gemeinsame Sicherheit erschien als eine Alternative. Schließlich hatte Polen seit dem Rapacki-Plan wichtige Beiträge zur Sicherheits- und Abrüstungsdiskussion geleistet.

Wir konzentrierten uns in dieser Gruppe auf die Erarbeitung von Vorschlägen für Maßnahmen gegenseitiger Vertrauensbildung und für «Vertrauenschaffende Sicherheitsstrukturen in Europa». Einen Vorschlag zu gemeinsamer Sicherheit im Ostseeraum legten wir vor, nachdem wir ihn in einer Runde mit der KPdSU, der SED und den skandinavischen Sozialdemokraten intensiv diskutiert hatten.

Die Regierungskoalition warf uns nicht ganz zu Unrecht vor, «Nebenaußenpolitik» zu betreiben, wir sahen diese Arbeit ja selbst als operative Entspannungspolitik an. Die Regierung – Außenminister Genscher, Kanzleramtsminister Schäuble und Kanzlerberater Teltschik – wurde von uns jedoch eingehend informiert. Sie nutzte die Bonner Treffen unserer Arbeitsgruppen auch für eigene Kontakte.

Für mich lag die eigentliche Bedeutung unseres angesichts der Mittellage Deutschlands notgedrungen etwas germanozentrischen Unternehmens nicht in den Einzelheiten der gemeinsamen Vorschläge, sondern vielmehr im Politisch-Atmosphärischen. Im innerdeutschen Verhältnis trat dabei eine nationale Gemeinsamkeit klar zutage: Beide Seiten wollten nicht noch mehr Massenvernichtungsmittel bei sich stationiert sehen; eine Feststellung, der die DDR-Vertreter hinzuzufügen pflegten: «Und wir müssen unsere Atomraketen auch noch bezahlen.» Beide Seiten wollten erst recht nicht Schlachtfeld werden. Das galt ebenso für Polen, die ČSSR und die anderen osteuropäischen Länder. Darin lag die Botschaft an die beiden Bündnisvormächte, europäische Sicherheitsinteressen nicht weiter zu vernachlässigen.

Ein anderer Aspekt unserer «Nebenaußenpolitik» ist mir erst im nachhinein deutlich geworden. Dadurch, daß wir uns als Regierungspartei gerierten, obwohl wir doch Oppositionspartei waren, wirkte unsere Politik nun erst recht «gouvernemental». Damit wurde die Einseitigkeit unseres primär außen- und sicherheitspolitischen Herangehens an die Überwindung der europäischen Teilung noch verstärkt. Sicher, auch unsere Wirtschaftspolitiker, Umweltschützer und Sozialpolitiker pflegten Kontakte zu Osteuropa. Aber nur einen Bruchteil der für die sicherheitspolitischen Fragen aufgewandten Energie hat die SPD auf die Frage verwendet, was nach Erreichen gemeinsamer Sicherheit wirtschafts- und gesellschaftspolitisch zur Überwindung der Teilung erforderlich und möglich sein würde. Insoweit haben wir uns mit sehr allgemeinen Antworten begnügt, zumal wir mit einem schrittweisen Prozeß und langen Zeiträumen rechneten.

Die Union: Streit um die polnische Westgrenze und die Null-Lösung

Die Koalition, verbal auf eine Fortsetzung der Entspannungspolitik festgelegt, betonte die Notwendigkeit von Rüstungskontrolle und Abrüstung, bewegte aber wenig. Kohl, der in seiner Regierungserklärung die Einbindung in das Bündnis mit den USA als den «Kernpunkt deutscher Staatsräson» bezeichnet hatte, widersetzte sich Reagans «Politik der Stärke» nicht. Die Regierung ließ sich sogar, wenn auch widerwillig, in das SDI-Projekt hineinziehen. Das Verhältnis zur sowjetischen Regierung hatte sich durch die Raketenstationierung und die anschließende Unterbrechung der Genfer Verhandlungen verschlechtert. Fortschritte gab es nur auf der Stockholmer Konferenz über vertrauensbildende Maßnahmen. Sie war von der Madrider KSZE-Konferenz noch vor der Krise in Genf beschlossen worden und sollte 1986 erfolgreich abgeschlossen werden. Da war in der Sowjetunion das Andropow-Tschernenko-Interregnum schon zu Ende gegangen, und Gorbatschow hatte in Sachen Entspannung und Abrüstung die Initiative ergriffen.

In der Deutschlandpolitik setzte die Kohl-Regierung das Bemühen Helmut Schmidts fort, das Verhältnis zwischen den beiden deutschen Staaten unter dem Stichwort der «Verantwortungsgemeinschaft» vor Rückschlägen zu bewahren. Im Februar 1984 unterstrichen Koalitionsparteien und SPD diese Linie durch eine gemeinsame Entschließung im Bundestag. Ein neues Element war der 1983 von Strauß eingefädelte, von der Bundesregierung garantierte Milliardenkredit westdeutscher Banken an die DDR, dem 1984 ein weiterer Kredit folgte. Solche Geschäfte hätte die Union der sozial-liberalen Regierung gegenüber mit Sicherheit angeprangert. Sie lösten auch unionsinternen Streit aus, der 1985 eine erneute gemeinsame Entschließung des Bundestags zur «Lage der Nation» verhinderte. Ein weiterer Anlaß des Streits war der geplante, dann aber vertagte Staatsbesuch Honeckers in Bonn. Der Grund des Streits war ein anderer. Die Unions-Rechte, von ihren internen Widersachern als «Stahlhelm» tituliert, wollte die Entspannungspolitik, die sie jahrelang vehement bekämpft hatte, nicht fortsetzen. Angesichts des verschlechterten Ost-West-Verhältnisses probte sie – mit Reagans Rhetorik im Rücken – den Aufstand gegen die Kohl/Genscher-Linie. Der Streit konzentrierte sich zunächst auf die Frage der polnischen Westgrenze.

Jetzt rächte sich die Unklarheit und teilweise auch Unredlichkeit, die die Position der Union in dieser Frage schon im Streit um die Ostverträge gekennzeichnet hatte. Bedeutete die Forderung nach «Wiedervereinigung» die Forderung nach Wiederherstel-

lung des deutschen Nationalstaats in den Grenzen von 1937?
Oder bedeutete sie, um mit der Präambel des Grundgesetzes zu
sprechen, die Vollendung der Einheit und Freiheit Deutschlands durch freie Selbstbestimmung der Deutschen – ohne Festlegung auf die staatsrechtliche Konstruktion des Reiches und die
Grenzen von 1937? Fühlte sich die Regierung Kohl, praktisch
gesprochen, an die im Warschauer Vertrag ausgesprochene Anerkennung der polnischen Westgrenze, die juristisch nur die Bundesrepublik band, politisch auch für den Fall der deutschen Einheit gebunden, oder behielt sie sich vor, eine Revision dieser
Grenze zu verlangen?

Ich hatte mir dazu schon im Streit um die Ostverträge eine Meinung gebildet. Ohne die Anerkennung dieser Grenze würde es
weder dauerhaften Frieden in Europa noch eine Einheit der Deutschen geben. Leicht war mir als gebürtigem Danziger diese Einsicht nicht gefallen. Als unsere deutsch-polnische Arbeitsgruppe
einmal im Zusammenhang mit einer Pugwash-Konferenz in Masu-
ren tagte, ganz in der Nähe des Geburtsorts meines Großvaters,
war mir wehmütig ums Herz. Doch auch ein erinnerungsschwerer
und vielfach bedrückender Tagesausflug über Allenstein und El-
bing in meine Heimatstadt änderte nichts an meiner Überzeugung.

Die Unklarheit der Bundesregierung in dieser Frage stellte eine
immense Belastung unserer Außenpolitik dar. Das galt vor allem
im Verhältnis zu Polen, wie ich Teltschik gegenüber immer wieder
aus eigener Anschauung berichten mußte. Der Ostblock beantwortete Revisionsforderungen mit einer «Revanchismus»-Kam-
pagne. Aber auch im Westen lösten die Forderungen neues Mißtrauen aus. Wir Sozialdemokraten reagierten hart. Genscher
nahm in einer Fragestunde vom Juni 1984 sehr bestimmt Stellung.
Kohl konnte sich aus innenpolitischen Gründen nicht zu einer klaren Aussage durchringen, obwohl er in der Sache wohl gleicher
Meinung war.

Als der Kollege Czaja, einer der Vertriebenen-Sprecher, sich
für die Forderung nach einer Wiedervereinigung in den Grenzen
von 1937 auf das Grundgesetz berief, trat ich dem in der Haushaltsdebatte vom Herbst 1984 entgegen und schrieb anschließend

einen Brief an den Bundeskanzler. Ich wies ihn darauf hin, daß das Bundesverfassungsgericht sich eine solche Auslegung des Grundgesetzes nicht zu eigen gemacht habe. Außerdem zitierte ich den Rechtsberater der Adenauer-Regierung, Professor Grewe, mit der Feststellung, daß die Westmächte nie zugesagt hätten, eine Forderung nach Rückgabe der Ostgebiete zu unterstützen. Schließlich wies ich darauf hin, daß US-Vizepräsident Bush das gleiche gerade noch einmal wiederholt habe. Kohl müsse als Bundeskanzler im deutschen Interesse endlich klar Position beziehen. Er tat es nicht. Scheute er die Auseinandersetzung mit der relativ kleinen Gruppe der Rechten in der Fraktion, da der Fraktionsvorsitzende Dregger zu dieser Gruppe zu rechnen war? Wohl eher scheute er die Auseinandersetzung mit der CSU und mehr noch die mit den Vertriebenen-Verbänden, mit deren Parolen die CDU lange mitgelaufen war, statt den Vertriebenen reinen Wein einzuschenken. Kohls Haltung empfand ich als unverantwortlich. Er sagte zu, 1985 auf dem Schlesier-Treffen zu sprechen. Der Streit um das für diese Veranstaltung vorgesehene Motto «40 Jahre Vertreibung – Schlesien ist unser» vergrößerte das Durcheinander in der Union. Die Kritik der Unions-Rechten an der weltweit beachteten Rede des Bundespräsidenten vom 8. Mai 1985 zum vierzigsten Jahrestag des Kriegsendes machte es vollkommen.

In dieser Situation bewährten sich alte sozial-liberale Bande. Die Sozialdemokraten gaben Genscher für die Fortsetzung der Entspannungspolitik ihre Unterstützung, das hatte ich bei Amtsantritt der Regierung Kohl/Genscher versprochen. Doch erst im November 89 traf der Bundestag endlich mit großer Mehrheit eine klare politische Aussage zur polnischen Westgrenze. Ausgangspunkt war ein SPD-Antrag, der eine Erklärung Genschers vor der UNO aufgriff. Als die FDP erklärte, sie werde dem SPD-Antrag zustimmen, schwenkte auch die Union auf einen gemeinsamen Text ein. Mehr als zwei Dutzend Unions-Abgeordnete beschworen aber in einer schriftlichen Erklärung auch bei dieser Gelegenheit noch einmal die Grenzen von 1937. Bundeskanzler Kohl machte sich bei seinem anschließenden Besuch in Polen die Aussage des Bundestages nicht zu eigen. Der Verlauf des Einigungsprozesses hat dann dokumentiert, was seit Jahrzehnten klargewesen war:

Die Anerkennung der polnischen Westgrenze war eine der Voraussetzungen für die «Einheit der Deutschen in Freiheit». Interessanterweise wurde im öffentlichen Sprachgebrauch des Einigungsprozesses das Wort «Wiedervereinigung» dann auch durch «deutsche Einheit» ersetzt.

Die Unterstützung der politischen Grundlinie des Außenministers durch die SPD half diesem wesentlich, die Entspannungspolitik trotz der Schwierigkeiten im Bündnis und des Streits in der Union fortzusetzen. Mein guter Kontakt mit Genscher einschließlich der Abstimmung in konkreten Fragen bewährte sich auch, als die Unions-Rechte 1986/87 gegenüber Reagans Eingehen auf die kühnen Abrüstungsinitiativen Gorbatschows den Aufstand in der Sicherheitspolitik probte.

Gorbatschow verzichtete auf alle früheren sowjetischen Bedingungen für ein Mittelstreckenabkommen und akzeptierte die doppelte Null-Lösung: komplette Abrüstung dieser Waffen auf beiden Seiten. Das brachte diejenigen in Washington und in der Union in Verlegenheit, die 1981 dem westlichen Vorschlag einer Null-Lösung nur in der Erwartung zugestimmt hatten, daß die Sowjets ihn nie akzeptieren würden. Ronald Reagan, 1984 triumphal wiedergewählt, ging dagegen auf Gorbatschow und seine Vorschläge ein. Dafür war die Einschätzung, daß eine Fortsetzung des Konfrontationskurses den Sowjets gegenüber weniger bringen als sie den europäischen Verbündeten gegenüber kosten würde, sicher noch wichtiger als der von der amerikanischen Presse vielzitierte Wunsch Nancy Reagans, ihren Mann als Friedensstifter in die Geschichte eingehen zu sehen.

Die SPD wie Helmut Schmidt sahen die beiderseitige Null-Lösung als Ideallösung an. Wir unterstützten den Außenminister, der für sie eintrat. Dabei gab ich im Bundestag unumwunden zu, daß die sozialdemokratische Voraussage, die Pershing-Stationierung werde zu einem völligen Abbruch der Verhandlungen führen, eine Fehleinschätzung gewesen sei. Darüber vergaß ich allerdings Franz Josef Strauß nicht. Der hatte 1983 gelästert, sollten die Sowjets je auf Null gehen, werde er «mit d'r Kerzen in der Hand» von Mün-

chen nach Altötting wallfahrten. Ich schenkte ihm eine schwere
Votivkerze und bot ihm meine Begleitung an.
Die Union war heillos zerstritten. Dies vor allem auch darum,
weil Raketen mit einer Reichweite von 500 bis 1000 Kilometern in
die Abmachung einbezogen wurden, so daß nur Raketen mit
deutsch-deutschen Reichweiten übrigblieben. Als im Bündnis
eine Isolierung der Bundesrepublik drohte, setzte Kohl die erweiterte Null-Lösung schließlich in der Union durch. Das Bündnis
verzichtete auf eine «Nachrüstung», die die NATO-«Modernisie-
rer» über ein Jahrzehnt lang für unverzichtbar erklärt hatten. In
einer weiteren Runde ging es dann um die alten Pershing-Träger-
systeme der Bundeswehr, deren nukleare Sprengköpfe im Eigen-
tum und unter der Kontrolle der Vereinigten Staaten standen. Inmitten neuer Unions-Turbulenzen lehnte Kohl Ende August 1987
zunächst eine Einbeziehung dieser «deutschen» Waffen in die
Genfer Verhandlungen ab, sagte aber nur eine Woche später ihren Abbau bei Verwirklichung der Null-Lösung zu.
Während die SPD auch die Abschaffung der atomaren Kurz-
streckenraketen von 150 bis 500 Kilometern Reichweite forderte,
die vor allem Ost- und Westdeutschland gegenseitig «abdeckten»,
verlangte die NATO, die Amerikaner voran, weiterhin wenigstens deren «Modernisierung». Das löste eine Kontroverse im
Bündnis aus, zu der die Unions-Rechte den schiefen Slogan bei-
steuerte «Je kürzer die Reichweite, desto toter die Deutschen».
Mit Unterstützung der SPD widersetzte sich die Bundesregierung
unter Genschers Führung einer Modernisierung. Schließlich
schob man das Ganze auf.
Auch die Chemiewaffen sollten nach dem Willen der NATO
modernisiert, die nicht mehr lagerfähigen alten Bestände durch
neue «sicherere» Waffen ersetzt werden. Hier fand die Bundesregierung eine elegante Lösung. Die USA sagten den Abzug ihrer
veralteten Chemiewaffen bis 1992 zu, neue Chemiewaffen würden
nur mit Zustimmung der Bundesregierung stationiert werden.
Diese setzte sich, dem Beispiel ihrer sozial-liberalen Vorgängerin
folgend, bei den Genfer Abrüstungsverhandlungen nachdrücklich
für eine weltweite Ächtung aller Chemiewaffen ein.
Das sicherheitspolitische Weltbild der Unions-Rechten war zu-

sätzlich dadurch erschüttert worden, daß Reagan ohne jede Abstimmung mit den europäischen Verbündeten bei seinem Treffen mit Gorbatschow in Reykjavik Ende 1986 eine vollständige Abschaffung aller Nuklearraketen ins Auge gefaßt hatte. Worauf konnte man sich bei den Amerikanern noch verlassen? Nukleare Abschreckung, US-«Atomschirm» für Westeuropa, «Ankoppelung» unserer Verteidigung an Amerika etc., alles dahin? Die tiefe Verunsicherung im Unions-Lager führte zu Vorschlägen, die man, wären sie von der SPD oder der Friedensbewegung gekommen, ohne Umschweife als «nationalistisch», «neutralistisch» und «antiamerikanisch» etikettiert hätte. Kohl und Genscher waren dagegen mit der SPD der Meinung, daß man nationale, europäische und Bündnisinteressen bündeln müsse. Das Konzept der Gemeinsamen Sicherheit tat genau das.

Angesichts des Einschwenkens von Kohl auf unsere Entspannungspolitik hatte ich der SPD-Spitze vorgeschlagen, in Form einer parteiübergreifenden «Europäischen Initiative» einen neuen Vorstoß für eine gemeinsame Außen- und Sicherheitspolitik zu unternehmen. Im März 87 hatte ich den Vorschlag, der alle drei «Körbe» der Helsinki-Schlußakte umfaßte, im Bundestag vorgetragen, im September stieß ich noch einmal nach. Die Union wich, wohl aus Sorge vor neuen internen Streitigkeiten, aus. In der Sache aber wuchs der Konsens in bezug auf Bündnis, Entspannung und Abrüstung, mit Vorbehalten auf dem rechten Flügel der Union einerseits und bei den grünen «Fundis» andererseits. Das meiste für diese Übereinstimmung tat ein Mann, von dem man es seiner Funktion nach am wenigsten erwartet hätte: der Generalsekretär der KPdSU.

Gorbatschows weltpolitischer Kurswechsel

Als Tschernenko, wie vor ihm Andropow, nach nur einem Jahr Amtszeit starb, hatte ich mit vielen anderen angenommen, daß Gromyko, von uns «Grimko» genannt, sein Nachfolger werden würde. Bei einem Treffen Willy Brandts mit der exiltschechischen «Listy»-Gruppe im Januar 1985 erzählte uns Zdenek Mlynář, der unter Dubček Generalsekretär der tschechoslowakischen KP gewesen war, neuer Generalsekretär der KPdSU werde Michail Gorbatschow. Wir wußten über diesen Mann wenig, Mlynář kannte ihn dagegen gut, er hatte mit ihm zusammen in Moskau studiert und das Zimmer geteilt. Er hielt von ihm große Stücke, Gorbatschow hätte Dubčeks Ziele sicher verstanden. Nachdem Gorbatschow im März Generalsekretär geworden war, waren wir auf seinen Kurs mehr als gespannt.

Meine Frau Maria und ich besuchten im Sommer 1985 die Sowjetunion. Unsere Eindrücke unterschieden sich stark von denen unseres ersten gemeinsamen Besuchs in der Sowjetunion, der zehn Jahre zurücklag. Maria hatte es nach unserer Heirat zunächst kategorisch abgelehnt, mit mir in die Sowjetunion, «zu den Okkupanten», zu reisen. Valentin Falin hatte das Eis schließlich gebrochen. 1975 hatte meine Frau mich zu einem Besuch Moskaus und Leningrads begleitet. Anschließend hatten wir einen Abstecher nach Wladimir und Susdal, ins Herz des alten Rußland, gemacht.

Bei dieser ersten Reise erschien Sagladin, Stellvertreter Ponomarjows als Vorsitzender der Internationalen Abteilung des Zentralkomitees, im Moskauer «Rossia»-Hotel zu einem Essen, das unsere Botschaft gab. Sagladin und ich hatten vorher heftig über die Entwicklung in Portugal gestritten. Daher scherzte ich in einer kurzen Tischrede, aus der Wahl meiner Ehepartnerin könne er ersehen, wie sorgfältig wir deutschen Sozialdemokraten uns auf die weitere Auseinandersetzung vorbereiteten. Meine Frau sei Slawin, hartnäckig und eine Bewunderin von Alexander Dubček. Bei diesem Namen horchte man selbst an den Nachbartischen im großen Gästesaal auf. Die Herren unserer Botschaft verdrehten ob meiner Provokation pflichtgemäß die Augen. Dubček war zu jener Zeit in Moskau eine Unperson, sein Name tabu. Sagladin aber stand auf und sagte zu meiner Frau gewandt, er sei über meine Worte bestürzt. Er habe angenommen, ich hätte sie aus Liebe geheiratet.

Anschließend bestand Sagladin darauf, uns die Dreifaltigkeitskirche zu zeigen, die damals als Ausstellungsraum diente und gerade restauriert wurde. Das Gebäude lag hinter dem Zentralkomitee und wurde daher die «Kirche des ZK» genannt. Während ich mich in der Kirche umsah, gerieten meine Frau und Sagladin in einen heftigen, auf tschechisch geführten Wortwechsel. Sagladin hatte meine Frau in ihrer Muttersprache angesprochen. Die hatte sich darüber jedoch keineswegs gefreut, sondern Sagladin inquisitorisch und lautstark gefragt, woher er denn so perfekt Tschechisch könne. Auf seine Antwort, er habe von 1960 bis 1964 in Prag gelebt, hatte sie nachgesetzt: Ob er den Einmarsch in den Prager Frühling mit vorbereitet habe? Meine Frau bedauerte noch lange, daß ich ihre Inquisition unterbrochen hatte. Endlich hätte sie einem «russischen Apparatschik» einmal die Meinung über die Ungeheuerlichkeit des Einmarschs sagen können.

Es gab noch einen anderen Grund, warum Maria diese Reise mit gemischten Gefühlen erlebte. Ich hatte auf dem Leningrader Gedächtnis-Friedhof, auf dem die Opfer der Belagerung der Stadt, es waren Hunderttausende, in großen gemeinsamen Grabhügeln beerdigt sind, Blumen niedergelegt. Vor dem Friedhof sprach uns eine alte, einfache Frau an. Sie habe uns Deutsch sprechen hören, übersetzte Maria. Sie habe ihre Kinder im Krieg verloren. Die Russen hätten die meisten Opfer bringen müssen, danach die Deutschen, wir dürften nie wieder Krieg gegeneinander führen. Ich war von den wenigen Sätzen angerührt. Maria erklärte mich für naiv. Die «Babuschka» habe die KPdSU dort hingestellt, um mir diesen Spruch zu sagen. Im Laufe der Reise waren es dann aber so viele Russen, die mir Ähnliches sagten, daß selbst Maria nicht glaubte, sie alle wären von der Partei bestellt worden. Die Russen setzten die Deutschen nicht mit den Nazis gleich. Die sowjetische Führung hatte während des Krieges eine solche Gleichsetzung aus politischen Gründen ausdrücklich verworfen. Zum anderen war das oft beschworene besondere Verhältnis zwischen Russen und Deutschen selbst durch den Hitler-Krieg nicht zerstört worden. Maria nahm das mit wachsendem Erstaunen wahr. Zu Hause erklärte sie mir dann: «Ich weiß jetzt, was die Deutschen und die Russen verbindet: Ihr seid beide irgendwie verrückt.» Ich empfand dieses Urteil nicht als schmeichelhaft. Es war aber sehr viel humaner als die Antwort, die mir einmal ein konservativer Freund auf die Frage, was die beiden Völker verbinde, gegeben hatte: «Blut.»

Im August 1985 waren wir nun wieder zusammen in Moskau. Ich nahm an einer Veranstaltung zum 15. Jahrestag des Moskauer Vertrags teil, außerdem war ich zu politischen Gesprächen verabredet. Mein erster Gesprächspartner sollte Vadim Sagladin sein. Im Hotel fand ich eine Nachricht vor, er arbeite auf dem Lande in der Nähe von Moskau, ich möge bitte zu ihm herauskommen. Er schickte mir einen Wagen, der mich auf der Rubljowskojer Chaussee in die «Moskauer Schweiz» brachte, zu einem stattlichen alten Gutshaus im klassischen Stil des Übergangs vom 18. zum 19. Jahrhundert. Das Haus, «Gorkij 10» genannt, da Maxim Gorkij in seinen letzten Jahren in ihm gelebt hatte, gehörte jetzt der Partei.

Sagladin und sein Stellvertreterkollege Tschernajew hatten sich dorthin zurückgezogen, um den Rechenschaftsbericht der Internationalen Abteilung für den 27. Parteitag der KPdSU zu schreiben. Und sie sollten – Sonderauftrag des neuen Generalsekretärs Gorbatschow – das schon unter Breschnew begonnene neue Parteiprogramm, genauer dessen internationalen Teil, in zwei Punkten umschreiben. Der eine betraf das Konzept der Sicherheit im Zeitalter von Massenvernichtungswaffen. In ihm, so formulierte Gorbatschow später, könne der Krieg nicht mehr die Fortsetzung der Politik mit anderen Mitteln sein, Sicherheit müsse vielmehr gemeinsam politisch erarbeitet werden. Der zweite Punkt betraf die Rolle der internationalen Sozialdemokratie im weltweiten Friedensprozeß; sie sei konstruktiv und wichtig. Ich empfahl mich den Herren als «Spezialist» in beiden Fragen, ob ich helfen solle? Sie lehnten lachend ab, diese Arbeit wollten sie doch lieber selber machen.

Gorbatschow zog mit dieser Kurskorrektur Konsequenzen aus einer Entwicklung, die durch Brandts Entspannungspolitik forciert worden war. Wer den historischen Sicherheitskomplex der Russen und ihre bisherige sicherheitspolitische Doktrin kannte und wem der jahrzehntelange bittere Streit zwischen Sozialdemokraten und Kommunisten gegenwärtig war, der wußte: Das «neue Denken» dieses Generalsekretärs würde die Welt verändern.

Die Lage der Sowjetunion, in der Gorbatschow handeln mußte und in der er sich in der sowjetischen Führung durchsetzen konnte, war ziemlich klar: Die entscheidenden negativen Faktoren lagen im Sowjetsystem selbst. In der Stagnationsphase des späten Breschnew waren sie übermächtig geworden. In meinen Bundestagsreden als außenpolitischer Sprecher der Fraktion hatte ich schon in der zweiten Hälfte der 70er Jahre wiederholt darauf hingewiesen, daß die Sowjetunion nur militärisch eine Weltmacht sei. Wirtschaftlich und technologisch falle sie immer weiter hinter den Westen zurück. Als Wirtschaftsmacht rangierte sie schließlich nicht nur hinter den USA, sondern auch hinter der EG und Japan. Auch außenpolitisch sei die Sowjetunion keineswegs überall im Vordringen, wie die Beispiele China, Ägypten und Iran zeigten. Wir sollten uns, so sagte ich den Kollegen von der Union, nicht selber hypnotisieren, indem wir die Sowjets zu Supermännern hochstilisierten. Und ich fügte hinzu: Auch ideologisch sei die Sowjetunion seit ihrem Bestehen noch nie derart in der Defensive gewesen.

Meine bei Willy Brandts Regierungsantritt Franz Josef Strauß gegenüber gemachte Voraussage, das ideologische Risiko der Entspannungspolitik liege nicht bei uns, sondern bei den Sowjets, bewahrheitete sich im Helsinki-Prozeß Tag für Tag. Für ein System wie das sowjetische war das ebenso gefährlich wie seine mangelnde wirtschaftliche Effizienz. Im Februar 1984 hatte mir Franz Josef Strauß, als ich ihn einmal in der Bayerischen Staatskanzlei besuchte, gesagt, er denke oft an unser Gespräch im Kanzleramt zurück; ich hätte recht behalten.

Die Lage der Sowjetunion war schließlich so verfahren, daß
selbst die Konservativen im Zentralkomitee einen Mann wie Gorbatschow zum Generalsekretär gewählt hatten. Der wußte, daß der
Rüstungswettlauf von der Sowjetunion nicht zu gewinnen, in ihm
aber auch keine Sicherheit zu erlangen war. Ihm wurde klar, daß
auch der «Wettbewerb der Systeme» verloren war. Aus diesen
Einsichten zog er im Lichte des Angebots der Entspannungspolitik
eine im Grundsatz schlüssige Konsequenz. Innere Reformen in
internationaler Zusammenarbeit sollten die wirtschaftlichen und
gesellschaftlichen Voraussetzungen für die Erhaltung des Welt-
machtanspruchs der Sowjetunion schaffen. Entspannung und
Abrüstung sollten diesen Prozeß in einer durch die Massenvernichtungswaffen von Grund auf veränderten Welt nach außen absi-
chern und nach innen erleichtern.

Für mich ist Michail Gorbatschow, dieser beredsame Mann mit
ebenso wachen wie warmen Augen, dennoch ein Rätsel geblieben.
Wie kam ein in der KPdSU bis zum Generalsekretär aufgestiegener
Sowjetrusse zu solchen Ideen? Er fing mit einem außen- und sicherheitspolitischen Konzept an, das vom Gedanken der gemeinsamen
Sicherheit bestimmt war. Gorbatschow hat selbst betont, wie wichtig für ihn insoweit die Anstöße der internationalen Sozialdemokratie gewesen sind. Innenpolitisch ging es ihm unter dem Stichwort «Beschleunigung» zunächst offenbar nur um eine größere
Effizienz des Sowjetsystems. Doch bald hielt er «Glasnost» und
«Perestroika» für notwendig und orientierte sich für den «Umbau»
mehr und mehr an westlichen Ideen von Öffentlichkeit und demokratischer Reform. Beide haben jedoch in der kulturellen Tradition
Rußlands keine Wurzeln, und es fehlte ein realistisches Reform-
konzept. Auch im Westen hatte niemand, die Sozialdemokratie
eingeschlossen, Vorstellungen entwickelt, wie denn eine Reform
des kommunistischen Systems und seiner zentralen Planwirtschaft
bewerkstelligt werden könne. Das lag unter anderem daran, daß
man sich auf eine lange, langsame Reformentwicklung eingestellt
hatte. Gorbatschow aber mußte schnell handeln. Er blieb dabei
seinen Reformüberzeugungen treu, obwohl dem sich ständig be-
schleunigenden Prozeß schließlich die KPdSU wie die Sowjetunion
zum Opfer fielen.

Helsinki und das «Europäische Haus»

Hatte sich die frühere sowjetische Führung vom Helsinki-Prozeß vor allem eine Bestätigung des Nachkriegs-Status quo in Europa und westliche Hilfe für ihre marode Wirtschaft erhofft, so verstand Gorbatschow den Helsinki-Prozeß als europäischen Rahmen für seine Reformpolitik. Mit seiner Vision vom «Europäischen Haus» entwickelten endlich auch die Sowjets den Ansatz eines europapolitischen Konzepts. Die zweite Phase der Entspannungspolitik, der Fortschritt von Brandts Ostpolitik zum sich nun voll entfaltenden Helsinki-Prozeß, läßt sich so umschreiben: vom Gewaltverzicht zur gemeinsamen Sicherheit, von wirtschaftlicher Zusammenarbeit zur Gesellschaftsreform, von humanitären Fragen zu den Menschenrechten.

Das Beispiel der *«gemeinsamen Sicherheit»* machte deutlich, wie Gorbatschow «neues Denken», die Beachtung blockübergreifender neuer Einsichten mit der Wahrnehmung sowjetischer Interessen zu verbinden suchte. Mit seinen kühnen, teilweise utopisch erscheinenden Abrüstungsvorschlägen – wie der Beseitigung aller Kernwaffen bis zum Ende des Jahrhunderts – gewann er in Fragen von Rüstungskontrolle und Abrüstung die Initiative und wurde zum Hoffnungsträger vor allem der Menschen in Europa. In spannungsgeladenen Gipfeltreffen mit Präsident Reagan einigten sich beide auf eine schrittweise Reduzierung der nuklearstrategischen Potentiale in den START-Verhandlungen. Gorbatschow vergab damit in Sachen sowjetischer Sicherheit nichts. Denn auf der einen Seite drohte die Sowjetunion schon wegen ihres wirtschaftlichen und technologischen Rückstands auch militärisch ins Hintertreffen zu geraten. Zum anderen war gemeinsame Sicherheit keine Utopie, sondern für beide Seiten eine Überlebensnotwendigkeit.

In gewissem Sinne waren die Supermächte schon 1972 von «gegenseitiger» zu «gemeinsamer Sicherheit» übergegangen, als sie im ABM-Vertrag auf die Stationierung von Raketenabwehrsystemen verzichtet hatten, um das strategische Gleichgewicht nicht zu gefährden. In Verbindung mit dem SALT-II-Vertrag, der nicht ratifiziert, aber befolgt wurde, hatten sich beide Seiten einige Jahre später darauf geeinigt, der Gegenseite zur Kontrolle der Vertragseinhaltung den ungestörten Einsatz von technischen Verifikationsmitteln, etwa von Aufklärungssatelliten oder elektronischen Horchgeräten, einzuräumen. In der Terminologie des 19. Jahrhunderts gesprochen: Spionage war erlaubt, ja erwünscht. Für die Zukunft wurden auch kooperative Formen der Verifikation vorgesehen. Als die Carter-Administration zum besseren Schutz von Interkontinentalraketen deren Stationierung nicht in Einzelsilos, sondern in einem riesigen unterirdischen Silo-Schachbrett in Erwägung zog, in dem die Raketen hin- und hergeschoben werden konnten, erklärte sie zur Verifikation sinngemäß, einmal in der Woche werde sie alle Silodeckel öffnen, damit die Sowjets die Raketen zählen könnten.

Neben solchen Verifikationsabsprachen waren auch die Vereinbarungen über vertrauensbildende Maßnahmen, wie sie in der Helsinki-Akte vorgesehen und ein Jahr nach dem Amtsantritt von Gorbatschow von der Stockholmer Konferenz weiterentwickelt wurden, Ausdruck der Entwicklung zu gemeinsamer Sicherheit: Ankündigung von Manövern, Begrenzung der beteiligten Streitkräfte, Zulassung von Manöverbeobachtern, Ankündigung sonstiger militärischer Bewegungen, um nur Beispiele zu nennen.

Auch mit seinem Einschwenken auf den westlichen Vorschlag einer doppelten Null-Lösung bei den nuklearen Mittelstreckenwaffen vollzog Gorbatschow keine Kapitulation. Die wichtigsten Ziele in der Reichweite von Mittelstreckenraketen konnten die Sowjets auch durch Interkontinentalraketen abdecken. Und die Sowjetunion erhielt es schwarz auf weiß, daß die Vereinigten Staaten künftig über keine Mittelstreckensysteme verfügen würden, die – etwa von Westeuropa aus – die Sowjetunion erreichen konnten. Das hatte Chruschtschow mit seinem Kuba-Abenteuer nicht geschafft. Auf der politischen Habenseite stand eine deutliche Klimaverbesserung im Verhältnis zu Westeuropa wie zu Japan, die die sowjetischen Mittelstreckenraketen als spezifische Bedrohung empfunden hatten. Beide waren wichtige Partner für die wirtschaftliche und technologische Entwicklung der Sowjetunion.

Dem Ziel der militärischen Entspannung und Vertrauensbildung in Europa diente Ende 1988 auch Gorbatschows sensationelle Ankündigung vor der UNO, die Sowjetunion werde ihr konventionelles Potential einseitig erheblich reduzieren und auf defensive Strukturen umstellen. Manche NATO-Veteranen waren über diesen Schritt hin zu gemeinsamer Sicherheit mehr erschrocken als früher über sowjetische Aufrüstungsmaßnahmen. Präsident Reagan aber ergriff die Chance, zusammen mit Gorbatschow durch die Wiener KSZE-Verhandlungen zu einer beiderseitigen strukturellen Angriffsunfähigkeit in Europa zu kommen.

Rückblickend fragt man sich, warum nicht ein Staatsmann des Westens, sondern ein russischer Kommunist die Initiative zu einem «neuen Denken» ergriffen hat, der Westen hatte doch an gemeinsamer Sicherheit kein geringeres Interesse als die Sowjetunion. Vielleicht muß die Antwort lauten, weil der Westen, insbesondere Präsident Carter, mit Breschnew schlechte Erfahrungen gemacht hatte oder einfach, weil der Westen sich überlegen fühlte.

Dabei fiel es den Sowjets mit ihren starren Vorstellungen von Abschottung und Geheimhaltung schwerer als den Amerikanern, fremde Inspektionsteams in militärische Anlagen zu lassen. Außerdem hatte der Übergang zu einer Strategie der gemeinsamen Sicherheit für die Sowjetunion anders als für den Westen weitreichende ideologische Implikationen. Mit dem Glaubenssatz des «Marxismus-Leninismus», daß der «westliche Imperialismus» friedensunfähig sei – dieses Dogma hatte Chruschtschow mit seiner «Koexistenz»-Formel nicht aufgegeben –, war er unvereinbar. Erst recht war der Gedanke der gemeinsamen Sicherheit unvereinbar mit dem Dogma, daß ein Dritter Weltkrieg unvermeidbar sei. Bei meinem ersten Besuch in der Volksrepublik China im Jahre 1979 war dies noch die Überzeugung der dortigen Führung.

Aus neuer Einsicht wie aus einem realistischen Verständnis sowjetischer Interessen opferte Gorbatschow das kommunistische Dogma dem Erreichen gemeinsamer Sicherheit. 1988 begann er, die sowjetischen Truppen aus Afghanistan zurückzuziehen. Daß er eines Tages auch das von der Sowjetunion im Zweiten Weltkrieg mit Millionen von Menschenleben erkämpfte sicherheitspolitische Glacis in Ost- und Mitteleuropa aufgeben würde, hielt ich für ausgeschlossen, obwohl es in der inneren Logik der «gemeinsamen Sicherheit» lag.

Die in Helsinki vereinbarte *wirtschaftliche und technologische, wissenschaftliche und kulturelle Zusammenarbeit* entfaltete trotz ihres immer noch begrenzten Umfangs gegenüber dem Bindestrich-Dogmatismus keine geringere Dynamik als Rüstungskontrolle und Abrüstung. Einmal erweckte sie neue Erwartungen. Mit einem Appell, den Gürtel enger zu schnallen, war für die Sowjetführung bei den Menschen im Ostblock kein Blumentopf mehr zu gewinnen. Außerdem zeigte sich schnell, daß wirtschaftliche Zusammenarbeit und Kredite wenig nutzten, wenn das System unverändert blieb. Ein technologischer Innovationsschub, speziell etwa im Kommunikationsbereich, setzte freien Austausch, Öffnung statt Abkapselung und Abkehr von Dogmatismus voraus, Transfer von Kapital und Know-how allein reichten nicht. Eine Sowjetunion, die in der modernen Welt Supermacht bleiben wollte, mußte sich dem Westen auch geistig öffnen. Mit dem Anwachsen des wissenschaftlichen und kulturellen Austauschs wurden in der Sowjetunion aber zugleich Kräfte der Veränderung geweckt, die die in russischer Tradition von oben eingeleiteten Reformen unter Druck von unten setzten.

Manchmal zeigen sich Veränderungen in Nebensächlichkeiten deutlicher als im Betrieb der großen Politik. Mich hatte Ponomarjow als ein Fossil aus der Komintern-Zeit immer besonders interessiert. Er saß in einem Raum, in dem noch – abweichend vom bürokratischen Einheitsstil sonstiger sowjetischer Arbeitszimmer – die Möbel des Generalsekretärs der Komintern, Georgi M. Dimitrov, aus den 30er Jahren standen. 1986 wurde Ponomarjow nach mehr als dreißigjähriger Amtszeit als Leiter der Internationalen Abteilung des Zentralkomitees von Gorbatschow durch Dobrynin ersetzt, den langjährigen sowjetischen Botschafter in den USA. Ich besuchte ihn Anfang 1987. Das Zimmer war nicht wiederzuerkennen. Die Dimitrov-Möbel, die dort ein halbes Jahrhundert gestanden hatten, waren ins Museum gewandert. Statt dessen schmückten eine bunte Sitzgarnitur, ein moderner Schrank und Schreibtisch sowie ein schwarzer Kaffeehaustisch mit drei schwarzen Stühlen das Zimmer. Der Clou war eine geraffte weiße Sonnengardine mit zitronengelben Schals. Ein Stil-Epochenwechsel. Als Falin dann Dobrynin folgte, wurden diese modernistischen Neuerungen durch sowjetische Büromöbel ersetzt, allerdings durch solche besonders gediegener Ausführung. Und die gelben Gardinen behielt Falin.

Gorbatschows Kurs veränderte nicht nur die Sowjetunion, sondern den ganzen Ostblock. Mitte 1988 nahm das RGW, das Wirtschaftskoordinierungssystem des Ostblocks, offizielle Beziehungen mit der früher so gescholtenen EG auf. Bald starb das RGW ab, die Europäische Gemeinschaft wurde Orientierungspunkt für die osteuropäischen Staaten. Das verstärkte den in diesen Staaten ohnehin in Gang befindlichen Wandlungsprozeß, in dem Ungarn den Spitzenreiter und Rumänien das Schlußlicht darstellte. Die Tatsache, daß der Wind der Veränderung diesmal nicht aus osteuropäischen «Provinzen», sondern von der Moskauer Zentrale her wehte, beschleunigte die Entwicklung in zweifacher Weise. Einmal konnte man sich in den Ostblockstaaten nun für alle Neuerungen auf Gorbatschow berufen. Zum anderen hatte man Sorge, daß Gorbatschow in der Sowjetunion scheitern und dann – wie 1953 in der DDR, 1956 in Ungarn, 1968 in der ČSSR und mehrfach in Polen – die Blockrepression wieder einsetzen werde.

Von meinen osteuropäischen Gesprächspartnern hat niemand diesen Prozeß gründlicher analysiert und aus der Analyse schonungslosere Konsequenzen gezogen als Gyula Horn, der spätere ungarische Außenminister. Ungarn war im Ostblock ohnehin ein besonderer Fall. Es hatte aus der k. u. k. Zeit ein besonderes Verhältnis zu Österreich und zu Westeuropa bewahrt, das es pflegte. Nachdem die Sowjets den Aufstand von 1956 niedergeschlagen hatten, hatte János Kádár eine behutsame Reformpolitik eingeleitet, die sich innerhalb der Systemgrenzen hielt. Außenpolitisch und ideologisch nicht aufzufallen, dafür aber etwas für die Menschen zu tun, war seine Parole gewesen, als ich 1978 Willy Brandt zu einem längeren Besuch Ungarns begleitet hatte.

Kádár entwickelte den ungarischen «Gulaschkommunismus» und bewirkte auch sonst eine Menge. Sein Freund und Gefängnisgefährte Aczél betrieb als ZK-Sekretär eine Bildungs- und Kulturpolitik, die im Ostblock als liberal galt. Das war der Grund, warum 1985 das KSZE-Kulturforum als erstes KSZE-Forum in einem Ostblockstaat in Budapest stattfand. «K. u. K.» bedeute nunmehr «Kreisky und Kádár», witzelte Willy Brandt.

Bei unserem Besuch hatte ich 1978 auch Gyula Horn kennengelernt. Er war damals stellvertretender Leiter der Internationalen Abteilung des Zentralkomitees der Sozialistischen Arbeiterpartei Ungarns (USAP). Im Austausch mit der SPD waren die Ungarn mehr an Wirtschaftsfragen als an der Raketenmetaphysik interessiert. Horn und ich hatten uns in den folgenden Jahren aber auch mehrfach zu außen- und sicherheitspolitischen Fragen getroffen. Im September 1988, er war inzwischen Staatssekretär im ungarischen Außenministerium, berichtete mir Horn, in Ungarn entwickle sich ein Mehrparteiensystem. In Polen plane Jaruzelsky offenbar einen Übergang zu einem solchen System unter Einschluß der «Solidarność». Auch in der ČSSR regten sich Reformkräfte. In Bulgarien, der DDR und vor allem in Rumänien dagegen sähe alles noch ziemlich finster aus. Gorbatschow werde in Osteuropa nicht intervenieren. Allein ein Ausscheren aus dem Warschauer Pakt sei für ihn unannehmbar. Daher dürfe Ungarn auch die Beziehungen zu Rumänien nicht abbrechen, obwohl es das angesichts der Verfolgung der ungarischen Minderheit in Rumänien gern tun würde. Das Problem war uns von der deutschen Minderheit in Rumänien leider nur zu gut bekannt.

Ungarns zentrales Problem, so Horn, sei die Wirtschaft. Sie hätten unter den Halbheiten von Kádárs Altersregime zu leiden, der nicht gewagt habe, die Systemfrage zu stellen. Die Ungarn litten aber auch darunter, daß die Sowjetunion ihre wirtschaftlichen Verpflichtungen nicht oder nur sehr zögerlich erfülle. Teils weil sie dazu nicht in der Lage sei, teils weil «alte Kämpfer» in der Sowjetunion der ungarischen Reform schaden wollten. Der Westen sei in dieser Situation ziemlich initiativ- und tatenlos, die Bundesregierung verstünde die Entwicklung noch am besten. Ein halbes Jahr später bat er mich um Unterstützung ungarischer Kreditwünsche. Ungarn versuche sich durch den Ausbau seiner bilateralen Beziehungen mit westlichen Staaten von der Entwicklung in Osteuropa abzukoppeln. Sollten nach einem etwaigen Scheitern Gorbatschows «Einmarschzeiten» wiederkommen, werde Ungarn kämpfen.

Der härteste Test für die Entspannungspolitik – das war seit dem Niederwalzen des Prager Frühlings klar – würde die Frage der *Menschenrechte* sein. Humanitäre Fragen hatten von Anfang an im Zentrum von Brandts Ostpolitik gestanden. Ging es der «Politik der kleinen Schritte» doch unter anderem darum, das menschliche Elend, insbesondere der deutschen Teilung, schrittweise zu mildern. Den ideologischen Streit berührte das noch nicht. Der «Marxismus-Leninismus» wurde nicht dadurch in Frage gestellt, daß Verlobte, Eheleute oder Eltern und Kinder zusammenziehen durften. Die Verbesserung des Post- und Telefonverkehrs, die Zulassung von Rentnerreisen und Verwandtenbesuchen ging dagegen in ihrer Wirkung schon über die Familienzusammenführung hinaus. Erst recht galt das für den in Korb 3 der Helsinki-Schlußakte vorgesehenen Ausbau der beruflichen, wissenschaftlichen und kulturellen Kontakte, einschließlich eines freien Informationsaustauschs. Dieser Korb 3 mußte im Zusammenhang mit der Prinzipienerklärung der Akte gesehen werden, die sich zur Achtung der Menschenrechte und Grundfreiheiten bekannte und dabei die Gedanken-, Gewissens-, Religions- und Überzeugungsfreiheit besonders hervorhob.

Die kommunistischen Regime des Ostblocks konnten diesen Teil der Helsinki-Schlußakte nicht ablehnen, da sie sich formell zu den Menschenrechten bekannten und an Sicherheit und wirtschaftlicher Zusammenarbeit im höchsten Maße interessiert waren. Da sie aber nicht vorhatten, ihr System zu ändern und die Schlußakte nur ein politisches, kein rechtsverbindliches Dokument war, blockierte der Osten Fortschritte bei den Menschenrechten, so gut er konnte. Das hatte in der zweiten Hälfte der 70er Jahre zur Menschenrechtsoffensive Präsident Carters und zu eingehenden Debatten im Bundestag geführt. Dabei standen für uns zunächst die Menschenrechte im geteilten Deutschland im Vordergrund.

Im Grunde bestand über Menschenrechtsfragen im Parlament Übereinstimmung, was unter demokratischen Parteien ja auch selbstverständlich sein sollte. Beide Seiten widerstanden aber nicht immer der Versuchung, sich als der entschiedenere Verfechter darzustellen. Warf die Union uns Schlappheit gegenüber dem Osten vor, schlugen wir zurück, wir würden uns von der Union die gleiche Eindeutigkeit gegenüber Pinochet wünschen. Das war dem Thema kaum angemessen. Als frischgebackener außenpolitischer Sprecher der Fraktion hatte ich es daher im Frühjahr 1977 begrüßt, daß die Union, die gegen die Helsinki-Schlußakte gestimmt habe, nun besonders engagiert auf deren Verwirklichung dränge. Für uns seien Menschenrechtsverletzungen in Prag oder in der DDR genauso verwerflich wie solche in Chile. Wir kritisierten den Schießbefehl oder die Ausweisung von Regime-Kritikern aus der DDR ebenso wie die Union. Wir hätten auch nicht die sozialdemokratischen Opfer des DDR-Regimes vergessen, insbesondere nicht die der SED-Zwangsvereinigung. Helsinki sei aber kein juristischer Titel, aus dem wir vollstrecken könnten. Es sei der Anfang eines mühsamen politischen Prozesses, auf den sich der Ostblock eingelassen habe, weil er die Öffnung zum Westen brauche. Jeder Fortschritt in Sachen Menschenrechte werde dem Osten mühsam abgerungen werden müssen. Schon nach zwei Jahren seien jedoch gewisse Fortschritte erkennbar. Als Beispiel wies ich auf die sowjetischen Dissidenten hin, die die Sowjetunion hatten verlassen können und nun im Westen die Entspannungspolitik teilweise heftig kritisierten, was ihr gutes Recht sei.

Wir sollten, so empfahl ich, den Grad der Verwirklichung der Menschenrechte, nicht die Lautstärke des Bekenntnisses zu ihnen, zum Maßstab unserer Politik machen. Verglichen mit der lediglich deklaratorischen Politik früherer CDU-Regierungen lägen wir da nicht schlecht. Wir sollten – übrigens auch mit Rücksicht auf die Menschenrechtsgruppen, die sich unter Berufung auf Helsinki im Osten gebildet hätten – die Menschenrechte nicht instrumentalisieren, indem wir sie wie einst im Kalten Krieg erneut zum Feldzeichen eines Kreuzzugs machten.

Mit anderen Worten: Auch die Frage der Verwirklichung der Menschenrechte war für uns eingebettet in eine Politik, die das kommunistische System friedlich, ohne Krieg und ohne Bürgerkrieg überwinden wollte. Aus der Erfahrung langer und gelegentlich heftiger Diskussionen mit meiner tschechischen Frau fügte ich im Bundestag hinzu, spätestens seit dem Prager Frühling sei uns durchaus bewußt, wie problematisch es sei, anderen in Sachen Menschenrechte zur Geduld raten zu müssen, während wir selbst in Freiheit lebten. Wir müßten aber unsere eigene Politik verantworten, und das könne nur eine Politik der Gewaltlosigkeit sein – Freiheit war nicht in einem Atomkrieg zu gewinnen.

Aber in Menschenrechtsfragen schritt der Helsinki-Prozeß nur quälend langsam voran. Es gab, beeinflußt von der allgemeinen Verschlechterung der Ost-West-Beziehungen, immer neue Rückschläge. Die KSZE-Folgekonferenzen von Belgrad (1978) und Madrid (1983) standen ganz im Zeichen des Konflikts um die Menschenrechte. Dessen öffentliche Austragung wirkte aber im Sinne der Helsinki-Schlußakte. Im Jahre 1985 erhielt das Thema Menschenrechte politischen Auftrieb. In jenem Jahr tagte die erste Ministerkonferenz des Europarats über Menschenrechte in Wien. In Ottawa fand ein KSZE-Expertentreffen über Menschenrechte und Grundfreiheiten, in Budapest das KSZE-Kulturforum statt. 1986 folgte in Bern ein Expertentreffen über menschliche Kontakte. Zusammen mit der Arbeit von Helsinki- und anderen Menschenrechtsgruppen im Osten schufen diese verstärkten Anstrengungen ein neues Bewußtsein europäischer Zusammengehörigkeit gegenüber dem als fremd empfundenen sowjetischen System. Mit der Reformpolitik Michail Gorbatschows änderte sich dann auch die Sowjetunion. Gorbatschow hob die Verbannung Sacharows und die Zensur auf. Die jungen Dolmetscher des ZK in Moskau wurden nicht müde, mir von den lange unterdrückten Büchern und Filmen zu berichten, die Moskau in Atem hielten. Die reformkommunistische Regierung Ungarns berief sich für ihre Politik bald selber auf die Menschenrechte, während diese in Rumänien ein Fremdwort blieben.

Die SPD hatte 1984 zusätzlich zu der Fraktionsgruppe «Flüchtlingsfragen und Menschenrechte» und dem Büro des Fraktionsvorsitzenden, das DDR-Fälle behandelte, ein Sekretariat für Menschenrechte eingerichtet. Ihm wurde unter anderem die Aufgabe übertragen, die an uns herangetragenen Menschenrechtsfälle aus dem Ostblock systematisch zu bearbeiten. Obwohl ich rückblikkend selbstkritisch sagen muß, wir hätten in diesen Fragen mehr öffentlichen Druck machen müssen, machten wir Fortschritte. Am Ende baten uns die Sowjets um Hilfe beim Gefangenenaustausch in Afghanistan. 1986 bildete auch die Sozialistische Internationale, die immer wieder zu Menschenrechtsfragen Stellung genommen hatte, eine Arbeitsgruppe. Das Bundeskabinett setzte im April 1986 eine Kommission mit dem Auftrag ein, die Verwirklichung der Menschenrechte für die Deutschen im Ostblock zu beobachten. Im Frühjahr 1987 forderte ich im Bundestag die Einrichtung von KSZE-Berufungsinstanzen für Menschenrechtsverletzungen.

Kommunistische Betonköpfe störte das alles wenig. Noch im Frühjahr 1988 scheute sich beispielsweise der tschechoslowakische Chefideologe Fojtík nicht, in einer Diskussion mit deutschen Professoren in der Ebert-Stiftung in Bonn dreist zu behaupten, in der ČSSR gäbe es keine Akademiker mehr, die aus politischen Gründen einfache Handarbeit verrichten müßten, etwa als Fensterputzer oder als Tankwart.

Im Januar 1989 erzielte dann das KSZE-Folgetreffen in Wien auch in Sachen Menschenrechte Einigkeit. Im September 1990 gehörte ich zu den Begleitern Oskar Lafontaines, der als SPD-Kanzlerkandidat Moskau besuchte. Gorbatschow, der an diesem Tage an einer Beratung des Obersten Sowjet über die Wirtschaftsreform teilnahm, war offensichtlich froh, der Debatte für einige Zeit entronnen zu sein, er überzog die für uns vorgesehene Zeit bei weitem. Und im Laufe des Gesprächs sagte er, in den sechs Jahren, in denen er an der Spitze der Sowjetunion stehe, sei niemand gefoltert oder ermordet worden. Das zähle.

«Sozialdemokratismus» und Regime-Opposition

Die Auseinandersetzung der Kommunisten mit den Demokraten war aus historischen Gründen seit jeher vor allem eine Auseinandersetzung mit den Sozialdemokraten gewesen. Sieben Jahrzehnte lang hatten die Kommunisten mit ihrem Glauben an die «Diktatur des Proletariats» und den «demokratischen Zentralismus» das Eintreten der Sozialdemokratie für gesellschaftlichen Pluralismus, demokratische Strukturen und Reformen als «Sozialdemokratismus» diffamiert. Noch 1975 hatte Ponomarjow in der Auseinandersetzung um Portugal den Klassenkampf beschworen und die Kommunisten in aller Welt aufgefordert, sich dem Export sozialdemokratischer Ideologie in ihre Länder zu widersetzen. Breschnew hatte 1976 auf dem 25. Parteitag der KPdSU eine «ideologische Annäherung an den Reformismus der Sozialdemokratie» a priori abgelehnt. 1988 nahm ich mir eine Woche Zeit, um in Moskau herauszufinden, wieweit der «Sozialdemokratismus» inzwischen in die ideologischen Zentren der Sowjetunion eingedrungen sei. Heinz Timmermann, Kommunismus-Experte aus dem Ost-Institut in Köln, begleitete mich. Was wir antrafen, überraschte selbst ihn. «Sozialdemokratismus» wurde jetzt in Moskau nicht mehr gefürchtet, sondern geradezu nachgefragt. Es ging in unseren Gesprächen um den Charakter des politischen Systems und der Machtausübung, um das Verhältnis von Markt und Planung, um unterschiedliche Eigentumsformen und ihre richtige Mischung.

Iwan Frolow, ZK-Mitglied, Vorsitzender der sowjetischen Gesellschaft für Philosophie und Berater Gorbatschows für Ideologie, Ethik und Wissenschaft, erklärte uns, das alte System habe sich als lebensunfähig erwiesen. Gorbatschow strebe einen «demokratischen Sozialismus» an, bei dessen Verwirklichung Ziele und Mittel übereinstimmen müßten. Dabei wollten sie nicht auf Lenin, sondern «auf den jungen Marx und den alten Engels» zurückgreifen. Der Marxismus sei selber Produkt eines geschichtlichen Prozesses, dürfe also nicht dogmatisiert werden. Das «allgemeinmenschliche» Interesse müsse heute Vorrang vor dem Klasseninteresse haben. Sagladin, inzwischen außenpolitischer

Berater Gorbatschows als Staatspräsident, erklärte uns jetzt, es könne kein Monopol einer Klasse auf den Fortschritt geben, auch im Sozialismus bestehe ein Pluralismus von Interessen, der seinen politischen Ausdruck finden müsse. Gespräche in zwei für Programmatisches zuständigen ZK-Instituten und mehreren beratenden Instituten der Akademie der Wissenschaft zu Fragen der Wirtschafts- und Gesellschaftsreform ergaben dasselbe Bild: Das alte Dogmengebäude zerfiel, neue Ansätze wurden tabufrei diskutiert. Eine klare neue Linie war aber nicht erkennbar, was auch die Entwicklung eines brauchbaren Reformkonzepts erschwerte.

Wir hatten vor dem Amtsantritt Gorbatschows nicht erwartet, daß die Auflösung der kommunistischen Orthodoxie ausgerechnet von der Moskauer Zentrale ausgehen werde. Daß sie sich, als sie es tat, «von oben» her ausbreitete, entsprach russischer Tradition. In den Staatsparteien der osteuropäischen Länder hatte die ideologische «Aufweichung» bereits nach der Ostberliner Kommunisten-Konferenz eingesetzt. Nicht nur die SPD, auch andere Parteien der Sozialistischen Internationale stellten Geländegewinne der Reformer auf Kosten der «Betonköpfe» fest. Diese Entwicklung verlief allerdings von Land zu Land sehr unterschiedlich.

In Ungarn etwa hatte der Chefideologe der Partei, Miklós Ovári, Brandt und mir noch 1978 zum Thema Eurokommunismus erklärt, von Pluralismus hielten sie nichts und eigenständig seien sie eh. 1983 klang das bei Aczél schon sehr anders: Die innere Entwicklung Ungarns erfordere Geduld. Sie hätten gesellschaftliche Vielfalt, wenn auch «leider nur eine Partei». Vier Jahre nach Gorbatschows Kurswechsel unterstützte die ungarische Partei den Übergang zu einem Mehrparteiensystem. In Rumänien herrschte dagegen der Privatstalinismus der Familie Ceauşescu. Unsere zu Beginn der Entspannungspolitik guten Kontakte zu Rumänien beschränkten sich inzwischen auf die Auseinandersetzung über die Drangsalierung und Verdrängung der deutschen Minderheit.

Die komplizierteste Situation bestand in Polen. Dies unterschied sich von den anderen Ostblockländern durch den historisch gewachsenen Dualismus von Staat und Kirche, den auch das kommunistische Regime zu respektieren hatte. Das drückte sich im Privateigentum in Landwirtschaft und Kleingewerbe ebenso aus wie in einer Vielfalt gesellschaftlicher Gruppen, für die es im Ostblock keine Parallele gab. Durch die 1978 erfolgte Wahl eines polnischen Papstes wurde der Einfluß der Kirche noch vergrößert. 1984 waren in Polen über 600 katholische Kirchen im Bau, angeblich mehr als im ganzen übrigen Europa. Im Frühjahr 1985 berichtete der Fraktionsvorsitzende der PVAP, Kazimierz Barcikowski, bei einem Besuch in Bonn, sie hofften sehr, daß die Kirche bei den nächsten Wahlen über christliche Gruppen Geistliche und nicht nur Laien in den Sejm schicken werde – was die Kirche nicht tat.

Auf der Grundlage dieses Dualismus hatte sich in Polen seit den 70er Jahren die «Solidarność» entwickelt, eine gegen das Regime gerichtete, im übrigen aber bunt zusammengewürfelte Basisbewegung der wirtschaftlichen und sozialen Selbstorganisation. Sie reichte bis in die PVAP hinein, die seit jeher zersplittert war. Bald stellte sie mit der missionarischen Kraft einer Millionen umfassenden nationalen Erweckungsbewegung das kommunistische System in Frage. Dem Charakter einer gewerkschaftlich orientierten Basisbewegung entsprechend ging es der «Solidarität» nicht um die Übernahme der Regierungs-, sondern um den Aufbau von Gegenmacht. Manche Beobachter sprachen von «Anti-Politik». Das Konzept war zunächst erfolgreich. Die anfangs auf Ausgleich bedachte Regierung gestand 1980 nach einer Serie von Streiks die Bildung freier Gewerkschaften zu, die Gewerkschaft «Solidarność» wurde im November 1980 durch Gerichtsbeschluß zugelassen. Dann aber eskalierten die aus den Gegensätzen geborenen Spannungen. Als sich die kommunistische Staatsmacht 1981 mit einer Radikalisierung der «Solidarność», mit Massenstreiks und mit einem auch in der «Solidarność» selbst umstrittenen Konzept des «unbegrenzten Generalstreiks» konfrontiert sah, verhängte der erst zum Ministerpräsidenten und dann auch zum Parteichef berufene General Jaruzelsky Ende 1981 das Kriegsrecht.

Der Bundestag verurteilte die gewaltsame Unterdrückung der «Solidarność» in einer gemeinsamen Entschließung. Die SPD stimmte in die weltweiten Forderungen nach Aufhebung des

Kriegsrechts, Freilassung der Gefangenen und Wiederherstellung der verfassungsmäßigen und gewerkschaftlichen Rechte ein und appellierte an Kriegsrat, Regierung und Sejm, mit allen relevanten gesellschaftlichen Kräften Polens das Gespräch über eine Demokratisierung aufzunehmen.

Dennoch hatte ich im Januar 1982 in Rom, wo zwischen Sozialisten und Kommunisten ein Wettbewerb um die härteste antisowjetische Reaktion auf die Ereignisse in Polen im Gange war, unsere Haltung auf einer Programmkonferenz der Sozialistischen Partei verteidigen müssen. Ich erklärte, wir bezweifelten die Fähigkeit des sowjetischen Systems, die Probleme der Sowjetunion und ihrer Völker zu lösen. Ebenso bezweifelten wir seine Fähigkeit, sich auf Dauer in Osteuropa zu behaupten. Die Reformbewegungen in Osteuropa entsprängen den Widersprüchen des Systems. Ihnen gehöre unsere Sympathie schon darum, weil sie für die gleichen Rechte kämpften, für die die europäische Arbeiterbewegung seit über hundert Jahren kämpfe. Die Zeit arbeite für uns, der Reformprozeß werde aber langwierig sein. Die Entspannungspolitik habe den Spielraum für die Reformbewegungen, auch für die «Solidarność», erweitert. Sie werde aber nur dann fortgeführt werden können, wenn die sicherheitspolitischen Interessen der Sowjetunion berücksichtigt würden.

Die SPD-Führung hatte die innerpolnische Radikalisierung des Jahres 1981 mit Sorge gesehen. Die «Solidarność» war Lech Walesa, der wie die polnische Kirchenführung für ein gemäßigtes Vorgehen eintrat, offensichtlich aus dem Ruder gelaufen. Sie hatte nicht nur Forderungen erhoben, die angesichts der wirtschaftlichen Lage des Landes unerfüllbar waren. Sie hatte auch, durch heftige antisowjetische Äußerungen verstärkt, die Gefahr einer militärischen Intervention der Sowjets heraufbeschworen. Schließlich liefen die Nachschublinien der Sowjets zu ihren in der DDR stationierten Divisionen durch Polen.

Wir hatten den Eindruck, General Jaruzelsky habe in einer für sein Land äußerst gefährlichen Situation handeln müssen. Willy Brandt und Helmut Schmidt kleideten diese Einschätzung in die Worte, sie hielten Jaruzelsky für einen polnischen Patrioten. Ich formulierte später, im Dezember 1981 habe Polen nicht vor der

Frage «Walesa oder Jaruzelsky», sondern vor der Frage «Jaruzelsky oder die Russen» gestanden. Ob die Sowjets als letztes Mittel ein militärisches Eingreifen wirklich gewagt hätten, wußten wir
nicht. Sie hätten stärker noch als im Prager Frühling die Weltöffentlichkeit gegen sich aufgebracht und wären in Polen schwer ab-
schätzbare Risiken eingegangen. Andererseits konnten sie die
Dinge nicht einfach laufenlassen, hätte Jaruzelsky aufgegeben,
hätte in Polen ein Chaos entstehen können. Die «Solidarność»
schien 1981 weder willens noch in der Lage zu sein, die Regierung
zu übernehmen.

Die polnische Regime-Opposition war weit stärker als die jedes
anderen osteuropäischen Landes. Und doch schienen auch die
polnischen Ereignisse der Jahre 1980 und 81 eine allgemeine
Schlußfolgerung nahezulegen: Eine friedliche Überwindung der
Ostblockregime würde nur durch ein Zusammenwirken von Reformkräften in der Gesellschaft und im staatlichen Apparat möglich werden.

Mit der Unterdrückung der «Solidarność» hatte die kommunistische Führung zwar eine Atempause gewonnen, im Grunde aber
einen Pyrrhussieg errungen. Die Partei hatte erneut gezeigt, daß
sie unfähig war, die wirtschaftlichen und gesellschaftlichen Probleme des Landes zu lösen. Sie hatte auf die von der Bevölkerung
respektierte Armee als institutionelle Stütze und Legalitätsre-
serve zurückgreifen müssen. Mit der Berufung eines Generals an
ihre Spitze und dem Einsatz des Militärs hatte sie im Grunde politisch abgedankt.

Die neue Regierung fuhr gegenüber der Regime-Opposition
einen Schlingerkurs und wurde durch Übergriffe des Sicherheits-
apparates schwer belastet, vor allem durch die Ermordung des
Priesters Popiełusko. Sie machte seinen Mördern zwar öffentlich
den Prozeß, setzte damit jedoch auch das Regime selbst auf die
Anklagebank. Mit den wirtschaftlichen Problemen wurde sie so
wenig fertig wie ihre Vorgängerinnen, zumal wirtschaftliche Sank-
tionen des Westens ihre Lage noch erschwerten. Die Aufhebung
des Kriegsrechts änderte an ihrer schwierigen Lage wenig.

Die «Solidarność» dagegen gewann Sympathien zurück, die sie
durch ihre Radikalisierung verloren hatte. Sie setzte mit erheb-

licher Hilfe aus dem Westen, vor allem der westlichen Gewerkschaften, ihre Arbeit halb im Untergrund, halb legal fort. Eine breitgefächerte Untergrundpresse sorgte für die polnische Art von Informationsfreiheit. 1983 erhielt Lech Walesa den Friedensnobelpreis. Der Papst-Besuch des gleichen Jahres zeigte die Isolierung des Regimes in der Bevölkerung. Die breite Verankerung der Regime-Opposition in der polnischen Gesellschaft führte später dazu, daß Gorbatschow und seiner Reformpolitik in Polen weit weniger Bedeutung zugemessen wurde als im übrigen Europa.

Zum Jahreswechsel 84/85 hatten wir die Arbeit der gemeinsamen sicherheitspolitischen Kommission aufgenommen. Unsere polnischen Partner, vor allem Ryszard Wojna und Marian Dobrosielski, gehörten nicht zur Führung der PVAP. Beide standen der «Solidarność» sehr kritisch gegenüber, schilderten aber gleichzeitig die wirtschaftliche Misere des Landes und den desolaten Zustand der PVAP ungeschminkt. Das Seltsamste für ein Ostblockland war, daß auch Spitzenleute von Regierung und Partei über die Lage des Regimes und der Partei schonungslos sprachen. Das galt vor allem für den umstrittenen späteren Ministerpräsidenten Mieczyslaw Rakowski, aber auch für Jozef Czyrek, früher Außenminister, dann für die Außenpolitik zuständiger ZK-Sekretär, und für den Fraktionsvorsitzenden Barcikowski. Gelegentlich hatte ich den Eindruck, sie glaubten selbst nicht mehr daran, daß die PVAP die polnischen Probleme lösen könne.

In das Programm meiner Besuche in Warschau, etwa zwei im Jahr, schloß ich Gespräche mit der katholischen Kirche und mit der Regime-Opposition ein. Jeweils nach einem vorhergehenden Meinungsaustausch mit Weihbischof Jerzy Dąbrowski als einem seiner politischen Berater machte ich dem Primas von Polen, Kardinal Glemp, meine Aufwartung. Er sprach mit mir in großer Offenheit sowohl über deutsch-polnische wie über innerpolnische Streitfragen. Außerdem traf ich mich in unserer Botschaft oder in Wohnungen befreundeter Botschaftsangehöriger mit «Solidarność»-Vertretern unterschiedlicher Richtungen, aus dem sozialdemokratischen Spektrum mit Bronislaw Geremek und Jan Lipski.

Bei meinen Warschauer Gesprächen hielt ich mich strikt an die

Regel, zu allen Beteiligten mit einer Zunge zu sprechen und die Kontakte mit der Regime-Opposition weder zu verheimlichen noch mit öffentlichen Bekenntnissen zu beladen. Ich war als Kovorsitzender einer SPD/PVAP-Arbeitsgruppe in Warschau. In dieser ging es um gemeinsame Sicherheit für Deutsche und für Polen, verbunden mit der Anerkennung der polnischen Westgrenze. Das war ein für das zukünftige Verhältnis der beiden Völker zentraler Punkt, über den es zwischen dem Regime und der Opposition in Polen keinen Streit gab. Daher hielt ich es für falsch, diese Arbeit durch öffentliche Teilnahme an den innenpolitischen Kontroversen zu belasten.

Aus Kreisen der «Solidarność» wurde diese Zurückhaltung teilweise heftig kritisiert. Deutsche Journalisten, Mitarbeiter der Ebert-Stiftung und Angehörige unserer Botschaft legten sich bei mir für ein Bekenntnis zur Solidarität derart ins Zeug, daß ich sie scherzhaft meine «Innere Mission» nannte. Ich empfand diese Kritik als übertrieben. Wir Sozialdemokraten hatten oft genug öffentlich erklärt, wie wir zu den Reformbewegungen im Osten und insbesondere in Polen standen. Sozialdemokraten in anderen Funktionen, wie etwa Hans Koschnick, bewegten sich der polnischen Regime-Opposition gegenüber weit freier. Die Bemühungen der Ebert-Stiftung, deren Vorstand ich seit 1983 angehörte, auch nach der Verhängung des Kriegsrechts zu helfen, wurden auch von der «Solidarność» anerkannt. Nicht wenige Mitglieder der Solidarität, bis hin zu der späteren polnischen Ministerpräsidentin Suchocka, konnten als Stipendiaten der Stiftung in der Bundesrepublik studieren. Als mir aber später ein leidgeprüftes Mitglied der «Solidarność» einmal vorhielt: «Wenn man im Gefängnis sitzt, tut es unglaublich gut zu hören, daß man recht hat», verstand ich, warum die «Solidarność» von der «gouvernementalen» Zurückhaltung gerade der deutschen Sozialdemokraten enttäuscht war. Leider konnte die Solidarität nicht hören, was ich der polnischen Führung in diesem Zusammenhang sagte.

Im März 1985 bat mich General Jaruzelsky anläßlich des ersten Treffens unserer Arbeitsgruppe in Warschau zu einem abendlichen Gespräch, an dem Jozef Czyrek als Zuhörer teilnahm. Es ging zunächst um internationale und bilaterale Fragen. Dann kam

Jaruzelsky auf die «Solidarność» zu sprechen. Der Westen suche eher Kontakt zur Opposition als zur legalen polnischen Regierung, klagte er. Warum die «Solidarność» bei uns im Westen so viel Sympathie genieße? Weil sie wie wir für gesellschaftlichen Pluralismus und freie Gewerkschaften eintrete, gab ich zurück. Der General meinte darauf, bei unserem deutschen Staats- und Ordnungsverständnis würden wir einen solchen «Anarcho-Syndikalismus» zu Hause sicher nicht dulden. Soweit wir Sorgen gehabt hätten, erwiderte ich, hätten sie im Bereich der Entspannungspolitik gelegen, wir hätten 1980/81 eine sowjetische Intervention befürchtet. Jaruzelsky ging darauf nicht direkt ein, sondern erzählte eine Geschichte. Die 91jährige Witwe des letzten polnischen Befehlshabers West im Zweiten Weltkrieg habe auf die Frage eines westlichen Journalisten nach der Verhängung des Kriegsrechts geantwortet, sie sei empört, «Marschall Pilsudski hätte mindestens ein halbes Jahr früher durchgegriffen». Wir mußten das Gespräch abbrechen, da der nächste Gast gemeldet wurde: der sowjetische Oberbefehlshaber der Streitkräfte des Warschauer Pakts.

Aus Anlaß des 15. Jahrestages der Unterzeichnung des Warschauer Vertrages im Dezember 1985 lud General Jaruzelsky Willy Brandt nach Warschau ein. Der Besuch hatte zwei Vorspiele. Nach einem Jahrzehnt vergeblicher Bemühungen der SPD, das Grab Ferdinand Lassalles auf dem jüdischen Friedhof in Breslau restaurieren zu lassen, hatte der General auf einen persönlichen Brief Brandts hin 1984 gehandelt. Der Gedenkstunde an der restaurierten Grabstätte blieb die PVAP, die als «Vereinigte Arbeiterpartei» angeblich doch auch das sozialdemokratische Erbe Polens vertrat, demonstrativ fern. Sie fürchtete wohl eine Demonstration von «Sozialdemokratismus».

Ein Vorspiel anderer Art startete die Solidarität, sie kritisierte, daß Brandt während seines Polen-Besuchs nicht auch mit Lech Walesa zusammentraf. Darüber kam es zwischen ihnen zu einem Briefwechsel. Wir waren dem Rat aus kirchlichen Kreisen gefolgt, den Jahrestag des Vertragsabschlusses nicht mit einer «Wallfahrt nach Danzig» zu verbinden. Brandt traf in Warschau mit Kardinal Glemp und mit der Spitze des «Klubs der katholischen Intelligenz» zusammen. Diese Männer, unter ihnen der spätere, erste

nichtkommunistische Regierungschef Polens, Tadeusz Mazowiecki, sollten zusammen mit der Kirche 1988 entscheidend dazu
beitragen, daß sich die «Solidarność» und die Reformer im Apparat an einem «Runden Tisch» zusammenfanden.

Im Gespräch mit General Jaruzelsky, der sich zu einer «Politik
nationaler Versöhnung» bekannte, hatte Brandt die Frage der
politischen Gefangenen angeschnitten und eine Liste «humanitä-
rer Fälle» übergeben. Als ich drei Monate später, im März 1986,
erneut in Warschau war, mahnte ich diese Anfrage bei Jozef Czyrek an. Offenbar sei inzwischen nichts geschehen, vielmehr gebe
es neue politische Gefangene, darunter auch Kriegsdienstverwei-
gerer, einige dieser Gefangenen seien im Hungerstreik. Wir seien
in Übereinstimmung mit Michail Gorbatschow der Ansicht, daß
die Frage der Menschenrechte für eine zweite Phase der Entspannung zentral sei. Ohne Respektierung der Menschenrechte könne
es in Polen auch keine gesellschaftliche Integration geben. Was ich
Brandt von der polnischen Führung berichten könne? Im Herbst
1986 wurden unter dem Druck von innen und von außen fast alle
politischen Gefangenen freigelassen.

Jozef Czyrek, der gerade vom 27. Parteitag der KPdSU zurückgekommen war, schnitt seinerseits das Thema des Verhältnisses
der SPD zu den kommunistischen Parteien einerseits, zur Regime-
Opposition andererseits an. Ich wiederholte, daß wir zu den kommunistischen Parteien des Ostblocks keine «offiziellen» Parteibeziehungen anstrebten, wir erachteten das bestehende Verhältnis
für angemessen. Unsere Kontakte zur katholischen Kirche und
zur «Solidarność» hielten wir für wichtig und würden sie daher
fortführen. Die Reformkräfte müßten in eine zweite Phase der
Entspannung einbezogen werden.

In der entspannungspolitischen Diskussion gewann in jenen Jahren die Friedensbewegung in Ost und West an Bedeutung, zu der
für die SPD-Fraktion vor allem Gert Weisskirchen Kontakt hielt.
Etwa seit dem Amtsantritt Gorbatschows entwickelte sich in der
Friedensbewegung eine Strömung, die die «Entspannung von
oben» für gescheitert erklärte und eine blockübergreifende «Ent-

spannung von unten» ins Werk setzen wollte. Darüber war es mit dem Interkirchlichen Friedensrat der Niederlande (IKV), einer wichtigen Gruppe der europäischen Friedensbewegung, zu einer Kontroverse gekommen.

Ende 1985 mischte ich mich mit einem Aufsatz über «Frieden und Freiheit als Ziele der Entspannungspolitik» in der «Neuen Gesellschaft/Frankfurter Hefte» in diese Debatte ein. Die Annahme, man könne über die Köpfe der Regierungen in West und Ost hinweg eine europäische Friedensordnung basisdemokratisch herbeizaubern, sei eine Selbstüberschätzung. Zu einer Reform im Ostblock, so meine These, brauche man auch die Regierungen und die Parlamente, vor allem die Reformkräfte in ihnen. Der Generalsekretär des IKV, Mient Jan Faber, antwortete, daß der IKV die ihm unterstellte Linie gar nicht vertrete, die SPD aber seiner Meinung nach zu einseitig auf die Regierungen setze. Ein Beitrag der «Solidarność», der damals anonym erscheinen mußte, warf der SPD vor, ihre Linie sei eine «Nur-von-oben-Taktik», da sie, der immer noch der Schock von 1981 in den Gliedern sitze, den Entspannungsdialog nur mit der Regierung, nicht aber mit der Opposition führe.

Nach einem gründlichen Meinungsaustausch mit Mient Jan Faber und Jan ter Laak, dem Sekretär der niederländischen Pax-Christi-Bewegung, und nach Abstimmung im Parteivorstand schlug ich der Ebert-Stiftung vor, in Zusammenarbeit mit dem IKV 1987 ein internationales Seminar über die Dialektik von Entspannung und Menschenrechten zu veranstalten. Dazu sollten Vertreter der Sozialdemokratie und der Friedensbewegung aus Westeuropa sowie Offizielle und Oppositionelle aus Osteuropa eingeladen werden. Die angestrebte Mischung der Teilnehmer war hochexplosiv, fand aber die Unterstützung des Stiftungsvorstands mit Holger Börner an der Spitze.

Die Vorbereitung der Veranstaltung im Ostblock war eine Erfahrung eigener Art: Auswahl der Einzuladenden, Austüfteln der für die Oppositionellen besten Art der Einladung, Druck auf Regierungen und Staatsparteien, Ausreisegenehmigungen zu erteilen, aber auch eigene Vertreter zu schicken und sich der Diskussion zu stellen. Es war ein monatelanges Gerangel, zeitweise sah es so aus, als ob das Unternehmen scheitern würde. Im März 1988 konnte ich in Bonn dann aber doch eine «gemischte» Runde aus zehn europäischen Staaten begrüßen. Die Diskussion, der der ungarische «Dissident» Miklos Haraszty Pfeffer gab, führte in Sachen Entspannung «von oben» und «von unten» zu einer erheblichen Annäherung der Standpunkte. Die Dokumentation der Ebert-Stiftung über das Seminar war schnell vergriffen. Die Veranstaltung war trotzdem nur ein halber Erfolg. Führende oppositionelle Köpfe wie Bronislaw Geremek von der «Solidarność» und Jiří Hajek von der «Charta 77», zu der Peter Glotz Kontakt hielt, hatten trotz unserer nachdrücklichen Bemühungen keine Ausreisegenehmigungen erhalten. Frau Hajek nutzte eine Privatreise in den Westen zu einem Abstecher nach Bonn und las dem Seminar das Manuskript ihres Mannes vor. Bärbel Bohley von der «Initiative für Frieden und Menschenrechte» konnte nur teilnehmen, weil sie im Zusammenhang mit dem Protest beim Liebknecht-Luxemburg-Gedächtnismarsch gerade aus der DDR ausgewiesen worden war. Und die östlichen Staatsparteien ließen sich durch Mitglieder der offiziellen Friedenskomitees vertreten. Wir kritisierten ihr Verhalten in der Öffentlichkeit, in Briefen und Gesprächen vehement, ich vor allem der polnischen Regierung gegenüber, und begannen mit der Vorbereitung des nächsten Seminars.

An diesem Seminar im März 89, das dem Thema «Demokratische Reformen und europäische Sicherheit» gewidmet war, nahmen achtzehn Länder teil, darunter die Sowjetunion. Die «Solidarność» kam mit einer großen Mannschaft. Auch Ungarn war nun breit vertreten. Václav Havel dagegen, den wir als Referenten eingeladen hatten, saß erneut im Gefängnis, wogegen die Seminarteilnehmer in Prag protestierten. Jiří Hajek schickte ein Telegramm «Ausreise abgelehnt, bitte entschuldigen», was die Prager Regierung zusätzlich blamierte. Auch aus der DDR durfte niemand kommen, was ich angesichts des SPD/SED-Dialogpapiers als einen Wortbruch der SED-Führung bezeichnete. Den Familienstalinismus in Rumänien sahen ohnehin alle Teilnehmer als eine Schande für Europa an.

Beim dritten Seminar im März 1990 konnten manche der Einge-

ladenen wieder nicht erscheinen, aber nicht, weil sie keine Ausrei-
segenehmigung bekommen, sondern weil sie inzwischen politische Ämter und Aufgaben im demokratischen Umbruch ihrer
Länder übernommen hatten. Václav Havel war Staatspräsident
geworden. Bronislaw Geremek vertrat die «Solidarność» am
«Runden Tisch» in Warschau, für ihn kam Jan Lipski. Aus der
DDR nahmen Mitglieder der neugegründeten Sozialdemokratie
wie des «Neuen Forums» teil.

Im Herbst 1988 hatte der Umbruch in Polen mit einer neuen
Streikwelle begonnen. Im Februar 1989 setzten sich Reformer in
Regierung und Partei mit Vertretern der gesellschaftlichen Re-
formkräfte an einen Tisch. Im ZK hatte eine knappe Mehrheit für
die Aufgabe des Machtmonopols der PVAP gestimmt, nachdem
der Staatspräsident, der Ministerpräsident, der Innen- und der
Verteidigungsminister, drei von ihnen waren Generäle, mit dem
Rücktritt von ihren Regierungs- und Parteiämtern gedroht hatten.
Die neue, nicht mehr «antipolitische» Solidarität folgte Walesa.
In Warschau wurde eine Übergangslösung ausgehandelt. Im Bun-
destag begrüßte ich das Zusammenwirken der Reformkräfte.
Nach dem überwältigenden Sieg des Bürgerkomitees von Lech
Walesa in den ersten freien Wahlen schlugen sich die bisherigen
«Block»-Parteien der PVAP auf seine Seite. Im August 1989
wurde Tadeusz Mazowiecki zum ersten nichtkommunistischen
Regierungschef im Ostblock gewählt. Die PVAP stellte aber vier
Minister, darunter den Innen-, den Verteidigungs- und den Ver-
kehrsminister. Jaruzelsky blieb Staatspräsident.

In Ungarn beschloß das Zentralkomitee der USAP im Februar
1989, den Übergang zu einem Mehrparteiensystem zu unterstützen. Gyula Horn durchschnitt als neuer Außenminister drei Monate später zusammen mit seinem österreichischen Amtskollegen
Mock den Grenz-Stacheldraht zwischen Ungarn und Österreich
und öffnete damit den «Eisernen Vorhang». Ende August ließ er
über hundert in unsere Botschaft geflüchtete DDR-Bürger ausreisen. Im September 1989 öffnete die reformkommunistische Regierung Ungarns die Grenzen für die DDR-Flüchtlinge generell.

In Prag fanden sich für den Übergang zu einer demokratischen
Ordnung die Bürgerrechtsbewegung unter Václav Havel mit den
von Dubček repräsentierten Reformkräften aus dem alten Lager
zusammen. Bulgarien folgte einmal mehr dem Beispiel Moskaus.
Nur in Rumänien, das sich von der KSZE-Entwicklung isoliert
hatte, kam es zu Blutvergießen. Vielleicht wäre es zu einem grau-
samen Bürgerkrieg gekommen, hätte nicht die Armee mit dem
Ehepaar Ceauşescu kurzen Prozeß gemacht.

Entscheidend für die von niemandem vorausgesehene Beschleunigung der Entwicklung im Ostblock war neben der Regime-Opposition, vor allem in Polen, Gorbatschows weltpolitischer Kurswechsel. Die deutsche Sozialdemokratie hat mit der
von ihr eingeleiteten Entspannungspolitik für die Entwicklung
von Reformkräften in den Gesellschaften und Regimen der Ost-
blockländer eine wichtige Rolle gespielt. Manche Kritiker meinen
nachträglich, die Zusammenarbeit mit den kommunistischen Regimen im Rahmen des Helsinki-Prozesses habe diese stabilisiert
und damit länger als notwendig am Leben erhalten. Diese Ex-
post-facto-Betrachtung hat offensichtlich den Kalten Krieg und
seine Bedingungen vergessen, jedenfalls verkennt sie die Probleme, vor denen die Entspannungspolitik stand.

Als Mittel zur Lösung der Block-Konfrontation schied Krieg
nach übereinstimmender Meinung aus. Eine Politik der innenpolitischen Destabilisierung der Staaten des Ostblocks durch Unterwanderung, Förderung des wirtschaftlichen Zusammenbruchs,
Bürgerkrieg kam schon darum nicht in Betracht, weil wir für eine
friedliche außen- und sicherheitspolitische Lösung der Block-
Konfrontation samt des atomaren Wettrüstens handlungs- und
verhandlungsfähige Partner brauchten. Ein inneres Chaos im
Osten wäre für den Westen auch kein «Sieg» gewesen. Wir haben
im Gegenteil insoweit nicht genügend vorausgedacht. Die Probleme, vor denen der Westen heute nach der Auflösung des Ostblocks und der Sowjetunion steht, zeigen, daß der Westen an
einem völligen Zusammenbruch im Osten kein Interesse haben
konnte. Das gilt für die Frage der Atomwaffen wie für das Problem drohender Bürgerkriege und riesiger Flüchtlingsströme. Der
grausame Bürgerkrieg in Jugoslawien zeigt außerdem, daß es mit

noch so gut gemeinten Beschwörungen demokratischer Prinzipien wie des Selbstbestimmungsrechts nicht getan ist. Es ging und geht mit der Freiheit immer zugleich auch um ein Mindestmaß an innerer Ordnung und Handlungsfähigkeit. Auch zur Verwirklichung der Menschenrechte gab und gibt es keine moralischen Direktrouten. Daraus, daß unter Gorbatschow schnelle Fortschritte möglich wurden, darf nicht geschlossen werden, es hätte schon früher wesentlich mehr erreicht werden können. Die diesbezügliche Kritik, sie kam vor allem von «Grünen» und «SPD-68ern», denen ihre grünen Kinder im Nacken saßen, übersah, daß die Entspannungspolitik das Eis des Kalten Krieges erst einmal auftauen mußte, bevor Fortschritte überhaupt möglich wurden.

Hinsichtlich der kommunistischen Regime behielt im Kern Willy Brandt mit seiner Tutzinger Voraussage von 1963 recht: «Es spricht heute viel dafür, daß die Enkel Chruschtschows sich möglicherweise noch Kommunisten nennen, aber in Wirklichkeit keine mehr sind.» Unsere Annahme einer langsamen Reform der Ostblockregime wurde dagegen von der Entwicklung überholt und widerlegt. Wenn es überhaupt eine Chance zur Reform gegeben hatte, war sie wohl schon mit dem Niederwalzen des «Prager Frühlings» verspielt worden. Der verspätete Reformversuch führte zum Zusammenbruch der Regime. Insofern gilt Gorbatschows berühmter Spruch «Wer zu spät kommt, den bestraft das Leben» im Grunde auch für ihn selber. Glücklicherweise waren die Reformkräfte im Apparat aber inzwischen stark genug, einen Macht- und Regimewechsel ohne Blutvergießen zu ermöglichen.

Das Ende des SED-Staates

Der weltpolitische Kurswechsel Gorbatschows stellte im Fall der DDR nicht nur das Regime, sondern den Staat selbst in Frage. Warum sollte es nach Aufgabe der Europa teilenden Bindestrich-Ideologie für die Deutschen im gemeinsamen europäischen Haus getrennte Wohnungen geben? Keine Ostblockführung reagierte auf Gorbatschows Reformkurs dann auch nervöser und irrationaler als die betagte Honecker-Riege.

Umgekehrt, und das ist nachträglich schwer zu begreifen, hat trotz Gorbatschow und bis ins Umbruchjahr 1989 hinein auf «bundesrepublikanischer» Seite kaum jemand ein so schnelles Ende der DDR für möglich gehalten, weder in der Politik noch in der Wirtschaft, noch in der DDR-Forschung, noch in den Medien. Die meisten stimmten darin überein, daß die Teilung Deutschlands auf Dauer keinen Bestand haben, man selbst ihr Ende aber kaum noch erleben werde. Anders in Amerika. Henry Kissinger hielt schon Mitte 1988 in Europa so ziemlich alles für möglich und befürchtete daher eine weltpolitische Destabilisierung. Vernon Walters, der neue amerikanische Botschafter in Bonn, erklärte mir im Frühjahr 1989, er habe den Bonner Posten angetreten, um die deutsche Einheit mitzuerleben. Gorbatschows Rückzug aus Afghanistan bedeute die Aufgabe der 1968 beim Einmarsch nach Prag verkündeten «Breschnew-Doktrin». Damit sei der sowjetische Rückzug in Europa vorprogrammiert. Ich teilte diese Meinung nicht.

Warum wohl diejenigen, die dicht am Ort des Geschehens waren, weniger sahen als die Beobachter jenseits des Atlantiks? Ich denke, unsere Konservativen überschätzten die Macht der Sowjets, wir Sozialdemokraten deren Fähigkeit zu Reformen. Entscheidend war wohl, daß die Gesellschaft der Bundesrepublik die Teilung in vierzig Jahren in hohem Maße verinnerlicht hatte.

Die SED hatte Willy Brandts Ost- und Deutschlandpolitik nach dem Mauerbau zunächst als eine «Aggression auf Filzlatschen», eine besonders gefährliche Form von «Sozialdemokratismus» betrachtet. Die Staatssicherheit, schon über die Wirkung des Westfernsehens beunruhigt, sah den schließlich in die Millionen gehenden jährlichen Besucherstrom zwischen der Bundesrepublik und der DDR mit Sorge. Aber dann schien die DDR dieses Sich-Öffnen, das ihr internationale Anerkennung und verbesserte Wirtschaftsbeziehungen mit dem Westen, vor allem mit der Bundesrepublik einbrachte, sehr viel besser zu verkraften, als wir erwartet hatten. Das Einschwenken auf den Entspannungskurs schien Honecker bei den DDR-Bürgern ungewohnterweise sogar zu einer gewissen Popularität zu verhelfen, bestimmte andererseits aber natürlich auch in wachsendem Maße deren Erwartungshorizont.

Ausflüge in die DDR, die meine Frau und ich in der zweiten Hälfte der 70er Jahre gelegentlich von West-Berlin aus unternahmen, zeigten allerdings, daß sich am repressiven politischen Klima kaum etwas geändert hatte. Bei einem Ausflug zu Schriftstellern in der DDR schmuggelte Helga Schütz uns in ihrem Trabi durch die Sperrzone zu dem Haus, das sie und der «Werther»-Regisseur Egon Günther am Glienecker See bewohnten. Baden konnten sie in dem See nicht, da am Seeufer zwei parallele Grenzmauern gezogen waren, zwischen denen an einem Seil DDR-Wachhunde hin und her liefen. Was wir von den Schriftstellern zu hören bekamen, entsprach diesem Bild. In Wittenberg versetzte mich meine tschechische Maria in deutsche Nachdenklichkeit. Als wir zwischen den Denkmälern Luthers und Melanchthons vor dem Rathaus standen, las ich ihr die Inschrift am alten Portal vor: «Fürchte Gott, ehre die Obrigkeit und sei nicht unter den Aufrührern.» Das sei ein starkes Stück, was die SED sich da leiste, schimpfte Maria. Sie wollte zunächst nicht glauben, daß dieser Spruch lutherischen Ursprungs sei. Dann drückte sie mir ihr Beileid aus, um mich anschließend über den böhmischen Reformator Jan Hus aufzuklären.

Im Ostblock galt die SED als hochmütig, selbst bei ihren sowjetischen Genossen war sie unbeliebt. Die gegen unsere Ostpolitik gerichtete, im Grunde defensive SED-Erfindung der Existenz zweier deutscher Nationen fanden die Russen nur komisch. Als anmaßend empfanden sie es, daß die SED diese Erleuchtung auch noch aus dem Kommunistischen Manifest ableiten wollte. Als ich scheinheilig bemerkte, ihre ostdeutschen Genossen wollten die Interpretation von Karl Marx halt denen vorbehalten, die ihn im Original lesen könnten, gifteten sie zurück, genauso anmaßend sei die SED. Auch der erstaunliche Rückgriff der DDR-Führung auf die deutsche Geschichte erfolgte nicht nur zur Positionsverbesserung im Wettbewerb mit der Bundesrepublik, er diente ebenso der Legitimation des eigenen Geltungsanspruchs im Ostblock. An der traditionellen deutschen Überheblichkeit gegenüber den Slawen hatte sich wenig geändert. Professor Häber, in der SED-Führung für die Westarbeit zuständig, fragte mich in Bonn einmal, warum ich mich so sehr mit den «Polacken» beschäftige. Als ich

zurückfragte, ob er vielleicht die Polen meine, antwortete er:
«Ach, wissen Sie, aus einem Volk, das entweder betet oder
streikt, kann nichts werden.» Die Tschechen hatten nicht vergessen, daß nach Hitler auch Ulbricht bei ihnen einmarschiert war.
Und alle Osteuropäer gemeinsam «liebten» die DDR wegen deren Blockfunktion, Widerlager des sowjetischen Drucks auf ihre
Länder zu sein.

Trotzdem gewann Honecker dadurch weiter an Ansehen, daß
er im Übergang zu den 80er Jahren unter Berufung auf die deutsche «Verantwortungsgemeinschaft» mit der Regierung Schmidt
wie mit der Regierung Kohl eine Art deutsch-deutscher Sonderentspannung gegenüber der massiven Verschlechterung des Verhältnisses zwischen den Bündnisvormächten durchzuhalten
suchte. Als 1984 zum ersten Mal «Republikflüchtige» Zuflucht in
unserer Ständigen Vertretung in Ost-Berlin und in Botschaften in
Osteuropa suchten, darunter die Nichte von DDR-Ministerpräsi-
dent Stoph, entschärfte die DDR-Regierung die Situation mit
einer liberaleren Handhabung der Übersiedlung in die Bundesrepublik. Auch auf den KSZE-Folgekonferenzen saß die DDR
nicht auf der Bank der Hauptangeklagten. 1984 beseitigte sie im
Zusammenhang mit den Milliardenkrediten westdeutscher Banken die Selbstschußanlagen an der innerdeutschen Grenze. 1987
schaffte sie vor dem Staatsbesuch Honeckers in Bonn die Todesstrafe ab. Die Politik der «kleinen Schritte» machte die Teilung
auch im Bewußtsein der Westdeutschen erträglicher.

Der mit dem Stichwort «Wiedervereinigung» verbundene heftige Streit um die deutschen Ostgebiete und die polnische Westgrenze verdeckte, daß es im übrigen zwischen den Parteien des
Bundestages in der Deutschlandpolitik eine breite Gemeinsamkeit gab. Sie wurde in der Fortsetzung der sozial-liberalen
Deutschlandpolitik durch die Regierung Kohl manifest. Es galten
folgende Prioritäten: Frieden rangierte insofern vor Freiheit, als
der Einsatz militärischer Mittel zur Verteidigung der Freiheit im
Westen akzeptiert, zur Beseitigung der Unfreiheit im Osten aber
abgelehnt wurde. Diese Differenzierung entsprang nicht einer
moralischen Schwäche der Entspannungspolitik, sondern dem nuklear verfestigten Ergebnis des Hitler-Krieges. Freiheit rangierte

insoweit vor Einheit, als eine Vereinigung um den Preis der westlichen Freiheit abgelehnt wurde und für die DDR eine «Österreich-Lösung» akzeptiert worden wäre, wenn sie denn zu haben gewesen wäre. Eine Minderheit hätte das Neben- und Miteinander zweier selbständiger demokratischer Staaten sogar der «Einheit in Freiheit» vorgezogen. Auf dieser Basis hatten sich die «Bundesrepublikaner» an die Teilung gewöhnt. Der westeuropäische Einigungsprozeß war für sie weit aktueller als die deutsche Einheit.

Als die Schwierigkeiten in der DDR wieder zunahmen, gab es in der SPD vereinzelte Vorstöße, im Interesse einer Stabilisierung unseres Verhandlungspartners DDR die Frage der Staatsbürgerschaft oder auch den Wortlaut der Präambel des Grundgesetzes zu überdenken. Ich teilte solche Überlegungen schon darum nicht, weil ich das Denken in den Kategorien von «Stabilisierung» und «Destabilisierung» für schief hielt. Das Axiom einer fortdauernden Zweistaatlichkeit lehnte ich als «umgekehrte Hallstein-Doktrin» erst recht ab. Auch meiner Meinung nach hätten wir eine «Österreich-Lösung» für die DDR aber nicht an der Einheitsfrage scheitern lassen dürfen. Ich war davon überzeugt, daß Freiheit in der DDR eher über kurz als über lang die deutsche Einheit nach sich ziehen würde, daß Reformen in Richtung Demokratie der Weg zur Einheit seien.

Die Diskussion über diese Fragen wurde außer in dem von mir geleiteten Arbeitskreis der Bundestagsfraktion vor allem in einer von Egon Bahr geleiteten deutschlandpolitischen Arbeitsgruppe des Parteivorstandes geführt. In ihr vertraten Egon Bahr und Günter Gaus tendenziell die «Stabilisierungs»-Linie, während ich für erhöhten Reformdruck auf das DDR-Regime plädierte. Egon Bahrs Forderung nach separaten Friedensverträgen für die beiden deutschen Staaten hielt ich beispielsweise für abwegig, Willy Brandt übrigens auch. Doch solche Streitpunkte betrafen den Weg, nicht das Ziel. Das war im Godesberger Programm niedergelegt und durch Parteitagsbeschlüsse immer wieder bestätigt worden: «Einheit Deutschlands in gesicherter Freiheit».

In der Union gab es in der Deutschlandpolitik weniger Streit, wenngleich Franz Josef Strauß das nationalstaatliche Einheitsmodell in den 60er Jahren als erster in Zweifel gezogen hatte und Heiner Geißler 1988 vorgeworfen wurde, er habe die deutsche Einheit als Nahziel aus dem CDU-Programm streichen wollen.

Bei Bildung der sicherheitspolitischen Arbeitsgruppe mit der SED hatte die SPD betont, daß diese gemeinsame Arbeit keinen ideologischen Waffenstillstand bedeute. Wenn ich bei Treffen der Gruppe in Bonn an gemeinsamen Essen teilnahm, pflegten Hermann Axen und ich uns regelmäßig zu streiten. Axen meinte, angesichts unserer Kontakte zu den übrigen kommunistischen Parteien dürften wir doch die DKP nicht einfach links liegenlassen. Da die DKP nach der Pfeife der SED tanze, müßten wir das sogar, antwortete ich. Zu einer systematischen ideologischen Auseinandersetzung kam es so wenig wie 1966, als die SED aus dem vereinbarten Redneraustausch wieder ausgestiegen war.

Jochen Vogel begann 1983 seine jährlichen Besuche bei Honekker, auf denen ich ihn als sein erster Stellvertreter in Bonn ebenso wenig begleitete wie auf seinen Auslandsreisen. Ich hielt diese Besuche nur für begrenzt nützlich; zum ideologischen Streitgespräch waren sie ohnehin ungeeignet. So machte ich einen neuen Vorstoß, als ich mit einer Delegation der SPD-Bundestagsfraktion im März 1984 die Volkskammer und deren Präsidenten Horst Sindermann in Ost-Berlin besuchte. Vorausgegangen war ein ergebnisloser Streit mit der in sich uneinigen Union über die Aufnahme offizieller Beziehungen zwischen Bundestag und Volkskammer, wie sie auch mit anderen Parlamenten des Ostblocks bestanden. Vorausgegangen waren auch detaillierte Verhandlungen mit der DDR, um unsere Bedingungen für den Besuch durchzusetzen, einschließlich der vollen Gleichbehandlung der Westberliner Abgeordneten.

In meiner Tischrede in der Volkskammer sprach ich von den bitteren Erfahrungen, die uns Sozialdemokraten von den Kommunisten trennten. Diesmal habe die Frage des Friedens uns zusammengeführt. Aber die Frage nach dem Verhältnis von Freiheit und Sozialismus könne und dürfe gerade in dem Land, in dem Karl Marx geboren wurde, nicht zu den Akten gelegt werden. Der persönlich sehr umgängliche Sindermann warf daraufhin in Anspielung auf eine Äußerung Honeckers ein, wir sollten uns besser auf das Machbare beschränken. Und Hermann Axen, der als Vorsitzender des außenpolitischen Ausschusses der Volkskammer an meiner Seite saß, fragte rhetorisch, ob wir Sozialdemokraten denn nie aufhören könnten. Nein, gab ich zurück, eines Tages würden wir sogar die Zwangsvereinigung erneut zum Thema machen. Mit Sindermann erörterten wir auch Menschenrechtsfragen. Wir kündigten ihm die Übersendung zahlreicher Eingaben zu diesem Thema an, die uns nach Bekanntgabe unserer Besuchspläne erreicht hatten. Im übrigen vereinbarten wir die Einsetzung von Parlamentariergruppen auf den Gebieten des Umweltschutzes, des Wohnungs- und Städtebaus und der Jugendpolitik. Sindermann nahm unsere Gegeneinladung nach Bonn an. Die DDR zögerte die Verwirklichung dieser Abmachungen dann aber hinaus. Einmal, weil das deutsch-deutsche Techtelmechtel die Sowjets zu irritieren begann, so daß auch Honecker seinen geplanten Bonn-Besuch absagen mußte. Zum anderen wohl darum, weil die SED bei einer Vielzahl solcher Kontakte in der DDR erhöhte Anstekkungsgefahr in Richtung «Sozialdemokratismus» befürchtete. So blieb es bei der gegenseitigen Unterstreichung der ideologischen Trennungslinien.

Nachdem Gorbatschow den großen sowjetischen Kurswechsel eingeleitet hatte, sah die DDR-Führung ihre deutsch-deutsche Sonderentspannung als rehabilitiert an. Sindermann besuchte 1986 Bonn und wurde vom Bundestagspräsidenten wie vom Bundeskanzler empfangen. Das war der Vorlauf zum Honecker-Besuch.

In dieser Phase entfaltete sich ein Dialog, der 1984 nicht auf der Ebene der operativen Politik, sondern im Kontakt zwischen der SPD-Grundwertekommission unter Erhard Eppler und der Akademie für Gesellschaftswissenschaften beim ZK der SED unter deren Rektor Otto Reinhold begonnen hatte. Die DDR-Seite ließ sich hier, offensichtlich unterstützt von Reformkräften in der SED, zum ersten Mal wirklich auf eine ideologische Diskussion mit den Sozialdemokraten über den «friedlichen Wettbewerb der Gesellschaftssysteme» ein. Im August 1987, kurz vor dem Staatsbesuch Honeckers in Bonn, wurde das berühmt gewordene gemeinsame Papier vorgelegt, «Der Streit der Ideologien und die gemeinsame Sicherheit». Erhard Eppler gebührt für diese Arbeit hoher Respekt.

Das Papier ging davon aus, daß beide Gesellschaftssysteme noch lange nebeneinander bestehen würden. Das sollte sich zwar bald als irrig erweisen, war aber damals, jedenfalls in der Bundesrepublik, allgemeine Meinung. Beide Gesellschaftssysteme wurden als friedens- und reformfähig bezeichnet, was von konservativer Seite kritisiert wurde. Dabei konnte am Friedenswillen Gorbatschows wie Honeckers kein Zweifel bestehen, auch sie wußten, daß Krieg den gemeinsamen Untergang bedeuten würde. Was die Reformfähigkeit der kommunistischen Regime anbelangte, konnte man auf sie zwar nur einen Wechsel ziehen. Aber Gorbatschow stellte den Willen zur Reform gerade nachdrücklich unter Beweis, und wie wollte man Reformkräfte in der SED ermuntern, wenn man diese a priori für reformunfähig erklärte? In dem Papier wurde – gemeinsam – festgestellt, Kritik, auch in scharfer Form, dürfe nicht als Einmischung zurückgewiesen werden, und die Diskussion über die Vor- und Nachteile der beiden Gesellschaftssysteme müsse auch innerhalb jedes Systems möglich sein. Das Papier wurde kurz darauf im «Neuen Deutschland» veröffentlicht.

Kein Wunder, daß die Bürgerrechtsbewegung in der DDR, die Friedens-, Menschenrechts- und Umweltgruppen sich für ihre Kritik nun auf das gemeinsame Papier beriefen. So auch Bärbel Bohley, als sie nach der Verhaftungswelle Anfang 1988 aus der DDR ausgewiesen wurde und am ersten Seminar der Ebert-Stiftung über Entspannung und Menschenrechte teilnahm. Bald häuften sich Berichte, daß auch in SED-Versammlungen unter Berufung auf das Papier freie innerparteiliche Diskussion gefordert wurde. Das verstärkte in der DDR-Gesellschaft die politisch-psychologische Wirkung von Gorbatschows Reformen. Die einen verlangten nun erst recht Reformen, sie waren empört, daß die DDR hinter der Sowjetunion zurückblieb. Besonders kraß zeigte sich das im Verbot der sowjetischen Zeitschrift «Sputnik» und sowjetischer Filme, die mit der Stalin-Ära abrechneten. Die anderen fürchteten das Scheitern Gorbatschows und versuchten, sich noch rechtzeitig in den Westen abzusetzen. Honecker, gerade noch stolzer Staatsgast in Bonn, bekam es mit der Angst zu tun, er ging nicht nur zu Gorbatschows Reformkurs, sondern auch zum «Streitpapier» auf Distanz. Die DDR würde nicht «die Tapeten wechseln», nur weil der «sowjetische Nachbar» das tue, verkündete Politbüro-Mitglied Kurt Hager. Der mit der SPD vereinbarte Dialog wurde langsam abgewürgt. Die Reformer in der SED wurden erst zurechtgewiesen und dann gemaßregelt. Der Bürgerrechtsbewegung gegenüber schaltete die verkalkte DDR-Führung auf offene Repression.

Die SPD hatte bis dahin durch einzelne Kollegen wie Gert Weisskirchen und Hans Büchler, den deutschlandpolitischen Sprecher der Fraktion, vor allem aber durch Kirchenleute, die mit der Gesamtdeutschen Volkspartei Heinemanns zu uns gekommen waren – es seien nur Eppler und Schmude, Rau und Posser genannt –, Verbindung zu den im Schutzbereich der evangelischen Kirche tätigen oppositionellen Gruppen in der DDR gehalten. Im Dezember 1987 beauftragte der Parteivorstand eine Gruppe offiziell mit diesen Kontakten. Ihr gehörten Jürgen Schmude, Gert Weisskirchen und Horst Sielaff an, alle drei Bundestagsabgeordnete. Als mir der Ständige Vertreter der DDR in Bonn, Ewald Moldt, daraufhin ankündigte, die DDR werde Schmude den Kontakt mit Pfarrer Eppelmann verwehren, bat ich ihn, Ost-Berlin zu übermitteln, daß wir das Abwürgen des Dialogs als einen Wortbruch ansähen und den Kurswechsel der DDR-Führung für politisch verhängnisvoll hielten. Wir verbäten uns jede Behinderung von Abgeordneten bei der Einreise in die DDR und beim Kontakt mit Kirchen- und Bürgerrechtsgruppen, sonst könnten sie die Aufnahme von offiziellen Beziehungen zwischen Bundestag und Volkskammer gleich vergessen. Auch in der Öffentlichkeit bestanden wir auf Einhaltung des von der SED zugesagten Dialogs.

Die Entwicklung in der DDR spitzte sich 1988 mehr und mehr zu. Je schneller die Reformbewegung in der Sowjetunion, vor allem aber in Polen und in Ungarn voranschritt, desto repressiver wurde das SED-Regime. Das eine stärkte die öffentliche Protestbewegung in der, das andere die Fluchtbewegung aus der DDR.

Zwischen SPD und SED gab es statt mehr Dialog mehr Streit, auch wegen erneuter Behinderungen bei der Einreise von Bundestagsabgeordneten. Diese Entwicklung konnte das zwischenstaatliche Verhältnis nicht unberührt lassen, zumal die DDR die Arbeit westdeutscher und westlicher Korrespondenten und den freien Informationsaustausch zu behindern begann. Im Frühjahr 1989 fanden sich die Parteien im Bundestag zu einer gemeinsamen Entschließung zusammen, in der sie unter Berufung auf die Beschlüsse des gerade beendeten Wiener KSZE-Folgetreffens die Einhaltung der Menschenrechte in der DDR einforderten.

Für die Einschätzung der Entwicklung in der DDR war für mich das Urteil einer Gruppe aus der DDR geflüchteter Wissenschaftler von Bedeutung, die Hans Büchler gelegentlich um Rat fragte. Sie versicherten, in der SED gäbe es starke Reformkräfte, die Honecker-Gruppe würde abcr notfalls schießen lassen. Wir sollten weiter auf das «Dialogpapier» pochen. In diesem Sinne hatte ich der DDR den erneuten Besuch einer Delegation der Bundestagsfraktion bei der Volkskammer im Frühjahr 1989 vorgeschlagen, fünf Jahre nach dem ersten Besuch. Die SED taktierte hin und her und bat dann um Verschiebung des Besuches auf den Herbst.

Inzwischen verschärfte sich die Lage in der DDR durch Manipulationen und Fälschungen bei den DDR-Kommunalwahlen im Mai 1989 dramatisch. Die Bürgerrechtsbewegung gab die DDR-Führung der Lächerlichkeit preis, indem sie die alte «realsozialistische» Propagandaparole «Von der Sowjetunion lernen, heißt siegen lernen» in die Reformparole ummünzte «Von der Sowjetunion lernen, heißt wählen lernen». Die Repression nahm zu.

In den ersten Junitagen schlug die chinesische Führung die seit April auf dem Platz des Himmlischen Friedens stattfindenden Demonstrationen für Menschenrechte und Demokratie blutig nieder. Während die Weltöffentlichkeit empört reagierte, äußerte die SED-Führung, offensichtlich zur Einschüchterung ihrer eigenen Bevölkerung, Verständnis und Zustimmung.

Beide Vorgänge führten am 7. und 8. Juni, eine Woche vor dem eindrucksvollen Gorbatschow-Besuch in der Bundesrepublik, zu einer scharfen Kontroverse zwischen Sozialdemokraten und Egon Krenz, den Oskar Lafontaine zu einer sicherheitspolitischen Diskussion nach Saarbrücken eingeladen hatte. Lafontaine und ich nahmen auf der gemeinsamen Pressekonferenz kein Blatt vor den Mund. Ich fragte Krenz, den ich zum ersten Mal traf, ob sich die DDR an der Seite von Rumänien eigentlich wohl fühle. Über seinen Auftritt – zumal er als Honeckers «Kronprinz» galt – war ich entsetzt. In den internen Gesprächen mit der Krenz-Delegation berichtete ich über meine ein halbes Jahr zurückliegenden Ideologie-Gespräche in Moskau und fragte Krenz, wie lange sich die SED eigentlich noch hinter ihrer Mauer verstecken zu können glaube?

Aufgrund dieser Eindrücke schrieb ich einen Brief an die Mitglieder der deutschlandpolitischen Arbeitsgruppe beim Parteivorstand, in der wir kurz zuvor die explosive Lage in der DDR und die aus ihr zu ziehenden Folgerungen diskutiert hatten. Durch sogenannte «Stabilisierungs»-Akte würden Reformen nicht erleichtert, die Stimmung in der DDR-Bevölkerung aber noch «explosiver» werden, schrieb ich. Wir müßten statt dessen unsere pragmatische Politik mit öffentlicher Kritik an der Sturheit der SED-Führung und öffentlicher Unterstützung der Reformkräfte in der DDR verbinden.

Am 17. Juni 1989, zum Tag der deutschen Einheit, hielt Erhard Eppler im Bundestag eine große Rede, die die Zustimmung aller Fraktionen fand. Die Enttäuschung über den gescheiterten Reformdialog mit der SED hatte Epplers Formulierungen geschärft. Er plädierte für ein Zusammenwachsen der beiden deutschen Staaten als Teil der europäischen Einigung. Der notwendige Wandel in der DDR sei unvereinbar mit dem Monopol einer Partei auf Macht und auf Wahrheit. Die Bürgerinnen und Bürger der DDR müßten sich endlich in die inneren Angelegenheiten ihres eigenen Staates einmischen können.

Während des Sommers wuchs die Fluchtbewegung weiter an. Die Ständige Vertretung in Ost-Berlin und unsere Botschaften in Budapest und Prag, später auch in Warschau, mußten wegen Überfüllung geschlossen werden. Ungarn ließ Ende August die Flüchtlinge aus der Botschaft in Budapest nach Österreich ausreisen und trat damit eine Fluchtlawine los. Zur gleichen Zeit begannen die Bürgerrechtsgruppen in der DDR, sich außerhalb des

Schutzraums der Kirche zu organisieren, den sie nun als Beengung empfanden. Die Gründung der Sozialdemokratischen Partei, unter der Abkürzung SDP, und des «Neuen Forums» wurden eingeleitet. Ich warnte Mitte August die SED-Führung öffentlich vor der Fehlkalkulation, «mit dem Hintern auf der Stuhlkante Gorbatschow überleben zu können». Die «Politik der kleinen Schritte» sei in der zweiten Phase der Entspannungspolitik überholt, es müsse ein öffentlicher Reformdialog unter Einbeziehung der Opposition geführt werden.

Inzwischen näherte sich der Termin des zweiten Delegationsbesuches der SPD-Bundestagsfraktion bei der Volkskammer, den ich mit einem Besuch in Dresden und Leipzig verbinden wollte. Das mit Hilfe des Kanzleramtes und unserer Ständigen Vertretung in Ost-Berlin zustande gekommene Programm unterschied sich beträchtlich von dem unseres ersten Besuches. Ich hatte darauf bestanden, SED-Bezirksvorsitzende zu treffen, die als Reformer galten: Schabowski in Ost-Berlin und Modrow in Dresden. In Ost-Berlin war ein Gespräch mit Manfred Stolpe, in Dresden mit dem evangelischen Bischof Hempel und dem katholischen Bischof Reinelt vorgesehen. In Ost-Berlin waren wir mit kirchlichen Protestgruppen sowie mit Bärbel Bohley und ihren Freunden verabredet. Außerdem sollte in Ost-Berlin natürlich, wie beim ersten Besuch, eine internationale Pressekonferenz stattfinden; ich hatte keinen Zweifel daran gelassen, daß wir uns zur gesamten DDR-Thematik äußern würden. Je näher der Termin kam, desto deutlicher wurde, daß der Besuch in Ost-Berlin umstritten war. Abwechselnd kamen aus der Volkskammer positive, aus der SED-Zentrale aber negative Signale.

In diesem Stadium meldete zu meiner Verwunderung und Verärgerung Hans-Jochen Vogel an der Reise Bedenken an. Zwischen uns war das Klima seit dem Sommer ohnehin gereizt. Der geschäftsführende Fraktionsvorstand hatte sich kurz vor der Sommerpause in Bad Birnbach getroffen, da Vogel uns mit unseren Partnern in sein in der Nähe gelegenes Bauernhaus eingeladen hatte. Obwohl uns das zeitlich nicht paßte, war ich mit Maria nach Niederbayern gesaust, in der Hoffnung, dort werde man, fern vom Bonner Betrieb, einmal ausgiebig die schwierige politische Lage erörtern können. Das war aber gar nicht beabsichtigt. Vielmehr ging es im offiziellen Teil der Veranstaltung um ein Vogel-PR-Stück, für das die Vorstandsmitglieder samt Anhang als Staffage dienten. Meine gereizte Stimmung wurde durch Fragen meiner Frau, was sie und ich denn eigentlich auf einer derart verkrampften Veranstaltung zu suchen hätten, nicht verbessert. Aus dem Urlaub schrieb ich Vogel einen zornigen Brief, über den er nur beleidigt war.

Mein Zorn stieg, als ich nach dem Urlaub feststellen mußte, daß Vogel uns in bezug auf unser Verhältnis zu den Grünen in der Öffentlichkeit unnötig in die Defensive gebracht hatte. Im Rahmen der von mir vorgeschlagenen gemeinsamen «Europäischen Initiative» hatten Außen- und Sicherheitspolitiker der Fraktion sich zu guter Letzt auch mit den Grünen getroffen, auf Einladung des Grafen Hatzfeld auf Schloß Crottorf im Oberbergischen. Die Sozialdemokraten gewannen dabei den Eindruck, daß man mit den Grünen – Joschka Fischer und Otto Schily ausgenommen – kaum zu einer vernünftigen Außen- und Verteidigungspolitik würde kommen können. Das Treffen war nicht vertraulich, wir hatten aber fälschlicherweise so kurz vor dem Urlaub eine Presseerklärung für überflüssig gehalten. Im Sommerloch spielte ein grüner Journalist die Sache hoch. So wie Vogel darauf reagierte, mußte der Eindruck entstehen, er hätte nichts gewußt oder wir hätten etwas zu verbergen. Dabei hatte ich nicht nur das Treffen mit ihm abgesprochen, sondern ihn auch anschließend über das Ergebnis unterrichtet. Nach meiner Rückkehr mußte ich das «Schloßgespenst von Crottorf» erst einmal wieder in die Flasche zwängen. Ich empfand Vogels Verhalten nicht nur als mir gegenüber unfair, sondern auch als politisch töricht. Durch seine Bedenken gegen den Volkskammer-Besuch sah ich uns nun auch noch deutschlandpolitisch in die Defensive kommen.

Der Streit darüber wurde am 11. September im Präsidium ausgetragen. Engholm, Lafontaine und Schröder setzten folgende Linie durch: an der SED dranbleiben, mit den Kirchen und der Opposition sprechen, öffentlich Reformen fordern; zu einer Absage des Besuchs hätten wir keinen Grund. Die gleiche Gruppe sorgte übrigens bald darauf auch für die schnelle Anerkennung der neuen Sozialdemokratie in der DDR. Im Arbeitskreis und in der Fraktion wurde das Besuchsprogramm mit großer Mehrheit gebilligt, in der Fraktion bei nur sechs Gegenstimmen und drei Enthaltungen. Norbert Gansel glänzte dabei durch die Erfindung der Formel «Wandel durch Abstand». Abstand hatten die CDU/CSU-geführten Regierungen aber lange genug gehalten, und das Ergebnis war nicht Wandel, sondern Vertiefung der Teilung und Verfestigung des DDR-Regimes gewesen. Im «Wettbewerb der Systeme» mußte man schon mit den Kommunisten in den Ring steigen. Die DDR-Opposition verstand uns gut, Friedrich Schorlemmer sagte mir bald darauf, er und seine Freunde hätten meine öffentlichen Äußerungen dahin verstanden, daß es jetzt der SED an den Kragen gehe.

Die SED sah das offensichtlich ebenso und sagte das Treffen am 15. September ganz kurzfristig ab, was wir durch eine ADN-Meldung erfuhren. Vogel war darüber erleichtert, Bahr gratulierte mir dazu, die SED in die Defensive gebracht zu haben. Ich selbst bedauerte die Absage, da sie die Entwicklung weiter zuspitzte. Einen Augenblick lang dachte ich daran, nur die Kirchen und die oppositionellen Gruppen zu besuchen. Aber Jürgen Schmude überzeugte mich, daß wir der SED nicht den Gefallen tun sollten, uns durch einen Leutnant der Volkspolizei zurückweisen zu können. So vertagten wir diese Besuche auf den Oktober.

Auf einer Pressekonferenz stellte ich noch am gleichen Tag die Absage der SED als das hin, was sie war: ein Zeichen der Schwäche und Ratlosigkeit der Ostberliner Führung. Zugleich verteilte ich meinen für Ost-Berlin vorbereiteten Redetext. Darin hieß es, wie vor fünf Jahren angekündigt kämen wir nun im Zusammenhang mit dem Helsinki-Prozeß und den Gorbatschow-Reformen auf das Verhältnis von Freiheit und Sozialismus zurück. Manche konservativen Stimmen kommentierten die SED-Absage mit Häme. Überwiegend reagierten die Medien aber in dem Sinne, die SED-Oberen hätten die Partie verloren.

Kurz darauf schlug ich Hans-Jochen Vogel vor, Gorbatschow, der zum 40. Jahrestag der Gründung der DDR in Ost-Berlin erwartet wurde, einen Brief zu schreiben und dem ein «Non-Paper» über unsere Einschätzung der Lage in der DDR beizufügen. Vogel fand die Idee gut. Ich unterrichtete Genscher von unserer Absicht und schlug ihm vor, Schewardnadse, den er bald darauf am Rande der UNO-Sitzung treffen würde, parallel zu informieren. Egon Bahr und ich entwarfen das «Non-Paper», das sich an die regierenden Parteien im Ostblock wandte, die Lage in der DDR ungeschminkt darstellte und demokratische Reformen auch in der DDR für unabdingbar erklärte. Im Europäischen Haus müsse der Friede gesichert und Freiheit verwirklicht sein. Am 22. September ließen wir Brief und Papier im Moskauer Zentralkomitee übergeben. Genscher und der Kollege Seiters im Kanzleramt bekamen einen Durchschlag. Danach erhielten die Botschafter der Ostblockstaaten das Papier, anschließend die westlichen Botschafter.

Die Ereignisse begannen sich zu überschlagen. Ende September verkündete Hans-Dietrich Genscher den «Republikflüchtigen» in der Prager Botschaft, daß sie ausreisen könnten, und zwar mit Reichsbahnzügen durch die südliche DDR in die Bundesrepublik. Nach seiner Rückkehr fragte ich Genscher, warum die DDR die Flüchtlinge denn nicht einfach über die tschechisch-bayerische Grenze habe fahren lassen. Er antwortete nur: «Du kennst die doch.» Sie wollten ihre «Souveränität» gewahrt sehen; in DDR-Zügen und auf DDR-Territorium sollten den Übersiedlern ordnungsgemäße Entlassungspapiere ausgestellt werden. So fuhren Tausende von «Republikflüchtigen» durch den «ersten deutschen Arbeiter- und Bauernstaat» in die Bundesrepublik. Volkspolizei und Volksarmee mußten Gewalt anwenden, um in Dresden weitere Tausende daran zu hindern, auf die Züge zu springen. Die Honecker-Riege war politisch offensichtlich nicht mehr berechenbar. Meine Sorge vor einem Blutvergießen wuchs.

Anläßlich der Jubelfeier zum 40. Jahrestag der DDR-Gründung stellte sich Gorbatschow am 6. und 7. Oktober in Ost-Berlin demonstrativ auf die Seite der DDR-Reformer. Am 7. und 8. Oktober ließen Honecker und Mielke in Ost-Berlin, Leipzig und Dresden Demonstranten blutig niederknüppeln und festnehmen. Doch dann gewannen in der SED die Kritiker die Oberhand. Am 18. Oktober wurde Honecker im Politbüro zum Rücktritt gezwungen, Egon Krenz trat seine Nachfolge an. Die Demonstrationen in Leipzig, Dresden und Ost-Berlin schwollen auf Hunderttausende an. Moskau hatte signalisiert, die sowjetische Armee werde diesmal, anders als 1953, in den Kasernen bleiben. Würden Volkspolizei und Volksarmee das gleiche tun? Ich hatte Krenz' Worte über das chinesische Massaker noch im Ohr. Regime-Opposition und Reformkräfte in der SED verhinderten jedoch durch besonnenes Verhalten das Schlimmste.

Im Oktober holten wir unsere im September verschobenen Gespräche mit der DDR-Opposition nach. Wir wurden dabei zwar observiert, aber nicht behindert. Hans Büchler und ich trafen uns am 28. Oktober in Ost-Berlin bei dem Pfarrer-Ehepaar Misselwitz mit einem Kreis, zu dem Markus Meckel, einer der Mitbegründer der neuen Sozialdemokratie, Jens Reich, einer der Mitbegründer des «Neuen Forums», und Walter Romberg, später sozialdemokratischer Finanzminister im Kabinett de Maizière, gehörten. Aktuelles Thema war mögliche westliche Hilfe bei der Aufklärung der gewalttätigen Übergriffe der Volkspolizei. Beide Gruppen gingen, wie fast die ganze Bürgerrechtsbewegung der DDR, von einem Fortbestehen der Zweistaatlichkeit aus. Die SDP verlangte eine sofortige, das «Neue Forum» eine schrittweise Ablösung des SED-Regimes. Beide berichteten aber auch, daß unter ihren vielen Neuzugängen die Forderung nach staatlicher Einheit schnell Boden gewinne.

Am nächsten Tag besuchte ich zusammen mit einem Mitarbeiter unserer Ständigen Vertretung die erste öffentliche Diskussion der Ostberliner Obrigkeit mit ihren Bürgern. Etwa 20000 Menschen hatten sich vor dem Roten Rathaus eingefunden. Die Fragen waren zahlreich, klar und hart, die Fragesteller erstaunlich diszipliniert. Der Polizeipräsident blamierte sich bis auf die Knochen, Schabowski machte eine weit bessere Figur. Viele Fragesteller waren nach meinem Eindruck SED-Mitglieder, die mit der Führung, die ihre Ideale mißbraucht hatte, abrechnen wollten. Ich fragte einen jüngeren Mann neben mir, ob mein Eindruck stimme. «Stimmt, Herr Ehmke», sagte er, «aber vergessen Sie nicht: Kratz an einem Ostberliner, und du findest einen Sozialdemokraten.»

An dieser Aussage bekam ich in dem Kreis von Bürgerrechtlern, den ich anschließend im Atelier von Bärbel Bohley im Gespräch mit dem neuen Regierenden Bürgermeister Walter Momper traf, eher Zweifel – abgesehen von Ibrahim Böhme, von dessen abgründigem Doppelspiel wir damals noch nichts ahnten. Als ich die Ansicht unterstützte, die Bürgerrechtsbewegung müsse sich jetzt «richtig organisieren», winkte Frau Bohley ab: Danke nein, sie wisse schon, wie das ende; am Montag fange sie an, sich zu organisieren und am Freitag sei sie Sozialdemokratin. Überhaupt wurde mir mehr und mehr klar, daß diese protestantisch geprägte Bürgerrechtsbewegung Macht kontrollieren, aber nicht ausüben wollte.

Am späten Nachmittag gingen Walter Momper und ich zu einem festlichen Konzert anläßlich des 450. Jahrestages der Reformation in der Mark Brandenburg in die Gethsemane-Kirche. Die Freundlichkeit, mit der wir begrüßt wurden, war geradezu beschämend, die Stimmung voller Zuversicht. Generalsuperintendent Esselbach zog eine ebenso amüsante wie nachdenkliche Parallele zwischen der damaligen Ausbreitung der Reformation und der aktuellen Ausbreitung der DDR-Protestbewegung von Dresden und Leipzig nach Berlin. Ja, dachte ich, eigentlich ist es mehr eine Reformation als eine Revolution, was hier stattfindet, und die Kirche hat den Menschen die Kraft gegeben, ihre Angst zu überwinden.

Als Walter Momper und ich anderntags im Parteivorstand über dieses Wochenende in Ost-Berlin berichteten, konnten und wollten wir nicht verheimlichen, wie sehr uns dieses Erlebnis bewegt hatte. Maria aber fragte mich ob meiner Gemütslage etwas besorgt, ob ich dabei sei, «großdeutsch» zu werden. Hätte man mir gesagt, kaum vierzehn Tage später werde die Mauer fallen, hätte ich es dennoch nicht geglaubt.

Noch in der «Lage der Nation»-Debatte vom 8. November – an diesem Tag trat nach der DDR-Regierung auch das SED-Politbüro zurück – ging niemand davon aus, daß die DDR-Führung die innerdeutsche Grenze öffnen würde. Die überraschende und, wie wir heute wissen, eigentlich gar nicht beabsichtigte Öffnung der Berliner Mauer am folgenden Tag erlebte ich in Paris. Das so freudige und friedliche Familientreffen der Deutschen aus Ost und West in Berlin, durchs Fernsehen in alle Welt übermittelt, läutete die Sterbestunde der SED und der DDR ein. An den folgenden Wochenenden rollten Besucherwellen von Ost nach West und ab Weihnachten auch durchs Brandenburger Tor.

Am 2. Dezember nahm ich zusammen mit Otto Schily auf Einladung des «Neuen Forums» in Potsdam an einer Kundgebung teil, «Europa im Aufbruch». Ich glaube, es war die erste Kundgebung in der DDR, auf der westdeutsche Politiker sprachen. Von den Zehntausenden, die sich vor dem alten Marstall auf dem Karl-Liebknecht-Forum versammelt hatten, erhielt ich den größten Beifall für meine Anrede: «Liebe Landsleute.»

Die Einheit, auf die keiner vorbereitet war

Verpaßte Chancen des Einigungsprozesses

Nach dem unerwarteten Fall der Mauer und den bewegenden Tagen und Nächten des deutschen Wiedersehens mußten wir versuchen, einigermaßen Ordnung wenn schon nicht in unsere Gefühle, so doch in unsere Gedanken zu bringen. In welche Reihenfolge sollten Freiheit in der DDR und Einheit Deutschlands gebracht werden? Schon aus Respekt vor der Bürgerrechtsbewegung mußten wir vom Selbstbestimmungsrecht der Menschen in der DDR ausgehen, deren Majorisierung durch uns Westdeutsche ausschließen. Aber auch außenpolitisch sprach alles dafür, die Entscheidung der Deutschen in der DDR als Legitimationsgrundlage für das Aneinanderrücken der beiden deutschen Staaten zu nehmen. Gegen das Fortbestehen eines bloßen staatlichen Nebeneinanders sprach das Zusammengehörigkeitsgefühl der Deutschen ebenso wie die Lage in der DDR.

Die politischen Signale, die in den folgenden Wochen aus der DDR kamen, waren zwiespältig. «Wir bleiben hier, wir sind das Volk», formulierte die Bürgerrechtsbewegung ihre DDR-Reformparole auch gegenüber denjenigen, die die Hoffnung aufgegeben hatten und in Scharen das Land verließen. Je mehr aber im Laufe des Umbruchs die schweigende Mehrheit aus ihren Nischen kam, um so häufiger wurde diese Reform- durch die Einheitsparole «Wir sind ein Volk» ersetzt, die das Bonner Adenauer-Haus propagierte. Auch die westdeutschen Reaktionen waren zwiespältig. Der in Westdeutschland und Westeuropa großgewordenen Generation bedeutete die nationale Frage sehr viel weniger als der älteren Generation, die noch das ganze Deutschland gekannt hatte.

In der SPD wurde fleißig an Papieren über mögliche Wege zur deutschen Einheit gearbeitet. Wir mußten eine Grundlinie festlegen, aber im einzelnen flexibel bleiben. Nach der Bundestagsdebatte vom 16. November über die Öffnung der Mauer brachte ich unter dem von Willy Brandt entliehenen Titel «Das erreichbare Maß an Einheit verwirklichen» einen eigenen Vorschlag zu Papier. Ich empfahl ein stufenweises Vorgehen, in dem zunächst die Demokratieentwicklung in der DDR durch westdeutsche Unterstützung der Reformen gefestigt und parallel dazu eine enge Zusammenarbeit der beiden Staaten, auch in gemeinsamen Kommissionen, auf allen wesentlichen Gebieten entwickelt werden sollte. Dies könne die Vorstufe zu einer deutschen Konföderation sein, die dann im Rahmen einer europäischen Friedensordnung zu einem deutschen Bundesstaat fortentwickelt werden könnte.

Noch vor Veröffentlichung meines Vorschlags, der am 20. November im SPD-Pressedienst erschien und über den die «FAZ» am folgenden Tag unter der Überschrift «Ehmke: Konföderation anstreben» berichtete, hatte ich mit Dieter Stobbe nach Washington reisen müssen. Vor der Abreise hatte ich Jochen Vogel geraten, die SPD solle sich meinen Vorschlag zu eigen machen und damit das Thema, das in der Luft läge, «besetzen». Nach Bonn zurückgekehrt, mußte ich feststellen, daß das nicht geschehen war. Helmut Kohl dagegen hatte, wie man bei seinem damaligen außenpolitischen Berater Teltschik nachlesen kann, just am 21. November, dem Tag des FAZ-Berichtes, den Auftrag erteilt, einen eigenen Stufenplan zu entwerfen, um die Meinungsführerschaft in Sachen deutsche Einheit an sich zu ziehen. Dafür ließ er eine «Kommunikationsstrategie» erarbeiten. Einige Tage später wurden, so Teltschik, aus Sorge, die SPD könne Kohl das Thema stehlen, ausgewählte Journalisten vorab über den «Zehn-Punkte-Plan» informiert, den er am folgenden Tag in der Haushaltsdebatte des Bundestags verkünden wollte.

Am Morgen der Debatte füllte die Kohl-Initiative bereits die Medien. Als Vogel, der die Debatte eröffnete, eine deutsche Konföderation vorschlug und hinzufügte, der Bundeskanzler wolle offenbar einen ähnlichen Vorschlag machen, tönte ihm aus den Reihen der Koalition Gelächter und aus der Unions-Fraktion der Zwischenruf «Spaßvogel» entgegen. Kohl trug dann, zur besten Fernsehzeit, seinen Plan vor, der Beifall auch aus den Reihen der SPD erhielt. Er erhob ein stufenweises Vorgehen zur Regierungspolitik. Die deutsche Einheit werde kommen, wenn die Menschen in Deutschland sie wollten. Vogel ließ darauf – ich war nicht im Plenum, sondern in einer sinnigerweise parallel dazu angesetzten Sitzung der Wahlkampfleitung – Karsten Voigt unsere Zustimmung zu allen zehn Punkten erklären. Erst danach bat er mich, ins Plenum zu kommen. Genscher, der vom Kanzler genausowenig über den Plan unterrichtet worden war wie die Verbündeten, hatte eine gemeinsame Erklärung zu den zehn Punkten vorgeschlagen.

Kohls Stufenfolge entsprach der auch von mir vorgeschlagenen, und vieles von dem, was Teltschik mit seinen Leuten zu Papier gebracht hatte, vertraten wir seit langem. Dennoch hielt ich Vogels Blanko-Zustimmung zu einem Plan, dessen Einzelheiten wir noch gar nicht hatten prüfen können, für politisch unklug. Zudem hatte Kohl die «Wiedervereinigung» einmal mehr als Ziel der Bundesregierung bezeichnet, ohne die polnische Westgrenze auch nur zu erwähnen. Und das, obwohl sich der Deutsche Bundestag erst drei Wochen zuvor zum ersten Mal zur Oder-Neiße-Linie als dauerhafter Westgrenze Polens bekannt hatte. Kohls Zehn-Punkte-Plan rief daher nicht nur in Polen Bitterkeit hervor, in dieser Frage war er auch ein Affront gegen das Parlament. Die FDP unterstützte daher meine Forderung, die Anerkennung der polnischen Westgrenze in eine gemeinsame Erklärung aufzunehmen. Zur Verärgerung von Wolfgang Mischnick lehnte die Union das kühl ab.

Kohl war längst dabei, mit dem Thema der deutschen Einheit Wahlkampf zu machen, obwohl Willy Brandt vor einem solch «kurzsichtigen und schäbigen» Vorgehen gewarnt hatte. In der DDR standen Volkskammerwahlen, in der Bundesrepublik – vielleicht aber auch schon im geeinten Deutschland – Bundestagswahlen vor der Tür; ich bin versucht zu sagen, unglücklicherweise. Aus wahltaktischen Gründen hatte Kohl unseren Vorschlag, sich auch in Bonn an einem «Runden Tisch» zusammenzusetzen, mit dem Bemerken beiseite gewischt, «Runde Tische» gebe es nur bei der Ablösung von Diktaturen. Da Kohl im Bundestag wie im Bundesrat die Mehrheit hatte, brauchte er uns nicht. Vogel strebte frei von wahlkampftaktischen Überlegungen Gemeinsamkeit in Sachen deutsche Einheit an. Nun stand er da. Erst hatte er es versäumt, das in der Luft liegende Thema eines Stufenplans zur deutschen Einheit zu «besetzen», dann hatte er versucht, auf Kohls Wagen aufzuspringen, war aber zurückgeschubst worden. Aus der Fraktion kam harsche Kritik, und keineswegs nur von den wenigen, die vielleicht die zwei miteinander im friedlichen Wettbewerb stehenden demokratischen deutschen Staaten der staatlichen Einheit vorgezogen hätte. Hans-Jürgen Wischnewski, inzwischen Sprecher des «Kanals», kritisierte das dilettantische Vorgehen und rügte, daß vorher keine eigene Linie in der Fraktion festgelegt worden war.

Der Schaden für die SPD lag noch nicht einmal so sehr im Verhältnis zur Bundesregierung, bei der nun einmal die Prärogative zum Handeln liegt, zumal in einer derart außergewöhnlichen Situation. Außerdem hatte sich der Kanzler, der so oft des «Aussitzens» von Problemen gescholten worden war, diesmal offensichtlich fest vorgenommen, nach dem «Mantel der Geschichte» zu greifen. Sein Eröffnungszug war gekonnt. Daß Vogel die SPD in die Defensive hatte drängen lassen, belastete aber die weitere Behandlung des Einheitsthemas in der Fraktion. Nach meinem Eindruck wollten viele – Wahlkampf hin, Wahlkampf her – mit Kohl mitmachen, um nicht unpatriotisch zu wirken, andere hingegen wollten auf keinen Fall als «Anhängsel» der Union erscheinen. Die eigentliche Frage war, was wir politisch beeinflussen und was wir in der Sache mittragen konnten. Als ich in der Fraktion kritisierte, wir diskutierten das falsche Thema, bekam ich von beiden Seiten Prügel. Immerhin einigte sich die Fraktion auf eine differenziertere Stellungnahme zu Kohls zehn Punkten. Am 18. Dezember verabschiedete dann der Berliner SPD-Bundesparteitag unter dem Titel «Die Deutschen in Europa» einen eigenen Stufenplan zur deutschen Einheit.

Der Parteitag, an dem die Sozialdemokraten aus der DDR noch

als Gäste teilnahmen, verabschiedete das neue Grundsatzprogramm. Dort fiel auch die Vorentscheidung für die Kanzlerkandidatur von Oskar Lafontaine. Lafontaine hielt eine Rede, die die Delegierten von den Stühlen riß, sie wurde als der großen Rede Willy Brandts ebenbürtig angesehen. Danach mußte Lafontaine nur noch den Test der saarländischen Landtagswahl bestehen.

In Berlin kündigten sich aber auch schon Probleme für den künftigen Kanzlerkandidaten an. Brandt und Lafontaine behandelten die deutsche Frage schon im Ansatz unterschiedlich. Willy Brandt hatte mir den Entwurf seiner Rede zur Durchsicht gegeben. Zweierlei fand ich bemerkenswert. Seinen deutlichen Willen, im Prozeß der deutschen Einigung – «jetzt wächst zusammen, was zusammengehört» – eine führende Rolle zu spielen, und der nationale Grundton der Rede. In der deutschen Frage waren wir immer einer Meinung gewesen. Jetzt erschienen mir manche Passagen seiner Rede als national überpointiert, vielleicht eine Reaktion auf seine Lebensgeschichte, seine Ausbürgerung und sein Exil. Das galt etwa für seine präventive Kritik, nirgendwo stehe geschrieben, daß die Deutschen «auf einem Abstellgleis zu verharren haben, bis irgendwann ein gesamteuropäischer Zug den Bahnhof erreicht hat». Das hatte niemand verlangt. Sicher sahen manche unserer westlichen Nachbarn mit Sorge, daß die deutsche Einigung – auch entgegen unseren eigenen Erwartungen – schneller verlief als die europäische, darin lagen ja auch in der Tat Probleme. Die Vereinigten Staaten hatten von Anbeginn die deutsche Einheit ohne Vorbehalt gefördert, und die Franzosen und Engländer respektierten trotz mancher Bedenken unser Selbstbestimmungsrecht. Wozu also der bissige Ton gegen alliierte «Statusdiplomaten», die wir zur Herstellung der deutschen Einheit ja noch brauchten? Mir schien, da klang auch alter Berliner Ärger über gelegentliches Sich-Aufspielen alliierter Subalterner durch. Über meine Einwände war Willy erstaunt; er blieb im wesentlichen bei seinem Text.

Oskar Lafontaine hielt eine Rede nicht zur deutschen Einheit, sondern zum Grundsatzprogramm. In dessen Perspektive hieß deutsche Einheit für ihn primär nicht staatliche, sondern gesellschaftliche Einheit. Ihm war das Wohlergehen der Menschen in der DDR wichtiger als die Nation oder der Staat. In dem großen Umbruchprozeß in Europa rangierte für ihn die Gewinnung der Freiheit an erster Stelle. Ihr folgten die Überwindung der europäischen Teilung an zweiter und das Zusammenwachsen der Deutschen an dritter Stelle. Nationaler Überschwang war ihm fremd, wichtiger waren für ihn, die saarländischen Erfahrungen von «Wiedervereinigung» im Kopf, die wirtschafts-, finanz-, sozial- und gesellschaftspolitischen Fragen der deutschen Einigung.

Ich empfand dies eher als notwendige Ergänzung denn als Widerspruch zur Rede Brandts, sah aber die Gefahr, daß diese nüchterne Haltung als Herzenskälte in Sachen deutsche Einheit mißverstanden werden könnte. Sorge machte mir auch, daß Willy Brandt Lafontaines Haltung als respektlos empfand. Dieser Eindruck verstärkte sich, als ich auf Brandts Bitten Anfang Januar bei einem Glas Rotwein mit ihm über diese Spannungen sprach. Willy ging derart in der Rolle des deutschlandpolitischen Übervaters auf, daß ich ihn bei dieser Gelegenheit zum ersten Mal mit einem «Ach, Alter» zu besänftigen suchte.

Die verlorene Volkskammerwahl

Die Sowjets hatten bereits vor Kohls Zehn-Punkte-Plan signalisiert, daß man mit ihnen auch über die deutsche Einheit reden könne. Von außen war schwer zu sagen, ob das der Erkenntnis entsprang, daß sie ihr sicherheitspolitisches Glacis bei einer Politik gemeinsamer Sicherheit nicht mehr brauchten oder der Einsicht, daß sie es ohnehin nicht halten könnten. Im übrigen war ihr Kalkül offensichtlich: Wenn sie die «Altlast DDR» abstoßen und dafür die Hilfe eines vereinten Deutschlands für ihren eigenen «Umbau» gewinnen konnten, erschien das als ein doppelter Gewinn. Helmut Kohl witterte sofort die Chance eines politischen Geschäfts, das allerdings mit «Einheit gegen Kasse» zu simpel umschrieben wäre. Ende Januar erklärte Gorbatschow dem im November von der Volkskammer zum neuen DDR-Ministerpräsidenten gewählten Hans Modrow in Moskau sein prinzipielles Einverständnis mit der deutschen Einheit. Daraufhin veröffentlichte Modrow einen eigenen Stufenplan. Willy Brandt kommentierte im «Spiegel»: «Die Einheit ist im Prinzip gelaufen.» Zehn Tage später bestätigte Gorbatschow beim Moskau-Besuch Kohls und Genschers seine Position.

Präsident Bush und seine Administration standen der deutschen Einigung, die den Fortfall der kommunistischen DDR und die Stärkung ihres wichtigsten Verbündeten in Europa bedeutete, uneingeschränkt positiv gegenüber. Für sie hieß deutsche Einheit der Zusammenschluß von Bundesrepublik, DDR und Berlin. Die polnische Westgrenze war tabu.

Unsere europäischen Nachbarn sahen eine deutsche Einheit verständlicherweise nicht ganz so unbefangen. Aber wie konnten sie sich gegen eine deutsche Einigung stellen, die aus einer demokratischen Erhebung hervorging? Und wie konnten sie sich gegen die beiden Supermächte stellen, die sich im Prinzip einig waren, nachdem Präsident Bush Michail Gorbatschow auf ihrem Malta-Treffen im Dezember versichert hatte, der Westen werde die Entwicklung in Ost- und Mitteleuropa nicht zum sicherheitspolitischen Nachteil der Sowjetunion ausnutzen? So drängten die europäischen Nachbarn, Frankreich vorweg, auf die europäische Einbindung der deutschen Einigung, die für Kohl ohnehin nie in Frage gestanden hatte, auch wenn er zu Recht niemanden gefragt hatte, bevor er das Selbstbestimmungsrecht der Deutschen geltend machte.

Nicht weniger wichtig als diese günstige außenpolitische Konstellation war die innere Entwicklung in der DDR, denn sie trieb die deutsche Einigung nicht nur voran, sondern gab ihr auch ihre Legitimität. Trotz der neuen Leute an der Spitze, Krenz und Modrow, baute das SED-Regime schnell weiter ab. Seine Korruptheit trat mehr und mehr zutage, das unglaubliche Bespitzelungssystem der Stasi wurde vor allem durch den Einsatz von Bürgerrechtlern aufgedeckt. Im Dezember wurden das neue Politbüro und das Zentralkomitee der SED zum Rücktritt gezwungen. Im Januar 1990 mußten Krenz und andere hohe Funktionäre die Partei verlassen. Die SED benannte sich in PDS um. Die Ost-CDU und die LDPD traten – nach polnischem Vorbild – aus dem «Demokratischen Block» mit der SED aus. Die Ost-CDU sprach sich für deutsche Einheit und soziale Marktwirtschaft aus und wählte Lothar de Maizière zu ihrem Vorsitzenden. Die DSU wurde mit Hilfe der CSU gegründet. Die LDPD tat sich mit ihrer Umstellung schwer. Die SDP nannte sich ab Januar SPD. Sie bekannte sich zur deutschen Einheit, beschloß ein eigenes Grundsatzprogramm und wählte Willy Brandt zu ihrem Ehrenvorsitzenden. Aus den drei größten Bürgerrechtsgruppen bildete sich das «Bündnis 90».

Nach polnischem Vorbild wurde im Dezember ein «Runder Tisch» einberufen und im Februar 1990 eine «Regierung der nationalen Verantwortung» unter Einbeziehung der Oppositionsparteien gebildet. Der «Runde Tisch» lehnte noch im Februar einen Beitritt nach Artikel 23 Grundgesetz und im März auch die Übernahme des Grundgesetzes für die DDR ab. Andererseits machten aber die notwendigen Reformen in der DDR nur langsam Fortschritte, während sich die Lage zunehmend destabilisierte.

Ministerpräsident Modrow hatte bei seinem Amtsantritt einer «Vertragsgemeinschaft» der deutschen Staaten das Wort geredet. Bundeskanzler Kohl hatte diesem Gedanken zugestimmt, als er sich im Dezember mit Modrow in Dresden traf. Wir kritisierten, konstitutionelle Akte dürften erst mit einer frei gewählten Regierung geschlossen werden, die Bundesregierung solle aber sofort mit wirtschaftlicher Hilfe, vor allem mit einem Infrastrukturprogramm beginnen. Kohl ließ die Vertragsgemeinschaft fallen, ohne ein Infrastrukturprogramm auf den Weg zu bringen. Als Modrow Mitte Februar zum Gegenbesuch nach Bonn kam, konfrontierte der Kanzler ihn statt dessen mit dem Angebot, sofortige Verhandlungen über die schnelle Einführung einer Währungs- und Wirtschaftsgemeinschaft aufzunehmen. Die aber machte nur als Vorstufe zu einem baldigen Beitritt der DDR nach Artikel 23 Sinn. Am gleichen Tag beschlossen die Außenminister der beiden deutschen Staaten und der vier Vorbehaltsmächte in Ottawa, die äußeren Aspekte der deutschen Einheit gemeinsam zu beraten.

Entscheidend für Kohls Entschluß, das Tempo der deutschen Einigung zu forcieren, dürfte sein Besuch in Dresden am 19. Dezember gewesen sein. Vor der Frauenkirche sprach er zu einer großen Menschenmenge, die schwarzrotgoldene Fahnen schwenkte – man wunderte sich, woher die alle kamen – und «Deutschland, einig Vaterland» rief, eine Zeile aus der DDR-Hymne. Kohl sprach ebenso warmherzig wie umsichtig, und seine «Kommunikationsstrategie» funktionierte. Die Fernsehbilder aus Dresden überlagerten nicht nur die Kundgebung, auf der Willy Brandt am gleichen Tag in Magdeburg ebenfalls vor Zehntausenden sprach, sondern auch den Berliner SPD-Parteitag. Das Fernsehen sollte als optischer und akustischer Resonanzboden der Stimmung in der DDR für den Einigungsprozeß auch weiterhin eine große Rolle spielen. Aber auch die «Bild»-Zeitung ließ sich nicht lumpen. Sie brachte den Dresden-Besuch des Kanzlers anderntags auf ihrer schwarzrotgold umrahmten ersten Seite in fetten Schlagzeilen. So wurde die Stimmung hochgeschaukelt und das Tempo der Entwicklung weiter beschleunigt.

Die Sozialdemokraten, vor allem die in der DDR, sahen dieses Tempomachen mit gemischten Gefühlen. Einerseits fürchteten sie, den Menschen in der DDR werde keine Zeit zur Selbstbesinnung, den beiden Teilen Deutschlands keine Zeit zum Zusammenwachsen gelassen, was zu unnötigen Verwerfungen führen müsse. Andererseits sahen auch sie die Gefahren der massiven Abwanderung gerade leistungsstarker Kräfte in den Westen, die die demokratisch nicht legitimierte Modrow-Regierung, zumal ohne Hilfe aus Bonn, nicht stoppen konnte. So plädierten sie mit Erfolg für die Vorverlegung der für den Mai geplanten Volkskammerwahlen auf den 18. März. Das Bündnis 90 sah darin ein taktisches Manöver zur Verbesserung der SPD-Wahlchancen. Doch die Organisation der SPD in der DDR steckte trotz der Hilfe aus dem Westen ebenfalls noch in den Kinderschuhen. Dennoch galt die SPD als Favorit, was erste Meinungsumfragen auch zu belegen schienen. Die «taz» sprach Ende Januar von einem «Durchmarsch» der SPD, noch im März wurde sie als wahrscheinlicher Wahlsieger gehandelt.

Vor der Nazi-Zeit hatten die sozialdemokratischen Hochburgen im damaligen Mitteldeutschland gelegen. Viele, darunter auch Willy Brandt und ich mit ihm, dachten, nach Jahrzehnten des Mißbrauchs der Idee des Sozialismus durch die SED würden sich

die Menschen nun in freien Wahlen für die Sozialdemokratie entscheiden. Dabei verallgemeinerten wir einzelne Erlebnisse, weil
sie uns beeindruckt hatten. Wir dachten beispielsweise an den
Empfang, den die Erfurter Willy Brandt 1970 bereitet hatten, ob-
gleich er mehr dem Mann als der Partei gegolten hatte. Auch hatten uns DDR-Rentner auf Besuch im Westen wiederholt stolz ihre
alten Parteibücher gezeigt, ich hatte das einmal sogar in der DDR
erlebt. Die SPD-kritische Haltung junger Übersiedler aus der
DDR hätte uns warnen sollen. Das Wort «Sozialismus» und die
Anrede «Genosse» könnten sie nicht mehr hören, rote Fahnen
nicht mehr sehen, lautete eine damals vielzitierte Versicherung.
Andererseits ließ uns die Aufbruchstimmung in der neuen Sozialdemokratie der DDR ihre Stärke überschätzen. Vor allem aber
schienen alle Zweifel widerlegt zu werden durch die große Resonanz, die Willy Brandt in der DDR fand. Er stand, obwohl er
keinen eigentlichen Wahlkampf führte, wieder an der Spitze der
SPD, ihm vor allem galt das Interesse des Fernsehens. Vogel bemühte sich, die Hilfe der SPD-West für die SPD-Ost zu organisieren, Lafontaine steckte im saarländischen Landtagswahlkampf.

Willy Brandts Programm war geprägt von einem sozialdemokratischen Patriotismus. Er betonte den deutschen Einheitswillen
und stellte heraus, was die Sozialdemokratie für Deutschland geleistet habe und noch leisten werde. Schon Anfang Dezember war
er nach Rostock gefahren, wo die SPD 1946 geschlossen gegen die
Zwangsvereinigung gestimmt hatte. Ihre Funktionäre hatten
diese Verweigerung mit Zuchthausstrafen oder Verschleppung
nach Sibirien bezahlen müssen. Danach war er in Magdeburg gewesen, der SPD-Hochburg, die mit den Namen Ernst Reuter und
Erich Ollenhauer verbunden ist. Dann Gotha und Eisenach, die
beiden Städte, die aus der Geschichte der deutschen Arbeiterbewegung nicht wegzudenken sind. In Gotha wurde die Zahl der
Menschen, die kamen, um Willy Brandt zu sehen und zu hören,
auf über hunderttausend geschätzt.

Trotz des Einsatzes von Willy Brandt lief der SPD-Wahlkampf
aber nicht wie erhofft, vor allem zeigten sich in ihm die Schwächen
der Ost-SPD. Sic war nicht nur eine junge, sie war auch eine uner-
fahrene Partei. Von der Sozialdemokratie der Weimarer Jahre

und ihrer Tradition war nach über einem halben Jahrhundert erst brauner und dann roter Diktatur sehr, sehr viel weniger übriggeblieben, als wir gehofft hatten. Die neue SPD war eine Gründung engagierter Bürgerrechtler, die an die politische Kultur der Sozialdemokratie anknüpften, aber keine Verbindung in die Betriebe hatten. Freie Gewerkschaften gab es auch noch nicht. Andererseits hatte die Parteigründung die Sozialdemokraten von der übrigen Bürgerrechtsbewegung getrennt, und die Fäden waren, wie sie uns versicherten, auch nicht wieder neu zu knüpfen. Mit den Reformern in der SED hatten sie auch nichts im Sinn, schließlich waren sie selbst Opfer des Regimes gewesen, und selbst angesehene SED-Leute, wie etwa Modrow und Berghofer, wurden beschuldigt, sich an den Wahlfälschungen beteiligt zu haben. Darum, aber auch aus Angst vor Überfremdung, wehrte sich die SPD-Mitgliedschaft auch gegen die Aufnahme ehemaliger SED-Mitglieder, obwohl der Zulauf zur SPD quantitativ gering war. Schließlich verstand die Führungsgruppe der Ost-SPD aufgrund ihrer Biographie mehr von politischen Grundsatzfragen als vom politischen Geschäft, ob es nun um Organisation oder um Wahlkampf ging.

Der SPD stand in der «Allianz für Deutschland» ein starker und rücksichtsloser politischer Gegner gegenüber. Helmut Kohl hatte sie mit Ost-CDU, DSU und dem aus der Bürgerrechtsbewegung kommenden «Demokratischen Aufbruch» als Partnern von CDU und CSU gebildet. Die neugegründete DSU war in dieser «Allianz» eine Art rechte Speerspitze, der «Demokratische Aufbruch» unter Führung von Herrn Schnur mehr ein Feigenblatt. Kern der Allianz war das Bündnis der West-CDU mit der Ost-CDU, die einst von den Kommunisten drangsaliert worden war, inzwischen aber als «Blockflöte» kritisiert, gelegentlich auch als «SED/Abteilung Christen» verspottet wurde. Obwohl selbst der damalige Generalsekretär der West-CDU, Volker Rühe, die Ost-CDU offensichtlich am liebsten nur mit der Zange angefaßt hätte und empörte Kritik nicht nur der Sozialdemokraten und der DDR-Bürgerrechtsbewegung zu erwarten war, entschied sich Kohl aus Machtinstinkt für dieses Bündnis. Andere bodenständige Partner standen ihm nicht zur Verfügung, besser als die SED war die Ost-CDU allemal. Kohl bekam damit in der DDR einen bis ins letzte Dorf reichenden, mit etwa 1000 hauptamtlichen Mitarbeitern ausgestatteten Parteiapparat, also ein erstklassiges Wahlkampfinstrument in die Hand. Und für die Zeit nach der Wahl stand ihm in der Ost-CDU ein Partner zur Verfügung, der sich im Staatsapparat der DDR bestens auskannte.

Willy Brandts Patriotismus überbot Kohl mit nationalem Pathos. Dazu versprach er als Regierungschef, schnell D-Mark und Wohlstand zu bringen – alles gewürzt mit einer kräftigen Prise Anti-Sozialismus und der bei der Union schon traditionellen Perfidie, die Sozialdemokratie und den gerade überwundenen «real existierenden» Sozialismus in einen Topf zu werfen. Kohls Wahlversammlungen fanden immer mehr, die SPD-Versammlungen, selbst die von Willy Brandt, immer weniger Zulauf.

Die Situation war schon makaber. Die Ost-Sozialdemokraten, das «Bündnis 90» und mit ihnen die ganze Demokratiebewegung der DDR, die die «deutsche Revolution» auf den Weg gebracht hatte, wurden von dem gleichen Kohl, der sich dauernd auf sie berief, Arm in Arm mit den CDU-«Blockflöten» politisch an die Wand gedrückt. Der CDU-Apparat spielte nicht nur seine Überlegenheit voll aus, der SPD-Wahlkampf wurde auch, vor allem von der DSU, massiv behindert, so durch Kolonnen, die SPD-Plakate systematisch abrissen. Aufforderungen von «Wessis» in der von der SPD/West und der SPD/Ost gebildeten Wahlkampf-Begleitgruppe, der Union jedenfalls verbal mit gleicher Härte entgegenzutreten, lehnten unsere «Ossis» mit geradezu stoischer Größe ab. Sie hatten sich Demokratie anders vorgestellt, fühlten sich von dieser Art Wahlkampf abgestoßen.

Während des Wahlkampfs forcierte Kohl das Einheitsthema, indem er das Kabinett für eine schnelle Währungs- und Wirtschaftsunion votieren ließ und Modrow vor die Alternative stellte, «Friß oder stirb». Bei der Ost-CDU, das galt vor allem für de Maizière, wurde das Thema im Wahlkampf aus Sorge, die Menschen in der DDR könnten sich überfahren fühlen, zunächst recht vorsichtig behandelt. Man erinnerte an die seinerzeit den Saarländern eingeräumten Schutz- und Übergangsregelungen. Die Bundesregierung propagierte dagegen über eine schnelle Währungs-

und Wirtschaftsunion hinaus immer stärker auch den vom «Runden Tisch» abgelehnten Beitritt der DDR nach Artikel 23. Im Wahlkampf machte sich aber nur die DSU diese Forderung voll zu eigen. Während Sachverständige und mit ihnen Lafontaine vor den Folgen einer schnellen Währungsunion für die Wirtschaft und die Menschen in der DDR warnten, wurde die Idee von der Ost-SPD und wesentlichen Teilen der West-SPD unterstützt.

Am Freitagabend vor der Wahl sollte ich in Magdeburg sprechen. Doch in der Festhalle des Ernst-Thälmann-Kombinats hatten sich nur ganze dreißig Leute eingefunden. Mit denen zogen wir in den Bierkeller. Dort warnte uns ein Vertrauensmann der Gewerkschaft, seine Kollegen würden am Sonntag nicht die SPD, sondern Kohl und die Deutsche Mark wählen. Später, wenn soziale Fragen auf der politischen Tagesordnung stünden, würden sie ihre Stimme der SPD geben. Mich erinnerte das an ein Transparent, das Leipziger Demonstranten zu Ehren Kohls geschwenkt hatten: «Helmut, nimm uns an die Hand, zeig uns den Weg ins Wirtschaftswunderland.»

Das Wahlergebnis war für Kohl ein Triumph. Für die SPD war es noch sehr viel schlechter als erwartet. Die CDU erhielt fast 41, die DSU weitere 6,3 Prozent der Stimmen. Die PDS kam auf stolze 16,4, die Liberalen auf magere 5,3, die SPD aber noch nicht einmal auf 22 Prozent. Willy Brandt war nach seinem anfänglich triumphalen Empfang in der DDR über dieses Ergebnis maßlos enttäuscht. Die «Steckenpferdreiterei» sei den «motorisierten Einheiten» erlegen; das Bild stimmte nur zur Hälfte, denn mit «Steckenpferden» hatte die Schwäche der Ost-SPD nichts zu tun. Eine SPD-Strategie habe es nicht gegeben; das ging gegen Vogel, verschwieg aber, daß Brandt die Strategie selbst vorgegeben hatte. Er wollte sich nicht eingestehen, daß Kohls Sieg auch seine Niederlage war. Oskar Lafontaine, der die Niederlage intern vorausgesagt hatte, rieb ihm das törichterweise auch noch unter die Nase, indem er den Wahlausgang als für Willy Brandt «tragisch» bezeichnete. Darüber ärgerte Brandt sich so sehr, daß er mit einer fadenscheinigen Entschuldigung der Sitzung des Parteirats fernblieb, auf der Oskar Lafontaine am 27. März in Hannover zum Kanzlerkandidaten nominiert wurde.

Die einstimmige Nominierung Lafontaines täuschte mehr Eintracht vor, als es gab. Nicht nur zwischen ihm und Brandt, auch zwischen ihm und Vogel wuchsen die Spannungen. Vogel hatte Lafontaine ausgerechnet im saarländischen Wahlkampf zum Kanzlerkandidaten ausgerufen. Warum, wußte kein Mensch, vielleicht aus Sorge, es täte sonst ein anderer. Lafontaine zog sich seinen saarländischen Wählern gegenüber mit der Erklärung aus der Affäre, daß er jedenfalls nicht als Oppositionsführer nach Bonn gehen werde.

Dann hatte es Meinungsverschiedenheiten über die Behandlung der DDR-Übersiedler gegeben. Lafontaine hatte schon bald nach dem Fall der Mauer dafür plädiert, die Übersiedlung wie jeden Umzug im Bundesgebiet zu behandeln und die besondere Unterstützung von Übersiedlern aus der DDR einzustellen. Sonst würden sich sowohl für das Sozialsystem im Osten wie für das im Westen Gefahren ergeben. Die politischen Gegner hatten das in der Volkskammerwahl als Egoismus und mangelnden Willen zur Einheit angeprangert, um nach der Wahl das zu beschließen, was Lafontaine vorgeschlagen hatte. Vogel hatte sich lange gesperrt, das Thema aufzugreifen. Ein weiterer Streitpunkt in der SPD blieb die von Kanzler Kohl forcierte schnelle Währungs- und Wirtschaftsunion, die Lafontaine für grundfalsch hielt.

Lafontaine hatte seine Landtagswahlen Ende Januar mit einer dicken absoluten Mehrheit, fast 55 Prozent der Stimmen, gewonnen. Am Tage nach der schweren SPD-Niederlage in der Volkskammerwahl erklärte er sich im Parteivorstand bereit, die SPD in den Bundestagswahlkampf zu führen. Das war eine mutige Entscheidung. Denn aller Voraussicht nach würde die Bonner Regierungskoalition zusammen mit ihren Partnern in der DDR mit Erfolg darauf drängen, die im Herbst anstehenden Bundestagswahlen schon als gesamtdeutsche Wahlen durchzuführen. Angesichts des Wahlergebnisses vom Vortag sahen die Chancen der SPD in solchen gesamtdeutschen Wahlen nicht gerade rosig aus.

Lafontaine erklärte, die SPD müsse ihre Strategie für die Bundestagswahl ändern. Einen Wettlauf um die schnelle Einheit und die schnelle Deutsche Mark könnten wir gegen die CDU als Regierungspartei nicht gewinnen. Die SPD müsse an einer Deutschlandpolitik festhalten, die europäisch ausgerichtet und sozial ausgewogen sei. Eine Währungsunion müsse behutsam eingeführt werden, sie setze eine Reihe anderer Reformen voraus. Die Einheit werde in den kommenden Jahren den Bundeshaushalt in hohem Maße belasten. Die Partei müsse Kohl bei seinen leichtsinnigen Versprechungen und seinen Widersprüchen packen. Es sei Schwindel, den Bürgern der DDR schnellen Wohlstand, «blühende Landschaften» zu versprechen und den Bürgern der Bundesrepublik gleichzeitig zu versichern, daß die deutsche Einheit sie nichts kosten werde. Bald werde sich zeigen, daß Kohl keines der Versprechen halten könnte. Kohl sei zu schlagen.

Das war noch kein Wahlkampfkonzept, aber jedenfalls ein brauchbarer Ansatz. Dennoch gab es im Parteivorstand von einigen Mitgliedern, voran Klaus von Dohnanyi, vehemente Kritik, so daß ich Lafontaine in der Sitzung schließlich riet, doch einen seiner Kritiker kandidieren zu lassen. Das fanden die dann aber selber komisch, so daß Lafontaine schließlich in geheimer Abstimmung einstimmig vorgeschlagen wurde. Eine Woche später legte er in der Nominierungsrede vor dem Parteirat in Hannover seine Linie für den Bundestagswahlkampf erneut dar, ohne auf Widerspruch zu stoßen. Seine Chancen, sich mit seinen Vorstellungen in der SPD durchzusetzen, wurden aber erheblich gemindert, als ihn nur vier Wochen später eine geistesgestörte Frau auf einer Wahlveranstaltung in Köln niederstach und er danach für Wochen ausfiel.

Die äußere Einheit
und der Schock der Währungsunion

Mehr als alle «Linien» und «Strategien» bestimmte die rasante Entwicklung des Einigungsprozesses den Wahlkampf. In der Außenpolitik gab es mit der Bundesregierung kaum Streit. Genscher und ich stimmten seit langem darin überein, daß ein Friedensvertrag mit allen Kriegsgegnern uns außer neuen Reparationsforderungen nichts bringen würde. Was wir brauchten, war die Aufhebung der Vorbehaltsrechte der vier Mächte durch eine friedensvertragsähnliche Regelung. Genscher brachte die 2 + 4-Gespräche in Gang. In der Frage der Anerkennung der polnischen Westgrenze waren wir uns ebenfalls seit langem einig. Auch Kohl behandelte die Anerkennung jetzt als notwendig, nachdem er im Volkskammerwahlkampf mit der Grenzfrage zum Befremden unserer Verbündeten noch nach rechten Stimmen gefischt hatte.

Hinsichtlich der sicherheitspolitischen Einbindung eines vereinten Deutschlands bestand zunächst auf allen Seiten Unsicherheit. Es konnte nicht zwei gegensätzlichen Bündnissystemen angehören. Nach der Auflösung des Warschauer Paktes erschien vielen der Fortfall auch der NATO als logisch. Die Sozialdemokraten hatten seit langem gefordert, die Bündnisse durch ein europäisches Sicherheitssystem zu ersetzen. Das war aber noch nicht in Sicht, die KSZE war weit davon entfernt, ein solches zu sein oder zu werden. Der deutsche Einigungsprozeß verlief schneller. Vor allem die Amerikaner wollten daher an der NATO festhalten, auch um ein vereintes Deutschland einzubinden. Die NATO müsse sich allerdings politisch wandeln, um zu einem neuen Sicherheitssystem überleiten zu können. Andererseits durfte die militärische NATO-Struktur nicht an die deutsch-polnische Grenze vorgeschoben werden, da in der DDR noch sowjetische Divisionen standen und die Sicherheitsinteressen der Sowjetunion respektiert werden mußten. Genscher suchte die Lösung schließlich in der NATO-Mitgliedschaft des vereinten Deutschlands bei einem militärischen Sonderstatus für das Gebiet der früheren DDR. Kohls Leistung war es, Gorbatschow – nach amerikanischer Vorarbeit – auch dafür zu gewinnen.

Auf einer ersten «gesamtdeutschen» USA-Reise besprachen Dieter Stobbe und ich zusammen mit Markus Meckel und Hans Misselwitz von der Ost-SPD diese Fragen Anfang März mit der Administration in Washington. Dann übernahmen wir die von Genscher angepeilte Lösung in ein für den Bundestagswahlkampf bestimmtes Papier «Von der Konfrontation der Blöcke zu einem europäischen Sicherheitssystem». Brandt und Lafontaine unterstützten das Papier. Vom linken Flügel wurde gegen die im Papier vorgesehene NATO-Mitgliedschaft eines vereinten Deutschlands wie gegen die in ihm vorgeschlagene Teilnahme amerikanischer und kanadischer Streitkräfte auch an einem künftigen europäischen Sicherheitssystem Einspruch erhoben. Es gab Gegenanträge. Obwohl auch der zweite Punkt zentral war, die SPD hatte als Regierungspartei mit Nachdruck auf der Einbeziehung der Vereinigten Staaten und Kanadas in den KSZE-Prozeß bestanden, enthielt sich Vogel in den Führungsgremien zu diesem Punkt der Stimme. In der Fraktionssitzung vom 24. April überließ er die Vertretung des Papiers mir und machte sich einen Vertagungsvorschlag nur darum nicht zu eigen, weil ich ihm für diesen Fall meinen Rücktritt ankündigte. Ich brachte das Papier durch die Fraktion und sagte Vogel anschließend, was ich von seinen Führungskünsten hielt. Am folgenden Tag stellte Oskar Lafontaine das Papier zusammen mit mir der Öffentlichkeit vor.

Die Abstimmung mit Genscher wurde noch wichtiger, als Markus Meckel in der Mitte April gebildeten Ostberliner Koalitionsregierung von Lothar de Maizière Außenminister wurde. Hans Misselwitz wurde sein Staatssekretär. Der deutschlandpolitische Referent meines Arbeitskreises wechselte in dessen Büro über. Dieter Stobbe hielt die Verbindung zwischen den SPD-Fraktionen in Bonn und Ost-Berlin. Ein sonntäglicher Besuch von Stobbe und mir im DDR-Außenministerium machte uns durch seine leicht surrealistischen Züge das Ungewöhnliche der Situation noch einmal deutlich. Das große Haus gegenüber dem «Palast der Republik» und dem Dom war leer. Das lag zum Teil am Sonntag, zum anderen Teil daran, daß Meckel mit den Heerscharen von DDR-Ostblock-Diplomaten nicht viel anfangen konnte. Der Polizist am Eingang begrüßte uns wie alte Bekannte und riet uns, den Aufzug in die Chefetage zu nehmen. Deren Flur war dunkel, nur ein Stück weiter fiel aus einer offenen Zimmertür Tageslicht ein. Das war das Ministerzimmer, in dem wir Markus Meckel und seine Berater, von uns bald liebevoll «Turnschuhbrigade» genannt, bei der Arbeit antrafen. Wir hörten zu und versuchten dann, mit Rat und Tat zu helfen.

Um die SPD-Position, die sich mit der der Regierung grundsätzlich deckte, noch einmal zusammenfassend zu markieren, schlug ich den beiden deutschen Außenministern in einem Brief vom

15. Juni, der einige Tage später veröffentlicht wurde, vor, bei den
2 + 4-Verhandlungen die Initiative zu ergreifen. Sie sollten auf die
Aufhebung der Vorbehaltsrechte der Alliierten drängen bei
gleichzeitiger Anerkennung der polnischen Westgrenze durch das
vereinte Deutschland. Im Rahmen der Wiener Abrüstungsverhandlungen sollte angeboten werden, die Gesamtstärke deutscher
Streitkräfte auf etwa 300 000 Mann zu reduzieren. Das vereinte
Deutschland solle auf A-, B- und C-Waffen verzichten und auf den
Abzug aller atomaren und chemischen Waffen fremder Staaten
von seinem Boden drängen. Schließlich solle eine militärische
Übergangsregelung für das Territorium der ehemaligen DDR bei
schrittweisem, aber zügigem Abbau der sowjetischen Truppen getroffen werden.

Kohl und Genscher erreichten einen Monat später in ihren Gesprächen mit Gorbatschow im Kaukasus eine solche Lösung. Hinsichtlich der militärischen Übergangsregelung für das Territorium
der früheren DDR war sie sogar noch günstiger als unser Vorschlag. Ich sorgte für ein positives Echo aus der SPD. Lafontaine
gratulierte dem Kanzler. Die 2 + 4-Operation war eine große
außenpolitische Leistung. Nach Abschluß des Ganzen sagte ich im
Bundestag zu Hans-Dietrich Genscher gewandt: «Das hätte niemand besser machen können.»

Vom währungs-, wirtschafts- und gesellschaftspolitischen Heran-
gehen an die deutsche Einheit läßt sich das leider nicht sagen. Dabei war die Kritik gerade auch der Sozialdemokraten am aberwit-
zigen Tempo des Einigungsprozesses zwiespältig. Die Außen- und
Sicherheitspolitik verlangte ein schnelles Handeln, schon weil
niemand wußte, wie lange Gorbatschow sich noch würde halten
können. Ein zügiger innerer Einigungsprozeß konnte die 2 + 4-
Verhandlungen stützen. Eine sich überschlagende innere Entwicklung barg andererseits die Gefahr schwerwiegender Fehlentscheidungen. Außerdem ließ das hohe Tempo des Einigungsprozesses
den Menschen und den demokratischen Kräften in der DDR zur
vollen Entfaltung ihres Selbstbestimmungsrechts nur begrenzte
Chancen. Hatte am Anfang noch der Wunsch nach einer Volksab-

stimmung über die Einheit und über die Verfassung eines vereinten Deutschlands gestanden, so erschien schon bald der Beitritt nach Artikel 23 als einzige verbleibende Möglichkeit.

Unmittelbar nach der Volkskammerwahl trat die Bundesregierung dafür ein, die Währungsunion schon im Sommer zu verwirklichen. Die in Ost-Berlin gebildete große Koalition bekannte sich in der Regierungserklärung Lothar de Maizières vom 19. April zur Währungsunion und zum Beitritt nach Artikel 23. In den Verhandlungen über den Vertrag zur Währungs-, Wirtschafts- und Sozialunion, der schon am 18. Mai, und über den Einigungsvertrag, der am 31. August unterzeichnet wurde – verwaltungstechnisch eine große Leistung –, gab es anfangs durchaus Ostberliner Widerstände gegen ein «Diktat aus Bonn». Die Sozialdemokraten in Ost und West sorgten unter Federführung von Regine Hildebrandt und Rudolf Dreßler dafür, daß die Sozialunion nicht nur eine Girlande blieb. Das führte zugleich zu einer realistischeren Einschätzung der Kosten der Einheit. Als aber der sozialdemokratische Finanzminister Walter Romberg sich hinsichtlich der negativen wirtschaftlichen, sozialen und finanziellen Folgen der schnellen Einigung für die DDR mit Bundesfinanzminister Waigel anlegte, entließ ihn de Maizière Mitte August.

De Maizières Position Bonn gegenüber hatte sich mit dem Inkrafttreten der Währungs- und Wirtschaftsunion zum 1. Juli grundlegend geändert, denn die Währungs- und Wirtschaftshoheit war damit auf die Bundesrepublik übergegangen. Seine politische Stellung war schon vorher durch nicht widerlegte Vorwürfe geschwächt worden, er habe mit der Stasi zusammengearbeitet. Nach einem Besuch von de Maizière und seinem Staatssekretär Günther Krause bei Bundeskanzler Kohl am Wolfgangsee Ende Juli entstand der Eindruck, daß de Maizière sich den Bonner Wünschen bedingungslos unterworfen habe. In Bonn aber konnte man einen Ostberliner Finanzminister, der die Risiken der schnellen Einheit beim Namen nannte, nicht brauchen. Man war hinsichtlich der Folgen der eigenen Politik einer Selbsttäuschung erlegen, was man zwar nach und nach erkannte, aber vor der Bundestagswahl auf keinen Fall zugeben wollte. Die Wahl sollte daher auf Mitte Oktober vorgezogen werden, was am Widerstand der

SPD scheiterte. Gedamtdeutscher Wahltermin wurde der 2. Dezember. Der Rauswurf Rombergs durch de Maizière führte zum Ausscheiden der SPD aus der Ostberliner Koalition, in der sie sich unter der Fraktionsführung von Richard Schröder der gemeinsamen Sache wegen vieles hatte bieten lassen. Kohl hatte die Koalitionseinbindung der Sozialdemokraten in Ost-Berlin für nützlich gehalten. Das änderte sich natürlich, als sie ihm Schwierigkeiten zu machen begannen. In sein Konzept für den Bundestagswahlkampf paßten sozialdemokratische Minister in Ost-Berlin auch nicht so recht. In Ost-Berlin wuchs die Sorge, die Entwicklung in der DDR könne außer Kontrolle geraten.

Am 23. August beschloß die Volkskammer den Beitritt der DDR zur Bundesrepublik Deutschland. Am 31. August wurde der Einigungsvertrag unterzeichnet. Hauptthema des Bundestagswahlkampfs war nicht mehr die Frage eines schnellen Beitritts, sondern die Frage der damit verbundenen wirtschaftlichen, finanziellen und sozialen Kosten.

Unmittelbar nachdem sich der Bundeskanzler Anfang Februar in einem Alleingang überraschend für eine schnelle Währungsunion ausgesprochen hatte, hatte der Sachverständigenrat zur Begutachtung der gesamtwirtschaftlichen Entwicklung in einem Brief an Kohl schwerwiegende Bedenken geltend gemacht. Die Bundesregierung hatte nicht einmal Bundesbankpräsident Pöhl hinsichtlich der Währungsunion um Rat gefragt. Er erfuhr die Entscheidung aus dem Radio, unmittelbar nachdem er in einem Gespräch mit dem DDR-Staatsbankpräsidenten eine schnelle Währungsunion gerade ausgeschlossen hatte. Die Bundesbank unterstützte zwar anschließend die politische Entscheidung des Kanzlers, Pöhl wies aber immer wieder auf deren Risiken und Gefahren hin.

Die Kritiker, in der Politik vor allem Oskar Lafontaine, argumentierten, die schlagartige Einführung der Deutschen Mark in der DDR werde deren gute Position im Osthandel zerstören. Sie setze die DDR-Wirtschaft der Konkurrenz auf den Weltmärkten aus, der sie nicht gewachsen sei. Die Nachfrage der Menschen in der DDR nach Westprodukten werde DDR-Produkte teilweise auch vom DDR-Binnenmarkt verdrängen. Der ins Auge gefaßte

Umstellungssatz von 1:1 sei falsch, für die Landwirtschaft und Industrie der DDR sei kein strukturpolitischer Flankenschutz vorgesehen. Die Kritiker sagten voraus, die geplante Währungsunion werde in der DDR wirtschaftlichen Niedergang und hohe Arbeitslosigkeit zur Folge haben. Der Übersiedlerstrom in die Bundesrepublik werde daher nicht gestoppt werden. Die öffentlichen Haushalte in Ostdeutschland würden mit riesigen Defiziten belastet werden, für die die Bundesrepublik geradestehen müsse. Außerdem würden unübersehbare Transferleistungen für die Infrastruktur und für die soziale Sicherung erforderlich werden.

Die Bundesregierung hoffte dagegen auf schnelle Investitionen aus der Bundesrepublik und anderen westlichen Ländern. Sie sollten der ehemaligen DDR ein gleiches Wirtschaftswunder bescheren, wie es die Währungsreform von 1948 Westdeutschland beschert hatte. Weder der Währungs- noch der Einigungsvertrag schufen aber dafür die Voraussetzungen. Die Unklarheiten in der Frage des Eigentums – Rückgabe oder Entschädigung –, der Altschulden und der Altlasten schreckte Investoren ab. Der Perfektionismus, mit dem der früheren DDR das komplizierte westdeutsche Recht, vom Steuerrecht bis zum Umweltschutz, mehr oder minder en bloc übergestülpt wurde, wirkte in die gleiche Richtung, denn wer konnte es anwenden? Die Voraussetzungen für Marktwirtschaft fehlten, sie waren durch Marktideologie nicht zu ersetzen.

Die meisten westdeutschen Unternehmen entschieden sich daher nicht für Investitionen in den fünf neuen Bundesländern, sondern für eine Ausweitung ihrer Produktion in Westdeutschland, um diese dann «drüben» zu verkaufen. Die Bundesregierung produzierte statt eines Investitionsbooms in den neuen Ländern eine Sonderkonjunktur für die westdeutsche Wirtschaft, die diese vorübergehend von der Flaute der Weltwirtschaft abkoppelte, den Niedergang der ehemaligen DDR-Wirtschaft aber noch beschleunigte.

Unbestritten war der Zustand in den fünf neuen Bundesländern in erster Linie ein Erbe des SED-Regimes, dessen ökonomische und ökologische Bilanz in Wirklichkeit sehr viel schlechter aussah als in der Statistik. Der Aufbau in den fünf neuen Ländern hätte in jedem Fall große Summen gekostet. Unbestreitbar ist aber auch, daß die Regierung Kohl der Aufgabe, die DDR-Staatswirtschaft ohne gefährliche Brüche in die Marktwirtschaft zu überführen, nicht gewachsen war. Sie hat die Herausforderung unterschätzt. Heute stehen wir «drüben» trotz großer Anstrengungen und Fortschritte nicht vor «blühenden Provinzen», sondern vor landwirtschaftlichen und industriellen Brachen und einer beispiellosen Arbeitslosigkeit mit ihren verheerenden sozialen und seelischen Folgen.

Wie konnte es zu solchen Fehleinschätzungen und Fehlentscheidungen kommen? Ich denke, es waren vor allem zwei Gründe. Erstens war niemand auf die Einheit vorbereitet, weder die Bundesregierung noch die Opposition, weder Wirtschaft und Banken noch Wissenschaft und Forschung. Und zweitens war Wahlkampf. Kohl wollte weder fachlichen Rat noch politische Beratung über das beste Vorgehen, er wollte die schnelle Einheit in der Sache und als sein höchstpersönliches Wahlkampfthema. Graf Lambsdorff als FDP-Vorsitzender versah den Einigungsprozeß, einschließlich aller Fehlentscheidungen, mit den höheren Weihen der Marktideologie, auch die Fehlentscheidungen in der Eigentumsfrage. Die Rolle der SPD als Opposition war auch nicht gerade überzeugend. Wir verhedderten uns im Streit über die Währungsunion und darüber, wie man den Wahlkampf führen solle.

Die erste «gesamtdeutsche» Bundestagswahl

Oskar Lafontaine hatte, bevor er sich nach der SPD-Niederlage in der Volkskammerwahl zum Kanzlerkandidaten nominieren ließ, seine Wahlkampflinie im Parteivorstand so deutlich gemacht, daß eine Kritikerin einwarf, er verlange eine «Wahlkapitulation». Trotzdem war er in geheimer Abstimmung einstimmig vorgeschlagen worden. In der Erwartung, die Bundestagsfraktion würde ihm nun folgen, sah er sich bald getäuscht.

Kernpunkt war für Lafontaine die Ablehnung der schlagartigen Einführung der Deutschen Mark in der DDR. Er war für die staat-

liche Einheit und für eine Währungsreform in Regie der Bundesbank. Sie sollte der DDR-Wirtschaft aber durch Einführung einer
Parallelwährung im Verhältnis 5:1 oder 4:1 zur Deutschen Mark
– flankiert von Schutzmaßnahmen – eine Übergangs- und Anpas-
sungschance einräumen. Eine solche Lösung hätte die schock-
artigen Wirkungen der schnellen Währungsreform vermieden.
Die «Ossis» waren dafür aber nicht mehr zu gewinnen, nachdem
Kohl ihnen schnellen Wohlstand durch «schnelle DM» und eine
Umstellung 1:1 versprochen hatte.

Schon Wochen vor Kohls Ankündigung – Lafontaine stand im
Saar-Wahlkampf – waren Klaus von Dohnanyi und die finanzpoli-
tische Sprecherin der Bundestagsfraktion, Frau Matthäus-Maier,
für eine solche Währungsunion eingetreten, ihnen hatte sich Wolfgang Roth als wirtschaftspolitischer Sprecher angeschlossen. Auf
dieser Linie lag in Fortsetzung seines uneingeschränkten «Ja» zu
Kohls zehn Punkten auch Vogel und mit ihm die Mehrheit der
Fraktion. Sie kritisierte zwar Kohls Alleingang und setzte sich für
die Verbesserung des von ihm Geplanten ein, stellte Kohls Weg
aber nicht grundsätzlich in Frage. Auch Willy Brandt und Ibrahim
Böhme waren am Rande des Leipziger Parteitags der Ost-SPD
Ende Februar für eine schnelle Währungsunion eingetreten. Ich
war dagegen nach anfänglicher Unsicherheit zu der Überzeugung
gekommen, daß die Kritiker recht hätten, daß wir zwar die politische Einheit zügig, die Währungs- und Wirtschaftseinheit aber in
Stufen herbeiführen sollten.

Um die Fraktionslinie im Wahlkampf zu vertreten, war Lafontaine der falsche Kandidat. Einmal wußte jeder, daß er diese Position nicht teilte. Außerdem konnten wir mit dieser Haltung nur
auf Platz, nicht auf Sieg setzen. Für einen solchen Wahlkampf
hätte eine erneute Kandidatur Vogels nahegelegen. Für diejenigen, die eine große Koalition unter Kohl im Hinterkopf hatten,
mochte das ausreichen. Die Partei wollte aber kämpfen. Ihr gefiel
Lafontaines Linie, wenn der Kanzler in der Sache recht behalte,
gewinne er ohnehin, da er aber viele Fehler gemacht habe, könne
man ihn packen. So nominierte sie den machtbewußten und dyna-
mischen Kandidaten, ohne daß die Fraktion bereit war, seiner Linie zu folgen. Lafontaine empfand das trotz zahlreicher «Vermitt-

lungs»-Bemühungen Vogels als Illoyalität des Fraktions- und Parteivorsitzenden.

Die Kehrseite der Medaille war, daß die Fraktion Lafontaines Neigung zu publikumswirksamen Alleingängen mißtraute und nicht bereit war, ihn, wie im Saarland, den «Alleinherrscher» spielen zu lassen. Ich hielt daher für Lafontaine eine Spruchweisheit parat. An die noch nicht ausgestorbene Gewohnheit der Saarländer anknüpfend, das übrige Deutschland als «das Reich» zu bezeichnen, warnte ich bei jeder passenden Gelegenheit: «Oskar, das Reich ist größer.»

Als Lafontaine antrat, mußte er zunächst davon ausgehen, einen «normalen» Bundestagswahlkampf zu führen. Die Entscheidung für eine gesamtdeutsche Wahl im Dezember fiel erst Ende Juli. Lafontaines Wahlkampf war daher zunächst als West-Wahlkampf angelegt, ausgehend vom Grundsatzprogramm über den «Fortschritt 90» bis zum Regierungsprogramm, die er alle wesentlich mitbestimmt hatte. Auch die Einheitsfrage ging er von diesem europäisch-internationalen, sozialen und ökologischen Ansatz her an. Kohls Politik forciere zwar die staatliche, gefährde aber die gesellschaftliche Einheit der Deutschen und darüber hinaus auch der Europäer.

Lafontaine wußte auch ohne meine Mahnung, daß er es nicht bei Kritik belassen durfte. Nur war die Fraktion von seinem Weg zur Wirtschafts- und Währungseinheit nicht zu überzeugen, was ihn wiederum in der Meinung bestärkte, keine Regierungsmannschaft zu bilden. Nicht ohne Nachhilfe von Lafontaine-Kritikern in den eigenen Reihen entstand so vor allem in den fünf neuen Bundesländern der Eindruck, Lafontaine kritisiere nur, er wolle die Einheit gar nicht oder mißgönne den «Ossis» die Deutsche Mark. Trotz viel guten Zuredens unterließ es Lafontaine, diesem falschen Eindruck gefühlsmäßig entgegenzuwirken. Er setzte auf einen Stimmungsumschwung, sobald die von ihm vorausgesagten negativen Folgen der Kohlschen Politik sichtbar würden – die wurden aber für die Betroffenen zunächst durch milliardenschwere Stützungsmaßnahmen überdeckt. Auch die damit vorprogrammierte Finanzkrise der Bundesrepublik wurde für die Bürger erst später sichtbar.

Zum Auseinanderdriften von Kanzlerkandidat und Fraktion trug bei, daß Lafontaine nach dem am 25. April auf ihn verübten Anschlag für Wochen ausfiel. Er überlebte das Attentat nur aufgrund glücklicher Umstände und dank seiner robusten Natur. Es gab eine große Welle des Mitgefühls, die aber schnell wieder dem politischen Geschäft Platz machte. Während Lafontaines Rekonvaleszenz reduzierte sich sein Einfluß erheblich, indessen die Fraktion auf ihrer Linie am Staatsvertrag über die Währungs-, Wirtschafts- und Sozialunion mitarbeitete. Kohl förderte das psychologisch geschickt, indem er Hans-Jochen Vogel mehr und mehr ins Vertrauen zog, während er ihn bis dahin so behandelt hatte, wie er selbst als Oppositionsführer von Helmut Schmidt behandelt worden war: als quantité negligéable.

Zwei Wochen nach dem Anschlag besuchten Maria und ich Oskar in Saarbrücken. Er hatte die körperliche Attacke physisch erstaunlich gut überstanden und wollte vor der übernommenen politischen Aufgabe nicht weglaufen. Aber seelisch, so wurde mir schnell klar, würde es ihn noch lange beschäftigen, so haarscharf noch einmal mit dem Leben davongekommen zu sein. Ich riet ihm, sich Zeit zu lassen. Niemand habe das Recht, auf seine Zusage zur Kandidatur zu pochen, wenn er aus persönlichen Gründen anders entscheide. Sollte er aber aus politischen Gründen die Kandidatur niederlegen wollen, müsse er darüber mit seinen Freunden sprechen.

Zwei Tage nach unserem Besuch, am 13. Mai, gewann Johannes Rau die Landtagswahl in Nordrhein-Westfalen erneut mit absoluter Mehrheit. Was noch wichtiger war: Gerhard Schröder gewann in Niedersachsen. Damit hatten wir die Mehrheit im Bundesrat. Das änderte die Lage für alle Beteiligten. Kohl brauchte uns jetzt für seine Währungsunion, und wir standen nicht lediglich vor der Frage, wie wir abstimmen sollten, sondern vor der Entscheidung, ob wir bei dem weit fortgeschrittenen Stand der Vorbereitungen zur Währungsunion, die bereits am 1. Juli in Kraft treten sollte, das Ganze noch stoppen dürften. Die Antwort innerhalb der SPD lautete fast übereinstimmend: nein. Wir hätten sonst in der ohnehin angespannten Lage in der DDR ein Chaos angerichtet. Wohl aber konnten wir jetzt stärker auf Verbesserung des Vertrages drängen. Daher erklärte ich am 17. Mai, einen Tag vor der Unterzeichnung des Vertrags, ich könnte meiner Fraktion die Zustimmung zu dem bisher ausgehandelten Staatsvertrag nicht empfehlen. Von Vogel und Kollegen aus dem Fraktionsvorstand wurde ich dafür heftig kritisiert. Der Parteivorstand bestätigte am 21. Mai die von mir geltend gemachten Vorbehalte. Die SPD handelte der Regierung auf dieser Basis nicht unwesentliche Zusatz-Vereinbarungen ab. Die tat hinterher allerdings so, als hätte sie diese Änderungen und Ergänzungen ohnehin vorgehabt.

Am 28. Mai legte Oskar Lafontaine in einem «Spiegel»-Interview seine Position noch einmal dar. Dabei machte er einen törichten Vorschlag: Im Bundesrat, in dem es auf unsere Stimmen ankam, solle die SPD den Währungsvertrag passieren lassen, im Bundestag aber, in dem die Koalition die Mehrheit hatte, die Zustimmung verweigern. Wütend fragte ich ihn am Telefon, ob er nicht wenigstens ab und zu einmal vorher einen Erwachsenen fragen könne. Er sah seinen Fehler schnell ein, doch der Schaden war bereits eingetreten. In der Öffentlichkeit erschien er als bloßer Taktierer, und die Bundestagsfraktion kochte vor Wut über diesen Versuch, sie zu bevormunden. Nach langen fraktionsinternen Diskussionen legte ich dem Vorstand am 5. Juni den ersten Entwurf eines Entschließungsantrags zur Abstimmung über den Vertrag vor, der begründete, warum die SPD-Bundestagsfraktion den Vertrag trotz der verbliebenen erheblichen Bedenken passieren lasse.

Am gleichen Tag ließ mich Lafontaine wissen, daß er seine Kandidatur niederlege, er sitze gerade an seinem Rücktrittsbrief. Von Reinhard Klimmt und Gerhard Schröder unterstützt, bestand ich auf einem Treffen mit den «Enkeln». Dann sprach ich mit Willy Brandt, der daraufhin am übernächsten Abend zu Lafontaine fuhr. Tags darauf trafen sich die Enkel mit Lafontaine in Saarbrücken. Ich fungierte als «elder Sozi». Seinen Rücktrittsbrief wollten wir nicht sehen, sagte ich Oskar, wenn er aus persönlichen Gründen aufhöre, müßte er das auch nach außen so darlegen. Politisch sprächen die überwiegenden Gründe für ein Weitermachen, zumal ich keinen sähe, der ihm die Aufgabe abnehmen wolle. Meine Sorge galt aber nicht nur der Partei, sie galt auch

Oskar Lafontaine. Ich fürchtete, ein politisches Naturtalent wie er würde persönlich Schaden nehmen, wenn er jetzt aufgäbe.

Die «Enkel» – Engholm, Schröder, Scharping, Spöri, Hiersemann, Klimmt – waren sich einig, daß in Bundesrat und Bundestag nur noch ein «Ja, aber» laufen könne. Es wurde ein entsprechender Text und das weitere Verfahren in Partei und Fraktion besprochen. Oskar Lafontaine schickte seinen Rücktrittsbrief nicht ab, beschwerte sich aber darüber, daß er als Kandidat nichts zu sagen habe. Die Mehrheit meinte, dann müsse er eben «gesamtdeutscher» Parteivorsitzender werden. Darauf hatte aber gerade, kurz vor einem Parteitag der SPD-Ost in Halle, Jochen Vogel seinen Anspruch angemeldet. Engholm und ich bremsten, da dies die SPD-Bataillone noch weiter durcheinanderbringen könne. Lafontaine schien auch wenig Lust zu verspüren, neben einer Fortsetzung der Kandidatur auch noch den Parteivorsitz auf sich zu nehmen. Um Vogels Selbstanmeldung zu relativieren, erklärte ich aber am folgenden Tag der «Bild»-Zeitung, die SPD solle gemeinsam überlegen, ob es langfristig gesehen nicht richtiger wäre, beim Zusammenschluß von SPD-West und SPD-Ost den Führungsstab an die jüngere Generation weiterzugeben. Rückblickend gesehen war eine solche Äußerung falsch, denn schon sie brachte zusätzliche Unruhe in Fraktion und Partei, zwang Lafontaine, sich zu distanzieren und stärkte diejenigen, die ohnehin einem Zusammenschluß der beiden Parteien ohne Neuwahl des Vorstands das Wort redeten.

In den Gremien der Partei wurde nach einer Aussprache zwischen Vogel, Lafontaine und Engholm die «Ja, aber»-Position unter starker Betonung der verbleibenden Vorbehalte beschlossen. In der Debatte der Fraktion mißbrauchte Jochen Vogel sein Schlußwort zu einem eifernden Angriff auf mich. Ich stand auf und antwortete mit zwei Feststellungen. Erstens nähme ich für mich in Anspruch, nicht unwesentlich dazu beigetragen zu haben, daß die SPD noch über einen Kanzlerkandidaten verfüge. Zweitens sei das Thema des gesamtdeutschen Parteivorsitzes nicht von mir, sondern von Vogel selbst in die öffentliche Diskussion gebracht worden. Ich werde dazu auch in Zukunft meine Meinung sagen. Vogels Getreue waren empört.

Am 21. Juni stimmte die Bundestagsfraktion, nachdem Gerhard Jahn unsere Vorbehalte noch einmal eingehend dargelegt hatte, dem Vertrag über die Währungs-, Wirtschafts- und Sozialunion mit großer Mehrheit zu. Das wiederholte sich bei der Abstimmung über den zweiten Staatsvertrag im August. Der Streit in der SPD war damit nicht erledigt, da die Einschätzung über die Folgen der abrupten Währungsunion unterschiedlich blieben. Als Lafontaine die Kosten der Einheit auf 100 Milliarden DM jährlich schätzte, brach ein Sturm der Entrüstung über solche «Miesmacherei» los. Wie grotesk die Fehleinschätzungen der Bundesregierung damals waren, zeigt sich darin, daß bei Beratung des zweiten Staatsvertrags lebhaft über die Verteilung der Gewinne der «Treuhand»-Anstalt zwischen Bund und Ländern gestritten wurde. Drei Jahre später näherte sich das Defizit der «Treuhand» der 250-Milliarden-DM-Marke. Auch Erklärungen Lafontaines, Steuererhöhungen würden unausweichlich sein, trafen auf Widerspruch in den eigenen Reihen. In der Kritik an Lafontaine tat sich besonders die Altprominenz der SPD hervor, mit Helmut Schmidt an der Spitze. Lafontaine titulierte sie spöttisch als «SPD-Senioren-Initiative für Helmut Kohl». Das Präsidium sah sich veranlaßt, Helmut Schmidt daran zu erinnern, daß auch der Kanzlerkandidat Lafontaine Anspruch auf die Solidarität der Partei habe.

Ende September vereinigten sich SPD-West und SPD-Ost in Berlin, wie von Vogel gewünscht und von Brandt unterstützt, ohne Neuwahl eines gesamtdeutschen Vorstands. Oskar Lafontaine erhielt als Kanzlerkandidat vom Vereinigungsparteitag ein überwältigendes Vertrauensvotum. Dazu trug eine Rede des neuen Vorsitzenden der Ost-SPD, Wolfgang Thierse, bei, der stellvertretender Vorsitzender der Gesamtpartei wurde. Inzwischen zeichnete sich ab, daß Lafontaine mit seinen Warnungen recht gehabt hatte.

Am 3. Oktober wurde der Beitritt der DDR wirksam. Die staatliche Einheit war erreicht und wurde in Berlin gefeiert. Die gesellschaftliche Einheit war in weiter Ferne. Bei den Wahlen in den fünf neuen Bundesländern am 14. Oktober erzielte die SPD nur geringe Gewinne. Auch die Zeit bis zur Wahl am 2. Dezember reichte nicht aus, das Steuer herumzureißen. Erst in den Landtagswahlen 1991 fand Lafontaines kritische Linie bei den Wählern stärkeren Widerhall. Die Sozialdemokraten hatten zu lange ein trauriges Bild der Zerstrittenheit geboten, während der Einheits-Kanzler mit großen Versprechungen Zukunfts- und Siegeszuversicht verbreitet hatte.

Auf meinen Wahlkampfreisen gewann ich allerdings den Eindruck, daß sich unter den Menschen in der ehemaligen DDR Unsicherheit auszubreiten begann. Das lag einmal an ihrem langen Leben in der Diktatur, die letzten freien Wahlen hatte es in diesen Teilen Deutschlands vor 57 Jahren gegeben. Die Befreiung vom SED-Regime machte diese Jahrzehnte nicht ungeschehen. Ihre Schwierigkeiten, mit der politischen DDR-Vergangenheit fertig zu werden, ließen mich manchmal in Gedanken seufzen: «Jetzt fängt das alles noch einmal an.» Gelegentlich mußte ich mich selbst zur Ordnung rufen, den Landsleuten nicht Unrecht zu tun. Ich fand es abstoßend, wenn «Wessis» versuchten, die in Westdeutschland versäumte «Vergangenheitsbewältigung» nun gegenüber den Landsleuten aus der DDR nachzuholen. Aber auch der Einigungsprozeß begann, die Menschen – nachdem sich die erste Freude und der erste Kaufrausch gelegt hatten – zu überfordern. Die neue Welt brach über sie herein und schien sehr anders zu werden, als sie gehofft – und als man ihnen versprochen hatte. Ich begann zu ahnen, wie groß bei aller Freude über das Ende des SED-Regimes die Enttäuschung werden könnte. Maria fand, meine Stimmung werde immer «kleindeutscher».

Auch in Westdeutschland war die Stimmung gespalten, begann die Verunsicherung. Die alte Generation stand ganz überwiegend positiv zur deutschen Einheit, begann sich aber zu fragen, was der von Kohl gewählte Weg sie wohl kosten werde. Viele junge «Bundesrepublikaner» fürchteten, die demokratisch-europäische Welt, in der sie großgeworden waren, werde durch den Beitritt der DDR von den Nachwehen des Kommunismus beschädigt werden. Das Aufwallen nationaler Gefühle, den Stolz auf ein größeres Deutschland empfanden sie als Gefährdung unserer politischen Kultur. Wie etwa das Buch «Nationalrausch» des Fernsehjournalisten Wolfgang Herles zeigt, war diese Stimmung keineswegs auf das linke Spektrum beschränkt.

Oskar Lafontaine zog auf seinen Wahlveranstaltungen junge

Menschen an wie vor ihm nur Willy Brandt. In meinem vierten Bonner Bundestagswahlkampf wagte ich mit Schorsch Kirchner, dem Bonner Unterbezirkssekretär, zum ersten Mal den Sprung von der Godesberger Stadthalle in die viel größere Bonner Beethovenhalle. Sie war so überfüllt, daß wir Hunderte von Leuten nicht mehr hereinlassen konnten. Mit seinen öko-sozialen Reformvorstellungen und seiner nationalen Nüchternheit rollte Lafontaine vor allem den Anhang der «Grünen» auf. Die blieben unter den für den Wiedereinzug in den Bundestag erforderlichen 5 Prozent der Stimmen. Auf der anderen Seite verloren wir bei den Alten, nicht nur, weil Lafontaine sie trotz Warnungen der Wahlkampfleitung vernachlässigt hatte, sondern weil sie sich in der Haltung des Kandidaten zur deutschen Einheit nicht wiederfinden konnten.

Das Wahlergebnis vom 2. Dezember war für die SPD deprimierend, insbesondere angesichts der Tatsache, daß es die deutsche Einheit ohne die von Willy Brandt eingeleitete Entspannungspolitik nicht gegeben hätte. Oskar Lafontaine verlor im Westen gegenüber dem 87er-Ergebnis von Johannes Rau noch einmal 1,3 Prozent und gewann in der ehemaligen DDR gegenüber dem Ergebnis der Volkskammerwahlen nur 2,4 Prozent hinzu. Für das vereinte Deutschland waren das zusammen 33,5 Prozent. Die Union hielt ihre Stimmen im Westen und verlor «drüben» über 5 Prozent. Gewinner mit satten 11 Prozent im vereinten Deutschland war, dank Genscher, die FDP.

In der Parteivorstandssitzung vom 3. Dezember nahmen Brandt und Vogel den Kandidaten in die Zange. Willy Brandt kritisierte den Mangel an nationalem Verständnis sowie an Zuwendung und Zuspruch für die Menschen in der DDR. Er brachte diese Kritik in einer für ihn so ungewöhnlich scharfen Form vor, daß ich nur noch darauf wartete, er würde Lafontaines Niederlage «tragisch» nennen. Vogel dagegen bot Lafontaine zunächst den Fraktionsvorsitz an, obwohl er wußte, daß Lafontaine bei seinen saarländischen Wählern im Wort stand, nicht als Oppositionsführer nach Bonn zu gehen. Dann überraschte er den Vorstand mit der Mitteilung, das Präsidium habe Lafontaine einstimmig angeboten, Parteivorsitzender zu werden. Das habe er auch schon der Presse mitgeteilt –

wieder einmal ohne Abstimmung mit Lafontaine. Der Vorstand forderte Oskar fast geschlossen und mit großem Nachdruck ebenfalls auf, Parteivorsitzender zu werden. Darin kam eine Menge Hochachtung und noch mehr schlechtes Gewissen zum Ausdruck. Niemand forderte Vogel auf zu bleiben.

Ich beteiligte mich an dem Druck auf Oskar nicht. Ich war sicher, er würde nein sagen. Das Attentat hatte er seelisch noch lange nicht verkraftet. Außerdem hatte er als Kanzlerkandidat bestätigt gefunden, was er schon 1987, als es um Brandts Nachfolge ging, geäußert hatte: Mit Brandt als Ehrenvorsitzendem über sich und Vogel als Fraktionsvorsitzendem neben sich könne er die Partei nicht führen.

Vogel erklärte danach, er wolle als Parteivorsitzender dennoch einem Jüngeren Platz machen, bliebe aber Fraktionsvorsitzender. Ich hatte dagegen schon angekündigt, nicht mehr zum stellvertretenden Fraktionsvorsitzenden zu kandidieren. In der völlig veränderten Situation müßten wir die Führung Jüngeren überlassen, deren Köpfe nicht mit den alten Dingen vollgestopft seien. Außerdem hatte ich Vogel satt. Eigentlich wollte ich auch nicht noch einmal für den Parteivorstand kandidieren, aber Willy Brandt redete mir zu. Ich könne doch eine Art Sonderbotschafter der Partei werden, vielleicht mit Sitz im Präsidium. Mir war klar, da Bahr und Wischnewski gingen, wollte er wenigstens einen aus der guten alten Kanzlerzeit weiter um sich haben. Ich ließ mich überreden, zum letzten Mal.

Inzwischen hatte ich mich erst mit Richard von Weizsäcker und dann mit Jochen Vogel über die meines Erachtens verfehlte Idee angelegt, Parlament und Regierung nach Berlin zu verlegen. Weizsäckers preußisch-deutscher Fanfarenstoß: «Dies (Berlin) ist der Ort, von dem aus Deutschland verantwortungsvoll regiert wird», erschien mir als eine ungeschichtliche Beschwörung von Vergangenem. Berlin sollte als Hauptstadt meiner Meinung nach herausragender Ort staatlicher Repräsentation sein, mit dem ersten Amtssitz des Bundespräsidenten, einem zweiten Amtssitz des Bundeskanzlers, mit den Sitzungen der Bundesversammlung und allen feierlichen Sitzungen des Bundestages in Berlin. Außerdem sollte das wiedervereinte Berlin großzügige Bundeshilfe für die

Erneuerung seiner Infrastruktur erhalten. Die Vorstellung dagegen, in dieser schwierigen Lage Deutschlands Parlament, Regierung und Bundesverwaltung durch einen voraussichtlich jahrzehntelangen Umzug und die Steuerzahler mit zusätzlichen Milliardensummen zu belasten, hielt und halte ich für verfehlt.

Vogel-Getreue, die mir nicht verziehen, daß ich zu Lafontaine gehalten hatte, und Berlin-Befürworter, die ebenfalls auf Vogel ausgerichtet waren, sorgten auf dem Bremer SPD-Parteitag im Mai 1991 gemeinsam dafür, daß ich nach achtzehn Jahren nicht wieder in den Parteivorstand gewählt wurde, während Vogel Engholm Platz machte. In der Sache votierte der Parteitag mit einer Stimme Mehrheit für Bonn als Parlaments- und Regierungssitz. Ich dachte an den Nürnberger Parteitag von 1968 zurück, auf dem ich zum ersten Mal – erfolglos – zum Parteivorstand kandidiert hatte, mich in der Sache aber ebenfalls durchgesetzt hatte. Ich empfand das Votum des Bremer Parteitags daher als einen mir durchaus adäquaten Abgang.

Nachwort

Maria und ich waren über Ostern 1993 in der Eifel, als Björn Engholm als Parteivorsitzender und Kanzlerkandidat zurücktrat, von
der Barschel-Affäre psychisch so angeschlagen, wie ich es nicht für
möglich gehalten hätte. Angesichts seines Rücktritts und der mühsamen Diskussion in der SPD-Bundestagsfraktion um Asyl und
Bundeswehreinsätze fragte mich selbst Maria, ob ich mich nicht
doch zu früh zurückgezogen habe. Ich machte aus mancher Enttäuschung über die neue SPD-Führung kein Hehl, ohne in der
Frage des Weitermachens meine Meinung zu ändern.

Die Jüngeren werden nicht dadurch besser, daß die Älteren länger bleiben. Deren größere Erfahrung kann auch nach ihrem
Rückzug genutzt werden. Die Alten dürfen auch nicht alles auf
ihre Nachfolger schieben. Die mußten überraschend antreten und
erbten Probleme, die ihre Vorgänger zu lange vor sich her gescho-
ben hatten. Das Asylproblem ist dafür ein Beispiel. Auch die wirt-
schafts- und gesellschaftspolitischen Fehlleistungen im Prozeß der
deutschen Einheit gingen – parteiübergreifend – eher auf das
Konto der älteren als der jüngeren Generation. Gegenüber der
neuen Weltsituation und einer ihr angemessenen Rolle des vereinten Deutschlands scheinen alle zusammen noch unsicher zu sein.

Die 25 Jahre Bundesrepublik, aus denen ich in diesem Buch
berichtet habe, mögen manchem als Teil einer demokratischen
Erfolgsstory erscheinen, die durch die deutsche Einheit – selbst
ein Teil des außenpolitischen Erfolges der alten Bundesrepublik –
plötzlich abgebrochen worden ist. Auf die innere Einheit war niemand vorbereitet. Statt alle, die etwas beizutragen hatten, an
einen Tisch zusammenzuholen, machte Kohl die Einheitsfrage zu
seinem Wahlkampfthema. Dabei hätte er den Wahlkampf auch
gewonnen, wenn er in einer gemeinsamen kritischen Anstrengung

aller Kräfte zunächst nach der besten Lösung für diese historisch
einmalige Aufgabe gesucht und dafür an die Opferbereitschaft
aller appelliert hätte. So wurde auf die Erblast der DDR die Last
einer undurchdachten Einigungspolitik draufgesattelt.

In der Bundesrepublik waren aber schon vor der Einheit große
Probleme ungelöst geblieben. Das bedrückendste ist die millio-
nenfache Dauerarbeitslosigkeit. Wir haben uns in der alten Bundesrepublik an die strukturelle Arbeitslosigkeit parteiübergreifend so gewöhnt, daß die soziale und politische Brisanz der
Massenarbeitslosigkeit in den fünf neuen Bundesländern heute in
Westdeutschland nicht recht begriffen wird. Sicher, Arbeitslosigkeit ist seit fast zwei Jahrzehnten ein Problem aller westlichen Industriestaaten, vom Osten zu schweigen. Diese Tatsache beantwortet aber nicht die Frage, wie eine freie Gesellschaftsordnung
glaubwürdig bleiben kann, die Millionen von Bürgerinnen und
Bürgern die Möglichkeit vorenthält, mit ihrer eigenen Hände und
Köpfe Arbeit für sich und ihre Familien zu sorgen. Die Sozialdemokraten hatten in ihrer Diskussion über Erwerbs- und Nichter-
werbsarbeit, über die Teilung von Arbeit und die Neugestaltung
der Arbeitszeit bis dahin vernachlässigte Aspekte dieses Problems
ins öffentliche Bewußtsein zu rücken versucht. Paradoxerweise
wurde diese Diskussion, wie fast die ganze Reformdiskussion, mit
der deutschen Einheit abgebrochen, da die Probleme «drüben»
angeblich ganz andere seien.

Mit ihrer Politik einer Zweidrittelgesellschaft hatte die konservative Bundesregierung außerdem bereits in der alten Bundesrepublik den Trend zur Entsolidarisierung erheblich verstärkt.
Wie die Wahlergebnisse für die «Republikaner» zeigen, schlug in
den unteren sozialen Schichten das Gefühl, vernachlässigt zu werden, in Verbindung mit dem von vielen Sozialdemokraten unter-
schätzten Zuwanderungsdruck schon vor der deutschen Einheit
in Protesthaltung um. Dabei war die konservative Politik in der
Bundesrepublik noch gemäßigt. Die neokonservative Ideologie
der «Reaganomics» hat in der gesellschaftlichen Infrastruktur und
der sozialen Sicherheit der Vereinigten Staaten größere Schäden
angerichtet, Präsident Clinton weiß ein Lied davon zu singen. Die
Art, in der die deutsche Einheit gesellschaftspolitisch angefaßt

worden ist, hat die Gefahr einer solchen Entwicklung auch bei uns aber wesentlich erhöht, die inzwischen eingetretene Wirtschaftsrezession wirkt in die gleiche Richtung.

Die Mordanschläge auf Ausländer von Jugendlichen aus dem Dunstkreis des Rechtsextremismus zeigen, daß die psychologischen Gründe für das Anwachsen eines neuen Rechtsradikalismus nicht neu sind. Im Fremdenhaß zeigt sich die alte Mischung von Sich-zu-kurz-gekommen-Fühlen, Nationalismus und Intoleranz. Es war wohl kein Zufall, daß verbrecherische Fremdenfeindlichkeit nach der deutschen Einheit zunächst im Bereich der früheren DDR ausbrach. Die bis dahin schweigende Mehrheit in der DDR reagierte auf 40 Jahre Teilung und verordneten Internationalismus sowohl nationaler als auch ressentimentgeladener als die westdeutsche Bevölkerung auf 40 Jahre Teilung in Wohlstand und Demokratie. Die Anschläge in Westdeutschland und die «gesamtdeutschen» Aktivitäten rechtsradikaler Gruppen zeigen aber, daß die psychologischen Voraussetzungen für diesen Ausbruch an Fremdenhaß auch in der alten Bundesrepublik längst vorhanden waren. Der Abscheu über die Gewalttaten ist nur glaubhaft, wenn er mit dem Eingeständnis verknüpft wird, daß wir in der demokratischen Erziehung unserer Jugend wie in der Behandlung des Ausländerproblems offensichtlich vieles versäumt haben.

Teilweise sind dies spezifisch deutsche Probleme, in weitem Umfang aber deutsche Aspekte einer größeren Herausforderung: Nach dem Zusammenbruch des Kommunismus steht unsere westliche Gesellschaftsordnung selbst auf dem Prüfstand. Und die Lösung der großen globalen Probleme ist durch die weltpolitische Zeitenwende nur teilweise erleichtert, teilweise jedoch erschwert worden.

Die Gefahr des Einsatzes von Atomwaffen ist mit dem Ende der Ost-West-Konfrontation nicht gebannt. Die Kontrolle über die ehemals sowjetischen Atomwaffen ist heute unsicherer als zuvor und das System der Nichtverbreitung bricht mehr und mehr zusammen. Der Golfkrieg hat andererseits gezeigt, daß der Westen sich offenbar eher zu einem Krieg als zu einem wirksamen Embargo aufraffen kann, obwohl ein Krieg Menschenleben, ein Embargo aber nur Profite kostet. Das ehemalige Jugoslawien mag das zweite Beispiel dafür werden. Statt eine – wenn es sein muß riesige – Anstrengung für ein wirksames Embargo auf sich zu nehmen, ergeht sich der Westen in militärischen Ersatzhandlungen wie Schiffs- oder Flugüberwachung auf die Gefahr hin, sich entweder selbst in den Bürgerkrieg zu verstricken oder aber das Unrecht des Stärkeren anzuerkennen.

Dieser Bürgerkrieg zeigt zugleich, wie gefährlich es ist, die aus dem 19. Jahrhundert überkommene Idee der ethnisch-nationalen Staatenbildung – und dann auch noch in Gebieten mit ethnischer Streusiedlung – für den Inbegriff demokratischer Selbstbestimmung zu halten. Die von der Bundesregierung forcierte Anerkennung jugoslawischer Teilrepubliken – sie wurde in der SPD-Bundestagsfraktion mit knapper Mehrheit gutgeheißen – hat zum Auseinanderfallen des «Slawischen Bundes» auf dem Balkan und damit zum Bürgerkrieg beigetragen. Der großserbische Chauvinismus ist verdammenswert. Niemand konnte aber annehmen, daß die in Kroatien lebenden Serben einfach auf den Schutz Belgrads verzichten würden, schließlich haben sie mit den Kroaten keine besseren Erfahrungen gemacht als die Kroaten mit ihnen. Für die Moslems gilt das gleiche im Dreiecksverhältnis. Obendrein hat diese kurzsichtige Politik es den Nationalkommunisten in Serbien erleichtert, die demokratische Opposition mit nationalistischen Parolen an die Wand zu drücken. Etwas mehr Realitätssinn wäre der deutschen Außenpolitik besser bekommen als Imponiergehabe in bezug auf eine «neue Rolle» des vereinten Deutschlands.

Noch ist die Gefahr, daß sich der grausame Bürgerkrieg über die Auseinandersetzung im Kosovo und den Streit über Mazedonien zu einem allgemeinen Balkankrieg ausweitet, nicht gebannt. Statt angesichts dieser bitteren Erfahrung mit Nachdruck auf ein neues, auf der NATO aufbauendes, aber über ihren Bereich hinausgehendes gesamteuropäisches Friedens- und Sicherheitssystem zu drängen, überfordern wir die UNO und geben im Streit um UNO-Einsätze der Bundeswehr gleichzeitig Teile unserer Außenpolitik an das Bundesverfassungsgericht ab. Das ist kein erfolgversprechender Ansatz für die Lösung der Probleme, die aus den osteuropäischen und den GUS-Staaten noch auf uns zukom-

men werden. Dabei könnten wir in einer großen europäischen und
internationalen Anstrengung mit diesen Problemen ebenso fertig
werden, wie wir mit der Bedrohung durch den Totalitarismus, mit
der Ost-West-Konfrontation und dem Overkill-Wettrüsten fertig
geworden sind.

Auch andere globale Probleme sind nicht unlösbar. Wann werden wir endlich in der Energiepolitik auf einen harten Sparkurs
und die forcierte Nutzung der Sonnenenergie umschwenken, statt
trotz der Gefahren sowohl der Kernenergie als auch des gesteiger-
ten Gebrauchs fossiler Brennstoffe weiterhin einen wachsenden
Energieverbrauch als angeblich unvermeidlich zu akzeptieren?
Wie lange noch werden wir es mehr oder minder schweigend hin-
nehmen, daß durch eine explosive Vermehrung der Weltbevölke-
rung das weltwirtschaftliche und ökologische Gleichgewicht der
Erde immer weiter gefährdet, eine wirksame Geburtenkontrolle
aber in weiten Teilen der Welt nach wie vor behindert wird? Und
wann werden wir wirksame Folgerungen aus der Einsicht ziehen,
daß das Neben- und Gegeneinander von Überfluß im Norden und
wachsendem Elend im Süden uns alle gefährdet?

Jeder kennt die Probleme, keiner hat Patentrezepte, auch moralische Direktrouten zu ihrer Lösung gibt es nicht. Wir müssen
das Wagnis politischer Lösungsversuche auf uns nehmen auf die
Gefahr hin, neue politische Fehler zu begehen. Angesichts der
Schwierigkeit der Probleme so zu tun, als ob sie uns nichts angin-
gen, wäre lebensgefährlicher Leichtsinn. Mit der Parole «Money
und Motzen» wird unsere Gesellschaft ihre Zukunft nicht gewinnen, gerade das aber sind wir unseren Kindern schuldig. Daher
bleibt Politik eine große Aufgabe und demokratisches Engagement die erste Bürgerpflicht.

Personenregister